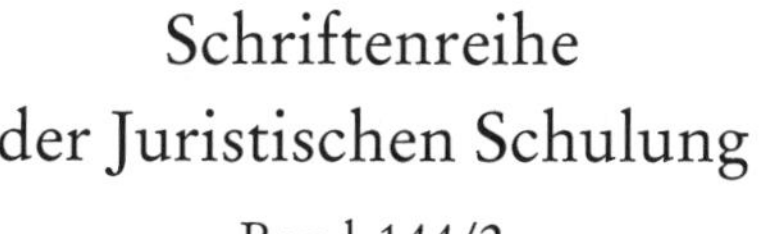
Schriftenreihe
der Juristischen Schulung

Band 144/2

Grundlagenfälle zum BGB für Fortgeschrittene

– Die Wilhelm-Busch-Fälle –
15 Fälle mit Lösungen
zum Bürgerlichen Vermögensrecht

von

Dr. Dr. Dr. h. c. mult. Michael Martinek, M. C. J. (NYU)
Professor em. an der Universität des Saarlandes, Saarbrücken
Honorarprofessor in Johannesburg und Wuhan

und

Dr. Sebastian Omlor, LL. M. (NYU), LL. M. Eur.
o. Professor an der Philipps-Universität Marburg

4. Auflage 2021

C.H.BECK

Zitiervorschlag: *Martinek/Omlor* BGB für Fortgeschrittene

www.beck.de

ISBN 978 3 406 77235 1

Wilhelmstraße 9, 80801 München
Satz, Umschlaggestaltung, Druck und Bindung:
Druckerei C. H. Beck Nördlingen
(Adresse wie Verlag)

Gedruckt auf säurefreiem, alterungsbeständigem Papier
(hergestellt aus chorfrei gebleichtem Zellstoff)

Vorwort

Unsere Sammlung von 15 BGB-Grundlagenfällen für *Fortgeschrittene,* die unsere erste Sammlung von 18 BGB-Grundlagenfällen für *Anfänger* zusammen mit der dritten Sammlung von 9 Grundlagenfällen zum BGB für *Examenskandidaten* ergänzt und fortsetzt, ist gleichfalls – wie jene – aus unseren Übungsveranstaltungen im Bürgerlichen Recht an der Universität des Saarlandes und an der Philipps-Universität Marburg hervorgegangen. Wieder sind sämtliche Klausuren im Bürgerlichen Vermögensrecht der ersten drei Bücher unseres BGB angesiedelt, aber sie sind nun mindestens auf eine Bearbeitungszeit von drei oder vier Stunden, die letzten drei Fälle gar von fünf Stunden angelegt und sollen der Vorbereitung auf die Übung im Bürgerlichen Recht für Fortgeschrittene sowie der Examensvorbereitung dienen. Mit den BGB-Grundlagenfällen für Fortgeschrittene präsentieren wir den zweiten Band der „Wilhelm-Busch-Fälle", denn wieder sind die Namen und Charaktere der beteiligten Personen den zur Weltliteratur gehörenden Bildergeschichten von *Wilhelm Busch* (1832 bis 1908) entnommen. Die eingefügten Zeichnungen von *Wilhelm Busch,* die siebzig Jahre *post mortem auctoris* urheberrechtlich gemeinfrei geworden sind, mögen zur Anschaulichkeit beitragen. Damit lässt sich, so hoffen wir, die Einprägsamkeit der Fälle und Lösungen sowie die Freude an der Fallbearbeitung steigern.

Die Darstellung eines jeden Falles mit seiner Lösung folgt dem Muster des ersten Bandes unserer Wilhelm-Busch-Fälle: Nach einem kurzen Vorspann mit Informationen über die wichtigsten Themenbereiche und Schwerpunkte – dies soll bei der Auswahl eines Falles für die eigene Klausurbearbeitung bzw. für die Durcharbeitung helfen – kommt der Sachverhalt, der Aufgabentext, zum Abdruck (A.), dem sodann (B.) „Gutachtliche Überlegungen" folgen. Dieser Abschnitt spiegelt die Gedanken des Klausuranten in der Planungsphase zum Entwurf der Lösung wider, wofür man sich etwa ein Drittel der Bearbeitungszeit gönnen sollte, um bei der späteren Durchführungsphase keine „bösen Überraschungen" zu erleben. Denn ein sofortiges „Drauflosschreiben" ohne ein rundes Konzept führt allzu leicht in die Irre. Der folgende Abschnitt (C.) stellt eine stichwortartige Gliederung, sozusagen ein kleines Inhaltsverzeichnis oder einen wegweisenden „Fahrplan" für die Ausarbeitung vor, dem dann erst die Lösung (D.) als ausformulierter Text für die „Ablieferung" der Klausur folgt. Am Schluss findet sich jeweils noch ein Lerntest (E.) mit Fragen und Antworten zu einigen der Klausurthemen; er dient der Kontrolle über das, was man anlässlich der Fallbearbeitung gelernt haben sollte (wenn man es nicht schon vorher wusste).

Auch mit dieser Fallsammlung verfolgen wir jene *fünf Anliegen,* die wir im Vorwort zum ersten Band näher erläutert haben und die hier nur stichwortartig in Erinnerung gerufen werden sollen: *Übung der Rechtsanwendung, Vermittlung von Klausurentechnik, Überprüfung und Vertiefung der grundlegenden Rechtskenntnisse, Vertrautheit mit dem Geist unseres traditionsreichen BGB, Vermittlung einer gewissen Rechtsfreude bei der Fallbearbeitung.* Ergänzend wollen wir noch betonen, dass es durchaus große Ideale sind, die mit den kleinen Rechtsfällen verfolgt werden. Denn der praktische Fall ist für den Juristen, was der Patient für den Mediziner oder das Bauvorhaben für den Architekten ist: die konkrete fachliche Herausforderung, an der sich das abstrakte Wissen, die erlernten Fertigkeiten und die erworbenen Fähigkeiten zu beweisen und zu bewähren haben. Zu Recht steht daher nach wie vor der praktische Fall im Mittelpunkt der juristischen Ausbildung, bei dem es darum geht, vom Bearbeiter eine Lösung, d. h. eine gutachtliche Aufbereitung, zielstrebige Erörterung und plausibel begründete Beantwortung der aufgeworfenen Rechtsfragen zu verlangen. Der Jurastudent hat die pathologischen Sozialkonstellationen an den normativen Ordnungsentwürfen zu messen, die sich die Gesellschaft in Recht und Gesetz zum Maßstab gemacht hat. Die streitenden Parteien müssen in ihren Anliegen und Interessen verstanden, die besonderen Anliegen und die allgemeinen Hintergründe ihrer Auseinandersetzung müssen mit juristisch-analytischer Kraft durchdrungen werden, um in der „Lösung des Falles" einen allgemein konsensfähigen, von der Autorität des Rechts und des Gesetzes getragenen Friedens- und Ordnungsplan verständlich und einsehbar darlegen zu können. Ordnung und Zufriedenheit sollen einkehren, wo Verwirrung und Streit herrschte. Dies soll und kann man an und mit unseren Wilhelm-Busch-Fällen lernen und üben.

Wir wollen zuerst unseren Sekretärinnen *Christine Schottler* und *Diana Happel-Schäfer* sowie unserem wissenschaftlichen Mitarbeiter *Dr. Johannes Meier* für ihre Hilfe bei der technischen Herstellung des Manuskripts Dank sagen. Ein ganz besonderer Dank gilt auch dem C. H. Beck-Verlag und insbesondere unserer Lektorin Frau *Ingrid Boumessid* für die umsichtige verlegerische Betreuung dieser Neuauflage. Wir haben aber noch eine weitere wichtige, allerdings „anonyme" Danksagung zu machen: Zu danken haben wir nämlich mehreren „Generationen" von Studenten unserer Übungen im Bürgerlichen Recht an der Universität des Saarlandes und an der Philipps-Universität Marburg, auch „Generationen" von studentischen Mitarbeitern am Lehrstuhl und von AG-Leitern vorlesungsbegleitender Arbeitsgemeinschaften, die alle mit zahlreichen Anregungen und Hinweisen zu dieser Fallsammlung beigetragen haben. Die Fälle und Lösungen sind über die Jahre gewachsen und gereift, manche haben ein fünfundzwanzigjähriges „Schicksal". Viele haben – bisweilen in einer leicht veränderten Frühfassung – in der JuS schon ihre Erstveröffentlichung unter dem Namen eines der beiden Verfasser erfahren, so wie „Fipps der Affe und sein Todessalto" – das war der erste Wilhelm-Busch-Fall (JuS 1986, Lernbogen Heft 12, S. L 92 – 94). Schon vor mehr als zwanzig Jahren war unter dem Namen des erstgenannten Autors eine Sammlung von Wilhelm-Busch-Fällen in der JuS-Schriftenreihe erschienen. Auch wenn der zweitgenannte Autor erst seit einigen Jahren dabei ist: inzwischen rechtfertigt die Geschichte all dieser Fälle und Lösungen eine Veröffentlichung in Ko-Autorenschaft der beiden eng zusammenarbeitenden Verfasser.

Wir wollen diesen Band unseren Töchtern *Monique Marylou Martinek* und *Wilhelmine Felicitas Omlor* widmen.

Für Anregungen und Kritik können Sie sich gerne an die Verfasser des Werkes unter der nachstehenden Anschrift wenden:

Prof. em. Dr. Dr. Dr. h. c. mult. Michael Martinek

Universität des Saarlandes

vormals Lehrstuhl für Bürgerliches Recht, Handels- und Wirtschaftsrecht, Internationales Privatrecht und Rechtsvergleichung

Institut für Europäisches Recht

Postfach 15 11 50

66041 Saarbrücken

E-Mail: m.martinek@mx.uni-saarland.de

Web: http://martinek.jura.uni-saarland.de

Prof. Dr. Sebastian Omlor
Philipps-Universität Marburg
Lehrstuhl für Bürgerliches Recht, Handels- und Wirtschaftsrecht, Bankrecht sowie Rechtsvergleichung
Institut für das Recht der Digitalisierung
Universitätsstr. 6
35032 Marburg
E-Mail: omlor@jura.uni-marburg.de
Web: http://www.irdi.institute

Saarbrücken und Marburg, im Juni 2021

Michael Martinek
Sebastian Omlor

Inhaltsverzeichnis

Vorwort V

Abkürzungsverzeichnis XV

Literaturverzeichnis und Literaturempfehlungen XIX

Fall 1. Mausbäuchls tödlicher Kronleuchter
Im Mittelpunkt des mittelschweren Klausurfalles stehen die Unterschiede und Grenzen zwischen der vertraglichen und der deliktischen Schadensersatzhaftung. Sie werden bei der dienstvertraglichen Spezialhaftung des Dienstherrn für unterlassene Schutzmaßnahmen besonders sinnfällig. Daneben ist den Grundlagen und den Voraussetzungen der „analogen Anwendung" einer Rechtsvorschrift besondere Aufmerksamkeit zu widmen. 1

Fall 2. Die Wohltaten des Hanno von Hinkelsmark
Der folgende Übungsfall für mittlere Semester behandelt sowohl die rechtsgeschäftliche Eigentumsübertragung wie auch das Abtretungsrecht. Er streift auch das Schenkungs- und das Bereicherungsrecht. Sein Schwerpunkt liegt aber beim Vertrag zugunsten Dritter, genauer: beim Problem der Zulässigkeit von Verfügungsverträgen zugunsten Dritter. Man braucht für diesen eher schweren Fall gute Grundkenntnisse zu den ersten drei Büchern des BGB. 13

Fall 3. Hoppenstedt und die tückische Linkskurve
Der anspruchsvolle Fall behandelt ein Standardproblem des allgemeinen Schuldrechts: den einseitig gestörten Gesamtschuldnerausgleich aufgrund von gesetzlichen und vertraglichen Haftungsbeschränkungen. Der Schaden ist im Straßenverkehr entstanden, so dass neben deliktischen auch straßenverkehrsrechtliche Vorschriften zu prüfen sind. Der Fall streift auch das Recht der BGB-Gesellschaft. Das alles ist zwar „harte Kost", liegt aber nicht außerhalb der Rechtsmaterien, die man sich in den mittleren Semestern angeeignet haben sollte. Schon als Anfänger sollte man das Auffinden und den Umgang mit wenig vertrauten Vorschriften gelernt haben. 23

Fall 4. Das Los der Witwe Klicko
Der Schwerpunkt dieser schon recht anspruchsvollen und ungemein lehrreichen Klausur liegt – nach einem bereicherungsrechtlichen Einstieg – im Sachenrecht und im BGB-Wertpapierrecht. Das Inhaberpapier, die Eigentumsaufgabe und die Aneignung mit dem Zentralbegriff der herrenlosen Sache sowie schließlich das Fundrecht bilden wichtige Stationen auf dem Lösungsweg, der schließlich über das Recht der Anfechtung zum Ziel führt. Für Studentinnen und Studenten mit guten Kenntnissen im Vermögensrecht der ersten drei Bücher des BGB sollte die Klausur „machbar" sein. 33

Fall 5. Knopps Pech mit der Glücksfee
Die Klausur ist auf mittlere Semester mit guten Kenntnissen in den ersten drei Büchern des BGB zugeschnitten. Sie behandelt einfache Grundprobleme der Rechtsgeschäftslehre, insbesondere des Anfechtungsrechts, sowie Grundlagen des Bereicherungsrechts, vor allem des Umfangs der Bereicherungshaftung. Im Mittelpunkt steht das Hypothekenrecht, doch beschränkt sich die Klausur auch insoweit auf Grundzüge. 43

Fall 6. Mausbäuchls Schlösschen im Köllertal
Die Klausur für mittlere und höhere Semester ist in jedem Wortsinne anspruchsvoll. Sie hat neben Fragen der Vertragsauslegung vor allem die auftragslose Geschäftsführung, das Eigentümer-Besitzer-Verhältnis und das Bereicherungsrecht mitsamt den Konkurrenzfragen beim Verwendungsersatz zum Gegenstand – harte Kost, die aber zum Pflichtstoff des Bürgerlichen Vermögensrechts der ersten drei Bücher des BGB gehört. 57

Fall 7. Doktor Hinterstichs letzte Heimfahrt
Die mittelschwere Klausur „spielt" im Recht der Geschäftsführung ohne Auftrag und ist nur mit soliden Kenntnissen in diesem Rechtsgebiet zu bewältigen, denn sie dringt zu den Feinheiten der berechtigten und der unberechtigten GoA vor. Im Mittelpunkt stehen die Zufallshaftung wegen Übernahmeverschuldens, die Voraussetzungen des Durchführungsverschuldens des auftragslosen Geschäftsführers und die Reichweite des Haftungsprivilegs nach § 680. 71

Fall 8. Die schnelle Mark der Madam Schmöck
Die eher schwere Klausur führt den Bearbeiter in das wohl wenig vertraute Gebiet des Maklerrechts und konfrontiert ihn mit der eigenartigen Rechtsnatur des gesetzlichen Vertragstyps des Maklervertrags. Hier bedarf es zur Entwicklung der Lösung einer sorgfältigen Gesetzeslektüre und einer gewissen analytischen Kraft. Als zweiter Schwerpunkt kommt das Sittenwidrigkeitsverdikt mit dem Wuchertatbestand des § 138 II hinzu. Ein Randproblem wirft schließlich noch die ergänzende Vertragsauslegung auf. 83

Fall 9. Fit mit den Fittichs
Der Fall thematisiert einen der großen Streitstände – und inzwischen auch Klassiker – des reformierten Schuldrechts: die Selbstvornahme der Nacherfüllung im Kaufrecht. Wegen seiner dogmatischen Brisanz im systematischen Verständnis von allgemeinem und besonderem Schuldrecht sowie der Vielzahl der in Betracht kommenden Anspruchsgrundlagen ist er von gehobenem Schwierigkeitsgrad. .. 95

Fall 10. Magister Bokelmanns Weggefährte
Eine bedeutende Neuerung der Schuldrechtsreform ist die Einführung der Beweislastumkehr des § 477. Der Fall illustriert ihre Anwendungsprobleme im Bereich des Tierkaufs. Einbezogen werden allgemeine Fragen des Verbrauchsgüterkaufs, wie etwa der Unternehmerbegriff der §§ 474 I, 14 I und die Besonderheiten bei öffentlichen Versteigerungen. Es handelt sich um eine Klausur mit mittlerem Schwierigkeitsgrad. 107

Fall 11. Pater Filucius Umbuchung
Der Fall behandelt den Klassiker der Kollision von Globalzession und verlängertem Eigentumsvorbehalt in einer ungewohnten Einkleidung („Umbuchung"). Angereichert wird der Sachverhalt mit einigen bereicherungsrechtlichen Feinheiten, die mit fundiertem Grundlagenverständnis und Arbeit am konkreten Sachverhalt zu lösen sind. Diese (Original-)Examensklausur muss als eher schwer eingestuft werden. 119

Fall 12. Doktor Schmurzel in Nöten
Die mittelschwere Klausur behandelt einen bunten Querschnitt aus Allgemeinem Teil (§ 138), Allgemeinem Schuldrecht (Formvorschriften, Wegfall der Geschäftsgrundlage) und Bereicherungsrecht (Leistungskondiktionen). Eine eigenständige Herausforderung liegt dabei im Verständnis der Interessenlagen der Beteiligten. 137

Fall 13. Knabe Eugen mit Krawattennadel
Der Fall behandelt ein schwieriges Problem der Alternativität des Vindikationsanspruchs aus § 985 mit einem daneben zur Wahl stehenden, aber von der Genehmigung einer nichtberechtigten Verfügung abhängigen Anspruch aus § 816 I 1. Den Weg zu diesem Problem muss man sich erst durch eine Weichenstellung bei der Frage des gutgläubigen Erwerbs vom Minderjährigen und durch

die Erörterung weiterer Anspruchsgrundlagen freischaufeln, die mit § 985 sowie mit § 816 I 1 konkurrieren könnten. Der Fall ist in jedem Sinne des Wortes „anspruchsvoll“ und auf die volle Dauer einer Examensklausur angelegt. Und diese Zeit braucht man. 151

Fall 14. Adelens trickreicher Spaziergang
Diese Klausur ist nur mit ausgeprägten und ausgereiften Kenntnissen im Bereicherungsrecht zu lösen. Sie behandelt schwierige Fragen der Leistungskondiktion. Im Mittelpunkt stehen die Anfechtung und die Nachholung einer Leistungszweckbestimmung, insbesondere die Umwidmung einer ursprünglichen Drittleistung auf fremde Schuld in eine Eigenleistung auf vermeintlich eigene Schuld. Zudem verlangt die Würdigung des Sachverhalts ein gutes Einfühlungsvermögen in die Sichtweise und Interessen der drei Parteien. 165

Fall 15. Monsieur Jacques im Morgenmantel
Die Aufgabenstellung dieser im Kern bereicherungsrechtlichen Klausur stellt die Kondiktion wegen Misserfolgs (condictio ob rem) nach § 812 I 2 Alt. 2 in den Mittelpunkt, deren Verständnis und Anwendung erfahrungsgemäß den Studenten oft schwer fällt. Zudem spielt beim Inhalt und Umfang des Bereicherungsanspruchs der bekannte Streit „Gewinnherausgabe oder Wertersatz“ eine Rolle, der nun allerdings zum bereicherungsrechtlichen Standardwissen jedenfalls von Examenskandidaten gehört. Die Klausur ist als schwer und anspruchsvoll einzustufen. Sie ist mit einem schlichten juristischen Subsumtionsgemüt kaum zu bewältigen, sondern erfordert vertieftes rechtswissenschaftliches Wissen und Verständnis. Sie bewegt sich aber ohne weiteres im Rahmen des Pflichtfachstoffes der Ausbildung für die Erste Juristische Prüfung. 179

Sachverzeichnis 195

Hinweis: Nicht näher bezeichnete Paragrafen sind solche des BGB.

Abkürzungsverzeichnis

a. A.	andere(r) Ansicht
abl.	ablehnend(er)
ABl	Amtsblatt
ABlEG	Amtsblatt der Europäischen Gemeinschaften
Abs.	Absatz
AcP	Archiv für die civilistische Praxis
a. E.	am Ende
AEUV	Vertrag über die Arbeitsweise der Europäischen Union
a. F.	alte Fassung
AG	Aktiengesellschaft
Allg.	Allgemeiner
Alt.	Alternative
Anm.	Anmerkung
arg. e	Argument aus
Art.	Artikel
AT	Allgemeiner Teil
Aufl.	Auflage
BankR	Bankrecht
BB	Betriebs-Berater
Bd.	Band
BeckRS	Beck-Rechtsprechung
Begr.	Begründer
BGB	Bürgerliches Gesetzbuch
BGH	Bundesgerichtshof
BGHZ	Entscheidungen des BGH in Zivilsachen
BT	Besonderer Teil
BT-Drs.	Bundestagsdrucksache
Bürgerl.	Bürgerlichen
bzw.	beziehungsweise
c. i. c.	culpa in contrahendo
ders.	derselbe
d. h.	das heißt
dies.	dieselbe(n)
EBV	Eigentümer-Besitzer-Verhältnis
eG	eingetragene Genossenschaft
EG	Europäische Gemeinschaften
Einf.	Einführung
etc.	et cetera
EU	Europäische Union
EuGH	Europäischer Gerichtshof
EUV	Vertrag über die Europäische Union
EWiR	Entscheidungen zum Wirtschaftsrecht
f.	folgende/r (Seite, Paragraf)/für
FamRZ	Zeitschrift für das gesamte Familienrecht
ff.	folgende (Seiten, Paragrafen)
Fn.	Fußnote(n)

GBO .... Grundbuchordnung
GbR .... Gesellschaft bürgerlichen Rechts
GoA .... Geschäftsführung ohne Auftrag
grdl. .... grundlegend

Halbb. .... Halbband
Hdb. .... Handbuch
HGB .... Handelsgesetzbuch
h. M. .... herrschende Meinung
Hrsg. .... Herausgeber
Hs. .... Halbsatz

insb. .... insbesondere
i. S. .... im Sinne
i. S. d. .... im Sinne des/der
i. V. m. .... in Verbindung mit

JA .... Juristische Arbeitsblätter
JR .... Juristische Rundschau
JuS .... Juristische Schulung
JW .... Juristische Wochenschrift
JZ .... Juristenzeitung

KG .... Kommanditgesellschaft auf Aktien
KGaA .... Kommanditgesellschaft

lit. .... litera (Buchstabe)
LKW .... Lastkraftwagen
LM .... Nachschlagewerk des Bundesgerichtshofs (Lindenmaier-Möhring)
LMK .... Kommentierte BGH-Rechtsprechung (Lindenmaier-Möhring)

MittBayNot .... Mitteilungen des Bayerischen Notarvereins
m. N. .... mit Nachweisen
MüKoBGB .... Münchener Kommentar zum Bürgerlichen Gesetzbuch
MüKoHGB .... Münchener Kommentar zum Handelsgesetzbuch
m. w. N. .... mit weiteren Nachweisen

NJW .... Neue Juristische Wochenschrift
NJW-RR .... NJW-Rechtsprechungs-Report
Nr(n). .... Nummer(n)
NZI .... Neue Zeitschrift für das Recht der Insolvenz und Sanierung

o. .... oben
OHG .... Offene Handelsgesellschaft
OLG .... Oberlandesgericht

p. a. .... per annum
PKW .... Personenkraftwagen

RG .... Reichsgericht
RGZ .... Entscheidungen des RG in Zivilsachen
Rn. .... Randnummer(n)
Rs. .... Rechtssache
Rspr. .... Rechtsprechung

s. .... siehe
S. .... Seite(n) / Satz
SachenR .... Sachenrecht

SchuldR	Schuldrecht
Slg.	Sammlung (der Rechtsprechung des EuGH)
sog.	sogenannte(n/m/r)
StGB	Strafgesetzbuch
StVG	Straßenverkehrsgesetz
u. U.	unter Umständen
Urt.	Urteil
v.	von
VersR	Zeitschrift für Versicherungsrecht, Haftungs- und Schadensrecht
vgl.	vergleiche
Vorbem.	Vorbemerkung
z. B.	zum Beispiel
ZGS	Zeitschrift für das gesamte Schuldrecht
ZIP	Zeitschrift für Wirtschaftsrecht
zit.	zitiert
ZVertriebsR	Zeitschrift für Vertriebsrecht
zust.	zustimmend(er)

Literaturverzeichnis und Literaturempfehlungen

Batsch, Anmerkung zu BGH, Urteil vom 30.11.1971 – VI ZR 100/70, NJW 1972, 818

Baur/Stürner, Sachenrecht, 18. Aufl. 2009

Bayer, Der Vertrag zugunsten Dritter, 1995

Bayreuther/Arnold, Der praktische Fall – Bürgerliches Recht: Rückabwicklung einer rechtsgrundlosen Verfügung durch einen minderjährigen Nichtberechtigten, JuS 2003, 769

Bender, Probleme des Konsumentenkredits, NJW 1980, 1129

Brandenburg, Die Haftung des Gesellschafters im Luftverkehr – BGH LM § 708 Nr. 1a, JuS 1974, 16

Braun, Gutgläubiger Erwerb vom Minderjährigen gem. §§ 107, 932 BGB, Jura 1993, 459

Brehm, Allgemeiner Teil des BGB, 6. Aufl. 2008

Brox/Walker, Allgemeiner Teil des BGB, 44. Aufl. 2020

Brox/Walker, Allgemeines Schuldrecht, 44. Aufl. 2020

Brox/Walker, Besonderes Schuldrecht, 44. Aufl. 2020

Brox/Henssler, Handelsrecht, 23. Aufl. 2020

Bülow, Recht der Kreditsicherheiten, 9. Aufl. 2017

v. Caemmerer, Leistungsrückgewähr bei gutgläubigem Erwerb, Festschrift Gustav Boehmer, 1954, S. 145

v. Caemmerer, Irrtümliche Zahlung fremder Schulden, Festschrift Hans Dölle, Bd. I, 1963, S. 135

Canaris, Der Bereicherungsausgleich im Dreipersonenverhältnis, Festschrift Karl Larenz, 1973, S. 799

Canaris, Schranken der Privatautonomie zum Schutze des Kreditnehmers, ZIP 1980, 709

Canaris, Der Bereicherungsausgleich im bargeldlosen Zahlungsverkehr, WM 1980, 354

Canaris, Das Verhältnis der §§ 994 ff. BGB zur Aufwendungskondition nach § 812 BGB – Zugleich eine Besprechung der Entscheidung des BGH vom 29.9.1995 – V ZR 130/94, JZ 1996, 344

Dauner-Lieb, Kein Kostenersatz bei Selbstvornahme des Käufers – Roma locuta, causa finita!?, ZGS 2005, 169

Dehner, Die Entwicklung des Maklerrechts seit 1994, NJW 1997, 18

Deutsch, Abschied von der culpa in concreto? – BGH VersR 1960, 802 und BGHZ 43, 313, JuS 1967, 496

Denck, Bezahlung fremder Schulden aus sozialrechtlicher Sicht (Zugleich zu BGH, 15.5.1986 – VII ZR 274/85 = JZ 1987, 148), JZ 1987, 127

Ebert, Das Recht des Verkäufers zur zweiten Andienung und seine Risiken für den Käufer, NJW 2004, 1761

Eichelberger/Zentner, Tiere im Kaufrecht, JuS 2009, 201

Emmerich, Das Recht der Leistungsstörungen, 6. Aufl. 2005

Erman, W., Verlängerter Eigentumsvorbehalt und Globalzession, BB 1959, 1109

Esser, Schuldrecht – Allgemeiner und Besonderer Teil, 2. Aufl. 1960

Faust, BGH: Unternehmer trotz fehlender Gewinnerzielungsabsicht – Mängelvermutung bei Tierkrankheiten – Anmerkung zu BGH, Urteil vom 29.3.2006 – VIII ZR 173/05, LMK 2006, 185484

Fellert, Die Beweislastumkehr des § 476 BGB im Lichte der aktuellen Rechtsprechung des EuGH, JA 2015, 818

Fikentscher/Heinemann, Schuldrecht, 11. Aufl. 2017

Fischinger, Einführung ins Factoring, JA 2005, 651

Flume, Zum Bereicherungsausgleich bei Zahlungen in Drei-Personen-Verhältnissen, NJW 1991, 2521

Frank, Anwendbarkeit des § 281 BGB auf den verschärft haftenden Bereicherungsschuldner – BGHZ 75, 203, JuS 1981, 102

Geigel, Anmerkung zu BGH, Urteil vom 3.2.1954 – VI ZR 153/52, JZ 1954, 507

Gitter, Anmerkung zu BGH, Urteil vom 12.6.1973 – VI ZR 163/71, JR 1974, 152

Grigoleit/Riehm, Der mangelbedingte Betriebsausfallschaden im System des Leistungsstörungsrechts, JuS 2004, 745

Grunewald, Kaufrecht, Handbuch des Schuldrechts, Bd. 6, 2006 (zit.: *Grunewald* KaufR-HdB)

Grunsky, Bereicherungsansprüche bei rechtsgrundloser Verfügung eines Nichtberechtigten, JZ 1962, 207

Grunsky, Die Rückwirkung der Genehmigung und ihr Verhältnis zu § 816 Abs. 1 S. 1, JZ 1961, 119

Hackl, Äquivalenzstörung und Sittenwidrigkeit, BB 1977, 1412

Hager, G., Grundfälle zur Systematik des Eigentümer-Besitzerverhältnisses und der bereicherungsrechtlichen Kondiktionen, JuS 1987, 877

Hager, J., Das Mitverschulden von Hilfspersonen und gesetzlichen Vertretern des Geschädigten, NJW 1989, 1640

Hähnchen, S., Notwendige und nützliche Verwendungen im Eigentümer-Besitzer-Verhältnis, JuS 2014, 977

Halfmeier, Inhalt des Kondiktionsanspruchs und Wegfall der Bereicherung, JA 2007, 492

Heck, Grundriß des Schuldrechts, 1929

Heck, Grundriß des Sachenrechts, 1930

Heckschen, Die Formbedürftigkeit mittelbarer Grundstücksgeschäfte, 1987

Henssler, Risiko als Vertragsgegenstand, 1994

Herresthal/Riehm, Die eigenmächtige Selbstvornahme im allgemeinen und besonderen Leistungsstörungsrecht, NJW 2005, 1457

Hohloch, Anmerkung zu BGH, Urteil vom 2.11.1982 – VI ZR 32/81, JR 1983, 242

Hommelhoff/Stüsser, Übungsklausur Zivilrecht: Die unterschlagenen Tanzmäuse – Verfügungen eines minderjährigen Nichtberechtigten, Jura 1985, 654

Hüffer, Die Eingriffskondition, JuS 1981, 263

Jakobs, H. H., lucrum ex negotiatione – Kondiktionsrechtliche Gewinnhaftung in geschichtlicher Sicht, 1993

Joost, Zuwendungen unter Ehegatten und Bereicherungsausgleich nach der Scheidung, JZ 1985, 10

Jork, Factoring, verlängerter Eigentumsvorbehalt und Sicherungsglobalzession in Kollisionsfällen, JuS 1994, 1019

Kaduk, Fragen zur Zulässigkeit von Verfügungen zugunsten eines Dritten, Festschrift Karl Larenz, 1983, S. 303

Katzenstein, M., Grund und Grenzen des Bereicherungsausgleichs bei eigenmächtiger Selbstvornahme der Nacherfüllung, ZGS 2005, 184

Katzenstein, Bereicherungsausgleich bei eigenmächtiger „Selbsterfüllung" schuldrechtlicher Ansprüche – Zugleich eine Anmerkung zu BGH, Urteil vom 23.2.2005 – VIII ZR 100/04, ZGS 2005, 305

Keuk, Anmerkung zu BGH, Urteil vom 9.3.1972 – VII ZR 178/70, JZ 1972, 528

Kindl, Das Eigentümer-Besitzer-Verhältnis – Schadensersatz und Nutzungen, JA 1996, 115

Klinke, Causa und genetisches Synallagma – Zur Struktur der Zuwendungsgeschäfte, 1983

Klinkhammer/Ranke, Hauptprobleme des Hypothekenrechts – Eine Zusammenstellung examensrelevanter Fallkonstellationen, JuS 1973, 665

Kluckhohn, Die Verfügungen zugunsten Dritter, 1914

Klunzinger, Grundzüge des Gesellschaftsrechts, 16. Aufl. 2012

Köbl, Das Eigentümer-Besitzer-Verhältnis im Anspruchssystem des BGB, 1971 (zit.: *Köbl* EBV)

Köhler, H., BGB Allgemeiner Teil, 44. Aufl. 2020

Kötter, Zur Rechtsnatur der Leistungskondiktion, AcP 153 (1954), 193

Koppensteiner/Kramer, Ungerechtfertigte Bereicherung, 2. Aufl. 1988

Kress, Lehrbuch des Allgemeinen Schuldrechts, 1929 (unveränderter Neudruck 1974)

Krumm, Ansprüche des Kreditinstitutes bei fehlerhafter Ausführung von (An-)Weisungen des Kunden im Zahlungsverkehr, WM 1990, 1609

Küper, Anmerkung zu BGH, Urteil vom 15.5.1986 – VII ZR 274/85, JA 1986, 606

Küster, Ausgleichspflicht ohne eigene Haftpflicht? – Über die Bedeutung der Haftpflichtbeschränkung für die Ausgleichspflicht, AcP 148 (1943), 309

Lange, Die Auswirkungen der Haftungserleichterung nach BGB § 1664 Abs. 1 auf den Schadensersatzanspruch des Kindes gegenüber dem außenstehenden Dritten, JZ 1989, 48

Larenz, Lehrbuch des Schuldrechts Allgemeiner Teil, 14. Aufl. 1987

Larenz, Lehrbuch des Schuldrechts Besonderer Teil, 12. Aufl. 1981

Larenz, Lehrbuch des Schuldrechts Besonderer Teil, Bd. 2, 1. Halbb., 13. Aufl. 1986 (zit.: *Larenz* SchuldR BT I)

Larenz, Methodenlehre der Rechtswissenschaft, 6. Aufl. 1991

Larenz, Zum Haftungsprivileg des § 708 BGB, Festschrift Harry Westermann, 1974, S. 299

Larenz, Zur Bedeutung des „Wertersatzes" im Bereicherungsrecht, Festschrift Ernst v. Caemmerer, 1978, S. 209

Larenz/Canaris, Lehrbuch des Schuldrechts Besonderer Teil, Bd. 2, 2. Halbb., 13. Aufl. 1994 (zit.: *Larenz/Canaris* SchuldR BT II)

Larenz/Canaris, Methodenlehre der Rechtswissenschaft, Studienausgabe, 3. Aufl. 1995

Leible/Sosnitza, Grundfälle zum Recht des Eigentumsvorbehalts, JuS 2001, 449

Lerach, Anspruch des Käufers auf Verwendungsersatz nach § 347 II 1 BGB bei Selbstvornahme der Mängelbeseitigung, JuS 2008, 953

Liebs, Bereicherungsanspruch wegen Mißerfolgs und Wegfall der Geschäftsgrundlage, JZ 1978, 697

Löhnig/Würdinger, Zum Phishingrisiko: Bereicherungsausgleich und Stornierungsrecht nach Nr. 8 Abs. 1 AGB-Banken, WM 2007, 961

Looschelders, Schuldrecht Besonderer Teil, 11. Aufl. 2016

Looschelders/Benzenberg, Reichweite der Beweislastumkehr beim Verbrauchsgüterkauf, VersR 2005, 233

Lorenz, S., Rücktritt, Minderung und Schadensersatz wegen Sachmängeln im neuen Kaufrecht: Was hat der Verkäufer zu vertreten?, NJW 2002, 2497

Lorenz, S., Selbstvornahme der Mängelbeseitigung im Kaufrecht, NJW 2003, 1417

Lorenz, S., Voreilige Selbstvornahme der Nacherfüllung im Kaufrecht: Der BGH hat gesprochen und nichts ist geklärt, NJW 2005, 1321

Lorenz, S., Grundwissen – Zivilrecht: Das Eigentümer-Besitzer-Verhältnis, JuS 2013, 495

Lorenz, S./Cziupka, Grundwissen – Zivilrecht: Bereicherungsrecht – Grundtypen der Kondiktionen, JuS 2012, 777

Lüke, Grundfragen des Zessionsrechts, JuS 1995, 90

Mankowski, Die Anspruchsgrundlage für den Ersatz von Mangelfolgeschäden (Integritätsschäden), JuS 2006, 481

Martinek, Anmerkung zu BGH, Urteil vom 15.5.1986 – VII ZR 274/85, EWiR 1986, 781

Martinek, Der Maklervertrag als wucherähnliches Geschäft? – Vorschlag für einen Paradigmenwechsel bei der Sittenwidrigkeitskontrolle von Maklerverträgen, JZ 1994, 1048

Martinek/Theobald, Grundfälle zum Recht der Geschäftsführung ohne Auftrag, JuS 1997, 612, 805, 992 sowie JuS 1998, 27

Marx, Fallstricke in Pferderechtsprozessen seit Abschaffung des Viehgewährleistungsrechts, NJW 2010, 2839

Medicus, Allgemeiner Teil des BGB, 11. Aufl. 2016

Medicus, Durchblick – Die Akzessorietät im Zivilrecht, JuS 1971, 497

Medicus, Haftungsbefreiung und Gesamtschuldnerausgleich, JZ 1967, 398

Medicus, Die Forderung als „sonstiges Recht" nach § 823 Abs. 1 BGB?, Festschrift Erich Steffen, 1995, S. 333

Medicus/Lorenz, Schuldrecht I: Allgemeiner Teil, 21. Aufl. 2015

Medicus/Lorenz, Schuldrecht II: Besonderer Teil, 18. Aufl. 2018

Medicus/Petersen, Bürgerliches Recht, 27. Aufl. 2019

Meier, Das subjektive System der Geschäftsführung ohne Auftrag, Diss. Marburg, 2019

Mincke, Forderungsrechte als „sonstige Rechte" i. S. d. § 823 Abs. 1 BGB, JZ 1984, 862

Müller, Der Bereicherungsausgleich bei Fehlleistungen des Kreditinstituts im bargeldlosen Überweisungsverkehr, WM 2010, 1293

Müller-Christmann/Schnauder, Wertpapierrecht, 1992

Neuner, Allgemeiner Teil des Bürgerlichen Rechts, 12. Aufl. 2020

Oechsler, Praktische Anwendungsprobleme des Nacherfüllungsanspruchs, NJW 2004, 1825

Oechsler, Kein Ersatz ersparter Verkäuferaufwendungen im Falle der eigenmächtigen Mangelbeseitigung durch den Käufer – Anmerkung zu BGH, Urteil vom 23.2.2005 – VIII ZR 100/04, LMK 2005, 81

v. Olsenhausen, Rechtsschein oder „Rosinentheorie" oder Vom guten und vom schlechten Tropfen, AcP 189 (1989), 223

Omlor, Anmerkung zu BGH, Urteil vom 20.9.2004 – II ZR 318/02, JA 2005, 163

Omlor, Anmerkung zu BGH, Urteil vom 23.2.2005 – VIII ZR 100/04, JA 2005, 563

Omlor, Anmerkung zu BGH, Urteil vom 14.9.2005 – VIII ZR 363/04, JA 2006, 163

Omlor, Der neue Verbraucherbauvertrag, Mitgliedstaatliche Konzeption in unionsrechtlichem Rahmen, NJW 2018, 817

Otte, Schadensersatz nach § 823 I BGB wegen Verletzung der „Forderungszuständigkeit"?, JZ 1969, 253

Peters, Die Erstattung rechtsgrundloser Zuwendungen, AcP 205 (2005), 159

Picker, Der deliktische Schutz der Forderung als Beispiel für das Zusammenspiel von Rechtszuweisung und Rechtsschutz, Festschrift Claus-Wilhelm Canaris, Bd. I, 2007, S. 1001

Pinger, Funktion und dogmatische Einordnung des Eigentümer-Besitzer-Verhältnisses, 1973

Prölss, Haftungsausschluß und Schadensausgleich – BGHZ 35, 317, JuS 1966, 400

Prütting, Sachenrecht, 37. Aufl. 2020

Recker, Schadensersatz statt der Leistung – oder: Mangelschaden und Mangelfolgeschaden, NJW 2002, 1247

Reinicke/Tiedtke, Kreditsicherung, 5. Aufl. 2006

Reuter, Das Maklerrecht als Sonderrecht der Maklertätigkeit – Versuch einer dogmatischen Ortsbestimmung, NJW 1990, 1321

Reuter, Pferdeauktion und Verbrauchsgüterkauf, ZGS 2005, 88

Reuter/Martinek, Ungerechtfertigte Bereicherung, 1983

Reuter/Martinek, Ungerechtfertigte Bereicherung, 2. Teilband *(Reuter),* 2016

Rimmelspacher, Kreditsicherungsrecht, 2. Aufl. 1987

Ring/Grziwotz/Kreukenschrijver (Hrsg.), NomosKommentar BGB, Sachenrecht, Bd. 3, 4. Aufl. 2016 (zit.: NK-BGB/*Bearbeiter*)

Roth, Das Eigentümer-Besitzer-Verhältnis, JuS 2003, 937

Roth, § 476 BGB – Gesetzliche Haltbarkeitsgarantie? – Zugleich Besprechung von BGH, Urteil vom 2.6.2004 – VIII ZR 329/03, ZIP 2004, 2025

Roth, Gedanken zur Gewinnhaftung im Bürgerlichen Recht, Festschrift Hubert Niederländer, 1991, S. 363

Rothoeft, Vermögensverlust und Bereicherungsausgleich, AcP 163 (1964), 215

Säcker/Rixecker, Münchener Kommentar zum Bürgerlichen Gesetzbuch, 8. Aufl. 2019 ff. (zit.: MüKoBGB/*Bearbeiter*)

Saenger/Veltmann, § 476 BGB – Gesetzliche Haltbarkeitsgarantie? – Zugleich Besprechung der BGH-Entscheidung, Urteil vom 2.6.2004 – VIII ZR 329/03 = BGHZ 159, 215, ZGS 2005, 450

Schäfer/Steinkampf, Das Vorkaufsrecht in langfristigen Mietverträgen, Spannungsverhältnis zwischen § 311b und § 550 BGB, NZM 2005, 48

Schimansky/Bunte/Lwowski (Hrsg.), Bankrechts-Handbuch, 5. Aufl. 2017 (zit.: *Schimansky/Bunte/Lwowski* BankR-HdB)

Schlechtriem/Schmidt-Kessel, Schuldrecht Allgemeiner Teil, 6. Aufl. 2005

Schlechtriem, Schuldrecht Besonderer Teil, 6. Aufl. 2003

Schlemminger, Risiken bei Vorkaufsrechtsklauseln in Miet- und Pachtverträgen, NZM 1999, 890

Schlosser, P., Bereicherungsausgleich bei unentgeltlichen sowie rechtsgrundlosen Verfügungen eines Nichtberechtigten – BGHZ 37, 363, JuS 1963, 141

Schmidt, K., Handelsrecht, Unternehmensrecht I, 6. Aufl. 2014

Schmidt, K., Münchener Kommentar zum Handelsgesetzbuch, 5. Aufl. 2021 (zit.: MüKoHGB/*Bearbeiter*)

Schmidt, K., Rechtsprechungsübersicht – Kein bereicherungsrechtlicher Ausgleich zwischen Eigentümer und nichtberechtigtem Besitzer, JuS 1996, 359

Schmidt, K., Anmerkung zu BGH, Urteil vom 15.5.1986 – VII ZR 274/85, JuS 1987, 142

Schnauder, Wider das Dogma vom Empfängerhorizont, NJW 1999, 2841

Scholz, Sittenwidriger Ratenkredit mit absolutem Zinsunterschied von 12 %-Punkten, BB 1990, 1658

Schreiber, K., Neutrale Geschäfte Minderjähriger (§ 107 BGB), Jura 1987, 221

Schubert, W., Der Tatbestand der Geschäftsführung ohne Auftrag, AcP 178 (1978), 425

Schubert, W., Anmerkung zu BGH, Urteil vom 11.10.1979 – VII ZR 285/78, JR 1980, 199

Schünemann, Generalklausel und Regelbeispiele, JZ 2005, 27

Schwab, K. M., Neues zum gestörten Gesamtschuldnerausgleich – BGH, NJW 1988, 2667, JuS 1991, 18

Schwerdtner, Rechtswirksamkeit eines „Leihmutter“-Vertrages, JA 1986, 261

Sedatis, Einführung in das Wertpapierrecht, 1988

Sieg, Anmerkung zu BGH, Urteil vom 29.10.1968 – VI ZR 137/67, JZ 1969, 263

Soergel (Begr.)/*Siebert* (Hrsg.), Bürgerliches Gesetzbuch mit Einführungsgesetz und Nebengesetzen, 12. Aufl. 1991 ff. (zit.: Soergel/*Bearbeiter*)

Söllner, Der Bereicherungsanspruch wegen Nichteintritts des mit einer Leistung bezweckten Erfolges, AcP 163 (1963), 20

Staake, Die Bestimmung des Leistenden im Bereicherungsrecht – Zugleich eine Besprechung von BGH, Urteil vom 21.2.2004, WM 2005, 2120

Staudinger, Kommentar zum Bürgerlichen Gesetzbuch mit Einführungsgesetz und Nebengesetzen, 1981 ff. (zit.: Staudinger/*Bearbeiter*)

Staudinger, Eckpfeiler des Zivilrechts, 7. Aufl. 2020 (zit.: Staudinger/*Bearbeiter* Eckpfeiler des Zivilrechts)

Stoll, Anmerkung zu BGH, Urteil vom 27.6.1961 – VI ZR 205/60, FamRZ 1962, 64

Stolte, Das Wahlrecht bei irrtümlicher Zahlung fremder Schulden – BGH-Urteil vom 15.5.1986 – VII ZR 274/85, Jura 1988, 246

Stürner (Hrsg.), Jauernig, Bürgerliches Gesetzbuch, 18. Aufl. 2021 (zit.: Jauernig/*Bearbeiter*)

Sundermann, Schadensausgleich bei Mitschädigung Minderjähriger durch Vernachlässigung der Aufsichtspflicht und elterliches Haftungsprivileg (§ 1664 Abs. 1 BGB), JZ 1989, 927

Teichmann/Weidmann, Paradigmenwechsel im Schadensersatzrecht durch die Schuldrechtsmodernisierung, Festschrift Walther Hadding, 2004, S. 287

Teuber/Melber, „Online-Auktionen" – Pflichten der Anbieter durch das Fernabsatzrecht, MDR 2004, 185

Theobald, Anmerkung zu BGH, Urteil vom 20.2.1997 – III ZR 81/96, JZ 1997, 1120

Thiele, Gesamtschuld und Gesamtschuldnerausgleich, JuS 1968, 149

v. Tuhr, Allgemeiner Teil des Deutschen Bürgerlichen Rechts II/1, 2. Aufl. 1957

Vieweg/Werner, Sachenrecht, 7. Aufl. 2015

Wall, Die Rechtsprechung des BGH zur „Selbstvornahme" im Kaufrecht – ein Beispiel für das Fortleben veralteter Argumentationsmuster, ZGS 2011, 166

Waltjen, Das Eigentümer-Besitzer-Verhältnis und Ansprüche aus ungerechtfertigter Bereicherung, AcP 175 (1975), 109

Weber, M., Bereicherungsansprüche wegen enttäuschter Erwartung? – Die condictio ob rem, JZ 1989, 25

Weber, R., Sachenrecht I, Bewegliche Sachen, 4. Aufl. 2016

Weitnauer, Die Leistung, Festschrift Ernst v. Caemmerer, 1978, S. 255

Wellenhofer, Sachenrecht, 35. Aufl. 2020

Wertenbruch, Die Besonderheiten des Tierkaufs bei der Sachmängelgewährleistung, NJW 2012, 2065

Westermann, H. P./Grunewald/Maier-Reimer (Hrsg.), Erman, Bürgerliches Gesetzbuch, 16. Aufl. 2020 (zit.: Erman/*Bearbeiter*)

Westermann, H. P./Gursky/Eickmann, Sachenrecht, 8. Aufl. 2011

Wieling/Finkenauer, Sachenrecht, 6. Aufl. 2020

Wiethölter, Anmerkung zu BGH, Urteil vom 12.7.1962 – VII ZR 28/61, JuS 1963, 286

Wilhelm, Sachenrecht, 6. Aufl. 2019

Windbichler, Gesellschaftsrecht, 24. Aufl. 2017

Wolff/Raiser, Sachenrecht, 10. Aufl. 1957

Zeranski, Prinzipien und Systematik des gutgläubigen Erwerbs beweglicher Sachen, JuS 2002, 340

Fall 1. Mausbäuchls tödlicher Kronleuchter

Im Mittelpunkt des mittelschweren Klausurfalles stehen die Unterschiede und Grenzen zwischen der vertraglichen und der deliktischen Schadensersatzhaftung. Sie werden bei der dienstvertraglichen Spezialhaftung des Dienstherrn für unterlassene Schutzmaßnahmen besonders sinnfällig. Daneben ist den Grundlagen und den Voraussetzungen der „analogen Anwendung" einer Rechtsvorschrift besondere Aufmerksamkeit zu widmen.

A. Sachverhalt

Der Privatier *Mausbäuchl (M)* bestellt bei Schneidermeister *Böckel (B)* in dessen Atelier einen samtbesetzten Wintermantel zur Maßanfertigung. Er hat das benötigte Material weitgehend selbst besorgt und bringt die in London eigenhändig ausgesuchten englischen Tuche gleich mit. Beim Maßnehmen wird eine Herstellungszeit von einem Monat verabredet. Als *B* empfiehlt, eine Woche vor der Fertigstellung noch eine Anprobe durchzuführen, lädt *M* – aufgrund seiner vielen Hobbies immer unter Termindruck – ihn in drei Wochen um fünf Uhr nachmittags zu sich in sein Privathaus ein; *B* solle für die Anprobe alles mitbringen. *B* stimmt zu, denn er hat schon öfter Anproben bei Kunden zu Hause durchgeführt. Drei Wochen später um vier Uhr nachmittags befestigt die Haushälterin *Hannchen (H)* – wie schon so oft – den frisch polierten Kronleuchter an der Decke in *Ms* Arbeitszimmer. Abgelenkt durch den herumtollenden Knaben *Eugen (E),* der an *Hs* Leiter rüttelt, versäumt sie es, die Sicherungsvorrichtung der Deckenbefestigung einzuklinken. Sie hält irrigerweise den Kronleuchter für sicher befestigt und räumt die Leiter wieder weg. *H* war von *M* gewissenhaft ausgesucht und immer streng beaufsichtigt worden. Sie ist in der Stadt als absolut zuverlässige „Perle" bekannt und hat sich nie etwas zuschulden kommen lassen.

Wenig später findet im Arbeitszimmer die verabredete Anprobe statt. Dabei steht Schneidermeister *B* genau unter dem Kronleuchter. Der halbfertige Mantel klemmt unter den Armen des *M. B* steckt gerade die Ärmel neu ab, als der Kronleuchter heruntersaust und ihm den Schädel spaltet. „Zur rechten sieht man wie zur linken ..."; *B* ist auf der Stelle tot.

Die schwangere *Witwe (W) des B,* ihr dreijähriger *Sohn (S)* und das noch nicht geborene *Kind (K),* die durch den Tod des Gatten und Vaters den Ernährer verloren haben, halten *M* für den „Arbeitsunfall" des *B* für verantwortlich „wie ein Dienstherr" und verlangen von ihm lebenslange monatliche Unterhaltszahlungen (Unfallrente), jeweils für drei Monate im Voraus. Daneben verlangen sie von *M* Schmerzensgeld. Zu Recht?

B. Gutachtliche Überlegungen

I. Deliktische Anspruchsgrundlagen

Die Fallfrage, nach der *W, S* und *K* lebenslange Unterhaltszahlungen und Schmerzensgeld von *M* verlangen (*H* bleibt aus dem Spiel), lenkt den Blick auf das Recht

Privatier Mausbäuchl

der unerlaubten Handlungen, denn dem Vertragsrecht sind solche Ansprüche Dritter grundsätzlich fremd. Sucht man im Deliktsrecht der §§ 823 ff. eine zu den gewünschten Rechtsfolgen passende Vorschrift, so stößt man zuerst auf § 844 II. Der dort vorgesehene Ersatzanspruch von Unterhaltsberechtigten bei Tötung des Unterhaltspflichtigen steht nach S. 2 auch einem Kind im Mutterleib *(nasciturus)* zu und kann sich aufgrund der Verweisung in S. 1 auf §§ 843 II 1, 760 II auf die begehrte, quartalsweise im Voraus zu zahlende Unterhaltsrente richten. Für das verlangte Schmerzensgeld ist § 253 II heranzuziehen. Weder § 844 II noch § 253 II sind jedoch vollständige Anspruchsgrundlagen. § 844 II regelt nur die Rechtsfolgen, die von der Verwirklichung eines Deliktstatbestandes abhängen („im Falle der Tötung"); § 253 II ist eine Norm des Schadensrechts. Deshalb muss die Suche weitergehen.

Als deliktsrechtlicher Tatbestand drängt sich zuerst die Verrichtungsgehilfenhaftung nach §§ 831 I, 823 I auf, also eine Haftung aus vermutetem Verschulden des *M* bei der Auswahl, Anleitung oder Überwachung seiner Haushälterin *H.* Der Sachverhalt lässt jedoch keinen Zweifel daran, dass dem *M* der Exkulpationsbeweis nach § 831 I 2 gelingt, so dass die drei Familienmitglieder sich im Ergebnis nicht auf § 831 zu stützen vermögen. Des Weiteren ist an die Haftung des Grundstücksbesitzers aus § 836 I für den herabgestürzten Leuchter zu denken. Indes belehrt eine Besinnung auf den Zweck dieser Vorschrift, die nur spezifische Bauwerkschäden abdecken will, dass der Kronleuchter nicht als ein „Gebäude- oder Werkteil" anzusehen ist. Aus dem Grundtatbestand des § 823 I könnte sich ein Schadensersatzanspruch gegen *M* unter dem Gesichtspunkt der Verletzung einer Verkehrssicherungspflicht ergeben. Zwar besteht keine generelle Verantwortlichkeit für jedermann, Rechtsgüter Dritter zu schützen.[1] Es wurden indes umgrenzte Fallgruppen entwickelt, die eine solche Verkehrssicherungspflicht begründen. Zu diesen gehört vor allem die Schaffung und Unterhaltung einer Gefahrenquelle:[2] Derjenige, der eine Gefahrenquelle eröffnet und demnach auf die Rechtspositionen anderer einwirkt (bzw. einwirken kann), hat auch Sorge dafür zu tragen, dass sich diese Gefahren nicht realisieren. Es ist daher vertretbar anzunehmen, dass mit der Verlegung der Anprobe in die Wohnung von *M* und mit der dadurch entstandenen Möglichkeit, auf Rechte und Rechtsgüter von

---

1 BeckOGK/*Spindler,* 1.2.2021, BGB § 823 Rn. 393.
2 *BGH* NJW 1997, 2517 (2519); *BGH* NJW 1968, 1182.

B einzuwirken, eine Verkehrssicherungspflicht des *M* begründet wurde.[3] Diesem Ergebnis kann nicht entgegenstehen, dass die Anproben üblicherweise in den Geschäftsräumen des Schneiders stattfinden und den *M* daher nicht zu besonderen Vorkehrungen zur Schadensverhinderung verpflichten können. Diese Überlegung würde den deliktischen Schutz für *B* zu weit einschränken.

Mit der Bejahung einer Verkehrssicherungspflicht geht indes zugleich auch die Verneinung der Verletzung dieser Verkehrssicherungspflicht sowie des Verschuldens des *M* einher. Mit der Übertragung der Aufgabe auf eine zuverlässige Haushälterin *H,* die vom Kronleuchter ausgehenden Gefahren auszuschließen, hat sich *M* dieser Aufgabe in zulässiger Weise entledigt. Es liegt demzufolge kein Verstoß gegen eine Verkehrssicherungspflicht vor. Jedenfalls kann dem *M* kein Verschulden vorgeworfen werden. Eine Verschuldensvermutung, wie in § 280 Abs. I 2, findet im Rahmen von § 823 nicht statt. Vielmehr hat *M* eine zuverlässige Haushälterin *H* ausgesucht und demnach die im Verkehr erforderliche Sorgfalt beachtet (§ 276 II). Ebenso findet im Rahmen von § 823 I keine Verschuldenszurechnung nach §§ 278, 276 I statt. Der Anspruch aus § 823 I ist daher nicht erfüllt.

Der Klausurant bleibt bei seinen Vorüberlegungen deshalb letztlich ratlos, solange er sich allein im vertrauten Gefilde der §§ 823 ff. bewegt; hier stößt er überall früher oder später an Grenzen, die sowohl den Renten- wie auch den Schmerzensgeldanspruch scheitern lassen.

II. Dienstvertragliche Schutzmaßnahmenhaftung

Der letzte Absatz des Sachverhalts gibt jedoch mit den Wendungen vom „Arbeitsunfall" und der angeblichen Verantwortlichkeit des *M* „wie ein Dienstherr" einen „Wink mit dem Zaunpfahl" und lädt zu einer Erweiterung des bisher auf deliktsrechtliche Anspruchsgrundlagen beschränkten Blickfeldes ein. Könnte sich nicht doch im Vertragsrecht eine passende Anspruchsgrundlage finden? „Arbeitsunfall" und „Dienstherr" erinnern an das Dienstvertragsrecht der §§ 611 ff. Und dort stößt man in der Tat auf eine möglicherweise einschlägige Vorschrift: § 618! Die Verletzung der in § 618 I bezeichneten Pflicht zu Schutzmaßnahmen des Dienstherrn führt nach § 618 III zu Schadensersatzansprüchen, für deren Inhalt wiederum die §§ 844 II, 843 II und 760 Anwendung finden können. Dies könnte für *W, S* und *K* den Weg zu einer Unfallrente (allerdings nicht zu einem Schmerzensgeldanspruch) doch noch ebnen, wenn man bedenkt, dass *H* als Erfüllungsgehilfin des *M* nach § 278 in dessen Pflichtenkreis tätig gewesen sein und die Pflicht zu Schutzmaßnahmen leicht fahrlässig verletzt haben könnte. Im Rahmen der vertraglichen Haftung findet eine Verschuldenszurechnung statt.

Allerdings wird die Freude über den „Fund" der Anspruchsgrundlage gleich wieder getrübt, denn der Vertrag zwischen *M* und *B* über die Herstellung des Mantels ist als Anwendungsfall des § 651 („Werklieferungsvertrag") zu erkennen, so dass die dienstvertraglichen Vorschriften keine unmittelbare Anwendung finden können. Eine dem § 618 entsprechende Regelung sucht man im nach § 651 S. 1 Anwendung findenden Kaufrecht wie auch in den nach § 651 S. 3 anwendbaren Normen des Werkvertragsrechts vergeblich. In Betracht kommt aber eine *analoge Anwendung* des § 618 III auf den hier vorliegenden Vertrag. Es bedarf im Lichte des letzten Absatzes der Aufgabenstellung keines großen Fingerspitzengefühls, um in diesem Problem der analogen Anwendung, den hierzu erforderlichen Abwägungen und Begründungen die eigentliche Herausforderung der Klausur zu erkennen.

---

[3] Vergleichbarer Fall in der Entscheidung *BGH* v. 12.2.1968 – VI ZR 187/66 = NJW 1968, 1182.

III. Das Analogieproblem

Es gehört zum Anfängerstoff der zivilrechtlichen Vorlesungen und Arbeitsgemeinschaften, dass sich die Lebenssachverhalte selten als schlichte konkret-faktische Exemplifikation einer abstrakt-generellen Norm darstellen. Allenthalben kommt es bei den Subsumtionsvorgängen auf Wertentscheidungen, Abgrenzungen, systematische und teleologische Überlegungen an, weil begriffliche und definitorische Zuordnungen nicht weiterhelfen. Wo die Auslegung Grenzen setzt, kann eine Normanwendung im Wege der Gesetzes- oder Rechtsanalogie aussichtsreich sein. Unter einer *Gesetzesanalogie* versteht man die Übertragung der für einen Tatbestand im Gesetz aufgestellten Regel auf einen nicht gesetzlich geregelten, aber ähnlichen Tatbestand; bei einer *Rechtsanalogie* wird die für mehrere, untereinander ähnliche Tatbestände geltende Regel des Gesetzes auf einen ungeregelten, aber ähnlichen Tatbestand angewendet.[4] Grundlage der analogen Anwendung einer Rechtsvorschrift ist die Ähnlichkeit von geregeltem und ungeregeltem Tatbestand gerade in derjenigen Hinsicht, die für die Regel den maßgeblichen Wertungsgesichtspunkt bildet. Eine solche Wertungsgleichheit lässt es als eine unabweisbare Forderung der Gerechtigkeit erscheinen, das im Wesentlichen Gleichartige auch gleich zu behandeln und so die vorgefundene Regelungslücke im Einklang mit der gesetzlichen Wertentscheidung auszufüllen.

Der Klausurant ist im vorliegenden Fall dazu aufgerufen, sich darüber Gedanken zu machen, ob die Vorschrift des § 618 auf den zwischen *B* und *M* geschlossenen Vertrag im Wege der Gesetzesanalogie angewendet werden kann. Bei der Prüfung der analogen Anwendung einer Vorschrift empfiehlt es sich, die drei entscheidenden

Schneider Böckel

Fragen, mögen sie sich auch überschneiden, „schulmäßig“ der Reihenfolge nach zu untersuchen: Besteht eine Regelungslücke? Ist die in Betracht kommende Norm überhaupt analogiefähig? Besteht eine ausreichende Ähnlichkeit zwischen geregeltem und ungeregeltem Tatbestand? Es geht dabei nicht um eine Analogie zu *Abs. 1* dieser Vorschrift, der nur allgemeine, ohnehin bestehende (hier aus § 241 II fließende) Schutzpflichten zum Ausdruck bringt.[5] In Rede steht allein eine Analogie zu

---

[4] Vgl. *Larenz/Canaris* Methodenlehre S. 202 ff.

[5] Vgl. RGZ 80, 27; BGHZ 5, 62 (65).

Abs. 3 mit seiner Verweisung auf die deliktsrechtlichen Rechtsfolgen.[6] Nur hier besteht eine Regelungslücke im Bereich des auf den vorliegenden Vertrag nach § 651 anwendbaren Rechts. Für die Frage der Analogiefähigkeit des § 618 III muss man Argumente *pro* und *contra* sammeln.

Gegen eine Analogie könnte sprechen, dass § 618 III auf den ersten Blick als eine eng auszulegende Ausnahmevorschrift allein für Dienstverträge erscheint. Die Vorschrift räumt den lediglich mittelbar Geschädigten, nämlich den Hinterbliebenen des Dienstverpflichteten, vertragliche Schadensersatzansprüche auf eine Rente ein, nachdem der Dienstverpflichtete selbst aufgrund vertraglichen Verschuldens des Dienstherrn tödlich verunglückt ist; derartige Unfallrenten gewährt sonst nur das Deliktsrecht. Die Vorschrift durchbricht das sonst im BGB geltende Haftungssystem mit seiner scharfen Unterscheidung zwischen vertraglicher und außervertraglicher Haftung. Die Durchbrechung rechtfertigt sich offenbar dadurch, dass es dem Gesetzgeber höchst unbillig erschienen wäre, den Hinterbliebenen des tödlich verunglückten Dienstverpflichteten einen *vertraglichen* Schadensersatzanspruch allein deshalb zu versagen, weil sie selbst nicht Vertragspartner waren.[7] Ein *deliktischer* Anspruch scheitert ja vielfach – und auch hier – an der Entlastungsmöglichkeit des § 831 I 2 für den Verrichtungsgehilfen, die bei vertraglichen Ansprüchen aufgrund der Verschuldenszurechnung des § 278 keine Entsprechung findet.

Zugunsten einer Analogie spricht aber, dass die in § 618 III geregelte Sach- und Interessenlage auch in einem Verhältnis der vorliegenden Art gegeben sein kann, wenn der Unternehmer aufgrund seiner Vertragspflicht bei der Herstellung einer (beweglichen) Sache in Räumen oder mit Vorrichtungen des Bestellers zu arbeiten hat, die Gefahren für Leib und Leben mit sich bringen und die der Besteller (oder sein Erfüllungsgehilfe) nicht im Rahmen des Möglichen gefahrlos gestellt hat. Auch hier kann es zu einem tödlichen Unfall des Unternehmers kommen, der seine Hinterbliebenen ihres Ernährers beraubt. Deshalb ist § 618 III trotz seiner Sonderstellung nicht von vornherein einer analogen Anwendung auf rechtsähnliche Sachverhalte entzogen.[8] Die Regelung setzt auch kein besonderes persönliches Vertrauensverhältnis zwischen den Vertragspartnern voraus, denn sie gilt auch für Dienstverträge, wo ein solches völlig fehlt.[9]

Schließlich müssen die Argumente für und wider eine Ähnlichkeit von geregeltem und ungeregeltem Tatbestand aufgelistet und gewürdigt werden. Dabei liegt das Ergebnis einer ausreichenden Ähnlichkeit zur Rechtfertigung der Analogie zwar nicht bei jedem, aber doch bei dem vorliegenden „Werklieferungsvertrag" alles in allem wohl durchaus nahe.[10]

---

[6] Anders RGZ 159, 268, BGHZ 26, 365 (371); *OLG Saarbrücken* Urt. v. 18.3.2010 – 8 U 3/09, BeckRS 2010, 12745; *Looschelders* SchuldR BT § 31 IV 4 Rn. 653 S. 255, wo auch eine analoge Anwendung des § 618 I befürwortet wird; dagegen aber BGHZ 5, 62 (65).

[7] Vgl. zur Unanwendbarkeit des § 844 II auf die vertragliche Haftung im allgemeinen RGZ 112, 290 (296); BGHZ 5, 62 (63).

[8] Anders noch *RG* JR 1925 Nr. 247; anders (wie hier) aber RGZ 159, 268 (270 f.) und BGHZ 5, 62 (65), dort finden sich auch Ausführungen zu der wenig ergiebigen Entstehungsgeschichte des § 618 III.

[9] So auch RGZ 159, 268 (271) und BGHZ 5, 62 (67); BGHZ 16, 265 (268).

[10] So auch *Larenz/Canaris* Methodenlehre S. 202 ff., wonach der Gerechtigkeitsgrundsatz eine entsprechende Regel für den Werkvertrag verlangt; BGHZ 26, 365 (371); *OLG Saarbrücken* Urt. v. 18.3.2010 – 8 U 3/09, BeckRS 2010, 12745; vgl. auch BGHZ 16, 265, wo § 618 III auf ein dienstvertragsähnliches Auftragsverhältnis ausgedehnt wird; anders noch *RG* JR 1925 Nr. 247.

IV. Aufbau und Schwerpunkte

Ordnet man seine Gedanken vor der Niederschrift der Lösung, so wird man es als geschickt und sachgerecht erkennen, mit den deliktischen Ansprüchen zu beginnen, diese recht kurz abzuhandeln, um sich sodann dem Analogieproblem als Klausurschwerpunkt widmen zu können. Gewiss ist damit die Aufbauregel durchbrochen, dass vertragliche, aus schuldrechtlicher Sonderverbindung entspringende Ansprüche kraft ihrer Spezialität *vor* den deliktischen zu prüfen sind. Doch ist zu berücksichtigen, dass *W, S* und *K* ohnehin nicht selbst Vertragspartner, sondern nur Begünstigte des Vertragsverhältnisses zwischen *M* und dem verstorbenen *B* sind. Auch legen die Verweisung des § 618 III auf die §§ 842 ff., die Übersichtlichkeit, die Arbeitsökonomie und nicht zuletzt die Dramaturgie des Falles den deliktsrechtlichen Einstieg nahe, denn erst nach der Ablehnung der Anspruchsgrundlagen der §§ 823 ff. entfaltet sich die Brisanz des Problems einer analogen Anwendung des § 618 III. Bei den Argumenten *pro* und *contra* muss mit großer Umsicht verfahren werden. Natürlich darf man es sich nicht mit dem Hinweis auf eine soziale Schutzbedürftigkeit der Hinterbliebenen leicht machen. Zu vermeiden ist auch jeder Gedanke an eine mögliche Unfallversicherung von *B* oder Haftpflichtversicherung des *M*, die in der Praxis für den Schaden aufkäme; davon steht nichts im Sachverhalt. Die Klausur erfordert eine feinfühlige Zeiteinteilung, zwingt zur Knappheit in den weniger problematischen Teilen und zur Konzentration auf die Analogiefrage, bei der die Rechtsanwendung schwieriger wird. Hat man für die Vorprüfung, die Gliederung und den stichwortartigen Entwurf eines Lösungswegs genügend Sorgfalt und Zeit investiert, dann sollte die Niederschrift folgender ausführlichen Ausarbeitung nahekommen können.

C. Gliederung

I. Anspruch aus §§ 831 I 1, 823 I, 844 II 1
   1. Anspruchsinhaber
   2. *H* als Verrichtungsgehilfin
   3. Keine Exkulpation
II. Anspruch aus §§ 836 I, 844 II 1
III. Anspruch aus §§ 823 I, 844 II 1
IV. Anspruch aus §§ 618 I, III, 844 II, 843 II (analog)
   1. Unmittelbare Anwendbarkeit
   2. Analogie zu § 618 I, III
      a) Allgemeines
      b) Regelungslücke
      c) Analogiefähigkeit der Norm
      d) Vergleichbare Interessenlage
   3. Tatbestand von § 618 I, III analog
   4. Ergebnis zu IV
V. Anspruch auf Schmerzensgeld

D. Lösung

I. Anspruch aus §§ 831 I 1, 823 I, 844 II 1

Die Böckels (*W*, *S* und *K*) könnten gegen *M* Unterhaltsansprüche aus der Verrichtungsgehilfenhaftung nach §§ 831 I 1, 823 I, 844 II 1 haben.

1. Anspruchsinhaber

Jedes der drei Familienmitglieder kommt als Anspruchsinhaber in Betracht, insbesondere stünde ein solcher Anspruch gegebenenfalls auch schon dem *K* als Kind im Mutterleib *(nasciturus)* zu, § 844 II 2, wiewohl es noch nicht rechtsfähig ist, § 1. Die Unterhaltsbeträge wären nach §§ 844 II 1 Hs. 2, 843 II 1, 760 II jeweils vierteljährlich im Voraus zu zahlen.

2. *H* als Verrichtungsgehilfin

H ist als Haushälterin bei der Tätigkeit im und ums Haus, die ihr im Interesse des *M* übertragen war, von *Ms* Weisungen abhängig und damit seine Verrichtungsgehilfin. Die unzureichende Befestigung des Kronleuchters geschah in Ausführung der Verrichtung und hat adäquat kausal zum Tod des *B* geführt. Auf ein Verschulden der *H* kommt es nicht an; die tatbestandsmäßige und rechtswidrige unerlaubte Handlung des Verrichtungsgehilfen reicht aus.

3. Keine Exkulpation

Allerdings ist die Eigenhaftung des *M* für vermutetes Auswahl-, Anleitungs- und Überwachungsverschulden nach § 831 I 2 ausgeschlossen, wenn er sich als Geschäftsherr exkulpieren kann. *M* hat sich ohne weitere Kontrolle darauf verlassen dürfen, dass die zuverlässige „Perle" *H* auch diesmal den Kronleuchter nach der Reinigung wieder ordentlich befestigt. Er hat die im Verkehr erforderliche Sorgfalt beobachtet, so dass sein Exkulpationsbeweis gelingt und eine Verrichtungsgehilfenhaftung entfällt.

II. Anspruch aus §§ 836 I, 844 II 1

Die Böckels könnten aber einen Anspruch gegen *M* aus der vermuteten Verschuldenshaftung des Gebäudebesitzers nach §§ 836 I, 844 II 1 haben. Es liegt bei natürlicher Betrachtungsweise nicht fern, im Herabfallen des Leuchters die Ablösung eines Gebäudeteils zu sehen. Indes soll die Haftung aus § 836 I nur spezifische Bauwerkschäden abdecken. Deshalb können zu den Gebäudeteilen nur Sachen gehören, die zu baulichen Zwecken oder aus baulichen Gründen an dem Gebäude angebracht sind und damit verbaut sind (Baumaterialien wie Fenster, Decken, Mauern). Man kann den Kronleuchter auch nicht als „Werkteil" i. S. d. § 836 I ansehen, denn dieses Tatbestandsmerkmal zielt nur auf mit der Erde fest verbundene Bauwerke wie Gerüste, Rohrleitungen etc. ab. Eine Haftung aus § 836 I scheitert mithin bereits daran, dass es sich bei dem Kronleuchter nicht um ein Gebäude- oder Werkteil handelt.

III. Anspruch aus §§ 823 I, 844 II 1

Die Böckels (*W*, *S* und *K*) können im Ergebnis auch keinen deliktischen Schadensersatzanspruch gegen *M* aus §§ 823 I, 844 II 1 unter dem Gesichtspunkt der Verletzung einer Verkehrssicherungspflicht haben. Zwar ist eine Verkehrssicherungspflicht in der Weise entstanden, dass mit der Verlegung der Anprobe in die Wohnung von *M* auch eine Pflicht entstanden ist, die von der Wohnung und den sich darin befindlichen Gegenständen ausgehenden Gefahren auszuschließen. Derjenige, der eine Gefahrenquelle eröffnet und demnach auf die Rechtspositionen anderer einwirkt (bzw. einwirken kann), hat auch Sorge dafür zu tragen, dass sich diese Gefahren nicht realisieren. Indes ist dem *M* keine Verletzung dieser Verkehrssicherungspflicht, jedenfalls kein diesbezügliches Verschulden vorzuwerfen. Mit der Übertragung der Aufgabe auf eine zuverlässige Haushälterin *H,* die vom Kronleuchter ausgehenden Gefahren zu verhindern, hat sich *M* insoweit dieser Aufgabe in zulässiger Weise entledigt. Zugleich hat er damit die im Verkehr erforderliche Sorgfalt (§ 276 II) beachtet. Eine Verschuldensvermutung oder -zurechnung nach §§ 278, 276 I kennt § 823 I nicht. Der Anspruch aus § 823 I ist daher nicht erfüllt.

IV. Anspruch aus §§ 618 I, III, 844 II, 843 II (analog)

Möglicherweise haben die Böckels aber einen (vertraglichen) Anspruch auf Zahlung von Unfallrente gegen *M* wegen unterlassener Schutzmaßnahmen aus §§ 618 I, III, 844 II, 843 II.

1. Unmittelbare Anwendbarkeit

Eine unmittelbare Anwendung der Vorschrift des § 618 kommt nur in Betracht, wenn zwischen Schneider *B* und Privatier *M* ein Dienstvertrag nach §§ 611 ff. geschlossen wurde. Hier hat sich *B* zur Herstellung eines Wintermantels und demgemäß zur Herbeiführung eines Erfolgs in Gestalt der Lieferung einer herzustellenden beweglichen Sache verpflichtet, so dass es sich um einen „Werklieferungsvertrag“ i. S. d. § 651 handelt, auf den grundsätzlich das Kaufrecht Anwendung findet. Da der maßangefertigte Mantel eine nicht vertretbare Sache ist (§ 91), sind zudem die in § 651 S. 3 genannten werkvertraglichen Vorschriften anwendbar.

2. Analogie zu § 618 I, III

Man könnte jedoch an eine analoge Anwendung der dienstvertraglichen Vorschrift des § 618 auf einen Werklieferungsvertrag der hier in Rede stehenden Art denken.

a) Allgemeines

Unter einer Analogie versteht man die Übertragung der für einen Tatbestand (Gesetzesanalogie) oder für mehrere, untereinander ähnliche Tatbestände (Rechtsanalogie) im Gesetz gegebenen Regel auf einen nicht gesetzlich geregelten, aber ähnlichen Tatbestand. Grundlage der analogen Anwendung einer Rechtsvorschrift ist die Ähnlichkeit von geregeltem und ungeregeltem Tatbestand gerade in derjenigen Hinsicht, die für die Regel den maßgeblichen Wertungsgesichtspunkt bildet. Eine solche Wertungsgleichheit lässt es als eine unabweisbare Forderung der Gerechtigkeit erscheinen, das tatsächlich im Wesentlichen Gleichartige auch rechtlich gleich zu behandeln. Es fragt sich, ob die Vorschrift des § 618 auf den zwischen *B* und *M* geschlossenen Vertrag im Wege der Gesetzesanalogie angewendet werden kann.

b) Regelungslücke

Voraussetzung einer analogen Rechtsanwendung ist zunächst das Bestehen einer Regelungslücke. Nun ist für eine analoge Anwendung des § 618 *Abs. 1* auf einen

Werklieferungsvertrag *kein* Bedürfnis erkennbar. Der in dieser Vorschrift für Dienstverträge zum Ausdruck kommende Gedanke, dass der eine Vertragspartner den anderen vor gesundheitlichen Nachteilen und Schäden zu schützen habe, die diesem bei der Ausführung vertragsgemäßer Arbeiten im Gefahrenbereich des Auftraggebers drohen, trifft nach § 241 II ohne weiteres auch für Verträge i. S. d. § 651 zu, bei denen der Unternehmer zur Herstellung des Werks einen Raum des Bestellers betreten muss oder sonst mit dessen Vorrichtungen und Gerätschaften zu arbeiten hat. Insofern fehlt es an einer Regelungslücke. Anders ist es jedoch mit § 618 *Abs. 3.* Dessen Besonderheit liegt darin, dass Dritten Ansprüche im Rahmen der §§ 844, 845 zugebilligt werden, die sie ohne diese Vorschrift nur auf unerlaubte Handlung, nicht auf Vertrag stützen könnten. Sie wären dann aber leicht der Exkulpationsmöglichkeit nach § 831 I 2 ausgesetzt. Anders als beim Dienstvertrag enthält das Gesetz beim Werklieferungsvertrag insoweit keine Sonderregelung, sondern ist – unterstellt man hier aufgrund der Ähnlichkeit der Sachlage ein entsprechendes Regelungsbedürfnis – lückenhaft.

c) Analogiefähigkeit der Norm

Weitere Analogievoraussetzung ist die Analogiefähigkeit der in Rede stehenden gesetzlichen Regelung. Möglicherweise ist § 618 III als eine eng auszulegende, tendenziell einer analogen Anwendung unzugängliche Ausnahmevorschrift allein für Dienstverträge anzusehen *(singularia non sunt extendenda).* Hierfür könnte sprechen, dass diese Vorschrift im Bereich des Dienstvertrags das sonst im BGB geltende Haftungssystem mit seiner scharfen Unterscheidung zwischen vertraglicher und außervertraglicher Haftung durchbricht und den lediglich mittelbar Geschädigten, nämlich den Hinterbliebenen des Dienstverpflichteten, einen vertraglichen Schadensersatzanspruch insbesondere in Rentenform einräumt, nachdem der Dienstverpflichtete aufgrund vertraglichen Verschuldens des Dienstherrn tödlich verunglückt ist; derartige Unfallrenten gewährt sonst nur das Deliktsrecht. Indes kann die zugrunde liegende Interessenlage durchaus auch in ähnlicher Form in anderen Vertragsverhältnissen bestehen, so dass § 618 III als eine praktisch sehr weitreichende Sonderregelung, nicht aber als eine jeder analogen Anwendung auf rechtsähnliche Tatbestände entzogene Ausnahmevorschrift angesehen werden muss. Man könnte eine analoge Anwendung aber dadurch gehindert sehen, dass ein Vertrag i. S. d. § 651 nach dem gesetzlichen Leitbild nicht einen derart starken persönlichen Einschlag aufweist wie der Dienstvertrag nach den §§ 611 ff. Der Verdacht liegt nahe, dass § 618 III gerade in dem persönlichen Vertrauensverhältnis zwischen Dienstherr und Dienstverpflichtetem gründet. Bei näherer Betrachtung bestätigt sich dieser Verdacht jedoch nicht. Denn einer erheblichen Zahl von Dienstverhältnissen der Rechtspraxis mangelt ein persönlicher Einschlag weitgehend oder gar vollends, ohne dass § 618 III hierfür eine Einschränkung vorsieht. Die Stärke des Vertrauensverhältnisses zwischen den Partnern ist für § 618 III offenbar belanglos.

d) Vergleichbare Interessenlage

Die entscheidende Analogievoraussetzung ist die wesentliche Ähnlichkeit von geregeltem und ungeregeltem Sachverhalt. Kein Ansatzpunkt für eine Bejahung der wesentlichen Ähnlichkeit und damit für eine Analogie ist die bloße Frage der sozialen oder wirtschaftlichen Unterlegenheit des Unfallopfers. Offenbar ist für § 618 III ohne Bedeutung, welcher Vertragspartner im Einzelfall sozial oder wirtschaftlich stärker oder schwächer ist oder in welchem Maße der eine Teil von dem anderen rechtlich oder wirtschaftlich abhängig ist. Die Analogievoraussetzung der wesentlichen Ähnlichkeit bedarf vielmehr einer Ermittlung des tragenden Grundgedankens des § 618 III. Dieser lässt sich wie folgt kennzeichnen: Der Dienstverpflichtete muss zuweilen aufgrund seiner Vertragspflicht in Räumen oder mit Vorrichtungen des Dienstherrn arbeiten, die Gefahr für Leib und Leben für ihn mit sich bringen. Verletzt der Dienstherr oder sein Erfüllungsgehilfe die vertragliche Pflicht, solche Räume und Vorrichtungen möglichst gefahrlos zu stellen, und kommt es zu einem tödlichen Unfall des Dienstverpflichteten, so wäre es in hohem Maße unbillig, den Hinterbliebenen vertragliche Schadensersatzansprüche aus dem formalen Grunde zu versagen, dass nur der tödlich Verunglückte, nicht aber sie selbst Vertragspartner gewesen sind. Dem Gesetzgeber erschien es offenbar als zwingendes Billigkeitserfordernis, in solchen Fällen unmittelbare vertragliche Schadensersatzansprüche in der Form der §§ 844, 845 zu gewähren, die nicht an der Entlastungsmöglichkeit des § 831 I 2 scheitern können. Dabei erscheint die scharfe Abweichung von der allgemeinen Regelung angesichts der ernsten Konsequenz des vertraglichen Verschuldens (Tod des Vertragspartners als des Ernährers seiner Familie) gerechtfertigt. Diese in § 618 III unmittelbar geregelte Interessenlage und getroffene Wertung kann durchaus auch in ein Vertragsverhältnis i. S. d. § 651 eingebettet sein, wenn der Unternehmer aufgrund seiner Vertragspflicht bei der Herstellung des Werks in Räumen oder mit Vorrichtungen des Bestellers zu arbeiten hat, die Gefahren für Leib und Leben mit sich bringen. Hier kann es zu einem tödlichen Unfall des Unternehmers als des Ernährers seiner Familie kommen, weil der Besteller oder sein Erfüllungsgehilfe die Räume oder Vorrichtungen vertragswidrig nicht im Rahmen des Möglichen gefahrlos gestellt hat.

3. Tatbestand von § 618 I, III analog

Damit stellt sich die Frage, ob der Tatbestand der analog anzuwendenden Vorschrift des § 618 III im vorliegenden Fall verwirklicht ist. Von den in § 618 vorgesehenen Haftungstatbeständen ist hier die „fehlerhafte Einrichtung und Unterhaltung von Räumen“ einschlägig, die sich als Sonderfall der Verletzung der vertraglichen Schutzpflichten des *M* gegenüber *B* darstellt. Ohne weiteres gehört die Sorge für sichere Beleuchtungskörper zur Pflicht der gefahrlosen Raumeinrichtung. Zwar hat *M* selbst weder eine Verletzungshandlung begangen noch ist ihm ein Verschulden vorzuwerfen. Jedoch könnte ihm im Rahmen der vertraglichen Haftung der schuldhafte Sorgfaltspflichtverstoß der *H* nach §§ 278 S. 1, 276 I 1 zugerechnet werden. *H* ist mit Wissen und Wollen in den Pflichtenkreis des *M* eingeschaltet und damit Erfüllungsgehilfin. Sie hat beim Aufhängen des Kronleuchters die im Verkehr erforderliche Sorgfalt zumindest leicht fahrlässig verletzt, als sie die Sicherungsvorrichtung nicht einklinkte. *B* hat sich vertragsgemäß in *Ms* Arbeitszimmer aufgehalten und dort einen Teil seiner vertraglichen Pflichten erfüllt. Dass *B* nicht ständig im Arbeitszimmer des *M* schneidern, sondern sich nur für eine kurzfristige Anprobe dort aufhalten sollte, hindert die Erfüllung des Tatbestandes des § 618 III nicht.

4. Ergebnis zu IV

Die Rechtsfolge ergibt sich für die Anspruchsteller *W*, *S* und *K* aus §§ 618 III, 844 II, 843 II, 760. Danach haben die drei Familienmitglieder je einen Anspruch gegen *M* auf Zahlung von Unterhalt für drei Monate im Voraus, solange der getötete *B* während der mutmaßlichen Dauer seines Lebens zur Unterhaltsgewährung verpflichtet gewesen wäre.

V. Anspruch auf Schmerzensgeld

Ein Schmerzensgeldanspruch der Böckels gegen *M* könnte sich aus §§ 618 III analog, 844 II ergeben. Fraglich ist allerdings, ob im Sinne von § 253 II wegen der Verletzung des Körpers Schadensersatz zu leisten ist. § 618 III verweist ausschließlich auf die §§ 842–846, ordnet aber gerade keine allgemeine Schadensersatzpflicht an. Allerdings verkannte eine solche Sichtweise die systematische Stellung des § 253 II im allgemeinen Schadensrecht. Zudem kommt § 844 die Aufgabe einer Erweiterung, nicht aber Beschränkung des allgemeinen Haftungssystems zu. Schließlich handelt es sich der Sache nach bei § 618 III (analog) i.V.m. § 844 II um einen klassischen Schadensersatzanspruch. In der Folge können die Böckels auch ein angemessenes Schmerzensgeld von *M* verlangen.

E. Lerntest

I. Fragen

1. Welches ist der Haftungsgrund für die Verrichtungsgehilfenhaftung des Geschäftsherrn nach § 831 I 1?
2. Was versteht man unter der *analogen Anwendung* von Rechtsvorschriften und welche Arten der Analogie unterscheidet man?
3. Warum stellt sich für den Rechtsanwender häufig die Frage der analogen Anwendung einer Rechtsvorschrift?
4. Welches sind die drei „schulmäßigen" Prüfungsschritte bei der analogen Anwendung einer Rechtsvorschrift?
5. Was spricht für eine Analogiefähigkeit des § 618 III?

II. Antworten

1. Die Vorschrift begründet eine Eigenhaftung des Geschäftsherrn für vermutetes Auswahl-, Organisations- oder Überwachungsverschulden, zu deren Begründung die tatbestandsmäßige und rechtswidrige unerlaubte Handlung des Verrichtungsgehilfen ausreicht; die Verschuldensvermutung kann nach § 831 I 2 durch Entlastungsbeweis entkräftet werden.

2. Unter einer Analogie versteht man die Übertragung der für einen Tatbestand (Gesetzesanalogie) oder für mehrere, untereinander ähnliche Tatbestände (Rechtsanalogie) im Gesetz gegebenen Regel auf einen gesetzlich nicht geregelten, aber ähnlichen Tatbestand.

3. Das Analogieproblem stellt sich für den Rechtsanwender häufig, weil der Gesetzgeber nicht alles subsumtionsfähig regeln kann und sich ein Lebenssachverhalt nur selten als die konkret-faktische Exemplifikation einer abstrakt-generellen Norm darstellt.

4. Besteht eine Regelungslücke? Ist die in Betracht kommende Norm analogiefähig? Besteht eine wesentliche Ähnlichkeit zwischen geregeltem und ungeregeltem Tatbestand hinsichtlich des maßgeblichen Wertungsgesichtspunktes?

5. Für eine Analogiefähigkeit des § 618 III spricht, dass eine ähnliche Interessenlage auch bei anderen Vertragsverhältnissen bestehen kann; die dort begründete Haftung beruht auch nicht auf dem persönlichen Vertrauensverhältnis zwischen Dienstherrn und Dienstverpflichtetem, da bei einer erheblichen Zahl von Dienstverhältnissen ein persönlicher Einschlag weitgehend oder ganz fehlt, ohne dass die Vorschrift dafür eine Einschränkung vorsieht.

Fall 2. Die Wohltaten des Hanno von Hinkelsmark

Der folgende Übungsfall für mittlere Semester behandelt sowohl die rechtsgeschäftliche Eigentumsübertragung wie auch das Abtretungsrecht. Er streift auch das Schenkungs- und das Bereicherungsrecht. Sein Schwerpunkt liegt aber beim Vertrag zugunsten Dritter, genauer: beim Problem der Zulässigkeit von Verfügungsverträgen zugunsten Dritter. Man braucht für diesen eher schweren Fall gute Grundkenntnisse zu den ersten drei Büchern des BGB.

A. Sachverhalt

Der reiche *Hanno von Hinkelsmark (H)* hat sich, wiewohl schon in den Siebzigern, anlässlich seiner Theaterbesuche in die junge Schauspielerin *Fräulein Ammer (A)* verliebt, ohne sie persönlich zu kennen. Er möchte ihr seine Gefühle, jedenfalls vorerst, nicht offenbaren, sondern sich im Verborgenen halten. Als er von seinem Freund *Knopp (K)* erfährt, dass *A* in erheblichen Geldsorgen steckt und schon ihren Schmuck versetzen muss, entschließt er sich, sie zu trösten und ihr zu helfen, ohne aber als Wohltäter in Erscheinung zu treten. *H* schlägt *Ks* Warnungen, dass *A* raffgierig, skrupellos und undankbar sei, in den Wind. *K* zeigt sich auf *Hs* Bitte um einen Freundschaftsdienst schließlich zur Mitwirkung bereit. *H* verabredet mit *K*, dass *A* einen wertvollen Brillantring aus *Hs* Sammlung geschenkt und von *K* übergeben bekommen soll. *H* und *K* sind sich darüber einig, dass der Ring der *A* gehören soll. Außerdem will *H* der *A* seine Forderung gegen *K* auf Rückzahlung eines Darlehens in Höhe von 10.000 EUR zugutekommen lassen, die in drei Wochen fällig ist. *K* erklärt sich gegenüber *H* auch damit einverstanden, dass nunmehr *A* das Geld zustehen soll.

Am nächsten Abend schickt *H* seinen Freund *K* während der Theatervorstellung, in der *A* auftritt, in die Künstlergarderobe. *K* legt den Brillantring auf *As* Schminktisch und daneben eine Karte mit den Worten: „Von einem Wohltäter, der gern unbekannt bleiben möchte." Einen Monat später erfährt *H* zu seiner unermesslichen Enttäuschung, dass die *A* seinen Nebenbuhler, den Privatier *Mausbäuchl*, geheiratet hat. Damit nicht genug: Sein Freund *K* hat der *A* am Tage vor der Hochzeit einen anonymen Brief geschrieben und darin mitgeteilt, dass ihr „der unbekannte Wohltäter in stiller Verehrung 10.000 EUR gestiftet" habe; am Hochzeitstag hat *K* „im Auftrag des Wohltäters" der *A* das Geld überwiesen. *H* ist ein gebrochener Mann. Er fragt sich, ob er den Brillantring und das Geld von *A* zurückverlangen kann.

B. Gutachtliche Überlegungen

I. Orientierungspunkte und Anspruchsgrundlagen

Die Fallfrage, wer von wem was woraus verlangt, lässt sich bei einer Durchdringung der Ereignisse und der Interessenlage wie folgt konturieren: *H* verlangt von *A* den Ring zurück und das Geld heraus, da er die Zuwendung des Rings und der

Hanno von Hinkelsmark

Darlehensforderung, an deren Stelle inzwischen das Geld getreten ist, hinsichtlich seines damit verfolgten Zwecks als gescheitert ansieht. Offenbar hält sich *H* noch für den Eigentümer des Rings; zumindest bezweifelt er einen Rechtsgrund für die Zuwendung. Mit Blick auf das Geld meint er wohl, dass *K* eigentlich nicht an *A*, sondern an ihn hätte zahlen müssen, zieht also die Wirksamkeit, mindestens aber den Rechtsgrund der Forderungsabtretung in Zweifel. *H* kann *zum einen* Erfolg haben, wenn die Übertragungsakte gescheitert sind, er also Eigentümer des Rings und Inhaber der Forderung geblieben ist. Er kann *zum anderen* Erfolg haben, wenn es an wirksamen Verpflichtungsgeschäften fehlt und die gegenwärtige dingliche Güterzuordnung im Widerspruch zu den schuldrechtlichen Dispositionen steht. Für alle überprüfungsbedürftigen Rechtsgeschäfte, die dinglichen Verfügungs- wie die schuldrechtlichen Kausalgeschäfte, spielt offenbar der „Mittelsmann" *K* eine wichtige Rolle, denn *H* hatte unmittelbar mit der angebeteten *A* nichts zu tun.

Ein weiterer Gesichtspunkt gerät schnell ins Blickfeld: Es geht beim Rechtsschicksal der beiden „geschenkten" Gegenstände, des Rings und der Darlehensforderung, eigentlich um *zwei Fälle,* die in diesem Sachverhalt – wie so oft bei Klausuren – nur „künstlich" kombiniert sind und die gerade in ihrer Gegenüberstellung vom Bearbeiter aufgegriffen, also in der rechtlichen Würdigung aufeinander bezogen und gegeneinander abgegrenzt werden sollen. Klausurpsychologisch lässt sich in einem derartigen „Kombinations-Fall" vermuten, dass der Aufgabensteller den Unterschied zwischen einer beweglichen Sache (Ring) und einer Forderung als entscheidend für den Lösungsweg ansieht.

Tastet man sich von diesem Grundverständnis des Fallgeschehens her an die möglichen Anspruchsgrundlagen heran, so bewegt man sich im *Ring-Fall* auf vertrautem

Fräulein Ammer

Boden: Der Vindikationsanspruch nach § 985 bietet den Ausgangspunkt für die „historische" Überprüfung der Eigentums- und Besitzverhältnisse. Dabei müsste eine *Unwirksamkeit* der Übereignung in die Erörterung des Schenkungsvertrages münden, aus der sich für *A* ein Recht zum Besitz nach § 986 ergeben könnte. Bei *wirksamer* Übereignung des Rings würde man auf einen Bereicherungsanspruch aus § 812 I 1 Alt. 1 zurückgreifen und dabei die Wirksamkeit der Schenkung als Rechtsgrund untersuchen müssen.

Für den Komplex der ursprünglich dem *H* zustehenden *Darlehensforderung* fällt das Auffinden einer Anspruchsgrundlage schwerer. *K* hat an *A* gezahlt, so dass die Forderung bei *wirksamer* Abtretung erloschen wäre; für den Anspruch auf Herausgabe des Geldes, das sich gleichsam als „Ersatz" für die Forderung darstellt, kommt bei *wirksamer aber rechtsgrundloser* Abtretung nur das Bereicherungsrecht mit § 812 I 1 Alt. 1 i. V. m. § 818 I in Betracht. Bei einer *Unwirksamkeit* der Abtretung hingegen hätte *A* ohnehin zu Unrecht das Geld vereinnahmt, weil sie nicht forderungszuständig gewesen wäre. Für eine solche Konstellation bietet § 816 II die passende Anspruchsgrundlage, die gegenüber dem allgemeinen Bereicherungsanspruch spezieller ist und daher für den zweiten Komplex von Anfang an zugrunde gelegt werden sollte.[1]

---

1 Zur Funktion des § 816 II und zur umstrittenen Genehmigungsmöglichkeit der Leistung nach § 185 II vgl. *Koppensteiner/Kramer* Ungerechtfertigte Bereicherung S. 99 ff.; *Reuter/Martinek* Ungerechtfertigte Bereicherung (1983) S. 349 ff.

II. Der Ring

Im Rahmen der Anspruchsgrundlage des § 985 ist zunächst ein Eigentumsverlust des *H* an *K* und sodann an *A* nach § 929 S. 1 zu überprüfen – und abzulehnen. In diesem Zusammenhang sollte man auch die Besitzverhältnisse klären. Die denkbaren Formen des Zustandekommens einer Einigung zwischen *H* und *A* über den Mittelsmann *K* als Boten oder Stellvertreter sollte man kurz erörtern, einschließlich des „Geschäfts für den, den es angeht".[2] Auch einen gutgläubigen Erwerb der *A* von *K* (§§ 929 S. 1, 932 I 1) und eine Verfügungsberechtigung des *K* (§ 185 I) kann man ansprechen. Weil dies alles scheitert, wird man bald zum Kernproblem des Falles vorstoßen. Die Formulierungen des Sachverhalts kennzeichnen den Klausurschwerpunkt „Zulässigkeit von Verfügungsgeschäften zugunsten Dritter" beinahe überdeutlich, mit dem eine überaus tiefgreifende und grundsätzliche dogmatische Kontroverse angesprochen ist.[3] Konnten sich *H* und *K* (!) darüber „einigen", dass *A* das Eigentum an dem übergebenen Ring erwarb? Sind die §§ 328 ff. nach ihrem Wortlaut, nach ihrem Sinn und Zweck auf die rechtsgeschäftliche Eigentumsübertragung nach § 929 S. 1 anwendbar? Wie lässt sich eine Analogie begründen? Verträgt sich eine Analogie mit den Grundsätzen des Sachenrechts?

Hier heißt es Argumente sammeln, Für und Wider abwägen und schließlich entscheiden – und zwar schon mit Blick auf die parallele Fragestellung einer Abtretung zugunsten Dritter, die im zweiten Teil der Klausur zu behandeln ist. Dies verlangt Rechtswissen und Rechtsverständnis. Ohne „Erinnerung" an die Fragestellung, ihre Hintergründe und die wichtigsten Gesichtspunkte der Abwägung kommt man kaum mit der abstrakten Problemerörterung klar. Hier müssen sich das Lehrbuchstudium und der Vorlesungsbesuch bezahlt machen. Wer eine Übereignung beweglicher Sachen zugunsten Dritter bejaht,[4] muss die Vindikation scheitern lassen und muss zu einer Kondiktion überleiten; ein Bereicherungsanspruch entfällt dann im Ergebnis gleichfalls, weil die Formunwirksamkeit der Schenkung zugunsten der *A* durch Vollzug geheilt ist. Wer dagegen, wie sogleich unsere „Musterlösung", die §§ 328 ff. auf § 929 S. 1 für unanwendbar hält[5] – und dafür sprechen wohl die besseren Argumente –, muss schon im Rahmen des § 986 die Schenkung zugunsten Dritter überprüfen und eine Heilung des Formmangels durch Vollzug ablehnen; die Erörterung des Bereicherungsanspruchs erscheint sodann entbehrlich.

---

[2] Vgl. dazu *Brox/Walker* BGB AT § 24 I 3 Rn. 11 f. S. 242 f.; *Neuner* BGB AT § 49 II 2 Rn. 9 ff. S. 601 ff.; kritisch *Brehm* BGB AT § 15 VII Rn. 445 f. S. 260 f.

[3] Grundsätzlich ablehnend gegenüber Verfügungen zugunsten Dritter die Rechtsprechung: etwa RGZ 124, 221; BGHZ 41, 95; *BGH* JZ 1965, 361; ebenso das ältere Schrifttum: z. B. *v. Tuhr* BGB AT II/1 S. 227; *Kress* SchuldR AT S. 630; heute streitet man im Schrifttum im Wesentlichen über die Reichweite und die Ausnahmen der grundsätzlich zulässigen Verfügungen zugunsten Dritter, vgl. dazu *Schlechtriem/Schmidt-Kessel* SchuldR AT Rn. 737 f. S. 331; *Fikentscher/Heinemann* SchuldR § 37 III 2 Rn. 298 S. 184; MüKoBGB/*Gottwald* § 328 Rn. 271 ff.; *Larenz* SchuldR AT § 17 IV; *H. P. Westermann/Gursky/Eickmann* SachenR § 2 II 2 Rn. 13 ff. S. 27 f.; zur Vertiefung *Kluckhohn*, Die Verfügungen zugunsten Dritter, 1914.

[4] So etwa *Heck* SchuldR S. 148; *Larenz* SchuldR AT § 17 IV; *H. P. Westermann/Gursky/Eickmann* SachenR § 2 II 2 Rn. 14. S. 28; grundlegend *Bayer*, Der Vertrag zugunsten Dritter, 1995, S. 194 ff.

[5] So auch *Fikentscher/Heinemann* SchuldR § 37 III 2 Rn. 29 S. 184; MüKoBGB/*Gottwald* § 328 Rn. 280; *OLG Frankfurt am Main* Beschl. v. 9.2.2018 – 2 W 11/18 = BeckRS 2018, 1072 Rn. 22.

III. Die Herausgabe des Geldes

Für den Anspruch aus § 816 II kommt es darauf an, ob *H* seinen Anspruch auf Darlehensrückzahlung gegen *K* an *A* (ohne deren Mitwirkung) abgetreten hat. Wieder stellt sich das Problem der Zulässigkeit eines Verfügungsvertrags zugunsten Dritter, diesmal einer Abtretung nach §§ 398, 328, und zwar eines Abtretungsvertrags zwischen dem Gläubiger *(H)* und dem Schuldner *(K)* zugunsten der Dritten *A*. Hier verschiebt sich wegen der schuldrechtlichen Komponente der Abtretung die Fragestellung, was zur Auflistung und Erörterung von neuen Argumenten und – klausurpsychologisch – zu einer vom ersten Teil abweichenden Lösung einlädt. Gewiss ist es ohne weiteres vertretbar, die Anwendung der §§ 398 ff. auch auf den Abtretungsvertrag für unzulässig zu halten[6] und den Anspruch aus § 816 II nach einer Genehmigung der Leistung (der Zahlung *K* – *A*) durch *H* (§ 185 II) zu bejahen. Vorzugswürdig erscheint es aber, bei Zulässigkeit und Wirksamkeit der Abtretung zugunsten der *A* den Anspruch aus § 816 II zu versagen.[7] Eine Auseinandersetzung mit dem Streit über die Möglichkeit der Genehmigung der Leistung nach § 185 II bleibt so erspart. Dann scheidet auch ein Anspruch aus §§ 812 I 1 Alt. 1, 818 I aus, weil die Schenkung zugunsten Dritter, deren Formmangel durch Vollzug nach § 518 II geheilt wurde, als Rechtsgrund für die Abtretung dient. *K* kommt nach der Fallfrage ohnehin nicht als Anspruchsgegner des *H* in Betracht.

C. Gliederung

I. Anspruch aus § 985
- 1. Eigentum und Besitz des *H*
  - a) Eigentumsübertragung *H* – *K*
  - b) Eigentumsübertragung an *A*
    - aa) Einigung und Übergabe *H* – *A*
    - bb) Einigung und Übergabe *K* – *A*
  - c) Eigentumsübertragung zugunsten der *A*
    Problem: (Eigentums-)Verfügung zugunsten Dritter
- 2. Recht zum Besitz der *A*

II. Anspruch aus § 816 II
- 1. Wirksamkeit der Leistung gegenüber *H*
- 2. Berechtigung des *H*
  - a) Ausgangslage: *H* als Forderungsinhaber
  - b) Abtretung an *A*
    Problem: (Forderungs-)Verfügung zugunsten Dritter
- 3. Ergebnis zu II

III. Anspruch aus § 812 I 1 Alt. 1

IV. Gesamtergebnis

---

[6] So etwa RGZ 66, 128; BGHZ 41, 95; *OLG Rostock* Beschl. v. 24.8.2020 – 3 U 18/19 = BeckRS 2020, 27635 Rn. 28.

[7] Für die Zulässigkeit der Abtretung an einen Dritten durch Vertrag zwischen Gläubiger und Schuldner etwa *Fikentscher/Heinemann* SchuldR § 37 III 2 Rn. 296 S. 183; *Larenz* SchuldR AT § 17 IV; MüKoBGB/*Gottwald* § 328 Rn. 272; *Kaduk* Festschrift Karl Larenz S. 303 ff. (312 ff.).

D. Lösung

I. Anspruch aus § 985

H könnte einen Anspruch gegen *A* aus § 985 haben.

1. Eigentum und Besitz des *H*

Hierzu muss er noch Eigentümer des Ringes und *A* unrechtmäßige Besitzerin sein.

a) Eigentumsübertragung *H* – *K*

Fraglich ist, ob *H* sein Eigentum an dem Ring an seinen Freund *K* nach § 929 S. 1 verloren hat. Den unmittelbaren Besitz daran hat er ihm verschafft, § 854 I. Es fehlt jedoch an einer Einigung zwischen *H* und *K*, wonach das Eigentum auf *K* übergehen sollte. Vielmehr sollte *K* nur als Mittelsmann tätig werden. *H* hat *K* mit dem Überbringen des Ringes an *A* beauftragt, § 662, und ihn zu diesem Zweck zu seinem Besitzmittler gemacht, § 868. *K* wurde nicht Eigentümer.

b) Eigentumsübertragung an *A*

H kann das Eigentum am Ring aber an *A* nach § 929 S. 1 verloren haben.

aa) Einigung und Übergabe *H* – *A*

Die für § 929 S. 1 erforderliche Übergabe der Sache ist erfolgt, wobei es nicht schadet, dass sich der unmittelbare Besitzwechsel von dem Besitzmittler *K* des Veräußerers und Eigentümers *H* an die Erwerberin *A* vollzogen hat. Fraglich ist aber eine Einigung zwischen *H* und *A*. *H* hat der *A* seine Einigung nicht selbst erklärt, auch hat *K* nicht als Bote des *H* dessen Einigungserklärung überbracht. Selbst wenn man die neben den Ring gelegte Karte als übermitteltes Übereignungsangebot eines Dritten verstehen wollte, fehlte es mangels Erkennbarkeit des Erklärenden an der nötigen Bestimmtheit. *K* hat auch nicht als *Hs* Vertreter in dessen Namen eine Einigung mit Wirkung für diesen erklärt, § 164 I. Ein Verzicht auf das Offenkundigkeitsprinzip des § 164 II nach den Grundsätzen des sog. *offenen* Geschäfts für den, den es angeht, wäre nur zu erwägen, wenn überhaupt eine rechtsgeschäftliche Erklärung des *K* vorläge. Die hinterlegte Karte lässt aber nicht einmal erkennen, wer der Verfasser ist und ob dieser im eigenen Namen oder im fremden Namen handelt. Ein sog. *verdecktes* Geschäft für den, den es angeht, bei dem sogar das Vertreterhandeln verborgen bleiben könnte, kann bei dem weitab vom Alltäglichen liegenden Vorgang nicht angenommen werden. Ein dinglicher Einigungsvertrag nach §§ 929 S. 1, 145 ff. zwischen *H* als Eigentümer und *A* als Erwerberin ist *nicht* zustande gekommen.

bb) Einigung und Übergabe *K* – *A*

Man könnte daran denken, dass der Einigungsvertrag zwischen *K* als Veräußerer mit Ermächtigung des Eigentümers *H* nach § 185 I und *A* als Erwerberin zustande gekommen wäre. Dafür fehlt es aber an einer Einigungserklärung des *K im eigenen Namen*, selbst wenn er als von *H* zur Verfügung befugt angesehen werden sollte. Zugleich scheidet damit ein gutgläubiger Erwerb der *A* von *K* zu Lasten des Eigentümers *H* nach §§ 929 S. 1, 932 I 1 aus.

c) Eigentumsübertragung zugunsten der *A*

Denkbar erscheint jedoch, dass *A* den Ring aufgrund eines *Verfügungsgeschäfts zugunsten Dritter* zwischen *H* und *K* nach § 929 S. 1 i. V. m. § 328 analog erlangt hat. Denn *H* und *K* haben sich darüber geeinigt, dass *A* als begünstigte Dritte Eigentümerin sein sollte. Es erscheint freilich klärungsbedürftig, ob eine Eigentumsübertragung zugunsten Dritter zulässig ist.

Die Vorschriften der §§ 328 ff. sind zunächst auf schuldrechtliche Verpflichtungsgeschäfte zugeschnitten. Es ließe sich aber an ihre analoge Anwendung auf dingliche Verfügungsgeschäfte denken, so dass ein dingliches Recht zugunsten eines Dritten begründet werden könnte. Man könnte § 328 als eine Zuordnungsform betrachten, die sich nicht nur auf den ursprünglichen Erwerb eines Leistungsanspruchs des Dritten gegen den Versprechenden bezieht, sondern auch für das Willensmoment eines dinglichen Verfügungsgeschäfts passt. Gewiss muss jedenfalls verlangt werden, dass sich der Publizitätsakt beim Mobiliarerwerb, also die Übergabe, in der Person des Erwerbers verwirklicht; daran aber fehlt es angesichts des Besitzerwerbs der *A* vom unmittelbaren Besitzer *K*, mit dem *H* zugleich seinen mittelbaren Besitz verlor, nicht. Der Verfügungserfolg wird in der Übergabe offenkundig. Die vom Sachenrecht besonders betonte Rechtssicherheit bei dinglichen Zuständigkeitsänderungen erlitte zwar bei Zulässigkeit von Verfügungsverträgen zugunsten Dritter eine Einbuße, weil § 333 dem Begünstigten ein Zurückweisungsrecht einräumt. Unüberwindbar erscheint dieses Hindernis aber nicht: Auch bei der Begründung eines dinglichen Rechts unter einer aufschiebenden Bedingung nach §§ 929 S. 1, 158 I, die fraglos zulässig ist, wird eine vom Sachenrecht tolerierte Rechtsunsicherheit in das Verfügungsgeschäft getragen. Ausgeschlossen ist dies allerdings beim Immobiliarerwerb, da es nach § 925 II keine Auflassung unter einer Bedingung gibt; eine Grundstücksübertragung zugunsten Dritter ist damit gesperrt. Für die hier in Rede stehende Eigentumsübertragung an beweglichen Sachen aber fehlt eine dem § 925 II entsprechende Vorschrift.

Starke Bedenken gegen die Zulässigkeit von Verfügungsgeschäften zugunsten Dritter und damit gegen die Begründung absoluter Rechte durch Vertrag zugunsten Dritter lassen sich jedoch aus dem Wortlaut und der Zielsetzung des § 328 ableiten. Die Vorschrift regelt eine besondere Art der Begründung einer Forderung, nicht aber die Übertragung einer Rechtsposition. Eine Eigentumsübertragung ist kaum mehr als eine „Leistung an einen Dritten“ zu verstehen. In Übereinstimmung mit dem auf Schuldverhältnisse beschränkten Regelungszweck stehen die §§ 328 ff. im 2. Buch des BGB zum Schuldrecht. Hätte der Gesetzgeber ein Verfügungsgeschäft zugunsten Dritter für möglich gehalten, hätte er eine den §§ 328 ff. entsprechende Regelung für dingliche Verträge vorgesehen. Vor allem aber hindert der zwingende Charakter der sachenrechtlichen Vorschriften eine analoge Anwendung der §§ 328 ff. Danach erscheint es für eine rechtsgeschäftliche Entstehung und Übertragung dinglicher Rechte unverzichtbar, dass der Erwerber an dem Vollzug des Erwerbsakts selbst teilhat, und zwar nicht nur um der Publizität, sondern schon um der Privatautonomie willen. Jedenfalls muss sich die Einigung nach § 929 S. 1 – unter Umständen über Stellvertreter, §§ 164 ff. – zwischen dem Eigentümer, dem nach § 185 I Verfügungsbefugten oder dem durch den Besitz legitimiert erscheinenden Nichteigentümer (§§ 932 ff.) einerseits und dem Rechtserwerber andererseits vollziehen. Man muss es als einen tragenden Grundsatz des Sachenrechts ansehen, dass der Erwerber nicht ohne seinen Willen Inhaber eines Rechts und Rechtsnachfolger eines anderen werden darf. Auch darf nicht im Umkehrschluss aus § 925 II ein Mobiliarerwerb zugunsten Dritter befürwortet werden, denn nichts rechtfertigt insoweit eine unterschiedliche Behandlung von beweglichen und unbeweglichen Sachen. Auf dieser Grundlage hat *H* sein Eigentum an dem Ring *nicht* verloren.

2. Recht zum Besitz der *A*

Möglicherweise kann *A* dem *H* jedoch ein Recht zum Besitz nach § 986 I 1 entgegenhalten. Ein solches könnte sich aus einem Schenkungsvertrag ergeben. Ein Schenkungsvertrag konnte auch ohne *As* Mitwirkung als Vertrag zugunsten Dritter nach §§ 516, 328 I zwischen *H* als Versprechendem und *K* als Versprechensempfänger zustande kommen. *H* und *K* haben zwar entsprechende Willenserklärungen ausgetauscht, doch blieb der Vertrag mangels notarieller Beurkundung des Schenkungsversprechens formnichtig, §§ 518 I 1, 125 S. 1. Eine Heilung des Formmangels hätte nur durch Bewirkung der versprochenen Leistung nach § 518 II eintreten können, an der es aber wegen des fehlenden Eigentumsübergangs auf *A* mangelt.

II. Anspruch aus § 816 II

H hat möglicherweise gegen *A* einen Anspruch auf Zahlung von 10.000 EUR aus § 816 II.

1. Wirksamkeit der Leistung gegenüber *H*

Wäre nämlich *H* bei Zahlung des *K* noch der wahre Forderungsinhaber gewesen, so hätte *K* die Leistung an einen Nichtberechtigten bewirkt. Erfüllung hätte dadurch allerdings nicht eintreten können. Wenn *H* diese Leistung aber nach § 185 II genehmigen würde, wäre sie ihm als dem Berechtigten gegenüber möglicherweise rückwirkend wirksam geworden. Dann stellte sich der Empfang der Leistung durch *A* als ein Eingriff in die Forderungszuständigkeit des *H* dar. Voraussetzung für einen Anspruch des *H* gegen *A* ist also zunächst, dass nicht *A*, sondern *H* Inhaber der Forderung gegen *K* war.

2. Berechtigung des *H*

a) Ausgangslage: *H* als Forderungsinhaber

Ursprünglich war *H* Inhaber einer Forderung gegen *K* auf Rückzahlung des ihm gewährten Darlehens nach § 488 I 2. Er hat seine Forderung nicht nach § 398 an *A* abgetreten, da er sich nicht mit ihr über den Forderungsübergang geeinigt hat.

b) Abtretung an *A*

Allenfalls könnte *A* durch eine *Abtretung zugunsten Dritter* zur neuen Gläubigerin geworden sein, §§ 398, 328 I. Gegen die Zulässigkeit der Verfügung über ein Forderungsrecht zugunsten Dritter spricht zwar, dass die Forderungsabtretung ein abstraktes Verfügungsgeschäft und insofern ein Parallelinstitut zur Eigentumsübertragung beweglicher Sachen nach § 929 S. 1 sowie zur Auflassung von Grundstücken nach §§ 873, 925 ist. Indes zwingt dies nicht dazu, ebenso wie beim Mobiliar- und Immobiliarerwerb eine analoge Anwendung der §§ 328 ff. zu versagen. Der Forderungsabtretung wohnt nämlich schon ausweislich der Stellung der §§ 398 ff. im Schuldrecht auch eine schuldrechtliche Komponente inne. Die Forderung ist nicht nur ein abstrakter Vermögensgegenstand, sondern auch eine relative Leistungsbeziehung. Der *numerus clausus* des Sachenrechts mit seiner Beschränkung der Privatautonomie lässt sich nicht ohne weiteres auf das Abtretungsrecht übertragen. Das Schuldrecht macht keinen grundsätzlichen Unterschied zwischen der Begründung schuldrechtlicher Rechte und der Verfügung über sie. Dies zeigt folgende Überlegung: Man kann die Vereinbarung zwischen *H* und *K* über die Forderungsabtretung zugunsten der *A* als Erlass der Forderung nach § 397 I mit gleichzeitiger Neubegründung zugunsten der *A* nach § 328 I auffassen. Auch mit dem Wortlaut des § 328 I steht eine Forderungsabtretung zugunsten Dritter insoweit im Einklang, als die Vorschrift nicht ausdrücklich bestimmt, dass die dem Dritten versprochene Leistung Gegenstand eines neu zu begründenden Schuldverhältnisses sein müsse. Schließlich lässt sich § 332 entnehmen, dass eine Drittbegünstigung nachträglich vorgesehen werden kann. Wenn aber Ansprüche nach § 328 nicht unmittelbar in der Person des Dritten entstehen müssen, lässt sich kaum ein Ausschluss von nachträglichen Abtretungen zugunsten Dritter begründen, solange der drittbegünstigende Abtretungsvertrag zwischen (Alt-)Gläubiger und Schuldner geschlossen wird.

3. Ergebnis zu II

Da *A* Inhaberin der Forderung durch Abtretung zugunsten Dritter geworden war, hat *K* an die berechtigte Forderungsinhaberin geleistet. Die Darlehensrückforderung ist erloschen.

III. Anspruch aus § 812 I 1 Alt. 1

H kann gegen *A* auch keinen Anspruch auf Zahlung von 10.000 EUR aus §§ 812 I 1 Alt. 1, 818 I haben, denn der zunächst formungültige Schenkungsvertrag zwischen *H* als Versprechendem und *K* als Versprechensempfänger zugunsten der Dritten *A* ist nach § 518 II durch Bewirkung der versprochenen Leistung (Abtretung zugunsten der *A*) geheilt worden und bildet für den Forderungserwerb sowie für das, was *A* aufgrund des erlangten Rechts erworben hat (10.000 EUR), den Rechtsgrund.

IV. Gesamtergebnis

Im Ergebnis hat *H* gegen *A* zwar einen Anspruch auf Herausgabe des Brillantrings aus § 985, aber keinen Anspruch auf Herausgabe der 10.000 EUR.

E. Lerntest

I. Fragen

1. Kann man eine Übereignung zugunsten Dritter nach §§ 929 S. 1, 328 wegen Verstoßes gegen das sachenrechtliche Publizitätsprinzip für unzulässig halten?
2. Warum ist eine Grundstücksübereignung zugunsten Dritter nach §§ 873, 929, 328 keinesfalls zulässig?
3. Ist die Forderungsabtretung nach §§ 398 ff. allein als abstraktes Verfügungsgeschäft nach Art der rechtsgeschäftlichen Eigentumsübertragung (§§ 929 S. 1, 873, 925) aufzufassen?
4. Welche Argumente sprechen für die Zulässigkeit einer Forderungsabtretung an einen Dritten durch Vertrag zwischen Gläubiger und Schuldner?

II. Antworten

1. Nein, denn der Publizitätsakt der Übergabe kann auch bei einer Übereignung zugunsten Dritter in der Person des Erwerbers verwirklicht werden. Die Zulässigkeit einer Übereignung zugunsten Dritter ist aber aus anderen Gründen zweifelhaft.

2. Die Bedingungsfeindlichkeit der Auflassung nach § 925 II schließt es jedenfalls aus, eine Grundstücksübereignung zugunsten Dritter mit der Unsicherheit des Zurückweisungsrechts nach § 333 zuzulassen.

3. Nein, denn die Forderung ist nicht nur ein abstrakt verfügbarer Vermögensgegenstand, sondern auch eine relative Leistungsbeziehung im Verhältnis Gläubiger – Schuldner; die Forderungsabtretung ist ein schuldrechtliches Verfügungsgeschäft.

4. Für die Zulässigkeit einer Forderungsabtretung zugunsten Dritter spricht die schuldrechtliche Komponente der Abtretung: der *numerus clausus* des Sachenrechts lässt sich im Gegensatz zum Fall der Übereignung zugunsten Dritter nicht auf die Abtretung übertragen. Weiterhin wäre ein Erlass mit gleichzeitiger Neubegründung der Forderung möglich. Auch lässt § 332 eine nachträgliche Drittbegünstigung zu.

Fall 3. Hoppenstedt und die tückische Linkskurve

Der anspruchsvolle Fall behandelt ein Standardproblem des allgemeinen Schuldrechts: den einseitig gestörten Gesamtschuldnerausgleich aufgrund von gesetzlichen und vertraglichen Haftungsbeschränkungen. Der Schaden ist im Straßenverkehr entstanden, so dass neben deliktischen auch straßenverkehrsrechtliche Vorschriften zu prüfen sind. Der Fall streift auch das Recht der BGB-Gesellschaft. Das alles ist zwar „harte Kost", liegt aber nicht außerhalb der Rechtsmaterien, die man sich in den mittleren Semestern angeeignet haben sollte. Schon als Anfänger sollte man das Auffinden und den Umgang mit wenig vertrauten Vorschriften gelernt haben.

A. Sachverhalt

Der nassforsche *Hoppenstedt (H)* schlägt der schönen *Adele (A)* vor, am Wochenende gemeinsam eine Picknickfahrt an die Mosel zu unternehmen, um dem mühsamen Studentenalltag kurzfristig zu entfliehen. Die beiden vereinbaren, für den Samstag ein Auto vom Vermietungsunternehmen *Bullerstiebel (B)* zu mieten und die Kosten dafür sowie für das Benzin zu teilen. Da *A* keinen Führerschein hat, soll *H* fahren. *A* obliegt es dafür, das einschlägige Kartenmaterial zu besorgen und eine schöne Tour herauszusuchen. Auf eine besondere Insassen-Unfallversicherung zusätzlich zum Vollkaskoschutz des Autos wird übereinstimmend verzichtet. Vor Antritt der Fahrt besteht der Jungjurist *H* allerdings darauf, dass die Kunstgeschichtsstudentin *A* „einen Schrieb" unterzeichnen solle, wonach *H* „für fahrlässige Unfälle nicht haftet". Er will der *A* nicht nur mit seinen Fahrkünsten, sondern auch mit seinem Jurastudium imponieren und sie zur festen Freundin gewinnen. Wenn auch nicht ohne Unbehagen, unterschreibt *A*.

Die Fahrt nach Traben-Trarbach verläuft nicht sehr harmonisch, weil *H* mit seinen allzu gewagten Überholmanövern *As* Unmut erregt. Auch während des Picknicks kommt keine romantische Atmosphäre auf, weil *H* ständig mit seinen drittsemestrigen Rechtskenntnissen über Haftungsausschlüsse und Gesamtschuldnerausgleiche prahlt und den selbstgebackenen Kuchen der *A* ebenso wenig zu würdigen weiß wie ihre Ausführungen zur Baugeschichte des Stadttores. Schließlich drängt die enttäuschte *A* zur Rückfahrt. *H* spürt, dass der Ausflug zum Reinfall zu werden droht. Seine Fahrkünste bleiben von seiner Nervosität nicht unbeeinflusst. Auf einer Landstraße schneidet *H* allzu scharf eine unübersichtliche Linkskurve und bemerkt zu spät den entgegenkommenden Winzer *Dralle (D)*, der mit seinem überladenen Traubenwagen in die Mitte der Fahrbahn geraten ist. Es kommt zu einem Unfall, bei dem sich *A* ein Bein und einen Arm bricht. Das Auto ist hin. Die Polizei stellt fest, dass *H* und *D* den Unfall zu gleichen Teilen und beide leicht fahrlässig verursacht haben.

A hat einen Schaden von 10.000 EUR zu beklagen, den sie sowohl von *H*, diesem „unverschämten Egoisten", als auch von *D* ersetzt verlangt. *D* will den Gesamtbetrag nur an *A* zahlen, wenn er von *H* den hälftigen Anteil zurückfordern kann. *H* hält sich unter Hinweis auf den „Schrieb" zu gar nichts für verpflichtet. Insbesondere betrachtet er es als „ungerecht", dass er zu allem Überfluss auch noch gegenüber *D* ausgleichspflichtig sein soll. Er meint, *A* könne ohnehin allein von *D* die Hälfte ihres Schadens ersetzt verlangen.

Im Übrigen sieht er sich als Opfer der Imageprobleme von Jurastudenten. Wie ist die Rechtslage?

B. Gutachtliche Überlegungen

I. Die Anspruchsgrundlagen

Die Frage nach der Rechtslage wird durch die geltend gemachten Ansprüche und erhobenen Einwände der Beteiligten am Schluss des Sachverhalts konkretisiert. Als Anspruchstellerin tritt zuerst *A* in Erscheinung. Eine Gefährdungshaftung nach § 7 I StVG entfällt für *H,* weil nicht er, sondern das Vermietungsunternehmen Fahrzeughalter ist. Allerdings kann *H* eine Verschuldenshaftung nach §§ 18 I, 7 I StVG als Fahrzeugführer treffen, weil ein Verschulden des *H* nicht verneint werden kann. *H* kann der *A* zudem aus Delikt haften. Die tatbestandlichen Voraussetzungen der Anspruchsgrundlage des § 823 I liegen problemlos vor; auch reicht die leichte Fahrlässigkeit als Verschuldensform aus. Man kann deshalb getrost vernachlässigen, ob sich noch aus § 823 II i. V. m. einem straßenverkehrsrechtlichen Schutzgesetz ein Anspruch ergibt. Dagegen darf man nicht unberücksichtigt lassen, dass *H* auch aus Vertrag, genauer: aus der Verletzung eines BGB-Gesellschaftsvertrags haften könnte, § 280 I. Die Bildung einer „Fahrgemeinschaft" mit Kostenteilung für die Fahrzeugmiete und für den Kraftstoff ist der aus Lehrbüchern und Vorlesungen bekannte „klassische Fall" einer Gelegenheitsgesellschaft, die sich als ein Unterfall der BGB-Gesellschaft nach §§ 705 ff. versteht.[1] Die ergänzende Arbeitsteilung (Fahrzeugführen durch *H;* Routenfestlegung durch *A*) und die Verständigung über die Versicherung des gemieteten Fahrzeugs ist hierfür von zusätzlichem Indizwert. Gegen *D* kommt demgegenüber *kein* vertraglicher Anspruch in Betracht. Wohl aber kann *D* der *A* aus Delikt, § 823 I, sowie aus §§ 7, 18 StVG auf Schadensersatz haften; die Haftung aus unerlaubter Handlung lässt das StVG ja nach seinem § 16 unberührt.

Hoppenstedt

---

1 Vgl. dazu *Medicus/Lorenz* SchuldR BT § 47 II 1 Rn. 5; *Windbichler* GesR § 5 III 1 Rn. 12 S. 53 f.; *Klunzinger* GesR § 4 II 3d S. 25; BGHZ 46, 313 (315).

Adele

Bekanntlich haftet jeder Schädiger gegenüber dem Geschädigten in voller Höhe auf Schadensersatz, so dass *D* als Mitverursacher nach § 840 I und § 16 StVG gegenüber der Geschädigten in voller Höhe der 10.000 EUR schadensersatzpflichtig sein könnte. Damit sind die Anspruchsgrundlagen bereits ausfindig gemacht. Auch wer noch nicht mit dem StVG gearbeitet hat, kann sich in den übersichtlichen Regelungen des StVG schnell orientieren. Den Umgang mit wenig vertrauten Vorschriften unter dem Zeitdruck einer Klausur muss man schon in den ersten Semestern einüben. Mangels näherer Angaben im Sachverhalt kann man sich Überlegungen zu einer Ersatzpflicht des Vermietungsunternehmens *B,* seines Versicherers und zu einer Haftung von Versicherern des *H* und des *D* sparen. *A* nimmt nur *H* und *D* in Anspruch. Auch verlangt *A* kein Schmerzensgeld, so dass schadensrechtliche Ausführungen zu § 253 II fehl am Platze sind. Man halte sich auch nicht lange bei den tatbestandlichen Voraussetzungen der einzelnen Anspruchsgrundlagen auf. Sie sind alle problemlos erfüllt, so dass die Subsumtion in knappem Urteilsstil vollzogen oder gar als entbehrlich angesehen werden kann. Vielmehr stellen sich nach der Feststellung der Anspruchsgrundlagen für den kundigen Klausuranten sogleich jene Fragen, die „das Problem" der Klausur ausmachen: Wirkt zugunsten des *H* ein Haftungsausschluss, so dass ihn *A* im Ergebnis nicht in Anspruch nehmen kann? Haftet dann *D* gegenüber *A* in voller Höhe des Gesamtschadens oder kommt der Haftungsausschluss des Verhältnisses *H* zu *A* auch dem *D* zugute? Und wenn er ihm zugutekommt, in welcher Weise?

II. Der Haftungsausschluss

Ansatzpunkt für einen Haftungsausschluss zugunsten des *H* ist nicht allein die vertragliche Vereinbarung mit *A* (der „Schrieb"), wonach *H* für fahrlässige Unfälle nicht haften sollte. Vielmehr sollte dem kundigen Klausuranten, der zu Recht eine BGB-Gesellschaft zwischen *H* und *A* annimmt und (auch) einen Anspruch wegen Pflichtverletzung nach § 280 I prüft, der gesetzliche Haftungsmilderungstatbestand der §§ 708, 277 bekannt sein. Die danach vorgesehene Haftungsprivilegierung, die auch eine neben der gesellschaftsvertraglichen bestehende deliktische Haftung modifiziert – sonst liefe sie weitgehend leer –, kann aber auf unseren Schadensfall nicht ohne weiteres angewandt werden. Man wird es wohl kaum aus dem eigenen Problembewusstsein heraus erahnen und entwickeln, sondern nur aus seinem Studium wissen können: Nach der Rechtsprechung und der herrschenden Lehre verbietet sich eine Haftungsprivilegierung nach § 708 bei Schadensfällen *im Straßenverkehr,* weil das standardisierte und durchnormierte Verhalten als Straßenverkehrsteilnehmer keinen Raum für eigenübliche Sorgfalt und damit für individuelle Sorglosigkeit lässt. Es gibt im Straßenverkehr sozusagen keine „eigenen Angelegenheiten" i. S. d. §§ 708, 277.[2]

Scheidet danach eine gesetzliche Haftungsmilderung nach § 708 aus, so kommt doch eine vertragliche aufgrund des „Schriebs" in Betracht. Diesbezüglich sind in der Klausur einige Worte dazu angebracht, dass sowohl eine deliktische wie eine vertragliche Haftung durch derartige Vereinbarungen in den Grenzen des § 276 III sowie in den Grenzen des Gesetzes und der guten Sitten, §§ 134, 138, eingeschränkt werden kann. Der vertragliche Haftungsausschluss gegenüber Insassen für fahrlässiges Fehlverhalten beim Autofahren ist wirksam und befreit den *H* von seiner Haftung gegenüber *A*, genauer: es kommt gegen *H* von vornherein weder aus dem Gesellschaftsverhältnis noch aus Delikt ein Schadensersatzanspruch zur Entstehung, so dass sich *A* lediglich an *D* halten kann. Die Vorschrift des § 8a StVG ändert daran nichts; sie gilt nur für die Haftung nach §§ 18 I, 7 I StVG, deren Begrenzung sie indes nicht entgegensteht, zumal sie sich nur auf eine entgeltliche, geschäftsmäßige Personenbeförderung bezieht.

III. Der gestörte Gesamtschuldnerausgleich

Das Kernproblem des Falles, das unter dem Stichwort „gestörter Gesamtschuldnerausgleich bei einseitiger Haftungsprivilegierung" bekannt ist, wirft inhaltlich und darstellerisch beachtliche Schwierigkeiten auf. Der Hauptgrund dafür ist, dass wir es mit einem Dreiecksverhältnis zu tun haben, bei dem die verschiedenen zweiseitigen Rechtsbeziehungen nicht getrennt, sondern nur mit Rücksicht aufeinander gewürdigt werden können. Wir haben es freilich mit einem Standardproblem zur Gesamtschuld zu tun, das nicht nur bei einer vertraglichen Haftungsprivilegierung *eines* von mehreren Schädigern, sondern auch immer dann auftritt, wenn zugunsten *eines* Schädigers eine gesetzliche Haftungsprivilegierung (etwa nach §§ 690, 708, 1359, 1664) zum Tragen kommt.

Zur Lösung des Problems bieten sich *drei* Wege an, die in der Klausur diskutiert und abgewogen werden müssen: *Erstens* könnte man der *A* einen *vollen* Schadensersatzanspruch gegen *D* als nicht privilegiertem Schädiger zubilligen und jedwede Auswirkung der Haftungsprivilegierung des Mitschädigers *H* auf das Verhältnis zwischen *A* und *D* versagen. Insbesondere hätte *D* danach keine Regressmöglichkeit aus § 426 I 1 und II 1 gegen *H; D* bliebe mit dem Gesamtschaden belastet.[3] Man könnte *zweitens D* einen Regressanspruch gegen *H* nach §§ 426, 254 für den hälftigen Schadensanteil einräumen, so dass *H* die Haftungsprivilegierung nur gegenüber *A*, nicht aber gegenüber dem Mitschädiger *D* nutzte. *H* stünde dann allerdings im Ergebnis so, wie er ohne die Haftungsprivilegierung stünde; seine Vereinbarung mit

---

[2] So *Larenz* Festschrift Harry Westermann S. 299 ff.; vgl. auch BGHZ 46, 313 ff.; *Windbichler* GesR § 7 I 5 Rn. 5 S. 62 f.; *Deutsch* JuS 1967, 496 ff.; *Brandenburg* JuS 1974, 16 ff.; Staudinger/*Habermeier* (2003) BGB § 708 Rn. 16 m. w. N.; kritisch MüKoBGB/*Schäfer* § 708 Rn. 12 ff.

[3] So etwa RGZ 84, 415 (431); RGZ 153, 38 (43); *Geigel* JZ 1954, 507 (508); *Küster* AcP 148 (1943), 309 (326) und BGHZ 103, 338 (346 ff.) unter Aufgabe von BGHZ 35, 317 ff.; dazu *Lange* JZ 1989, 48 ff.; *Sundermann* JZ 1989, 927 (931 ff.); *J. Hager* NJW 1989, 1640; *K. M. Schwab* JuS 1991, 18.

A bliebe *de facto* wirkungslos.[4] Man könnte *drittens* den Anspruch der *A* gegenüber *D* von vornherein um dessen hypothetischen Regressanteil kürzen, so dass *A* nur die Hälfte des Schadens von ihm ersetzt verlangen könnte; danach bliebe *A* für den hälftigen Teilschaden ohne Ersatz.[5] Für jeden dieser Lösungswege sprechen gute Gründe. Das Gesetz schweigt hierzu – die eigentliche Arbeit des Juristen beginnt. Der Bearbeiter muss argumentieren, gewichten und entscheiden. Maßstab für die Beurteilung der Klausur ist kaum das Ergebnis, sondern die Entfaltung juristisch-analytischer Kraft, die Durchdringung und Würdigung der beteiligten Interessen und die überzeugende sprachliche Darstellung.

C. Gliederung

I. Anspruch *A* gegen *H*
  1. Anspruchsgrundlage
  2. Gesetzliche Haftungsmilderung
     Problem: eigenübliche Sorgfalt im Straßenverkehr
  3. Vertraglicher Haftungsausschluss

II. Anspruch *A* gegen *D*
  1. Anspruchsgrundlage
  2. Haftungsausschluss
     Problem: gestörter Gesamtschuldnerausgleich
     a) Der Haftungsausschluss als Regresssperre
     b) Haftungskreisel
     c) Lösung bei Haftungsausschlussvereinbarungen
  3. Ergebnis zu II

D. Lösung

I. Anspruch *A* gegen *H*

A könnte einen Anspruch auf Ersatz ihres Schadens in Höhe von 10.000 EUR zunächst gegen den Schädiger *H* haben.

1. Anspruchsgrundlage

Es fragt sich, welche Anspruchsgrundlagen überhaupt in Betracht kommen. Spezialgesetzliche Anspruchsgrundlagen stellt zunächst das StVG für *Hs* Haftung zur Ver-

[4] So etwa BGHZ 12, 213 ff.; BGHZ 35, 317 ff.; BGHZ 58, 216 (218 ff.) = NJW 1972, 942 = JZ 1972, 525 mit abl. Anm. *Keuk; BGH* NJW 1983, 624 (626) = JR 1983, 240 ff. mit zust. Anm. *Hohloch.*

[5] So etwa BGHZ 51, 37 ff. mit Anm. *Sieg* JZ 1969, 263; BGHZ 55, 11 ff.; BGHZ 58, 355 ff.; BGHZ 61, 51 ff.; *BGH* NJW 1976, 1975 ff.; BGHZ 94, 173 ff.; *BGH* JR 1974, 150 ff. mit zust. Anm. *Gitter;* BGHZ 94, 173 ff. = JZ 1985, 801 ff. = NJW 1985, 2261 ff.; BGHZ 110, 114 ff.; BGHZ 203, 224, 231 = NJW 2015, 940, 942; *Stoll* FamRZ 1962, 64; *Prölss* JuS 1966, 400 ff.; *Thiele* JuS 1968, 149 ff.; *Brox/Walker* SchuldR AT § 37 Rn. 20 ff., (24 f.) S. 455 ff.; *Larenz* SchuldR AT § 37 III; *Medicus/Lorenz* SchuldR AT § 66 II 5 Rn. 902 ff. S. 507 f.; *Medicus* JZ 1967, 398 ff.

fügung. Der Gefährdungshaftung nach § 7 I StVG unterliegt *H* nicht, denn er hat das Unfallfahrzeug nur gemietet. Nicht *H*, sondern das Vermietungsunternehmen *B* ist Fahrzeughalter. Dagegen kann *H* die Fahrerhaftung nach §§ 18 I, 7 I StVG treffen. Eine Exkulpation nach § 18 I 2 StVG wird ihm nicht gelingen, da ihm ein Sorgfaltsverstoß zur Last fällt. Ebenso kann *H* der *A* aus Delikt haften. Die Voraussetzungen der Anspruchsgrundlage des § 823 I liegen vor, denn *H* hat den Körper der *A* leicht fahrlässig verletzt und dadurch den Schaden in Höhe von 10.000 EUR als „Nebentäter" neben *D* verschuldet, § 840 I. Fraglich ist, ob eine Haftung des *H* nicht nur aus unerlaubter Handlung, sondern auch aus Vertrag in Betracht kommt. Man könnte an einen Anspruch wegen der Verletzung einer Pflicht aus Gesellschaftsvertrag nach §§ 280 I, 705 denken. In der Tat begründet die vertraglich vereinbarte Bildung einer „Fahrgemeinschaft" mit Kostenteilung für die Fahrzeugmiete und für den Kraftstoff eine BGB-Gesellschaft in Form einer Gelegenheitsgesellschaft. Für einen entsprechenden rechtsgeschäftlichen Willen von *H* und *A* spricht auch die Abrede zur Arbeitsteilung, wonach *H* das Fahrzeug führen und *A* die Route festlegen sollte, sowie die Verständigung über den Versicherungsumfang.

2. Gesetzliche Haftungsmilderung

Die Schadensersatzansprüche aus §§ 18 I, 7 I StVG, aus unerlaubter Handlung nach § 823 I und aus positiver Verletzung des Gesellschaftsvertrags könnten allerdings durch die gesetzliche Haftungsmilderung des §§ 708, 277 gehindert sein. Danach bräuchte *H* nur für eigenübliche Sorgfalt, mithin – angesichts seines gewohnten Fahrstils – nicht für leichte Fahrlässigkeit zu haften. Dies ist nicht schon durch § 8a StVG ausgeschlossen; sie gilt nur für die Haftung des Fahrzeugführers nach §§ 18 I, 7 I StVG, deren Begrenzung sie indes nicht entgegensteht, zumal sie sich nur auf eine entgeltliche, geschäftsmäßige Personenbeförderung bezieht. Der Grundgedanke des § 708 ist, dass sich die Gesellschafter, die sich zur Verfolgung eines gemeinsamen Zwecks verbunden haben, als individuelle Personen so (hin)nehmen sollen, wie sie nun einmal – mit ihren menschlichen Schwächen – sind. Indes verbietet sich eine Haftungsprivilegierung nach § 708 bei Schadensfällen im Straßenverkehr, weil das standardisierte und durchnormierte Verhalten für Straßenverkehrsteilnehmer keinen Raum für eigenübliche Sorgfalt und damit für individuelle Sorglosigkeit lässt. Die Teilnahme im Straßenverkehr liegt außerhalb der „eigenen Angelegenheiten" i. S. d. § 708.

3. Vertraglicher Haftungsausschluss

Allerdings könnte der von *H* aufgesetzte und von *A* unterzeichnete „Schrieb" eine vertragliche Haftungsmilderung darstellen und zum Ausschluss von deliktischen und vertraglichen Schadensersatzansprüchen der *A* führen. Die Vorschrift des § 276 III lässt einen Ausschluss der Haftung für fahrlässiges Fehlverhalten zu. Man wird auch einen vertraglichen Haftungsausschluss gegenüber Insassen für fahrlässig verschuldete Unfälle beim Autofahren als wirksam anerkennen müssen; andernfalls hätte der Gesetzgeber in den §§ 8a, 16 StVG hiergegen eine Sperre vorgesehen. Damit ist *H* von seiner Haftung gegenüber *A* befreit. Weder aus dem Gesellschaftsverhältnis noch aus Delikt kann *A* gegen *H* einen Schadensersatzanspruch geltend machen.

II. Anspruch *A* gegen *D*

Möglicherweise hat *A* aber gegen *D* einen Schadensersatzanspruch.

1. Anspruchsgrundlage

Anspruchsgrundlagen sind die Gefährdungshaftung des Fahrzeughalters nach § 7 I StVG und die verschuldensabhängige Fahrzeugführerhaftung nach § 18 StVG. Daneben haftet *D* aus Delikt nach § 823 I. Er ist zwar nicht „Mittäter" oder „Beteiligter" i. S. d. § 830, wohl aber Nebentäter, so dass er ausweislich des § 840 I i. V. m. § 16 StVG grundsätzlich in voller Höhe auf Schadensersatz haftet.

2. Haftungsausschluss

Es stellt sich aber die Frage, ob der Haftungsausschluss zugunsten des *H* für das Verhältnis zwischen *A* und *D* gänzlich außer Betracht gelassen werden kann. Würde man der *A* einen vollen Schadensersatzanspruch gegen *D* als nicht privilegierten Schädiger zubilligen, dann bliebe *D* mit dem Gesamtschaden belastet, es sei denn, man billigt ihm eine Regressmöglichkeit gegen den Mitschädiger *H* nach §§ 840 I, 426 I 1, II, 254 und § 17 I StVG zu. Würde man allerdings *D* danach einen Regressanspruch für den hälftigen Schadensanteil gewähren, so käme die Haftungsprivilegierung des *H* nur gegenüber *A* zum Tragen, nicht aber gegenüber dem Mitschädiger *D*, bliebe also im Ergebnis wirkungslos. Schließlich kommt in Betracht, den Anspruch der *A* gegenüber *D* von vornherein um den hypothetischen Regressanteil zu kürzen, so dass *A* nur die Hälfte des Schadens von ihm ersetzt verlangen könnte. Es fragt sich, wie in einem derartigen Fall eines gestörten Gesamtschuldnerausgleichs bei einseitiger Haftungsprivilegierung zu verfahren ist.

a) Der Haftungsausschluss als Regresssperre

Das Gesetz scheint dem nicht privilegierten Mitschädiger einen Regressanspruch versagen und es bei seiner Alleinhaftung in voller Höhe belassen zu wollen. Die Vorschrift des § 426 I 1 kommt als Anspruchsgrundlage für einen Regress schon deshalb nicht in Betracht, weil sie voraussetzt, dass der Ausgleichsverpflichtete seinerseits als Gesamtschuldner dem geschädigten Gläubiger ersatzpflichtig ist. Daran aber fehlt es gerade, wenn – wie hier – ein Haftungsausschluss zwischen Geschädigtem und Mitschädiger wirksam vereinbart wurde. Selbst wenn man ein Gesamtschuldverhältnis annähme, müsste man wohl die Haftungsprivilegierung als eine anderweitige Bestimmung i. S. d. § 426 I 1 zugunsten des freigestellten Mitschädigers verstehen. Die rechtsverstärkende Legalzession des § 426 II hilft dem nicht privilegierten Schädiger (nach Befriedigung des Gläubigers) gleichfalls nicht, denn da dem Geschädigten wegen des Haftungsausschlusses von vornherein kein Anspruch gegen den begünstigten Schädiger zusteht, kann auch auf den ablösenden Schädiger keine Forderung übergehen. Letztlich bewirkt danach der Haftungsausschluss eine Regresssperre. Wenn das Gesetz einen vertraglichen Haftungsausschluss zulässt, darf man sich nicht vor den weiteren Konsequenzen scheuen, die eine solche Privilegierung für Dritte hat. Der Eindruck einer unbilligen Härte der Alleinhaftung ohne Regressmöglichkeit des nicht privilegierten Mitschädigers wird dadurch gemindert, dass es auch anderweitig zu einer derartigen Alleinhaftung nur *eines* Mitschädigers kommen kann; man denke etwa daran, dass der andere Schädiger deliktsunfähig oder zahlungsunfähig, unerreichbar oder gar unbekannt ist. Hinzu kommt folgendes: Der privilegierte Schädiger wäre bei einer alleinigen Schadensverursachung haftungsfrei. Ließe man bei bloßer Mitverursachung einen Regress des Mitschädigers zu, dann führte dies zu dem ungereimten und schwer verständlichen Ergebnis einer anteiligen Haftung für einen geringeren Verursachungsbeitrag gegenüber einer Nichthaftung für eine alleinige Schadensverursachung.

b) Haftungskreisel

Es bleiben aber gravierende Billigkeitsbedenken gegen eine Alleinhaftung ohne Regressmöglichkeit des nicht privilegierten Mitschädigers bestehen. Aus seiner Sicht ist nicht ersichtlich, wie ein vertraglicher Haftungsausschluss Auswirkungen über das Verhältnis der daran beteiligten Parteien hinaus entfalten und ihm die ansonsten bestehenden Regressmöglichkeiten rauben kann. Die vertragliche Haftungsprivilegierung läuft auf einen unzulässigen Vertrag zu Lasten Dritter hinaus. Die sonstigen Fälle der notgedrungenen Alleinhaftung eines Mitschädigers etwa bei Deliktsunfähigkeit, Zahlungsunfähigkeit, Unerreichbarkeit oder Unbekanntheit des anderen sind schwerlich mit einer Haftungsausschlussvereinbarung zu vergleichen, die der spätere Geschädigte mit einem der späteren Schädiger zu Lasten eines späteren Mitschädigers trifft. Die Unbilligkeit einer generellen Alleinhaftung mit Regresssperre wird etwa dann besonders deutlich, wenn dem Privilegierten der Vorwurf einer groben Fahrlässigkeit gemacht werden kann, der andere Mitschädiger aber allein aus Gefährdungshaftung in Anspruch genommen wird. In diesem Lichte erscheint eine Heranziehung des § 426 als Anspruchsgrundlage für einen Regress naheliegend, denn diese Vorschrift will bei einer Gesamtschuldnerschaft verhindern, dass die Willkür des Gläubigers darüber entscheidet, welchem der Gesamtschuldner die zur Befriedigung des Gläubigers erforderliche Leistung abverlangt wird. Das interne Ausgleichsverhältnis der Gesamtschuldner stellt ein Regelungsprogramm von hohem Gerechtigkeitsgehalt dar; es ist der Einwirkungsmöglichkeit des Gläubigers entzogen. Dies sollte nicht nur für die Zeit nach der Entstehung der Gesamtschuld, sondern auch für vorherige Einwirkungsversuche des Gläubigers auf das Innenverhältnis eines später entstehenden Gesamtschuldverhältnisses gelten. Allerdings stößt die Heranziehung des § 426 als Regressnorm auf konstruktive Bedenken. Auch wenn man den Haftungsausschluss für das Verhältnis zwischen dem privilegierten und dem nicht privilegierten Schädiger als unbeachtlich ansieht, so kommt doch damit noch keine Gesamtschuld zur Entstehung. Diese Schwierigkeiten lassen sich nur überwinden, wenn man das Gesamtschuldverhältnis fingiert oder wenn man § 426 I 1 analog anwendet. Beide Lösungswege vermögen methodisch nicht gänzlich zu befriedigen. Vor allem rufen sie im Ergebnis die schwerwiegende wertungsmäßige Unstimmigkeit hervor, dass der teilverantwortliche Mitschädiger schlechter gestellt wird als der alleinverantwortliche Schädiger. Diese Unstimmigkeit ließe sich nur dadurch beseitigen, dass man dem privilegierten teilverantwortlichen Mitschädiger, der auf Regress in Anspruch genommen wird, wiederum einen Regressanspruch bzw. einen Freistellungsanspruch gegen den Geschädigten einräumt; das führte allerdings zu einer Art sinnlosem „Haftungskreisel".

c) Lösung bei Haftungsausschlussvereinbarungen

Die Überlegungen zeigen, dass die Gewährung eines Anspruchs des Geschädigten *(A)* gegen den nicht privilegierten Mitschädiger *(D)* in voller Schadenshöhe zu Verwerfungen im Wertungsgefüge und zu konstruktiven Schwierigkeiten führt. Einerseits lässt es sich schwer rechtfertigen, dass der nicht privilegierte Mitschädiger den Gesamtschaden im Ergebnis allein zu tragen hätte; andererseits bestehen aber auch Bedenken dagegen, ihm einen Ausgleichsanspruch gegen den privilegierten Mitschädiger zuzubilligen. Es bietet sich daher als naheliegender Ausweg an, dem Geschädigten gegen den nicht privilegierten Mitschädiger nur einen Schadensersatzanspruch in einer von vornherein gekürzten Höhe einzuräumen. Der Kürzungsbetrag ist dabei dem hypothetischen Regressbetrag des nicht privilegierten Mitschädigers anzugleichen. Auf diese Weise ist sichergestellt, dass der Haftungsausschluss zugunsten des privilegierten Mitschädigers nicht zu Lasten des anderen wirkt. Der nicht privilegierte Mitschädiger ist so gestellt, wie er ohne den Haftungsausschluss bei einer Gesamtschuld mit Regressmöglichkeit nach § 426 stünde. Diese Lösung einer Anspruchsverkürzung geht nun freilich auf Kosten des Geschädigten, der nach den beiden anderen Lösungsansätzen vollen Schadensausgleich erhielte, einmal auf Kosten des privilegierten Mitschädigers, einmal auf Kosten des nicht privilegierten. Indes erscheint bei näherer Überlegung der Geschädigte am ehesten geeignet, die Folgen des Haftungsausschlusses tragen zu müssen: Die Haftungsausschlussvereinbarung soll den Vertragspartner des Geschädigten begünstigen; sie soll einen Dritten als nicht privilegierten Mitschädiger in seiner Haftung unbeeinflusst lassen; und sie soll den Geschädigten schlechter stellen. Es ist der Geschädigte, dessen Interessen durch den Haftungsausschluss zurückgesetzt werden, und zwar aufgrund seiner freiwilligen Entscheidung. Hieraus zieht der Lösungsweg einer Anspruchsverkürzung nur die naheliegende Konsequenz.

3. Ergebnis zu II

Im Ergebnis hat *A* daher allein gegen *D* einen Schadensersatzanspruch aus § 823 I und aus §§ 7 I und 18 I StVG, aber nur in Höhe des hälftigen Schadens von 5.000 EUR.

E. Lerntest

I. Fragen

1. Kann die gesetzliche Haftungsmilderung der BGB-Gesellschafter nach § 708 auch bei einem Fehlverhalten im Straßenverkehr Geltung beanspruchen?
2. Welches ist das Hauptargument dagegen, bei einem gestörten Gesamtschuldnerausgleich aufgrund einseitiger gesetzlicher oder vertraglicher Haftungsmilderung dem nicht privilegierten Mitschädiger einen Regressanspruch gegen den privilegierten Mitschädiger nach § 426 zu versagen?
3. Warum erscheint es gerecht und billig, das Problem des gestörten Gesamtschuldnerausgleichs bei einer einseitigen, auf Vereinbarung beruhenden Haftungsmilderung dadurch zu lösen, dass man den Ersatzanspruch des geschädigten Gläubigers gegen den nicht privilegierten Mitschädiger um den hypothetischen Regressbetrag kürzt, den dieser von dem privilegierten Mitschädiger ohne die Haftungsmilderung nach § 426 verlangen könnte?

II. Antworten

1. Nein. Das standardisierte und durchnormierte Verhalten für Straßenverkehrsteilnehmer lässt keinen Raum für eigenübliche Sorgfalt und damit für individuelle Sorglosigkeit. Die Teilnahme im Straßenverkehr liegt außerhalb der „eigenen Angelegenheiten“ i. S. d. § 708.

2. Bei einer solchen Regressmöglichkeit käme es zu der schweren wertungsmäßigen Unstimmigkeit, dass der nur teilverantwortliche Mitschädiger im Ergebnis schlechter gestellt wird als er aufgrund des Haftungsprivilegs als alleinverantwortlicher Schädiger stünde.

3. Der Geschädigte erscheint am ehesten geeignet, die Folgen des Haftungsausschlusses tragen zu müssen: Die Haftungsausschlussvereinbarung soll den Vertragspartner des Geschädigten begünstigen; sie soll einen Dritten als nicht privilegierten

Mitschädiger in seiner Haftung unbeeinflusst lassen; und sie soll den Geschädigten schlechter stellen. Es ist der Geschädigte, dessen Interessen nach seiner freiwilligen Entscheidung durch den Haftungsausschluss zurückgesetzt werden sollen.

Fall 4. Das Los der Witwe Klicko

Der Schwerpunkt dieser schon recht anspruchsvollen und ungemein lehrreichen Klausur liegt – nach einem bereicherungsrechtlichen Einstieg – im Sachenrecht und im BGB-Wertpapierrecht. Das Inhaberpapier, die Eigentumsaufgabe und die Aneignung mit dem Zentralbegriff der herrenlosen Sache sowie schließlich das Fundrecht bilden wichtige Stationen auf dem Lösungsweg, der schließlich über das Recht der Anfechtung zum Ziel führt. Für Studentinnen und Studenten mit guten Kenntnissen im Vermögensrecht der ersten drei Bücher des BGB sollte die Klausur „machbar" sein.

A. Sachverhalt

Die *Witwe Klicko (K)* beteiligt sich leidenschaftlich gern, wiewohl seit Jahren ohne Erfolg, an der staatlichen *Lotteriegesellschaft L* und kauft dort monatlich auf dem Postweg ein Los, für das sie jedes Mal 100 EUR bezahlt. Die Lose werden ihr immer nach Hause zugesandt. Auf ihnen ist die Gewinnchance für die nächste Ziehung unter einer Losnummer verbrieft; der Name der *K* ist dort nicht genannt, auch ist das Datum der nächsten Ziehung nicht vermerkt. Eines Tages wartet *K* an der Bushaltestelle und räumt dabei ihre Handtasche auf. Neben alten Fahrscheinen, Quittungen, Bonbonschachteln und Papiertaschentüchern kramt sie auch das letzte Los hervor, das sie morgens mit der Post erhalten hatte. Da nähert sich der erwartete Bus der Haltestelle. Aufgeregt wirft *K* die Papiere, die sie in den Händen hält, in den Papierkorb. Dabei fällt neben einem alten Fahrschein auch das Los auf den Boden, das *K* versehentlich mit zu den für den Papierkorb bestimmten Sachen sortiert hatte.

Zwei Minuten nach der Abfahrt der *K* kommt der sechsjährige Knabe *Peter Suttit (P)* zur Haltestelle und nimmt das Los wegen seiner farbenprächtigen Gestaltung mit nach Hause, wo er den Eltern von dem „Fund" erzählt. Die klugen Eltern verwahren das Los. Bei der nächsten Ziehung fällt darauf der Hauptgewinn von 100.000 EUR, den die Eltern für *P* unter Vorlage des Loses bei *L* einlösen.

K, die sich die Losnummern jeweils in ihrem Lotteriebüchlein aufschreibt, erfährt von dem Gewinn und ermittelt über *L* den Namen und die Anschrift des *P* und seiner Eltern. *K* sucht die Eltern zu Hause auf und verlangt unter Aufklärung des Sachverhalts von *P* die Herausgabe von 100.000 EUR. *P* und seine Eltern sind dazu allenfalls gegen Zahlung eines Finderlohns bereit.

B. Gutachtliche Überlegungen

I. Anspruchsgrundlage und Einstieg

Klausuranten ohne hinreichende juristische Schulung könnten eine prüfungswürdige Grundlage für den Anspruch der *K* gegen *P* vielleicht in §§ 687 II 1, 681 S. 2, 667 Alt. 2 suchen, weil *P* sich mit der Präsentation des Loses bei *L* und mit der

Witwe Klicko

Entgegennahme des Gewinns eine Fremdgeschäftsführung angemaßt habe. Ein solcher Anspruch aus Geschäftsführung ohne Auftrag scheitert aber bereits an der Geschäftsunfähigkeit des *P*, die nach § 682 nur delikts- und kondiktionsrechtliche Ansprüche in Betracht kommen lässt. Im Deliktsrecht könnte man mit einer Mindermeinung in einer möglichen „Forderungszuständigkeit"[1] der *K* oder gar einer Forderung selbst[2] ein „sonstiges Recht" und damit einen Ansatzpunkt für eine Prüfung des § 823 I sehen; für die herrschende Meinung aber ist die schuldrechtlich relative Forderung mangels dinglicher Ausschlusswirkung kein „sonstiges Recht".[3] Man sollte sich auf diesen Streit aber schon aus Zeitgründen nicht einlassen, denn der Sachverhalt lässt erkennen, dass der Klausurschwerpunkt um das sachenrechtliche Schicksal des Loses kreist. Viel näher liegt die – oft übersehene – spezielle bereicherungsrechtliche Anspruchsgrundlage des § 816 II, die man als Sonderfall der Eingriffskondiktion ansehen kann: *P* könnte als „Nichtberechtigter" durch die Entgegennahme des Geldes in die der *K* als Forderungsinhaberin und „Berechtigten" zugewiesene Befugnis der Forderungseinziehung eingegriffen haben und deshalb herausgabepflichtig sein. Diese Anspruchsgrundlage bietet in ihren Tatbestandsmerkmalen zugleich einen brauchbaren Fahrplan für eine Prüfung der einzelnen Sachverhaltselemente. Keine Schwierigkeiten bereitet dabei, dass *P* die 100.000 EUR durch eine „Leistung" der *L* erlangt hat; hier wie sonst ist man in der Klausur zu einer Definition des Leistungsbegriffs aufgerufen.

Problematisch beginnt der Lösungsweg aber bei der Prüfung der Nichtberechtigung des *P* zu werden, für die es darauf ankommt, ob *P* Forderungsinhaber war. Hier muss man erkennen, dass zwischen *K* und *L* durch den Loskauf ein zulässiger Lotterievertrag (§§ 433, 762, 763) geschlossen wurde, aus dem *K* eine Gewinnchance

---

1 So insb. *Larenz* SchuldR BT § 72 I a; *Mincke* JZ 1984, 862; *Picker* Festschrift Claus-Wilhelm Canaris Bd. I S. 1001, 1016 ff.

2 So hingegen *Canaris* Festschrift Erich Steffen S. 55 ff., *Larenz/Canaris* SchuldR BT II § 76 II 4g mit Fn. 93 und m. w. N. zum Streitstand.

3 BGHZ 12, 308 (317); *Medicus* Festschrift Erich Steffen S. 333 ff.; Erman/*Wilhelmi* BGB § 823 Rn. 36; Jauernig/*Teichmann* BGB § 823 Rn. 17 m. w. N.; eingehend *Otte* JZ 1969, 253 (255).

Peter Suttit

erwarb („Hoffnungskauf", *emptio spei*).[4] Im Einzelnen kann man einen Lotterievertrag mit Loskauf rechtlich unterschiedlich würdigen.[5] Am nächsten liegt es wohl, eine durch die spätere erfolgreiche Ziehung aufschiebend bedingte Forderung der *K* auf den Gewinn anzunehmen. Jetzt muss man erkennen, dass diese Forderung der *K* in dem Los wertpapierrechtlich verkörpert war und damit eine Verkehrsfähigkeit nach sachenrechtlichen Grundsätzen erhielt. Das Los ist ein Inhaberpapier nach § 793 I, bei dem das Recht *aus dem* Papier (Gewinnchance) dem Recht *am* Papier (Eigentum) folgt.[6] Für die Frage der Nichtberechtigung des *P* bzw. der Berechtigung der *K* kommt es also auf die Eigentumsverhältnisse am Los zur Zeit der Leistung der 100.000 EUR an.

II. Dereliktion und Aneignung

Damit bewegen wir uns in den vertrauten Bahnen einer historisch nachvollziehenden Prüfung der Eigentumsverhältnisse. Ursprünglich war *K* Eigentümerin des Loses, das sie nach § 929 S. 1 von *L* erhalten hatte. Es liegt nahe, das Wegwerfen des Loses zum Anlass für die Prüfung einer Dereliktion nach § 959 zu nehmen. Hier ist eine tückische Klippe zu überwinden: Wer sich noch nie mit der Dereliktion befasst hat, wird § 959 aufgrund seines Wortlauts an der fehlenden „Absicht, auf das Eigentum zu verzichten", scheitern lassen – und verbaut sich damit den Zugang zu vielen reizvollen weiteren Problemen der Klausur! Wer dagegen über die Eigentumsaufgabe Näheres gehört, gelesen und darüber nachgedacht hat, weiß die Eigentumsverzichtsabsicht ihrer Rechtsnatur nach als eine (nicht empfangsbedürftige) Willenserklärung zu bestimmen, die aus objektiver

---

4 Vgl. dazu RGZ 77, 342 (344).

5 Vgl. dazu Staudinger/*R. M. Beckmann* (2014) BGB Vorbem. zu §§ 433 ff. Rn. 243; Soergel/*Huber* BGB 12. Aufl. (1991) Vor § 433 Rn. 75 f.; RGZ 50, 191; RGZ 48, 175; RGZ 59, 296; *OLG Frankfurt* JW 1935, 3054.

6 Vgl. dazu *Sedatis* WertpapierR Rn. 86 ff. und 326; *Müller-Christmann/Schnauder* WertpapierR Rn. 29 ff.; *Brox/Henssler* HandelsR § 38 II 2 Rn. 611 S. 346 f.; *Schmidt K.* HandelsR I § 24 I 2a Rn. 3 S. 821 f.

Sicht auszulegen ist.[7] Hierzu zwingt die Rechtssicherheit, denn man darf sich nicht schon durch eine Besitzaufgabe und eine schlichte innere Entschließung von seinem Eigentum lösen können. In diesem Lichte erscheint eine Dereliktion nicht mehr bezweifelbar. Wie anders sollte ein neutraler Beobachter das Wegwerfen des Loses deuten? Schließlich war das Datum der erst bevorstehenden Ziehung nicht auf dem Los abgedruckt, so dass es nicht als werthaltig erkannt zu werden vermochte.

Die Eigentumsaufgabe der *K* macht den Weg für eine Aneignung (Okkupation) des herrenlosen Loses durch *P* nach § 958 I frei. Spätestens an dieser Stelle muss der Bearbeiter merken, dass die Klausur in einem ihrer Schwerpunkte auf eine Herausarbeitung der dogmatischen Unterschiede von Eigentumsaufgabe und Aneignung zugeschnitten ist. Hierzu muss argumentiert werden. Im Ergebnis ist die Aneignung (anders als die Dereliktion) ihrer Rechtsnatur nach als Realakt zu qualifizieren.[8] Sie kann auch von einem Geschäftsunfähigen vorgenommen werden, sofern er nur über einen natürlichen Besitzbegründungswillen verfügt. Damit war *P* „Berechtigter" i.S.d. § 816 II.

III. Die Anfechtung

Dies ist jedoch nur ein Zwischenergebnis. Von einem kundigen Klausurbearbeiter darf man verlangen, dass er nach vorheriger richtiger Qualifizierung der Eigentumsverzichtsabsicht i.S.d. § 959 als Willenserklärung jetzt auf den Gedanken einer Anfechtung durch *K* kommt. In der Tat ist in *Ks* Herausgabeverlangen unter Aufklärung des Sachverhalts eine konkludente Anfechtungserklärung und in ihrem versehentlichen Ergreifen des Loses beim Ausleeren der Handtasche ein Erklärungsirrtum i.S.d. § 119 I Alt. 2 zu sehen. Keine Probleme für die Wirksamkeit der Anfechtung macht die Geschäftsunfähigkeit des *P;* ihr tragen die §§ 143 IV 1 und 131 I Rechnung. Rückwirkend (§ 142 I) stellen sich nunmehr also doch wieder *K* als „Berechtigte" und *P* als „Nichtberechtigter" dar. Nun ist für § 816 II noch zu klären, ob die Leistung der *L* an *P* gegenüber *K* wirksam war, *L* also mit befreiender Wirkung geleistet hat. Wer sich darauf rückbesinnt, dass das Los als Inhaberpapier mit Legitimationswirkung zu qualifizieren ist, findet die Antwort in § 793 I 2; danach hat auch die Leistung an einen sachenrechtlich nicht berechtigten Papierinhaber befreiende Wirkung. *K* hat also gegen *P* einen Anspruch auf Zahlung von 100.000 EUR aus § 816 II.

IV. Der fingierte Fund

Zusätzliche Punkte kann sich in dieser Klausur verdienen, wer zum Schluss noch Gegenrechte des *P* gegen *K* prüft. Es drängt sich auf, danach im Fundrecht der §§ 965ff. zu suchen, denn nach der Anfechtung der Eigentumsaufgabe durch *K* konnte sich *P* nicht mehr eine *herrenlose* (besitzlose und eigentumslose) Sache *aneignen,* sondern nur noch eine *verlorene* (besitzlose, aber nicht eigentumslose) Sache *finden.*[9] Da der Fund keinen rechtsgeschäftlichen Charakter hat, kann auch

---

[7] Vgl. dazu *H. P. Westermann/Gursky/Eickmann* SachenR § 58 II 2b Rn. 5 S. 516; *Wilhelm* SachenR Rn. 1031 ff. S. 621 ff.; *Baur/Stürner* SachenR § 53 F II 3 Rn. 70 S. 733; *Wolff/Raiser* SachenR § 78 II 1a S. 289f.; *Vieweg/Werner* SachenR § 6 III 2 Rn. 29 S. 183.

[8] *Wilhelm* SachenR Rn. 1037f. S. 623; *Baur/Stürner* SachenR § 53 F III 2 Rn. 72 S. 734; *Vieweg/Werner* SachenR § 6 III 2 Rn. 29 S. 183; *Prütting* SachenR § 42 I Rn. 486 S. 218f.

[9] Vgl. zum Fund *Baur/Stürner* SachenR § 53 G Rn. 77ff. S. 735ff.; *Vieweg/Werner* SachenR § 6 III 2 Rn. 30ff. S. 183ff.; *Wilhelm* SachenR Rn. 1037ff. S. 623ff.; *H.P. Westermann/Gursky/Eickmann* SachenR § 59 S. 521 ff.; *Wolff/Raiser* SachenR § 82 S. 305ff.

ein Geschäftsunfähiger Finder sein. Tatsächlich führt eine nähere Prüfung zu einem Finderlohnanspruch des *P* nach § 971, der nach dem Wert der Sache zur Zeit der Herausgabe an den Eigentümer zu berechnen ist[10] und sich nach § 971 I 2 und einigen Rechenkunststücken (man sollte in die BGB-Klausur immer einen Taschenrechner mitnehmen) auf 3.010 EUR beläuft. Man kann allerdings darüber streiten, ob es einem Finderlohnanspruch des *P* entgegensteht, dass sein Fund durch die gesetzliche Rückwirkung der Anfechtung nach § 142 I nur fingiert ist. Die *Ratio* des § 971 als Ansporn für Ehrlichkeit hängt ja davon ab, dass der Finder das aktuelle Bewusstsein der Verlorenheit der Sache besitzt. Man kann die *Ratio* des § 971 aber auf eine Entgeltfunktion für seine Mühewaltung und eine Belohnungsfunktion für die Rückgewähr der Sache an den wahren Eigentümer erweitern und damit auch bei einem fingierten Fund einen Finderlohnanspruch gewähren. Freilich erlaubt der fingierte Fund nicht, den „nachträglichen" Finder rückwirkend mit einer Anzeigepflicht nach §§ 965 II, 968 zu belasten und bei ihrer Verletzung den Finderlohnanspruch nach § 971 II auszuschließen. Abgesehen davon darf dem *P* schon wegen seiner Deliktsunfähigkeit nach §§ 276 I 2, 828 I keine Verletzung einer Anzeigepflicht vorgeworfen werden. Der Gegenanspruch des *P* gegen *K* auf Zahlung von 3.010 EUR rechtfertigt ein Zurückbehaltungsrecht nach §§ 972, 1000, ermöglicht ihm aber (ebenso wie *K*) auch in Höhe dieses Teilbetrags eine Aufrechnung nach §§ 387 ff., so dass *P* der *K* „nur noch" 96.990 EUR aus § 816 II schuldet.

C. Gliederung

Anspruch aus § 816 II

I. Entstehung des Anspruchs
  1. Leistung an *P*
  2. *P* als Nichtberechtigter
    a) Ausgangslage: Berechtigung der K
      Problem: Rechtsnatur eines Lotterieloses
    b) Berechtigungsverlust infolge Dereliktion
    c) Berechtigung des P infolge Aneignung
    d) Anfechtung der Dereliktion durch *K*
  3. Wirksamkeit gegenüber *K*
  4. Zwischenergebnis

II. Zurückbehaltungsrecht des *P*
  1. § 273 I
  2. §§ 972, 1000
    a) Finderlohnanspruch des *P*
    b) Ausschluss wegen unterlassener Fundanzeige
      Problem: Anzeigepflicht bei „nachträglichem" Fund
    c) Höhe des Finderlohnanspruchs

III. Gesamtergebnis

---

[10] So die heute ganz h. M.; vgl. nur Staudinger/*Gursky* (2017) BGB § 971 Rn. 2 m. w. N.

D. Lösung

Anspruch aus § 816 II

I. Entstehung des Anspruchs

K hat einen Anspruch gegen *P* auf Herausgabe der 100.000 EUR aus § 816 II, wenn *L* mit der Zahlung dieses Betrages an *P* als Nichtberechtigten eine gegenüber der *K* als Berechtigte wirksame Leistung erbracht hat.

1. Leistung an *P*

Die Zahlung der 100.000 EUR stellt eine bewusste und gewollte sowie zweckgerichtete Vermögensmehrung, mithin eine Leistung der *L* an *P* dar. Dem steht die Geschäftsunfähigkeit des *P* nicht entgegen. Zwar bedarf die Leistung einer Zweckbestimmung, die ihrer Rechtsnatur nach als Willenserklärung einzuordnen ist. *L* konnte ihre Zweckbestimmung, wonach sie zur Erfüllung ihrer Verpflichtung aus der Lotterieziehung *(causa solvendi)* zahlte, aber wirksam gegenüber dem nach § 104 Nr. 1 geschäftsunfähigen *P* abgeben, indem sie diese Willenserklärung nach § 131 I dessen Eltern als seinen gesetzlichen Vertretern (§§ 1626 I, 1629 I) zugehen ließ.

2. *P* als Nichtberechtigter

Fraglich ist, ob *P* Nichtberechtigter i. S. d. Vorschrift des § 816 II war, die einen Spezialfall der Eingriffskondiktion bildet. *P* hätte als Nichtberechtigter in die Forderungszuständigkeit der *K* als Berechtigter eingegriffen, wenn im Zeitpunkt der Leistung nicht *P*, sondern *K* einen Anspruch auf die Leistung der 100.000 EUR gehabt hätte.

a) Ausgangslage: Berechtigung der *K*

Ursprünglich könnte *K* Inhaberin der Forderung gewesen sein. *K* hat mit *L* einen Lotterievertrag abgeschlossen und ein Los gekauft, wodurch sie eine Gewinnchance erwarb. Dieser „Hoffnungskauf" *(emptio spei)* war darauf gerichtet, dass sich die Gewinnchance durch die spätere Ziehung ihrer Losnummer im Lotterieverfahren in Form eines tatsächlichen Gewinns realisieren würde. *K* erwarb damit einen aufschiebend bedingten Gewinnanspruch (§§ 311 I, 241 I, 158 I). Da die Lotterie staatlich genehmigt war, war *K* nach § 763 S. 1 Inhaberin einer bei Bedingungseintritt gerichtlich durchsetzbaren und nicht nur einer nach § 762 als Naturalobligation „unverbindlichen" Forderung. Die Forderung der *K* aus dem Lotterievertrag wurde in dem Los urkundlich verkörpert, in welchem *L* die Leistung dem berechtigten Losinhaber versprochen hat. Dieses Los stellt ein Inhaberpapier nach § 793 I dar, durch das die verbriefte Forderung nach sachenrechtlichen Grundsätzen verkehrsfähig wurde: Das Recht *aus dem* Papier (aufschiebend bedingter Gewinnanspruch) folgt dem Recht *am* Papier (dem Eigentum an der Sache). Forderungsinhaber ist, wer Eigentümer des Papiers ist. Nachdem *K* das Los von *L* nach § 929 S. 1 erhalten hatte, war sie ursprünglich als dessen Eigentümerin auch Inhaberin des aufschiebend bedingten Gewinnanspruchs.

b) Berechtigungsverlust infolge Dereliktion

K könnte aber ihr Eigentum an dem Los (und damit ihre Forderungsinhaberschaft) durch eine Dereliktion (Eigentumsaufgabe) nach § 959 verloren haben. Den Besitz an dem Papier hat sie durch das Wegwerfen des Loses aufgegeben, denn sie hat damit die tatsächliche Sachherrschaft eingebüßt. Zweifelhaft erscheint aber angesichts des versehentlichen und damit unbeabsichtigten Wegwerfens, ob dies nach § 959 „in der Absicht, auf das Eigentum zu verzichten", geschah. Indes darf diese Absicht nicht subjektiv bestimmt werden, denn sonst könnte sich ein Eigentümer allein unter Hinweis auf seinen inneren Willen der Verantwortung für sein Eigentum leicht entziehen. Die Rechtssicherheit im Verkehr verlangt vielmehr, die Rechtsnatur der Dereliktion als ein aus einem Realakt (Besitzaufgabe) und einem einseitigen Rechtsgeschäft (Eigentumsaufgabe) zusammengesetztes Verfügungsgeschäft zu bestimmen. Die Absicht des Eigentumsverzichtes ist danach ein einseitiges Rechtsgeschäft in Form einer (nicht zugangsbedürftigen) Willenserklärung und aus normativ objektiver Sicht zu ermitteln. Ein neutraler Beobachter musste dem Wegwerfvorgang einen eindeutigen Erklärungswert beimessen und von *Ks* Absicht des Eigentumsverzichts ausgehen. *K* hat das Eigentum an dem Los mithin nach § 959 aufgegeben.

c) Berechtigung des *P* infolge Aneignung

Das Eigentum an dem Los (und damit die Forderungsinhaberschaft) könnten von *P* durch Aneignung nach § 958 I erworben worden sein. Das Los war nach der Dereliktion eine herrenlose bewegliche Sache, die in niemandes Eigentum und in niemandes Besitz stand. Hieran hat *P* nach §§ 854 I, 872 Eigenbesitz begründet, was er auch als sechsjähriger Geschäftsunfähiger auf der Grundlage eines natürlichen Besitzbegründungswillens konnte. Die Aneignung ist kein Rechtsgeschäft, sondern ein Realakt, weil das Gesetz im Interesse einer klaren dinglichen Zuordnung bereits an die Begründung des Eigenbesitzes die Rechtsfolge des Eigentumserwerbs knüpft. Der dogmatische Unterschied zur Eigentumsaufgabe nach § 959 erklärt sich durch das starke Interesse der Rechtsordnung, eine eindeutige dingliche Eigentumszuordnung zu fördern. Deshalb wird die Eigentumsaufgabe nach § 959 durch das Erfordernis einer Willenserklärung erschwert und die Aneignung nach § 958 durch die Verbindung ihrer Rechtsfolgen allein mit einem Realakt erleichtert. *P* war mithin im Zeitpunkt der Leistung der 100.000 EUR kein Nichtberechtigter, sondern durchaus Berechtigter, weil er als Eigentümer des Inhaberpapieres (Los) zugleich Inhaber der darin verbrieften Forderung war, die sich nach der Lotterieziehung (Bedingungseintritt) auf den Hauptgewinn richtete.

d) Anfechtung der Dereliktion durch *K*

Allerdings kann die Berechtigung des *P* rückwirkend entfallen sein, wenn *K* ihre Dereliktion wirksam angefochten hat. Die Anfechtung der Dereliktion ist wegen der Rechtsnatur der Eigentumsverzichtsabsicht als Willenserklärung zulässig, denn es besteht kein Grund, dem Derelinquenten bei Willensmängeln das Gestaltungsrecht der Anfechtung zu versagen. Als Anfechtungsgrund kann sich *K* auf einen Erklärungsirrtum nach § 119 I Alt. 2 berufen, da sie sich beim Wegwerfen des Loses schlicht „vergriffen" hat. In *Ks* Herausgabeverlangen der 100.000 EUR unter Aufklärung des Sachverhalts ist eine konkludente Anfechtungserklärung zu sehen. Anfechtungsgegner war nach § 143 IV 1 der kleine *P*, der durch die angefochtene, nicht empfangsbedürftige Erklärung unmittelbar einen rechtlichen Vorteil erlangt hatte. Die Anfechtungserklärung ist den Eltern des geschäftsunfähigen *P* nach § 131 I zugegangen. Wegen der Rückwirkung der Anfechtung nach § 142 I war mithin *P* beim Empfang der 100.000 EUR Nichtberechtigter, während die *K* Berechtigte i. S. d. § 816 II war, denn sie war als Eigentümerin des Loses die Inhaberin des darin verbrieften Anspruchs, der sich nach Bedingungseintritt auf den Hauptgewinn richtete.

3. Wirksamkeit gegenüber *K*

Die Leistung der *L* an den Nichtberechtigten *P* müsste der Berechtigten *K* gegenüber auch i. S. d. § 816 II wirksam gewesen sein. Das ist der Fall, wenn *L* mit befreiender Wirkung an *P* geleistet und damit ihre Schuld nach § 362 I erfüllt hat. Die Legitimationswirkung des bloßen Papierbesitzes führt bei einem Inhaberpapier der bei dem Lotterielos in Rede stehenden Art nach § 793 I 2 zu einer Liberationswirkung der Leistung der Ausstellerin *L* an den Nichtberechtigten *P*. *L* hat mithin in einer Weise an *P* geleistet, die der Berechtigten *K* gegenüber wirksam war.

4. Zwischenergebnis

Im Ergebnis hat *K* gegen *P* einen Anspruch auf Herausgabe der 100.000 EUR aus § 816 II.

II. Zurückbehaltungsrecht des *P*

Möglicherweise kann *P* diesem Anspruch der *K* ein Zurückbehaltungsrecht entgegensetzen.

1. § 273 I

Ein Zurückbehaltungsrecht nach § 273 I steht dem *P* allerdings nicht wegen eines Anspruchs auf Ersatz von Vertrauensschaden nach § 122 I zu. *P* ist zwar „Dritter" i. S. d. § 122 I, hat jedoch durch sein Vertrauen auf die Gültigkeit der später von *K* angefochtenen Dereliktion keinen Schaden erlitten. Die Vorschrift will den Anfechtungsgegner so stellen, als wäre die angefochtene Erklärung nie abgegeben worden (negatives Interesse). *P* hat aber keine schädigenden Vermögensdispositionen aufgrund der später angefochtenen Dereliktion getroffen.

2. §§ 972, 1000

In Betracht kommt aber ein Zurückbehaltungsrecht nach §§ 972, 1000, wenn *P* einen Finderlohnanspruch gegen *K* aus § 971 I hat.

a) Finderlohnanspruch des *P*

P müsste Finder nach §§ 971 I, 965 I sein, also das Los als eine verlorene Sache an sich genommen haben. Eine verlorene Sache ist eine besitzlose, aber nicht eigentumslose Sache. Zwar war das Los im Zeitpunkt der Besitzbegründung durch *P* wegen *Ks* Dereliktion nach § 959 herrenlos (besitz- und eigentumslos), mithin keine verlorene Sache. Wegen der Rückwirkung der Anfechtung nach § 142 I wurde das Los aber nachträglich wieder besitzloses Eigentum der *K* und war damit eine verlorene und findbare Sache. *P* hat die verlorene Sache wahrgenommen und an sich genommen. Da der Fund kein Rechtsgeschäft ist, kann auch ein Geschäftsunfähiger Finder sein.

b) Ausschluss wegen unterlassener Fundanzeige

Ein Finderlohnanspruch des *P* könnte wegen Verletzung der Anzeigepflicht nach §§ 971 II, 965 II, 968 ausgeschlossen sein. Indes darf man einem deliktsunfähigen Finder nach §§ 276 I 2, 828 I keine Verletzung einer Anzeigepflicht vorwerfen.

Zudem verbietet sich eine rückwirkende Anzeigepflicht, wenn es wie hier kraft der Rückwirkung einer Anfechtung nach § 142 I um einen nur fingierten Fund geht. Dann kann man den fingierten Finder ohnehin nicht rückwirkend mit einer Anzeigepflicht belasten, die sich allein bei einem Bewusstsein des Finders vom Verlorensein der Sache rechtfertigt. Wohl aber lässt auch der fingierte Fund Raum für einen „nachträglichen" Finderlohnanspruch. Zwar entfällt dabei der Hauptzweck des § 971, dem ehrlichen Finder einen Anreiz zur Fundanzeige, zur Verwahrung und zur Ablieferung (§§ 965–967) zu geben. Man kann die *Ratio* des § 971 aber erweiternd auch in einem Entgelt für seine Mühewaltung und in einer Belohnung für die Wiederherstellung einer den wahren Eigentumsverhältnissen entsprechenden Besitzlage verstehen und dann auch dem „nachträglichen" Finder einen Finderlohnanspruch gewähren, soweit er sich bei ungewisser Rechtslage redlich verhält.

c) Höhe des Finderlohnanspruchs

P hat einen Anspruch auf Finderlohn nach § 971 I. Dieser Anspruch ist nach § 971 I 2 und nach dem Wert der Sache im Zeitpunkt ihrer Herausgabe an den Empfangsberechtigten zu bemessen. Er ist nach dem Wert des Hauptgewinns von 100.000 EUR, nicht nach dem Wert der vor der Lotterieziehung im Los verkörperten Gewinnchance, also nicht nach dem Kaufpreis des Loses (100 EUR) zu berechnen. Der Finderlohn des *P* beläuft sich auf 3.010 EUR.

III. Gesamtergebnis

P kann der *K* mithin ein Zurückbehaltungsrecht nach §§ 972, 1000 entgegensetzen. Zudem kann er (ebenso wie *K*) die Aufrechnung nach §§ 387, 388 erklären und die Forderung der *K* (bzw. die des *P*) in Höhe von 3.010 EUR nach § 389 zum Erlöschen bringen, so dass *P* der *K* im Ergebnis noch 96.990 EUR schuldet.

E. Lerntest

I. Fragen

1. Was ist eine herrenlose und was eine verlorene Sache?
2. Wie ist die Rechtsnatur einer Eigentumsaufgabe (Dereliktion) nach § 959 zu beurteilen?
3. Wie ist die Rechtsnatur einer Aneignung (Okkupation) nach § 958 zu beurteilen?
4. Was ist die Besonderheit eines Inhaberpapiers?

II. Antworten

1. Herrenlos ist eine Sache, die in niemandes Eigentum und niemandes Besitz steht. Verloren ist eine besitzlose, aber nicht eigentumslose Sache.

2. Die Dereliktion nach § 959 ist ein Doppeltatbestand, der sich aus dem Realakt der Besitzaufgabe und dem einseitigen Rechtsgeschäft der erklärten Eigentumsverzichtsabsicht (nicht empfangsbedürftige Willenserklärung) zusammensetzt. Der bloße innere, nicht nach außen hervorgetretene Wille zur Eigentumsaufgabe genügt dagegen nicht, weil man sich sonst allzu einfach seiner Verantwortung als Eigentümer entledigen könnte.

3. Die Okkupation nach § 958 ist kein Rechtsgeschäft, sondern ein Realakt, weil das Gesetz (im Interesse einer klaren dinglichen Zuordnung) bereits an die bloße Be-

gründung von Eigenbesitz an einer herrenlosen beweglichen Sache die Rechtsfolge des Eigentumserwerbs knüpft.

4. Inhaberpapiere legitimieren den jeweiligen Inhaber, das im Papier verbriefte Recht geltend zu machen. Der Besitz verleiht dem Inhaber die Legitimation (widerlegbare Vermutung) der sachlichen Berechtigung. Das Recht aus dem Papier folgt dem Recht am Papier.

Fall 5. Knopps Pech mit der Glücksfee

Die Klausur ist auf mittlere Semester mit guten Kenntnissen in den ersten drei Büchern des BGB zugeschnitten. Sie behandelt einfache Grundprobleme der Rechtsgeschäftslehre, insbesondere des Anfechtungsrechts, sowie Grundlagen des Bereicherungsrechts, vor allem des Umfangs der Bereicherungshaftung. Im Mittelpunkt steht das Hypothekenrecht, doch beschränkt sich die Klausur auch insoweit auf Grundzüge.

A. Sachverhalt

Der Junggeselle und begeisterte Pferdeliebhaber *Tobias Knopp (K)* möchte sich die vielversprechende zweijährige Stute „Glücksfee" kaufen, um sie gewinnbringend für den Pferderennsport einzusetzen. Dazu braucht er Geld, denn er ist nach dem Verlust hoher Einsätze beim Turf in Baden-Baden völlig „abgebrannt". *K* sucht deshalb seinen alten Freund *Mücke (M)* auf, der sich als Finanzagent niedergelassen hat. *M* empfiehlt *K*, einen einjährigen Kredit bei der Privatbank *Babbelmann (B)* aufzunehmen, deren Kreditvertragsformulare *M* aufgrund langjähriger Geschäftsbeziehungen zur *B*-Bank vorrätig hat. *M* stellt in Aussicht, dass die *B* dem *K* einen persönlichen Anschaffungskredit über 20.000 EUR bewilligen werde, rückzahlbar mit Zinsen nach einem Jahr, sofern er eine vollwertige Hypothek als Sicherheit beschaffen könne. *K* ist zunächst unsicher, weil ihm der von *M* genannte Effektivzinssatz von 16,75 % *per annum* reichlich überzogen vorkommt. *M* möchte sich seine Provision nicht entgehen lassen und behauptet wider besseres Wissen, wegen der Unsicherheiten über die europäische Währungsunion seien die Kredite derzeit so teuer; keine andere Bank könne günstigere Zinsen anbieten. In Wirklichkeit ist dem *M* bekannt, dass mehrere Banken in der Stadt durchaus um bis zu 6 Prozentpunkte günstigere Kredite anbieten. *K* unterschreibt den allen gesetzlichen Anforderungen genügenden Kreditvertrag ebenso wie der im Namen der *B*-Bank handelnde *M* mit dem Vermerk „unter der aufschiebenden Bedingung ausreichender hypothekarischer Sicherung".

In den nächsten Tagen kann *K* seinen reichen Erbonkel, den Apotheker *Pille (P)*, dazu bewegen, für das Darlehen eine Hypothek auf seinem Grundstück zu bestellen. Auf dem Formular „Eintragungsbewilligung", das die *B*-Bank dem *P* vorlegt, findet sich der Passus: „Die Bank und der Besteller der Hypothek vereinbaren, dass die Bank berechtigt ist, sich den Hypothekenbrief vom Grundbuchamt aushändigen zu lassen." Diesen Passus streicht *P*, bevor er die Urkunde unterzeichnet, da er ihn für entbehrlich hält. Die *B*-Bank verweigert daraufhin zunächst die Auszahlung der Kreditsumme, bis ihr der Brief vorliegt. Nach Rücksprache mit *K*, der inzwischen mit dem Pferdehändler *Roßtäuscher (R)* einen Kaufvertrag über die „Glücksfee" zum Preis von 20.000 EUR abgeschlossen hat und dringend bezahlen muss, weist *P* aber zwei Tage später den Grundbuchbeamten telefonisch an, den Brief unmittelbar an die *B*-Bank zu übersenden. So geschieht es; die Hypothek wird in das Grundbuch eingetragen, und die Kreditsumme wird auf Anweisung des *K* unmittelbar von *B* an *R* ausbezahlt.

Apotheker Pille

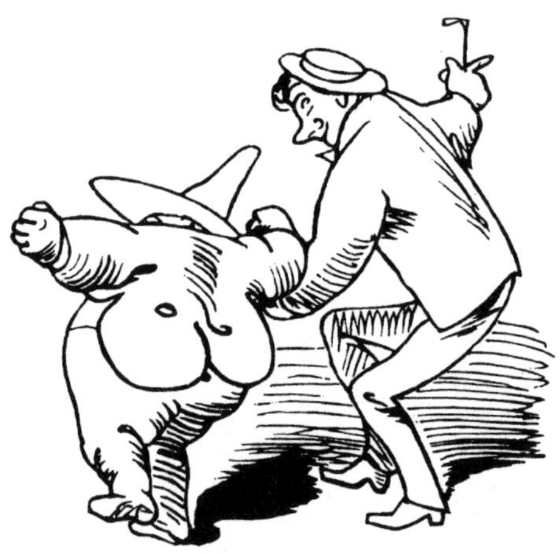

Tobias Knopp und Freund Mücke

Die „Glücksfee" wird in ihrem internationalen Einsatz bei Pferderennen vom Pech verfolgt, stürzt beim Turf im irischen Galway unglücklich und kann nach ihrer Genesung nur noch in einer Reitschule für den Anfängerunterricht eingesetzt werden. Ein knappes Jahr nach dem Erwerb ist die „Glücksfee" nur noch 1.000 EUR wert. Jetzt erst erfährt *K* von einem schadenfreudigen Turfkollegen, dass er den Kredit zu völlig überhöhten Zinsen abgeschlossen hatte. *K* teilt der *B*-Bank mit, er fühle sich an den „betrügerischen" Kreditvertrag nicht mehr gebunden. Er werde weder eine Rückzahlung vornehmen noch die

Zinszahlung leisten, die Bank solle sehen, wie sie zu ihrem Geld komme. Nachdem *K* auf wiederholte schriftliche Rückzahlungsaufforderung nicht reagiert, stellt die *B*-Bank bei Nachforschungen fest, dass sich *K* inzwischen als Pferdeknecht „irgendwo am Roten Meer" verdungen habe. Daraufhin nimmt die *B*-Bank den *P* in Anspruch und droht mit der Versteigerung des Grundstücks, sofern *P* nicht den Kredit zurückzahle. *P* entgegnet, zuerst müsse die *B*-Bank doch wohl einen Prozess gegen *K* führen; dabei werde sich ergeben, dass der Kredit unwirksam und somit auch die Hypothek hinfällig sei. Wenn überhaupt, hafte er höchstens im Umfang von 1.000 EUR, da die *B* das Risiko für die vom Pech verfolgte „Glücksfee" zu tragen habe. Kann die *B*-Bank von *P* Duldung der Zwangsvollstreckung verlangen?

B. Gutachtliche Überlegungen

I. Anspruchsgrundlage und Aufbaufragen

Einen vergleichsweise umfangreichen Sachverhalt mit immerhin fünf beteiligten Personen muss man sich zu Beginn der Klausur zweimal langsam durchlesen, um alle Einzelheiten in sich aufzunehmen. Man spare sich ein erstes schnelles Überfliegen des Klausurtexts, das gänzlich nutzlos wäre. Eine kleine Skizze hilft beim Sortieren der Rechtsbeziehungen zwischen den Beteiligten.

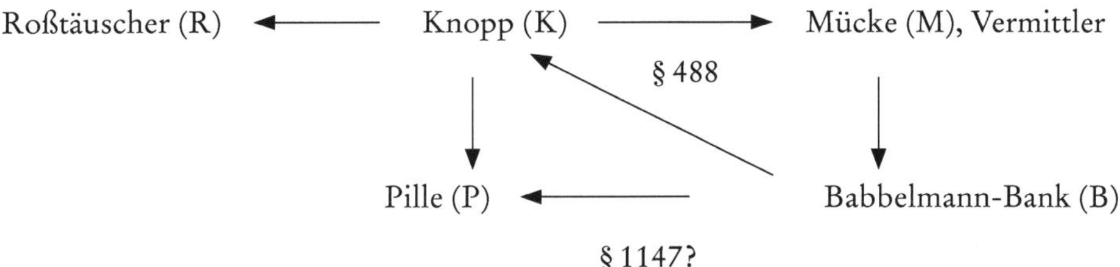

Die Fallfrage lässt keinen Zweifel daran, dass es allein um einen hypothekenrechtlichen Anspruch der *B* gegen *P* aus § 1147 geht. Schuldrechtliche Ansprüche sind lediglich inzident zu prüfen. Es ist leicht erkennbar, dass es zunächst auf die Entstehungsvoraussetzungen einer Hypothek zugunsten der *B* am Grundstück des *P* für eine Forderung der *B* gegen *K* auf Rückzahlung der 20.000 EUR ankommt. Klausuren mit sachenrechtlichem Einstieg und Schwerpunkt laufen ja oft „fahrplanmäßig" ab, weil die sachenrechtlichen Anspruchsvoraussetzungen ein übersichtliches Programm von Prüfungsfolgen vorsehen und es im Sachenrecht weit seltener als im Schuldrecht auf Auslegungsfragen ankommt. Der Klausurant sollte sich deshalb davor hüten, sich gleich auf das Schuldverhältnis zwischen *B* und *K* zu stürzen und sich, losgelöst von der Fallfrage, mit dem Darlehensvertrag, seiner Wirksamkeit, seiner Anfechtung und mit einem Bereicherungsanspruch zu beschäftigen. Es steht zuerst der originäre Erwerb einer Briefhypothek, die nach § 1116 den gesetzlichen Regelfall gegenüber einer Buchhypothek bildet, gemäß den §§ 873, 1113 ff. auf dem Prüfstand. Der Bearbeiter wird schnell erkennen, dass zum einen die formelle Seite der Hypothekenbestellung mit der Einigung, der Eintragung und vor allem der Briefübergabe und zum anderen das wegen der Akzessorietät der Hypothek

(§§ 1113 I, 1115 I)[1] unerlässliche Bestehen einer gesicherten Forderung erörterungsbedürftig sind.

Bei der Vorprüfung des Falles wird man mit den formellen Entstehungsvoraussetzungen wenig Mühe haben. Nur die nach § 1117 I erforderliche Briefübergabe erscheint zweifelhaft, denn an einer Vereinbarung zwischen *P* und *B* nach § 1117 II (Aushändigungsabrede) fehlt es wegen des von *P* gestrichenen Passus in der Eintragungsbewilligung, so dass *B* die Hypothek nicht schon mit der Ausstellung des Hypothekenbriefes (§ 952 II) erworben haben kann. Hier ist zu problematisieren, ob in der zwar von *P* veranlassten, aber grundbuchrechtlich formnichtigen (§§ 60 II, 29 I GBO) Anweisung an das Grundbuchamt und der daraufhin erfolgten Briefaushändigung an *B* eine nach § 1117 I zulässige Übergabeform vorliegt. Hierauf wird nicht allzu viel Zeit (und in der Ausarbeitung: Raum) verwenden, wer erkennt (oder besser: aus dem Studium weiß), dass es letztlich nur darauf ankommen kann, dass der Brief mit dem Willen des *P* in den Besitz der *B*-Bank gelangt ist.[2] Denn § 1117 will den Eigentümer über den Zeitpunkt der Hypothekenentstehung entscheiden lassen.

Man sollte es übrigens vermeiden, die Erörterung der formellen Entstehungsvoraussetzungen der Hypothek nach §§ 873, 1113 ff. durch die offenbar aufwendigere Prüfung des Bestandes einer Forderung zu „zerreißen". Dies wäre der Fall, wenn man nach vorheriger Behandlung der Einigung gleich auf die Untersuchung des Forderungsbestands einschwenkte und erst im Anschluss daran auf die Eintragung und eine wirksame Briefübergabe zu sprechen käme. Nicht zwingend, aber im Interesse einer gefälligeren Darstellung ratsam ist es, die Forderung erst *nach* den sonstigen hypothekenrechtlichen Voraussetzungen zu überprüfen.

II. Die Prüfung des Darlehensvertrags

Bei der Untersuchung eines wirksamen darlehensvertraglichen Rückzahlungsanspruchs der *B* gegen *K* als gesicherter Forderung aus § 488 I 2 ist zuerst an einen Wucher nach § 138 II zu denken, kann doch ein Darlehensvertrag aufgrund stark überhöhten Zinssatzes dem Verdikt der Sittenwidrigkeit verfallen (hier werden vom Bearbeiter grundlegende Kenntnisse der tatsächlichen Kapitalmarktverhältnisse verlangt). Man sollte im mittleren Semester wissen, dass als kritische Grenze hierfür erst eine Überschreitung des Marktzinses (des sogenannten Schwerpunktzinses) um rund das Doppelte oder absolut um 12 Prozentpunkte angesehen wird.[3] Hiervon hält die vorliegende Zinsvereinbarung einen hinreichenden Abstand. Als weiterer Nichtigkeitsgrund kommt aber eine erfolgreiche Anfechtung gemäß § 142 I in Betracht. Als Anfechtungsgrund mag man einen Eigenschaftsirrtum nach § 119 II erwägen, weil *K* sich über die Einordnung des von ihm geschuldeten Zinses gegenüber dem von anderen Banken geforderten geirrt hat. Dieser Anfechtungsgrund scheitert aber

---

1 Vgl. dazu die einführende Darstellung von *Medicus* JuS 1971, 497 ff.; *Wellenhofer* SachenR § 27 I Rn. 1 ff. S. 454 ff., § 27 II 1 Rn 11 ff. S. 440 ff.; *Vieweg/Werner* SachenR § 15 II Rn. 6 f. S. 506 f.; zur Vertiefung *Baur/Stürner* SachenR § 36 II Rn. 59 ff. S. 450 ff., sowie insb. Staudinger/*Wolfsteiner* (2019) BGB Vorbem. zu §§ 1113 ff. Rn. 4 ff.

2 Vgl. dazu *Bülow* KreditsicherheitenR Rn. 145 ff. S. 58 f.; *Wilhelm* SachenR Rn. 1572 S. 941 f.; *Baur/Stürner* SachenR § 37 III 3 Rn. 29 S. 480.

3 BGHZ 104, 102 (105) = NJW 1988, S. 1659 ff. (1660 m. w. N.); BGHZ 110, 336 (340) = NJW 1990, 1595 (1596) = BB 1990, 1658 mit Anm. *Scholz;* vgl. dazu *Medicus/Petersen* BGB AT § 46 V Rn. 707 S. 310 f.

schon daran, dass der Zinssatz keine Eigenschaft, sondern das Entgelt für die Kapitalüberlassung auf Zeit darstellt.[4]

Jetzt aber rückt eine Anfechtung wegen arglistiger Täuschung nach § 123 I Alt. 1 ins Blickfeld. Sie bereitet tatbestandlich keine große Mühe. Rasch gelangt man zum Anfechtungsausschluss nach § 123 II und zu dem bekannten Auslegungsproblem des dortigen Begriffs des „Dritten". Hier kommt es wieder auf dogmatische Grundkenntnisse an, die man aus Vorlesungen und Lehrbüchern schlicht parat haben muss. Nach dem Normzweck, zu dem man in der Ausarbeitung einige Worte verlautbaren sollte (Stichwort: Schutz des Anfechtungsgegners vor fremden, für ihn unbeherrschbaren Einflussnahmen auf den Anfechtenden), kann als „Dritter" nur ein am Rechtsgeschäft Unbeteiligter, nicht aber ein im Lager des Anfechtungsgegners Stehender (wie *M* als Geschäftsbesorger und Vertreter der *B*) betrachtet werden.[5]

Fazit: Die Anfechtung nach § 123 I, die im Übrigen innerhalb der Frist des § 124 erfolgt ist, hat *ex tunc* zur Nichtigkeit des Darlehensvertrags nach § 142 I geführt, so dass ein Rückzahlungsanspruch nach § 488 I 2 als gesicherte Forderung ausscheidet.

III. Die Hypothekenhaftung für den Kondiktionsanspruch

Der Bearbeiter wird ohne aufwendige Prüfung feststellen, dass der *B*-Bank ein Anspruch aus Leistungskondiktion auf Rückzahlung des Geldes nach § 812 I 1 Alt. 1 *(condictio indebiti)* zusteht, der auch nicht durch § 814 Alt. 1 gesperrt ist, und sieht sich damit im Zentrum der Klausur: Sichert die Hypothek vielleicht diesen Bereicherungsanspruch? Es ist gewiss nicht gewagt, diese Frage als ein Standardproblem des Hypothekenrechts zu bezeichnen, kurz: wieder wird grundlegendes Rechtswissen verlangt. Man kann, wenn man hierüber noch nichts gehört und gelesen hat, schwerlich *ad hoc* argumentativ abwägen und überzeugen, sondern muss aus der Erinnerung an das Gelernte schöpfen. Die *Ablehnung* einer Haftungserstreckung der Hypothek auf den Kondiktionsanspruch lässt sich durchaus vertreten, vor allem mit dem Hinweis auf den sachenrechtlichen Bestimmtheitsgrundsatz und die wünschenswerte Vermeidung von Unklarheiten.[6] Allzu einfach darf man es sich damit freilich nicht machen. Es wäre ungut, wollte man sich eine nähere Auseinandersetzung und Abwägung dadurch abschneiden, dass man sich mit dem erstbesten Argument für eine Ablehnung der Haftungserstreckung begnügt. Denn fragwürdig wird diese Position jedenfalls, wenn sich der Einigung der Parteien über die Begründung der Hypothek entnehmen lässt – und sei es im Wege der erläuternden oder ergänzenden Vertragsauslegung –, dass neben der ursprünglichen Forderung auch eventuelle Ersatzforderungen gesichert sein sollen.[7] Damit gerät man ins Grübeln. Ist vielleicht keine Fremdhypothek, sondern eine Eigentümergrundschuld (§§ 1163 I, 1177 I) entstanden?[8] Darf man den Bestimmtheitsgrundsatz durch privatautonome Disposition einschränken, ihn den Unsicherheiten einer Vertragsauslegung aussetzen[9] und im Wege

---

[4] *Medicus/Petersen* BGB AT § 48 III 4 Rn. 763 ff. S. 334 ff.; *Brox/Walker* BGB AT § 18 II 2 Rn. 13 S. 192; Erman/*H. Palm* BGB (2020) § 119 Rn. 41; BGHZ 16, 57.

[5] Vgl. zur teleologischen Reduktion des § 123 II *Medicus/Petersen* BGB AT § 49 III Rn. 801 ff. S. 348 f.; *Köhler* BGB AT § 7 Rn. 45 ff. S. 89 f.

[6] Vgl. dazu *RG* JW 1911, S. 653 und einen Großteil der früheren Literatur, etwa Staudinger/*Wolfsteiner* (2019) BGB § 1113 Rn. 26 m. w. N.; *Wolff/Raiser* SachenR § 132 I 1; *Heck* SachenR § 84 II 4 S. 357, der von „einhelliger Meinung" spricht.

[7] Vgl. *Schwerdtner* JA 1986, 261 (262).

[8] Vgl. dazu *Baur/Stürner* SachenR § 37 V 2a Rn. 47 S. 483 f.

[9] *Klinkhammer/Ranke* JuS 1973, 665 (666); *H. P Westermann/Gursky/Eickmann* SachenR § 94 Rn. 14 ff. S. 752 ff.; *Baur/Stürner* SachenR § 37 V 2b Rn. 48 S. 484.

einer stillen Forderungsauswechslung die Hypothekenhaftung in ihrem Kernbereich verändern?[10] Auch ist § 1180 I in die Überlegungen einzubeziehen, der für eine gewillkürte Forderungsauswechslung die Eintragung in das Grundbuch verlangt.

Andererseits ist bei wirtschaftlicher Betrachtungsweise schwerlich ein Grund ersichtlich, warum der Hypothekenschuldner bei einer Nichtigkeit des Darlehensvertrags quasi als Geschenk des Himmels auch die Befreiung von der Haftung für die Rückzahlung der Darlehenssumme erhalten soll, insbesondere wenn der Gläubiger – wie in unserem Fall die *B*-Bank – der Unwirksamkeit des Darlehensvertrags „schuldlos“ gegenübersteht. Letztlich bilden der bereicherungsrechtliche und der durch ihn ersetzte darlehensvertragliche Rückzahlungsanspruch eine Zweckgemeinschaft, weil sie auf dasselbe Befriedigungsinteresse des Gläubigers gerichtet sind. Muss die Verschiedenheit des rechtstechnischen Schuldgrundes und der Anspruchsgrundlagen nicht hinter diesem Gedanken der Identität des Befriedigungsinteresses zurückstehen?[11] Und ist nicht entscheidend auf den Gesichtspunkt abzustellen, dass der Bereicherungsanspruch nicht nur das wirtschaftliche, sondern auch das vom Gesetz vorgesehene Surrogat für die Darlehensforderung ist, so dass sich eine Hypothekenerstreckung nur als folgerichtige Ergänzung der Regelungslücke entsprechend dem Vertragszweck darstellt?[12] Der Bestimmtheitsgrundsatz steht einer Erstreckung der Hypothekenhaftung auf den Kondiktionsanspruch dann kaum entgegen, wenn man ihn in seiner für das Hypothekenrecht geltenden Ausformung auf die Funktion beschränkt, die Forderung hinreichend zu konkretisieren, damit nachfolgende Grundpfandrechtsinhaber keine Nachteile zu befürchten haben und die §§ 891, 1138 sinnvoll angewendet werden können. – Man sieht, das Problem ließe sich in einer Hausarbeit wesentlich vertiefen; in der Klausur wird man nur das Bestmögliche leisten können, denn grausam drängt die Zeit. Es spricht wohl mehr *für* als gegen die Haftungserstreckung.[13]

IV. Randfragen

Nach diesem Durchbruch hat es der Bearbeiter nur noch mit Randfragen zu tun, um die Lösung inhaltlich und darstellerisch abzurunden. Die Fälligkeit der Hypothekenforderung (die von der Fälligkeit der gesicherten Forderung zu trennen ist) ergibt sich, mangels Einschlägigkeit des § 1141 I, aus § 271 I, wonach der Gläubiger durch Aufforderung zur Leistung die Fälligkeit herbeiführen kann. Dies ist hier durch die Androhung der Versteigerung erfolgt. Man wird wohl leicht mit der von *P* erhobenen Einrede der Vorausklage fertig, die nach dem eindeutigen Gesetzeswortlaut einem Hypothekenschuldner nicht zusteht, denn sie ist nur in § 771 für den Bürgen vorgesehen und von § 1137 I ausdrücklich ausgeklammert. Für kurze Verwirrung mag der Einwand des *P* sorgen, die Wertminderung der „Glücksfee“ reduziere den Haftungsumfang. Damit macht *P* den Einwand der Entreicherung gemäß § 818 III geltend, der nicht erst als persönliche Einrede des Schuldners *K* nach § 1137 I zu berücksichtigen wäre, sondern sich als Einwendung *ipso iure* mindernd auf den Bereicherungsanspruch auswirkte; wegen der Akzessorietät wäre daher auch die

---

[10] Dazu *Reinicke/Tiedtke* Kreditsicherung Rn. 87 ff. S. 25 ff. und Rn. 1063 S. 366.

[11] *Rimmelspacher* KreditsicherungsR § 10 und 11 Rn. 711 ff. schlägt in diesem Sinne eine stärker prozessrechtliche, am Begriff des Streitgegenstands orientierte Betrachtungsweise vor.

[12] Vgl. *BGH* NJW 1968, 1134 (für das Mobiliarpfandrecht).

[13] Vgl. zum entsprechenden Problem bei der Sicherungsgrundschuld *OLG Schleswig* ZIP 1982, 160; beim Mobiliarpfandrecht *BGH* NJW 1968, 1134; bei der Bürgschaft *BGH* WM 87, 616 (617).

Hypothek nur in der geringeren Höhe valutiert. Indes kommt ein Wegfall der Bereicherung nach § 818 III nicht in Betracht, weil *K* sich seiner Rückzahlungspflicht hinsichtlich der Darlehenssumme bewusst war, somit der verschärften Bereicherungshaftung nach §§ 819 I analog, 818 IV ausgesetzt ist[14] und der Haftung auf vollen Wertersatz der erhaltenen 20.000 EUR nach § 818 I, II nicht entgehen kann – ebenso wenig wie im Ergebnis *P*, der von *B* in voller Höhe auf Duldung der Zwangsvollstreckung nach § 1147 in Anspruch genommen werden kann. Der Fall ist gelöst, und man darf aufatmen.

C. Gliederung

Anspruch aus § 1147
- I. Entstehung einer Hypothek
  - 1. Einigung und Eintragung
  - 2. Übergabe des Hypothekenbriefs
  - 3. Bestand einer zu sichernden Forderung
    - a) Rückzahlungsanspruch aus Darlehen
      - aa) Sittenwidrigkeit
      - bb) Anfechtung wegen Irrtums
      - cc) Anfechtung wegen arglistiger Täuschung
        Problem: Dritter i. S. d. § 123 II 1
    - b) Bereicherungsanspruch aus *condictio indebiti*
      - aa) Anspruchsentstehung
        Problem: Reichweite von § 814 Alt. 1
      - bb) Anspruchserfassung durch die Hypothek
        Problem: Sicherung des Bereicherungsanspruchs
- II. Fälligkeit der Hypothek
- III. Einreden des *P*
- IV. Gesamtergebnis

D. Lösung

Anspruch aus § 1147

Die *B*-Bank kann gegen *P* einen Anspruch aus §§ 1147, 1113 I auf Duldung der Zwangsvollstreckung in dessen Grundstück wegen einer Forderung über 20.000 EUR gegen *K* haben.

I. Entstehung einer Hypothek

Voraussetzung dafür ist, dass *B* Inhaberin einer Hypothek geworden ist, die auf dem Grundstück des *P* lastet. Der originäre Erwerb einer Hypothek richtet sich nach §§ 873 I, 1113 I, 1115 I, 1117.

---

[14] Vgl. dazu etwa *BGH* NJW 1985, 1828 m. w. N.; NJW 1989, 3217; NJW 1995, 1152 (1153).

1. Einigung und Eintragung

Die von § 873 I verlangte dingliche Einigung zwischen *P* und *B* über die Begründung der Hypothek liegt ausweislich der von *P* unterzeichneten Eintragungsbewilligung vor. Die Einhaltung einer bestimmten Form erfordert § 873 I nicht. Insbesondere lässt die Streichung eines Teils der vorformulierten Eintragungsbewilligung die Einigung über die Bestellung der Hypothek unberührt. Auch die Eintragung der Hypothek im Grundbuch ist nach §§ 873 I, 1115 I erfolgt. *P* ist auch der am Grundstück Berechtigte.

2. Übergabe des Hypothekenbriefs

Gemäß § 1117 I erwirbt der Gläubiger die Hypothek allerdings erst, wenn ihm der Brief vom Eigentümer übergeben wird. Dies erscheint hier zweifelhaft, weil *B* den Brief nicht von *P* erhalten hat, sondern er ihn vom Grundbuchamt übersandt bekam. Zwar kann die Übergabe nach § 1117 II durch eine Vereinbarung zwischen Gläubiger und Eigentümer über eine Briefaushändigung durch das Grundbuchamt ersetzt werden, so dass der Gläubiger die Hypothek mit der Ausstellung des Briefs erwirbt, § 952 II. Eine solche Vereinbarung ist hier jedoch nicht zustande gekommen, weil *P* den entsprechenden Passus auf der Eintragungsbewilligung gestrichen hat. Eine Übergabe nach § 1117 I hat auch nicht mittels des Grundbuchamts als Besitzmittler für *P* stattgefunden, weil zwischen *P* und dem Grundbuchamt kein Besitzmittlungsverhältnis gemäß § 868 vereinbart wurde. Gleichwohl ist festzustellen, dass die *B*-Bank den Briefbesitz auf Veranlassung und mit Willen des *P* erlangt hat. Die Weisung des *P* an den Grundbuchbeamten hat zwar nicht der Form der §§ 60 II, 29 I GBO entsprochen. Darauf kommt es indes materiell-rechtlich nicht an. Jedenfalls gibt das Gesetz in § 1117 zu erkennen, dass es nicht auf einer unmittelbaren Briefaushändigung vom Eigentümer an den Gläubiger besteht. Die Vorschrift will nur den Zeitpunkt der Entstehung einer Briefhypothek und damit der Belastung des Grundstücks der Eigentümerentscheidung überlassen. Deshalb kann die hier gewählte „Mittelform" der Übergabe als zulässig angesehen werden. Damit liegen alle formellen Entstehungsvoraussetzungen für eine Hypothek vor.

3. Bestand einer zu sichernden Forderung

Die Entstehung einer Hypothek setzt weiterhin den Bestand einer zu sichernden Forderung voraus, die auf eine genau bestimmte Geldleistung gerichtet sein muss, §§ 1113 I, 1115 I.

a) Rückzahlungsanspruch aus Darlehen

Als solche Forderung kommt ein Rückzahlungsanspruch der *B* gegen *K* aus einem Darlehensvertrag nach § 488 I 2 in Betracht. Die Kreditsumme von 20.000 EUR ist auf Weisung des *K* an *R* nach §§ 362 II, 185 ausbezahlt worden. Fraglich ist jedoch, ob überhaupt ein wirksamer Darlehensvertrag vorliegt.

aa) Sittenwidrigkeit

Der Darlehensvertrag ist ein reiner Konsensualvertrag, der allein durch Willenseinigung zustande kommt. Die rechtsgeschäftlichen Voraussetzungen eines Vertragsabschlusses nach §§ 145 ff. liegen vor. Dabei hat der Finanzagent *M* als Stellvertreter mit Wirkung für und gegen *B* gehandelt, § 164 I. Indes könnte der Darlehensvertrag wegen eines überhöhten Zinses nach § 138 II sittenwidrig und damit rechtsunwirksam sein. Ohne weiteres kann eine deutlich überteuerte Zinsvereinbarung für einen Kredit gegen das „Anstandsgefühl aller billig und gerecht Denkenden" verstoßen und als „Wucher" anzusehen sein. Allerdings wird man hiervon regelmäßig erst bei einer Überschreitung des üblichen Durchschnittszinssatzes um das Doppelte ausgehen können. Ein Effektivzinssatz von 16,75 % *p. a.* liegt jedenfalls unterhalb dieser Schwelle, so dass der Darlehensvertrag nicht als sittenwidrig angesehen werden kann.

bb) Anfechtung wegen Irrtums

Möglicherweise ist der Darlehensvertrag aber wirksam von *K* angefochten worden und gemäß § 142 I nichtig. In der Mitteilung des *K* an *B*, er fühle sich an den „betrügerischen" Vertrag nicht mehr gebunden, ist eine Anfechtungserklärung nach § 143 I, II zu sehen. Den Fachterminus „Anfechtung" muss der Anfechtende nicht benutzen; es genügt vielmehr, wenn der Erklärung sein Wille zu entnehmen ist, dass seine Erklärung keine Gültigkeit mehr haben soll. Als Anfechtungsgrund scheidet allerdings ein Eigenschaftsirrtum nach § 119 II aus, denn *K* hat sich nur über das Verhältnis des vereinbarten Zinssatzes zu den von anderen Banken angebotenen Zinssätzen getäuscht. Es liegt daher kein in einer Eigenschaft des Vertragsgegenstandes selbst begründeter Irrtum vor. Zudem versteht sich der Zins als Entgelt für die zeitweise Kapitalüberlassung, und man kann den Preis eines Gegenstandes nicht als Eigenschaft im Sinne des § 119 II betrachten.

cc) Anfechtung wegen arglistiger Täuschung

Wohl aber ist an eine Anfechtung wegen arglistiger Täuschung nach § 123 I Alt. 1 zu denken. Täuschung ist das Hervorrufen oder Unterhalten einer Fehlvorstellung über Tatsachen. Hier hat *M* bei *K* den unzutreffenden Eindruck erweckt, er schließe einen Kreditvertrag zu den günstigsten am Markt erhältlichen Zinsen ab. Die Täuschung war auch arglistig, denn *M* hat seinen Wissensvorsprung bewusst ausgenutzt, um die Abgabe der Willenserklärung durch *K* zu erreichen. Da *K* vor der arglistigen Täuschung noch unschlüssig war, ist auch ihre Kausalität für die Willenserklärung unzweifelhaft.

Allerdings steht einer Anfechtung der Ausschlussgrund des § 123 II 1 entgegen, wenn die Täuschung von einem „Dritten" und nicht vom Vertragspartner des Getäuschten begangen wurde. Vertragspartner des *K* ist die *B*-Bank, doch bedeutet dies noch nicht, dass *M* als „Dritter" i. S. d. § 123 II 1 zu betrachten wäre. Dieser Begriff muss nämlich dem Zweck der Vorschrift entsprechend eng ausgelegt werden. Die Vorschrift zielt auf den Schutz des Anfechtungsgegners ab, der von einer anderweitigen täuschenden Beeinflussung der Willensbildung des Anfechtenden nichts wissen kann. Er soll in seinem Vertrauen auf die Wirksamkeit des Geschäftes geschützt werden, soweit sich Einflussnahmen auf den anfechtenden Vertragspartner seiner Kontrolle entzogen haben. Ein solcher Schutz ist nicht angezeigt, wenn der Täuschende im Lager des Anfechtungsgegners steht und mit ihm verbunden ist. Auch wenn die *B*-Bank die von *M* verübte Täuschung des *K* nicht gekannt hat, bediente sie sich doch des *M* ständig als Agenten und als Stellvertreter zum Abschluss von Kreditverträgen. Ohne weiteres ist es daher gerechtfertigt, die *B* mit dem Risiko der von *M* begangenen Täuschung des *K* zu belasten. Denn da *B* die Vorteile aus dem Einsatz des *M* zieht, muss sie in gewissem Umfang auch die Lasten daraus tragen. *M* ist somit kein „Dritter" i. S. d. § 123 II 1. *K* konnte deshalb nach § 123 I anfechten. Die Anfechtung ist auch innerhalb der Jahresfrist des § 124 I erfolgt. Als

Zwischenergebnis ist daher festzuhalten, dass der Rückzahlungsanspruch aus § 488 I 2 wegen Anfechtung *ex tunc* untergegangen ist.

b) Bereicherungsanspruch aus *condictio indebiti*

Wenn *B* auch keinen Rückzahlungsanspruch aus § 488 I 2 gegen *K* hat, kann ihr doch ein Bereicherungsanspruch aus Leistungskondiktion gem. § 812 I 1 Alt. 1 gegen ihn zustehen, der als hypothekarisch gesicherte Forderung in Betracht kommt.

aa) Anspruchsentstehung

K hat die Darlehenssumme in Höhe von 20.000 EUR erlangt, und zwar durch eine Leistung der *B*, d.h. durch eine bewusste, gewollte und zweckgerichtete Vermehrung seines Vermögens. Die Auszahlung des Geldes an *R* wirkt nach §§ 362 II, 185 als Leistung der *B solvendi causa* an K. Der von den Parteien hierfür vorgesehene rechtliche Grund, der Darlehensvertrag, ist durch die wirksame Anfechtung weggefallen. Wegen der Rückwirkungsfiktion des § 142 I ist dies als anfängliches Fehlen des Rechtsgrundes anzusehen.

Der Gedanke liegt nicht fern, dass ein Anspruch der *B* aus § 812 I 1 Alt. 1 an der Kondiktionssperre des § 814 Alt. 1 scheitern könnte. Denn der *B* ist nach § 166 I die Kenntnis ihres Vertreters von der Anfechtbarkeit des Rechtsgeschäfts zuzurechnen, so dass *B* nach der inzwischen erfolgten Anfechtung gem. § 142 II so zu behandeln ist, wie wenn sie die Nichtigkeit des Rechtsgeschäfts gekannt hätte. Dann aber hat die *B* gewusst, dass sie zur Leistung nicht verpflichtet war. Indes ist zu berücksichtigen, dass bei einem Darlehensvertrag die Darlehensvaluta nicht dauerhaft in das Vermögen des Empfängers übergehen soll, sondern nur eine Gebrauchsüberlassung auf Zeit geschuldet wird. Nur die Gebrauchsüberlassung auf Zeit ist mithin das „zum Zwecke der Erfüllung einer Verbindlichkeit Geleistete“ i.S.d. § 814. In diesem Lichte kann die Kondiktionssperre des § 814 Alt. 1 die Rückforderung der Valuta jedenfalls nicht mehr hindern, nachdem die vorgesehene Zeit der Gebrauchsüberlassung von einem Jahr ohnehin abgelaufen ist. Denn die Kondiktionssperre kann nicht weitergehen als die vermeintliche Leistungspflicht.

bb) Anspruchserfassung durch die Hypothek

Fraglich aber ist, ob der Bereicherungsanspruch der *B* gegen *K* als durch die Hypothek gesichert betrachtet werden kann, die ursprünglich nur einen Darlehensanspruch sichern sollte.

(1) Klärungsbedürftig ist zunächst die Rechtsgrundlage für eine solche Auswechslung des Darlehensanspruchs gegen die Bereicherungsforderung. Man könnte daran denken, der dinglichen Einigung von Gläubiger und Eigentümer über die Hypothekenbestellung im Wege der erläuternden oder der ergänzenden Auslegung oder auch der Umdeutung nach § 140 ein Einvernehmen darüber zu entnehmen, dass im Falle einer Unwirksamkeit des Darlehensvertrags und damit eines Nichtbestehens des darlehensrechtlichen Rückzahlungsanspruchs ersatzweise der bereicherungsrechtliche Rückzahlungsanspruch von der Hypothek gesichert sein sollte. Bedenken gegen eine solche Auslegung oder Umdeutung der dinglichen Einigung ergeben sich freilich daraus, dass den Parteien die Möglichkeit einer Nichtigkeit des Darlehensvertrages und eines Bereicherungsanspruchs als hypothekarisch gesicherter Forderung kaum in den Sinn gekommen sein dürfte, so dass sich ein entsprechender Parteiwille kaum je ermitteln lassen wird, sondern die Auslegung oder Umdeutung

in die Nähe einer Fiktion gerät. Weitere Bedenken folgen daraus, dass die Parteien keine Haftung der Hypothek für *zwei* Forderungen vereinbaren können, auch nicht im Sinne einer nachrangigen Haftung für eine Ersatzforderung. Damit ist zugleich der sachenrechtliche Bestimmtheitsgrundsatz angesprochen, der einer Entstehung der Hypothek mit dem Bereicherungs- statt dem Darlehensanspruch als gesicherter Forderung entgegenzustehen scheint. Denn der Bestimmtheitsgrundsatz verlangt jedenfalls, dass die Forderung hinsichtlich Gläubiger, Schuldner und Höhe genau festgelegt ist. Dies ergibt sich schon daraus, dass diese Angaben gemäß §§ 1113 I, 1115 I in das Grundbuch einzutragen sind und nur zur weiteren Bezeichnung der Forderung auf die Eintragungsbewilligung Bezug genommen werden kann.

(2) Dies wirft allerdings die Frage auf, ob der Bestimmtheitsgrundsatz wirklich auch den Schuldgrund der Forderung, also die Natur des Rechtsverhältnisses und die Bezeichnung eines Vertragstyps (oder eines gesetzlichen Schuldverhältnisses) erfasst. Zur Beantwortung dieser Frage muss man sich darauf besinnen, dass der Bestimmtheitsgrundsatz in §§ 1113 I, 1115 I kein Selbstzweck ist, sondern die Aufgabe hat, eine eindeutige Zuordnung des dinglichen Geschäfts der Hypothekenbestellung zu einem konkreten Schuldverhältnis zu gewährleisten. Er soll in seiner für das Hypothekenrecht geltenden Ausformung die Forderung hinreichend konkretisieren, damit nachfolgende Grundpfandrechtsinhaber keine Nachteile zu befürchten haben und die Vorschriften der §§ 891, 1138 sinnvoll angewendet werden können. Diese Aufgabe des Bestimmtheitsgrundsatzes erfordert keine genaue Angabe eines juristischen Schuldgrundes etwa im Sinne einer bestimmten vertraglichen oder gesetzlichen Anspruchsgrundlage, sondern nur die Bezeichnung des *wirtschaftlichen* Schuldgrundes einer zu sichernden Forderung. Bei wirtschaftlicher Betrachtung aber umfasst der Schuldgrund einer Forderung „aus Darlehen“ ohne weiteres auch den bereicherungsrechtlichen Rückgewähranspruch, der bei Rechtsunwirksamkeit des Darlehensvertrags an die Stelle des Rückzahlungsanspruchs aus § 488 I 2 tritt. In diesem Lichte steht der Bestimmtheitsgrundsatz einer stillen Forderungsauswechslung nicht entgegen.

(3) Zugunsten einer regelmäßigen Auslegung der dinglichen Einigung im Sinne einer einvernehmlichen Haftungserstreckung auf einen eventuellen Bereicherungsanspruch spricht vor allem, dass beide Ansprüche wirtschaftlich dasselbe Interesse des Gläubigers auf Rückerhalt der Darlehensvaluta befriedigen sollen. Solange die Nichtigkeit des Darlehensvertrages nicht auf Gründen beruht, die den Hypothekenschuldner schützen sollen, besteht kein Anlass für eine unverdiente Befreiung von der eingegangenen Haftung für das wirtschaftlich und rechtlich nur in veränderter Form fortbestehende Rückzahlungsinteresse des Gläubigers. Letztlich soll nach dem Parteiwillen das Grundstück mit der Hypothekenbestellung als Sicherung dieses Rückzahlungsinteresses dienen, wenn es nur – unabhängig von der rechtstechnischen Begründung im Einzelnen – rechtlich begründet ist. Der Gläubiger sieht sich schließlich der Nichtigkeit des Darlehens „schuldlos“ gegenüber.

(4) Man wende nicht ein, die Ausdehnung der Hypothekenhaftung im Wege der „stillen“ Auswechslung des Darlehensanspruchs gegen die Bereicherungsforderung widerspreche der Regelung des § 1180 I. Diese Vorschrift verlangt zwar für die Auswechslung einer hypothekarisch gesicherten Forderung die strenge Form des § 873, insbesondere also die Eintragung in das Grundbuch. Indes erfasst § 1180, genau besehen, nur nachträgliche Forderungsauswechslungen, die auf dem Einvernehmen von Gläubiger und Eigentümer beruhen. Die Vorschrift schließt jedenfalls nicht aus, dass sich in bestimmten Fällen eine Forderungsauswechslung ohne Grundbucheintragung vollzieht. Dies beweist der gesetzliche Übergang der Hypo-

thek nach § 1164 I auf den persönlichen Schuldner, der nach der Befriedigung des Gläubigers vom Eigentümer Regress verlangen kann.

Im Übrigen geht es bei der Erstreckung der Haftung auf den Bereicherungsanspruch weniger um die Auswechslung einer gegen eine ganz andere Forderung als um eine geänderte Rechtsnatur wirtschaftlich derselben Rückzahlungsforderung. Der Bereicherungsanspruch versteht sich nicht nur als wirtschaftliches, sondern auch als das vom Gesetz vorgesehene *Surrogat für die Darlehensforderung*, so dass die Haftungserstreckung nur die folgerichtige Ergänzung der Regelungslücke nach dem Vertragszweck bildet.

(5) Im Ergebnis erscheint eine Haftung der Hypothek auch für den Bereicherungsanspruch vorzugswürdig. Methodisch bietet sich hierfür eine ergänzende Vertragsauslegung nach §§ 157, 242 an. Die Nichtigkeit des Darlehensvertrages steht daher einer Entstehung der Hypothek nicht entgegen. *B* ist Inhaberin der Hypothek geworden, die ihren Bereicherungsanspruch gegen *K* sichert.

II. Fälligkeit der Hypothek

Die Fälligkeit der Hypothek richtet sich nach den allgemeinen Vorschriften. § 1141 I greift nicht ein, weil eine ordentliche Kündigung des Darlehensvertrages bereits nicht erforderlich war (*arg. e* § 488 III 1). Da *B* den *P* unmissverständlich zur Begleichung der Schuld aufgefordert hat, ist gemäß § 271 I der Hypothekenanspruch fällig geworden.

III. Einreden des *P*

Möglicherweise kann *P* aber gegen den Anspruch der *B* andere Einreden geltend machen. Dabei scheidet der Einwand, *B* müsse erst gegen *K* klagen, allerdings ohne weiteres aus. Eine solche Einrede der Vorausklage sieht zwar § 771 für den Bürgen vor, doch fehlt es im Hypothekenrecht an einer vergleichbaren Regelung. Die Vorschrift des § 1137 I spricht ausdrücklich nur die in § 770 vorgesehenen Einreden des Bürgen an. Klärungsbedürftig bleibt schließlich, ob die Vorstellung des *P*, sein Grundstück hafte nur in Höhe von 1.000 EUR, im Gesetz eine Stütze findet. Mit diesem Einwand beruft er sich offenbar darauf, dass die von der Hypothek gesicherte Bereicherungsforderung nicht in voller Höhe bestehe; er macht den Entreicherungseinwand nach § 818 III geltend. Wegen der Akzessorietät der Hypothek begründete dieser Umstand eine Einwendung gegen die Hypothek, die gegebenenfalls nicht in voller Höhe valutiert wäre, und nicht erst eine Einrede, die der Eigentümer nach § 1137 I vorbringen müsste. Indes kann der Wertverlust der „Glücksfee" den Kondiktionsanspruch der *B* gegen *K* nicht mindern. Erlangt hatte *K* den Geldbetrag, den die *B* als Darlehen zur Verfügung gestellt hatte. Hierfür hat *K* nunmehr, nach dem Verlust des Geldes, Wertersatz gem. § 818 II in Höhe von 20.000 EUR zu leisten. Der Entreicherungseinwand hilft ihm schon deshalb nicht, weil *K* sich seiner Rückzahlungspflicht hinsichtlich der Darlehenssumme bewusst war, deshalb der verschärften Bereicherungshaftung nach §§ 819 I analog, 818 IV ausgesetzt ist und der Haftung auf vollen Wertersatz der erhaltenen 20.000 EUR nach § 818 I, II nicht entgehen kann.

IV. Gesamtergebnis

Im Ergebnis kann die *B*-Bank von *P* die Duldung der Zwangsvollstreckung in das hypothekarisch belastete Grundstück nach § 1147 wegen ihrer Forderung gegen *K* auf Rückzahlung von 20.000 EUR aus § 812 I 1 Alt. 1 verlangen. *P* kann zur

Abwendung der Zwangsvollstreckung von seinem Befriedigungsrecht nach § 1142 Gebrauch machen.

E. Lerntest

I. Fragen

1. Von welchem Zinssatz an ist ein Darlehensvertrag wegen Wuchers nach § 138 II nichtig?
2. Ist es als eine wirksame Übergabe des Hypothekenbriefs nach § 1117 I anzusehen, wenn das Grundbuchamt auf fernmündliche Anweisung des Bestellers der Hypothek den Brief an den Hypothekengläubiger übersendet?
3. Welches ist der Hauptgrund dafür, dass eine Hypothek, die zur Sicherung einer Darlehensrückforderung bestellt wurde, bei Rechtsunwirksamkeit des Darlehensvertrags den bereicherungsrechtlichen Rückzahlungsanspruch des Darlehensgebers und Hypothekengläubigers sichert?

II. Antworten

1. Von einem Wucherdarlehen i. S. d. § 138 II kann nach der Rechtsprechung erst gesprochen werden, wenn der vereinbarte Zinssatz den üblichen durchschnittlichen Marktzins um das Doppelte oder absolut um 12 Prozentpunkte überschreitet.

2. Auch wenn es an einer Aushändigungsabrede zwischen Besteller und Erwerber der Hypothek nach § 1117 II fehlt, liegt in dem genannten Fall doch eine wirksame Übergabe nach § 1117 I vor, denn es kommt nach dem Gesetz letztlich nur darauf an, dass der Brief mit dem Willen des Bestellers und zu einem von ihm bestimmten Zeitpunkt in den Besitz des Erwerbers gelangt.

3. Die Haftungserstreckung der Hypothek auf den Kondiktionsanspruch rechtfertigt sich vor allem dadurch, dass der Bereicherungsanspruch wirtschaftlich an die Stelle des vertraglichen Rückforderungsanspruchs getreten ist und gleichsam das vom Gesetz vorgesehene Surrogat für die Darlehensforderung darstellt.

Fall 6. Mausbäuchls Schlösschen im Köllertal

Die Klausur für mittlere und höhere Semester ist in jedem Wortsinne anspruchsvoll. Sie hat neben Fragen der Vertragsauslegung vor allem die auftragslose Geschäftsführung, das Eigentümer-Besitzer-Verhältnis und das Bereicherungsrecht mitsamt den Konkurrenzfragen beim Verwendungsersatz zum Gegenstand – harte Kost, die aber zum Pflichtstoff des Bürgerlichen Vermögensrechts der ersten drei Bücher des BGB gehört.

A. Sachverhalt

Nach seinem 60. Geburtstag entschloss sich der reiche Privatier *Mausbäuchl (M)* zur Verwirklichung eines Jugendtraums: Er wollte in seiner alten Heimat, dem Köllertal, ein altes kleines Schloss erwerben, um dort an seinem Lebensabend mit seiner Frau eine Pension zu eröffnen. Er nahm mit dem Eigentümer, einem Herrn *Hanno von Hinkelsmark (H),* Verhandlungen auf, doch war dieser nicht zu einem sofortigen Verkauf des leicht ramponierten Schlösschens bereit, das seit Jahrhunderten im Familienbesitz gestanden hatte. Nach langem Hin und Her einigten sich *M* und *H* auf den Abschluss eines „Mietvertrags für zehn Jahre mit Kaufoption". In dem schriftlichen Vertrag (die Hinzuziehung eines Notars kam beiden nicht in den Sinn) wurde ein marktgerechter Mietzins von 2.000 EUR monatlich vereinbart. Daneben erhielt *M* ein Optionsrecht dahingehend eingeräumt, dass er das Anwesen spätestens nach Ablauf der Mietzeit käuflich erwerben konnte. Ferner verpflichtete sich M, das Gebäude während der Mietzeit „in seinem derzeitigen ordentlichen Zustand zu erhalten". Da hierfür schwer abzusehende Aufwendungen erforderlich erschienen, sollte *M* das Schlösschen später zu einem Kaufpreis erwerben können, der 20 % unter dem derzeitigen gutachterlichen Schätzpreis von 3 Mio. EUR lag.

In den ersten beiden Jahren führte *M* an dem Gebäude die erforderlichen Instandhaltungsmaßnahmen durch (Dachreparatur, Erneuerung der schadhaften Wasser- und Heizungsrohrleitungen etc.), die ihn 100.000 EUR kosteten. Dann entschloss er sich zur Modernisierung der Innenräume, um sie mit neuzeitlichem Wohnkomfort auszustatten. Hierfür gab er 300.000 EUR aus. Er eröffnete schließlich eine gutgehende Pension, „Mausbäuchls Schlösschen", mit fünf Doppelzimmern und freute sich darauf, das Anwesen einmal kaufen zu können. Weil er im Schlösschen noch ein kleines Café eröffnen wollte, baute er auch noch die Stallungen und die alte Remise aus, was ihn weitere 200.000 EUR kostete. *H* beobachtete die Veränderungen seines Anwesens mit Sorge und forderte den *M* auf, solche „Eingriffe" zu unterlassen; schließlich sei *M* noch nicht Eigentümer. Ein Jahr vor Ablauf der Vertragszeit wurde der wohlhabende Arzt *Dr. Siebel (S)* auf das Schlösschen aufmerksam; er suchte ein geeignetes Objekt für eine Schönheitsfarm. Er bot *H* schließlich einen so guten Preis (4,5 Mio. EUR) für das inzwischen sehr schmucke Anwesen, dass dieser der Versuchung einer Veräußerung nicht widerstehen konnte und kurze Zeit später den Kaufvertrag mit *S* unter Dach und Fach brachte. Dabei ließ *H* den *S* in dem Glauben, *M* sei bloßer Mieter des Anwesens.

Dr. Siebel

Kurz vor Ablauf der Mietzeit will *M* sein Optionsrecht ausüben und das Köllertaler Schlösschen erwerben. Er ist empört, als er von dem Vorgehen des *H* erfährt und als *S*, inzwischen eingetragener Eigentümer, unmittelbar von *M* die Einräumung des Besitzes nach Ablauf der zehnjährigen Mietzeit verlangt. *M* ist schließlich zur Herausgabe bereit, übergibt dem *S* nach Ablauf der Mietzeit das Grundstück, verlangt jedoch in erster Linie von *H*, aber auch von *S* die Erstattung der für die Baumaßnahmen aufgewendeten 600.000 EUR. *H* verweist ihn an *S*, und *S* verweist ihn an *H*. Im Übrigen meint *S*, die Lage sei zwar fatal, aber nicht für ihn, denn wenn er schon zahlen müsse, könne er sich bei *H* schadlos halten. Wie ist die Rechtslage hinsichtlich der von *M* getätigten Investitionen?

B. Gutachtliche Überlegungen

I. Interessenlage, Fallfrage und vertragliche Ansprüche

Das Schlösschen ist für *M* verloren – was aber wird aus den Aufwendungen, die *M* im Vertrauen auf einen Erwerb gemacht hat? Nur um diese Frage geht es. Man halte sich nicht mit einem Herausgabeanspruch des *S* gegen *M* auf; *M* hat das Anwesen dem neuen Eigentümer längst herausgegeben. Das Interesse des *M* ist offenbar allein darauf gerichtet, die investierten 600.000 EUR ersetzt zu bekommen. Er wendet sich deshalb zuerst an *H*, mit dem er sich vertraglich verbunden glaubt und dem die Werterhöhungen mit dem von *S* kassierten Kaufpreis zugeflossen sind, und in

Hanno von Hinckelsmark

zweiter Linie an *S*, dem das werterhöhte Schlösschen jetzt gehört, der aber dafür den Preis an *H* bezahlt hat. Gewiss könnte der Sachverhalt zu einer rechtlichen Würdigung des Gesamtgeschehens einladen, doch der Bearbeiter muss sich auf die Beantwortung der *Fallfrage* beschränken. Und diese ist schwierig genug.

Bei den nach der Aufgabenstellung vorrangig zu prüfenden Ansprüchen gegen *H* denkt man sogleich an vertragliche Anspruchsgrundlagen. Der untypische „Mietvertrag mit Kaufoption" darf nicht verwirren.[1] Er versteht sich als gemischter, jedenfalls gegenseitig verpflichtender Vertrag mit miet- und kaufvertraglichen Elementen, den die privatautonomen Parteien auf ihre Interessenlage zugeschnitten haben. *Erstens* liegt für *M* ein Anspruch auf *Aufwendungsersatz* gegen *H* nahe, allerdings nur für die *Erhaltungsaufwendungen,* denn zu diesen glaubte sich *M* verpflichtet und erwartete dafür ein Entgelt in Form der Kaufpreisermäßigung. Für den im Vertrag nicht unmittelbar geregelten Fall eines anderweitigen Verkaufs des Schlösschens könnte sich ein *Erfüllungsanspruch* auf Erstattung der Erhaltungsaufwendungen aus einer ergänzenden Vertragsauslegung ergeben. *Zweitens* kommt ein *Schadensersatzanspruch* in Betracht, denn die Veräußerung an *S* würde den *H* gegenüber *M* schadensersatzpflichtig machen, wenn sie eine von ihm zu vertretende nachträgliche Unmöglichkeit einer vorher dem *M* – bei Ausübung des

[1] Vgl. hierzu den Fall *BGH* NJW 1996, 52 = JuS 1996, 359 *(K. Schmidt)* = LM § 812 BGB Nr. 247 *(Wieling)* = JZ 1996, 366 mit Anm. *Canaris,* daselbst, S. 344; zu Kaufoptionen in Mietverträgen vgl. Staudinger/*Stoffels* (2018) Leasing Rn. 39ff.; *Medicus/Lorenz* SchuldR BT § 28 VI 2c Rn. 57f.

ihm eingeräumten Gestaltungsrechts – versprochenen Übereignung begründete, §§ 280 I, III, 283. Als Schaden könnte man durchaus die vollen 600.000 EUR ansehen.

Hier stößt der Klausurant auf die erste „Klippe“ des Falles – und wenn er diese nicht überwindet, dürfte seine Klausur kaum mehr zu retten sein. Zum einen ist die Klarstellung erforderlich, dass der Mietvertrag nach § 550 der Schriftform genügen muss. In Abkehr von § 125 S. 1 folgt daraus indes keine Nichtigkeit des Mietvertrages, sondern vielmehr die Wirksamkeit des Mietvertrages auf unbestimmte Zeit. Sodann gilt indes im zweiten Schritt das Verhältnis der in diesem Fall kollidierenden Normen aus § 550 und § 311b I 1 herauszustellen und die Anwendung des § 311b I 1 zu prüfen. Nach h. M. verdrängt § 311b I 1 aufgrund der darin enthaltenen bedeutenden Zwecküberlegungen (Übereilungsschutz, Warnfunktion, Gültigkeitsgewähr und Beweisfunktion) die Vorschrift § 550,[2] da ansonsten diese durch die Anwendung des § 550 unterlaufen worden wären. Bei der Anwendung des § 311b I 1 muss zudem festgehalten, werden, dass der Vertrag nämlich wegen der darin für *H* begründeten, wenn auch von der Optionsausübung abhängigen Übereignungspflicht als nach §§ 125 S. 1, 311b I 1 *rechtsunwirksam* erkannt werden; damit scheiden alle vertraglichen Ansprüche für *M* aus. Natürlich sollte man sich zu näheren Ausführungen über die zweckgerechte und letztlich unzweifelhafte Erstreckung der Formvorschrift des § 311b I auch auf einen Mietvertrag mit Kaufoption für ein Grundstück[3] aufgerufen fühlen (Gesamtbetrachtungsgrundsatz).[4] Im Zusammenspiel mit der in § 139 verankerten Vermutung der Gesamtnichtigkeit muss sodann die Wirksamkeit der Vereinbarung insgesamt verneint werden.[5]

II. Anspruchsgrundlagen aus auftragsloser Geschäftsführung und Eigentümer-Besitzer-Verhältnis

Damit geraten die gesetzlichen Schuldverhältnisse Geschäftsführung ohne Auftrag, Eigentümer-Besitzer-Verhältnis und Bereicherungsrecht ins Visier. Schon bei dem Aufwendungsersatzanspruch aus berechtigter auftragsloser Geschäftsführung, §§ 683 S. 1, 670, wird man zwischen den *werterhaltenden* und den *werterhöhenden* Aufwendungen unterscheiden müssen. Bei ersteren in Höhe von 100.000 EUR lässt sich gut begründen, dass es bereits an einem Fremdgeschäftsführungswillen des *M* fehlte, der sich zu den Erhaltungsaufwendungen vertraglich verpflichtet glaubte. Wer dagegen bei einem zivilrechtlich gebundenen, *causa solvendi* leistenden Geschäftsführer einen Fremdgeschäftsführungswillen an die „Auch-Gestion“ anknüpfen will,[6] verdrängt wohl in unzulässiger Weise das Recht der Leistungs-

2 MüKoBGB/*Bieber* § 550 Rn. 4; BeckOK/*Herrmann* § 550 Rn. 17; *Schäfer/Steinkampf* NZM 2005, 48, 49 f.; *Schlemminger* NZM 1999, 890, 891; zur parallelen Problematik bzgl. des Spannungsverhältnisses etwa zwischen § 311b BGB und § 650i II BGB *Omlor* NJW 2018, 817 (819).

3 *OLG Stuttgart* Urt. v. 14.5.2007 – 5 U 19/07 = BeckRS 2007, 11321 Rn. 28, 35; *LG Berlin* Urt. v. 18.2.2015 – 29 O 274/14 = BeckRS 2016, 13550; *LG Dresden* Endurt. v. 4.7.2014 – 5 O 2381/12 = BeckRS 2016, 20958.

4 Vgl. nur den Überblick bei Jauernig/*Stadler* BGB § 311b Rn. 17; MüKoBGB/*Kanzleiter* § 311b Rn. 55 f.; zur Vertiefung *Heckschen*, Die Formbedürftigkeit mittelbarer Grundstücksgeschäfte, 1987.

5 MüKoBGB/*Busche* § 139 Rn. 1; kritisch hierzu m. w. N. Staudinger/*Roth* (2020) BGB § 139 Rn. 3.

6 So die Rechtsprechung, vgl. etwa *BGH* NJW 1993, 3196; *BGH* NJW 1994, 578; *BGH* NJW 1997, 48; *BGH* NJW-RR 2005, 1426 (1428); *BGH* NJW-RR 2010, 590.

kondiktion aus seiner Hauptfunktion.[7] Bei den werterhöhenden Aufwendungen in Höhe von 500.000 EUR – hier kann man einen Fremdgeschäftsführungswillen ohne weiteres annehmen – ist kaum übersehbar, dass sie nicht vom wirklichen Willen des Geschäftsherrn *H* gedeckt waren. Also: keine Ansprüche aus §§ 683 S. 1, 670.

Spätestens mit der sodann folgenden Prüfung der Ansprüche aus dem Eigentümer-Besitzer-Verhältnis ist die bereits zuvor angesprochene Unterscheidung zwischen den Arten der Aufwendungen für einen durchschlagenden Klausurerfolg unabdingbar. Mangels Besitzberechtigung des *M* bestand im Zeitpunkt der Baumaßnahmen (und auf diesen Zeitpunkt kommt es ja an) eine Vindikationslage, deren Feststellung keine großen Mühen bereiten sollten. Als besonderes trickreich entpuppt sich der Fall indessen im Verlauf der weiteren Prüfung: Während die Erhaltungsaufwendungen bei isolierter Betrachtung des Eigentümer-Besitzer-Verhältnisses ohne weiteres unter den Begriff der notwendigen Verwendungen i. S. des § 994 subsumiert werden können, handelt es sich bei den werterhöhenden Maßnahmen um lediglich nützliche Verwendungen nach § 996. Auf den bekannten Streit über den engen oder den weiten Verwendungsbegriff[8] kommt es, leicht erkennbar, nicht an. Die weiteren Voraussetzungen scheinen ebenfalls vorzuliegen, sodass man *M* die Verwendungsersatzansprüche dem Grunde nach zusprechen möchte. Der Schein trügt hier aber.

An dieser Stelle darf man nämlich nicht das „große Ganze" aus den Augen verlieren. Nach dem Sachverhalt verpflichtete sich *M* – wie wir bereits wissen: nur vermeintlich – zur Erbringung der *Instandhaltungsmaßnahmen* bzw. *werterhaltenden* Arbeiten, welche die Substanz des Schlösschens auch für den Fall erhalten sollten, dass *M* von seiner letztlich unwirksamen Kaufoption keinen Gebrauch machen werde. *M* wollte bei der Erbringung der entsprechenden Maßnahmen folglich allein einer eigenen *Verpflichtung* nachkommen, die aufgrund der Formnichtigkeit des gesamten Vertragswerkes aber nie erfüllt werden konnte. Schnell wird klar, dass es sich bei dieser Konstellation um einen klassischen Anwendungsfall des Bereicherungsrechts handelt. Im bereicherungsrechtlichen Sinne leistete *M* die Instandhaltungsmaßnahmen bewusst und zweckgerichtet zur Erfüllung seiner Pflicht aus dem (nichtigen) Vertrag an *H*, mithin *causa solvendi.* Diese bereicherungsrechtliche Wertung darf im Rahmen des Eigentümer-Besitzer-Verhältnisses nicht außer Betracht gelassen werden. Sie rechtfertigt es, Ansprüche des *M* auf Ersatz notwendiger Verwendungen nach § 994 aufgrund konkurrenzrechtlicher Erwägungen vollumfänglich entfallen zu lassen: Werden Verwendungen im Rahmen eines (fehlgeschlagenen) Leistungsverhältnisses erbracht, sind sie bereicherungsrechtlich rückabzuwickeln, denn dies ist gerade die Domäne des Rechts der Leistungskondiktion. Der Vorrang des Leistungsverhältnisses beansprucht auch gegenüber dem Eigentümer-Besitzer-Verhältnis Geltung. Die Verwendungsersatzansprüche können nur bei einem „isolierten" Eigentümer-Besitzer-Verhältnis außerhalb von vertraglichen und quasi-vertraglichen

---

7 Zum zivilrechtlich pflichtengebundenen Geschäftsführer vgl. *Martinek/Theobald* JuS 1997, 992 ff.; *Schubert* AcP 178 (1978), 425 (436); *Meier* Das subjektive System der Geschäftsführung ohne Auftrag S. 323 ff.

8 Zum sog. weiten Verwendungsbegriff der Rspr. vgl. grundlegend BGHZ 10, 171 (177 f.); BGHZ 41, 157 (162 f.). Die Formulierung des 5. Zivilsenats im Urteil NJW 2015, 229 (230) („bislang") lässt im Rahmen dieser Diskussion die Vermutung zu, dass der BGH seine Rechtsprechung künftig zumindest anpassen wird. Dazu *Vieweg/Werner* SachenR § 8 V 3 Rn. 34 S. 237 f.; *Baur/Stürner* SachenR § 11 C IV Rn. 55 S. 132 f.; *Wilhelm* SachenR Rn. 1096 ff. S. 660 ff. und Rn. 1305 ff. S. 618 ff.; *Canaris* JZ 1996, 344 (346 f.); *Lorenz* JuS 2013, 495 (497); *Hähnchen* JuS 2014, 877 f.

Leistungsverhältnissen zur Anwendung kommen. Andere „notwendige Verwendungen“, die von der vermeintlichen Verpflichtung des *M* nicht gedeckt sind, wären daher ohne weiteres auch über § 994 zu ersetzen. Damit scheidet ein Anspruch des *M* aus § 994 I hinsichtlich des Ersatzes der Instandhaltungsmaßnahmen aus.[9] Hiervon unberührt bleiben Ansprüche des *M* aus § 996 auf Ersatz der Erweiterungsmaßnahmen sowie werterhöhenden Renovierungen. Für sie ist die Prüfung an dieser Stelle damit noch nicht zu Ende.

Die werterhöhenden Maßnahmen stellen ohne weiteres nützliche Verwendungen im Sinne des § 996 dar. Der Bearbeiter darf an dieser Stelle jedoch nicht die Vorschriften der §§ 1001 und 999 II übersehen. Gegen wen kann *M* seinen Verwendungsersatzanspruch geltend machen? Die Regelung des § 1001 hindert ihrem Wortlaut nach einen Anspruch gegen *H*, der weder das Grundstück wiedererlangt noch die Verwendungen genehmigt hat. Damit wäre *M* mit seinem Anspruch aus § 996 allein auf *S* verwiesen, obwohl *H* das werterhöhte Grundstück verkauft und den Mehrwert vereinnahmt hat. Soll man etwa § 1001 analog anwenden, also die Veräußerung einer Wiedererlangung oder Genehmigung gleichstellen, weil *H* auch damit den erhöhten Substanzwert in sein Vermögen gebracht hat?[10] Oder soll man eine Abwicklung „übers Dreieck“ in Kauf nehmen, bei der *M* nur den *S* nach § 999 II in Anspruch nehmen kann und *S* gegen *H* im Regresswege nach §§ 435, 437 Nr. 3, 280 I vorgehen muss?[11]

Hier liegt offensichtlich ein weiterer Schwerpunkt des Falles. Es ist nicht einfach, sich hierzu eine gut begründete Lösung zu erarbeiten, insbesondere wenn man dieser Fallkonstellation erstmalig begegnet. Ein kaum befriedigend lösbares Aufbauproblem ergibt sich zudem daraus, dass man in die Überlegungen auch die Frage der Konkurrenz zwischen Verwendungsersatzansprüchen aus Eigentümer-Besitzer-Verhältnis und bereicherungsrechtlichen Anspruchsgrundlagen einbeziehen sollte, ergibt sich doch erst bei einer Sperrwirkung der §§ 994 ff. gegenüber den §§ 812 ff. eine erhöhte Brisanz der Analogiefrage: dann könnte *M* den *H* nämlich überhaupt nicht in Anspruch nehmen. Die Lösung der Analogiefrage erfordert also neben dogmatischen Kenntnissen durchaus argumentatives Geschick. Es liegt wohl am nächsten, sich einer analogen Anwendung des § 1001 im Ergebnis zu verschließen, weil der Gesetzgeber ausweislich des § 999 II offenbar allein den neuen Eigentümer als Anspruchsgegner ansehen wollte.[12] Damit kann *M* nur von S, nicht aber von *H* Verwendungsersatz nach § 996 verlangen.

III. Die kondiktionsrechtlichen Ansprüche und die Regressfrage

Wenn sich nun die Aufmerksamkeit dem Bereicherungsrecht zuwendet, geht es um zwei Fragestellungen, denen man sich – in letztlich beliebiger Reihenfolge – widmen muss. *Einmal* ist die bereits angesprochene Konkurrenz des Kondiktionsrechts zu den §§ 994, 996 erneut zu klären.[13] Dies ist ein aus Vorlesungen und Lehrbüchern

---

[9] *Wieling* LM § 812 Nr. 247; *Köbl* EBV S. 276; *Waltjen* AcP 175 (1975), 109 (123).

[10] So *Wieling* LM § 812 Nr. 247; vgl. auch *Wieling/Finkenhauer* SachenR § 12 V 6b Rn. 68 S. 233 f.

[11] Vgl. dazu Staudinger/*Gursky* (2012) BGB § 999 Rn. 11; NK-BGB/*Schanbacher* § 999 Rn. 8.

[12] So auch *BGH* NJW 1996, 52; vgl. auch *Wolff/Raiser* Sachenrecht § 86 IV S. 341 ff.; MüKoBGB/*Raff* § 999 Rn. 14; Staudinger/*Thole* (2019) BGB § 999 Rn. 19.

[13] Zur Systematik des Eigentümer-Besitzer-Verhältnisses und des Kondiktionsrechts vgl. *Hager* JuS 1987, 877 ff.; *Baur/Stürner* SachenR § 11 C IV Rn. 55 S. 132 f.; *Roth* JuS 2003, 937 (941 ff.).

bekanntes Problem, das der Bearbeiter studiert und zu dem er sich eine Meinung gebildet haben sollte. Entgegen der in der Vorauflage vertretenen und weithin gelehrten Ansicht, die eine Sperrwirkung der §§ 994, 996[14] ablehnt[15], muss an dieser Stelle entsprechend der obigen Ausführungen zum Eigentümer-Besitzer-Verhältnis genau zwischen den *werterhaltenden* und den *werterhöhenden* Aufwendungen des *M* unterschieden werden.

Die §§ 994 ff. sind grundsätzlich als eine abschließende Sonderregelung für das Verhältnis zwischen Eigentümer und nichtberechtigtem Besitzer auch insoweit anzusehen, als sich Verwendungsersatzansprüche ansonsten aus den §§ 812 ff. herleiten lassen. Die in den §§ 994 ff. getroffene Regelung ist ausweislich des Wortes „nur" in § 996 als erschöpfend anzusehen. Das in Bezug auf Entstehung, Umfang und Durchsetzung von Verwendungsersatzansprüchen ausdifferenzierte Regelungsprogramm der §§ 994 ff. darf nicht durch die Anwendung des allgemeinen Bereicherungsrechts gestört werden. Für Verwendungen, die nicht nach §§ 994 ff. ersatzfähig sind oder deren Ersatz wegen § 1001 S. 1 nicht geltend gemacht werden kann, darf deshalb im Grundsatz nicht auf Bereicherungsansprüche ausgewichen werden.[16] Der vermeintliche Widerspruch, der sich aus der Gegenüberstellung eines nichtbesitzenden und eines besitzenden Besitzers ergibt, verliert unter Verwendung des weiten Verwendungsbegriffs weitgehend an argumentativer Bedeutung.[17] Auf Grundlage dieser Erwägungen kann *M* Ersatz für die *werterhaltenden* Maßnahmen als vermeintlichen Inhalt einer vertraglichen Verpflichtung nur nach dem Bereicherungsrecht verlangen, während das Eigentümer-Besitzer-Verhältnis für die *werterhöhenden* Maßnahmen eine abschließende Regelung trifft.

Die *zweite* Fragestellung ist sodann die nach dem Kondiktionstyp. Für die *werterhaltenden* Maßnahmen, die *M causa solvendi* erbracht hat, liegt wie bereits angesprochen eine Leistungskondiktion nach § 812 I 1 Alt. 1 *(condictio indebiti)* auf der Hand. Die werterhöhenden Maßnahmen sind hingegen nicht nach Bereicherungsrecht zu ersetzen.

Der von *S* erwähnte Regressanspruch an *H* verlangt dem Bearbeiter kaum besondere Anstrengungen ab. *S* kann den *H* in Höhe von 500.000 EUR aus §§ 433 I S. 2, 435,

---

[14] So die ständige Rspr. seit BGHZ 41, 157 (162 f.) = NJW 1964, 1925; ebenso *BGH* NJW 1996, 52 (o. Fn. 1); ebenso in der Literatur etwa Staudinger/*Thole* (2019) BGB Vor §§ 994–1003 Rn. 43 f. m. w. N.

[15] Vgl. nur *Medicus/Petersen* BürgerlR § 34 V 1 Rn. 897 S. 451 f.; zu weiteren Argumenten gegen die Theorie der abschließenden Sonderregelung der §§ 994 ff. vgl. *Canaris* JZ 1996, 344 (346 f.); kritisch *Lorenz* JuS 2013, 495 (496). Auf Grundlage dieser Lehrmeinung gelangt man zur Anspruchskonkurrenz der §§ 994, 996 mit dem Bereicherungsrecht. In diesem „klassischen" dogmatischen Streit kann sich der Klausurbearbeiter wiederum argumentativ und darstellerisch entfalten, um seine Meinung, soweit es der Zeitdruck zulässt, sorgfältig zu begründen.

[16] Vgl. hierzu *Köbl* EBV S. 276 und 300 ff.; Staudinger/*Thole* (2019) BGB Vor §§ 994–1003 Rn. 43; *Reuter/Martinek* Ungerechtfertigte Bereicherung Teilband 2 § 11 II 3c S. 528 ff.; *Pinger*, Funktion und dogmatische Einordnung des Eigentümer-Besitzer-Verhältnisses, 1973, S. 103 ff.; *Baur/Stürner* SachenR § 11c IV 2 Rn. 55 S. 132 f.; *H. P. Westermann/Gursky/Eickmann* SachenR § 32 VIII 4 S. 271 f.; *Wilhelm* SachenR Rn. 1096 ff. S. 660 ff.; *Waltjen* AcP 175 (1975), 109 (123 ff.); *Wieling/Finkenhauer* SachenR § 12 V 5 S. 232; *Koppensteiner/Kramer* Ungerechtfertigte Bereicherung § 20 III 3d S. 207 ff.

[17] *Baur/Stürner* SachenR § 11c IV 2 Rn. 55 S. 132 f.; *Reuter/Martinek* Ungerechtfertigte Bereicherung Teilband 2 § 11 II 3c bb) (2) (b) S. 537; zu den übrigen Argumenten der Gegenansicht Staudinger/*Thole* (2019) BGB Vor §§ 994–1003 Rn. 43.

437 Nr. 3, 280 I in Regress nehmen.[18] Dies entspricht der Summe der werterhöhenden Aufwendungen. Damit ist der Fall gelöst, der auch einen versierten Bearbeiter durchaus vier Stunden lang in Atem halten kann.

C. Gliederung

I. Anspruch *M* gegen *H* aus Vertrag
  1. Ergänzende Vertragsauslegung
  2. Formwirksamkeit des Vertrages
II. Anspruch *M* gegen *H* aus §§ 280 I, III, 283
III. Anspruch *M* gegen *H* aus §§ 677, 683 S. 1, 670
  Problem: Fremdgeschäftsführungswille
IV. Anspruch *M* gegen *H* aus §§ 994 I, 996
  1. Vindikationslage
  2. Verwendungsbegriff
  3. Ersatz notwendiger und nützlicher Verwendungen?
    Problem: Verhältnis §§ 994 ff. zu §§ 812 ff.
  4. Unbedingtheit des Anspruchs
    Problem: Analogie zu § 1001
    a) Bedingungseintritt gem. § 1001 S. 1
    b) Korrekturbedürfnis?
    c) Analogie zu § 1001 S. 1
V. Anspruch *M* gegen *H* aus Bereicherungsrecht
  1. Anwendbarkeit
    Problem: Sperrwirkung der §§ 994 ff.
  2. Leistungskondiktion
VI. Anspruch *M* gegen *S* aus §§ 996, 999 II
VII. Anspruch *S* gegen *H* (Regress)

D. Lösung

I. Anspruch *M* gegen *H* aus Vertrag

1. Ergänzende Vertragsauslegung

Nach der mit *H* getroffenen Vereinbarung sollten bei Ausübung der Kaufoption 600.000 EUR (20 % von 3 Mio. EUR) für Erhaltungsaufwendungen auf den Kaufpreis angerechnet werden. Jedenfalls für die notwendigen Instandsetzungsmaßnahmen in Höhe von 100.000 EUR durfte *M* mithin eine Gegenleistung erwarten. Man könnte deshalb daran denken, der Vereinbarung im Wege der ergänzenden Vertrags-

[18] Sofern man dem Bereicherungsrecht für die *werterhaltenden* Maßnahmen sowie dem Eigentümer-Besitzer-Verhältnis für die *werterhöhenden* Verwendungen keine Exklusivität beimisst, steht *S* bei einer Inanspruchnahme aus §§ 994, 996, 999 II im Gesamtschuldverhältnis mit *H*, der seinerseits dem *M* aus § 812 I 1 Alt. 1 (in Höhe von 100.000 EUR) und aus §§ 951 I, 812 I 1 Alt. 2 (in Höhe von 500.000 EUR) verpflichtet ist; deshalb hat *S* auch die Regressrechte aus § 426.

auslegung einen vertraglichen Aufwendungsersatzanspruch für den inzwischen eingetretenen Fall eines anderweitigen Verkaufs des Schlösschens zu entnehmen. Dies setzt jedoch zunächst die Wirksamkeit des Vertrags voraus. Fraglich ist, ob der zwischen *M* und *H* abgeschlossene Vertrag nicht wegen Formmangels nach §§ 125 S. 1, 311b I 1 nichtig ist, wonach für Grundstückskaufverträge ein gesetzlicher Formzwang vorgesehen ist, um beide Parteien vor übereilten und folgenreichen Verpflichtungen zu schützen, eine sachgemäße notarielle Beratung zu gewährleisten und Streitigkeiten vorzubeugen.

2. Formwirksamkeit des Vertrages

Der nur privatschriftlich abgeschlossene und nicht notariell beurkundete Mietvertrag mit Kaufoption ist zwar nicht als typischer Grundstückskaufvertrag, wohl aber als gemischter Vertrag zu qualifizieren, der aus miet- und kaufrechtlichen Elementen zusammengesetzt ist. Er begründete für *H* allerdings keine unmittelbare, sondern nur eine durch die Ausübung des Optionsrechts bedingte Verpflichtung zur Übertragung des Grundstücks. Man könnte deshalb denken, dass der Schutzzweck des in § 311b I 1 gesetzlich angeordneten Formzwangs noch später erreicht werden könnte, wenn im Anschluss an die Ausübung des Optionsrechts ein notariell beurkundeter Vertrag geschlossen würde. Andererseits ist nicht erkennbar, warum man noch einen späteren Kaufvertrag verlangen sollte, nachdem sich die Parteien bereits über alle wesentlichen Bestandteile eines Kaufvertrags geeinigt haben und die Wirksamkeit nur von der Optionsausübung abhängig sein sollte. Schließlich wird durch den Vertrag für *H* bereits eine rechtliche Bindung begründet, auf die er selbst keinen Einfluss mehr hat. Denn mit dem Optionsrecht ist dem *M* das Gestaltungsrecht eingeräumt, durch einseitige Willenserklärung das schon vereinbarte Rechtsverhältnis (Kauf) in Wirkung zu setzen und das bis dahin bestehende Mietverhältnis abzulösen. Die Schutzzwecke des Formzwangs machen es deshalb unabweisbar, auch für eine nur mittelbar übernommene Veräußerungspflicht, wie sie in der Einräumung eines Optionsrechts für den Käufer zum Ausdruck kommt, eine Formbedürftigkeit zu bejahen; die Lage ist der eines kaufrechtlichen Vorvertrags oder eines Vorkaufsrechts vergleichbar. Die Nichtigkeit der Kaufoption nach §§ 125 S. 1, 311b I 1 ergreift gemäß der Auslegungsregel des § 139 den gesamten „Mietvertrag mit Kaufoption“, da der Vertrag mit dem Optionsrecht zugunsten des *M* stehen und fallen sollte (sog. Gesamtbetrachtungsgrundsatz). Der Anwendung des § 311b I 1 steht dabei nicht die spezielle mietrechtliche Vorschrift des § 550 entgegen. Diese statuiert zwar eine Schriftform, die in diesem Fall gewahrt ist. Indes würden durch die Anwendung des § 550 die bedeutenden Zwecküberlegungen, die dem § 311b I 1 zugrunde liegen (Übereilungsschutz, Warnfunktion, Gültigkeitsgewähr und Beweisfunktion), unterlaufen werden. Daher verdrängt § 311b I 1 die Vorschrift des § 550.

Ein vertraglicher Aufwendungsersatzanspruch muss daher entfallen.

II. Anspruch *M* gegen *H* aus §§ 280 I, III, 283

Als Anspruch auf Ersatz der Investitionen in Höhe von 600.000 EUR könnte man auch an einen Schadensersatzanspruch des *M* gegen *H* aus §§ 280 I, III, 283 wegen der abredewidrigen Veräußerung des Schlösschens an *S* denken. Hiermit könnte sich *H* eine vertraglich versprochene Veräußerung an *M* nachträglich unmöglich gemacht haben, so dass dem *M* ein Schaden in Höhe der Investitionen entstanden wäre. Indes muss ein solcher Schadensersatzanspruch gleichfalls von vornherein wegen der Rechtsunwirksamkeit des Vertrags ausscheiden.

III. Anspruch *M* gegen *H* aus §§ 677, 683 S. 1, 670

M kann seine Aufwendungen möglicherweise aus berechtigter Geschäftsführung ohne Auftrag ersetzt verlangen. Da das Anwesen im Eigentum des *H* stand, stellen sich die von *M* getätigten Verwendungen als ein fremdes Geschäft dar. Dass *M* die Investitionen auch im Hinblick auf seine vermeintliche Kaufoption und seine Erwerbsaussicht gemacht hat, hindert die Annahme einer Geschäftsbesorgung im Fremdinteresse nicht; der Fremdheit des Geschäfts steht die Wahrnehmung selbst vornehmlich eigener Belange nicht entgegen (Auch-Gestion). Fraglich ist aber, ob man hieran ohne weiteres die Vermutung eines Fremdgeschäftsführungswillens des *M* knüpfen kann. Die Vermutung des Fremdgeschäftsführungswillens hat im Recht der Geschäftsführung ohne Auftrag vornehmlich die Funktion einer Beweiserleichterung und verbietet sich bei eindeutig entgegenstehenden Anhaltspunkten. *M* hat die werterhaltenden Baumaßnahmen in Höhe von 100.000 EUR aufgrund einer vermeintlichen eigenen Vertragspflicht getroffen und insoweit als zivilrechtlich gebundener Geschäftsführer mit Leistungswillen gehandelt, um seiner Verpflichtung zu genügen. In dieser Lage bleibt für die Annahme eines Fremdgeschäftsführungswillens kein Raum. Auch erscheint bei unwirksamer Leistungspflicht das bereicherungsrechtliche Rückabwicklungsrecht eher einschlägig als die Regeln der §§ 677 ff., die bei einer Anwendung auf zivilrechtlich gebundene Geschäftsführer zu einer weitgehenden Verdrängung des Leistungskondiktionsrechts führten. Die sonstigen, werterhöhenden Baumaßnahmen im Umfang von 500.000 EUR hat *M* außerhalb einer vermeintlichen Vertragspflicht im Hinblick auf die ihm eingeräumte Kaufoption getätigt. Dies schließt einen vermuteten Fremdgeschäftsführungswillen nicht aus. Es fehlt jedoch für einen Anspruch aus berechtigter Geschäftsführung ohne Auftrag nach §§ 683 S. 1, 670 an einer Übereinstimmung der Maßnahmen mit dem wirklichen oder mutmaßlichen Willen des Geschäftsherrn *H.* Auch hat *H* die Geschäftsführung nicht nach § 684 S. 2 genehmigt, sondern im Gegenteil seinen Unmut darüber geäußert. Zudem durfte *M* die Maßnahmen nicht nach § 670 für erforderlich halten. Aufwendungsersatz gewährt § 684 S. 1 dem unberechtigten auftragslosen Geschäftsführer nur nach Bereicherungsrecht. Damit steht *M* kein Anspruch aus §§ 683 S. 1, 670 zu.

IV. Anspruch *M* gegen *H* aus §§ 994 I, 996

1. Vindikationslage

Da der Vertrag zwischen *M* und *H* von Anfang an rechtsunwirksam war, hatte *M* kein Recht zum Besitz des Anwesens nach § 986 I 1 gegenüber dem Eigentümer *H.* Insbesondere wird auch das mietvertragliche Element nach § 139 von der Gesamtnichtigkeit ergriffen. Damit lag im Zeitpunkt der Investitionen eine Vindikationslage als Voraussetzung eines Verwendungsersatzanspruchs aus einem Eigentümer-Besitzer-Verhältnis vor.

2. Verwendungsbegriff

Sämtliche Aufwendungen (freiwillige Vermögensopfer), die *M* für das Schlösschen erbracht hat, sind der Sache zugutegekommen, indem sie sie wiederherstellten, erhielten oder verbesserten, und sind deshalb Verwendungen i. S. der §§ 994 ff. Nach dem sogenannten engen Verwendungsbegriff der Rechtsprechung ist allerdings einschränkend zu verlangen, dass die Sache keine grundlegende Veränderung erfahren darf. Dies ist nicht nur hinsichtlich der Instandhaltungsmaßnahmen für 100.000 EUR (Dach- und Rohrleitungsreparaturen), sondern auch hinsichtlich der

Modernisierungsmaßnahmen der Innenräume für 300.000 EUR unzweifelhaft. Aber auch die Ausbauten für das angegliederte Café (200.000 EUR) sind wohl noch nicht als Umgestaltungsmaßnahmen außerhalb des engen Verwendungsbegriffs (wie etwa die Bebauung eines bisher unbebauten Grundstücks) zu qualifizieren, da ihnen letztlich eine verbessernde Wirkung auf dem Grundstück mit dem bewohnten und als Pension genutzten Schlösschen zukommt.

3. Ersatz notwendiger und nützlicher Verwendungen?

Grundsätzlich stellen die Instandhaltungsmaßnahmen damit *notwendige* Verwendungen i. S. des § 994 dar, weil sie zur Erhaltung und ordnungsgemäßen Bewirtschaftung der Sache erforderlich waren. Allerdings erscheint es zweifelhaft, ob vorliegend ein Rückgriff auf § 994 überhaupt möglich ist. *M* verfolgte mit diesen Aufwendungen schließlich primär den Zweck, seine vermeintliche Verpflichtung aus dem Vertrag mit H zu erfüllen. Bei den Instandhaltungsmaßnahmen handelte es sich mithin um Zuwendungen *causa solvendi,* die im Falle der Unwirksamkeit des zugrundeliegenden Vertrages grundsätzlich über die *condictio indebiti* herausverlangt werden können. Fälle wie dieser, in denen die Vorstellungen eines vermeintlich verpflichteten Leistenden enttäuscht werden, sind nach der Systematik des Gesetzes originärer Anwendungsfall des Bereicherungsrechts und damit der Rückabwicklung über Leistungskondiktion nach § 812 I 1 Alt. 1 vorbehalten. In diesem Bereich verbietet sich daher ein Rückgriff auf § 994. Ein Anspruch auf Ersatz der Instandhaltungsmaßnahmen nach den Regeln des EBV scheidet somit aus.

Hiervon zu unterscheiden sind die Modernisierungen und der Caféausbau, die für die Erhaltung oder die ordnungsgemäße Bewirtschaftung nicht erforderlich gewesen sind. Sie sind aber als werterhöhende Maßnahmen und mithin als *nützliche* Verwendungen i. S. des § 996 anzusehen. Mangels einer hierauf gerichteten vermeintlichen Verpflichtung greifen die zuvor genannten Einwendungen hier nicht. Die Ersatzfähigkeit der nützlichen Verwendungen hängt nach § 996 allerdings von der Redlichkeit des Besitzers, d. h. seiner Gutgläubigkeit hinsichtlich seines Besitzrechts (§§ 990 I, 932 II) ab. *M* kannte zum Zeitpunkt der Erweiterungsmaßnahmen die Nichtigkeit des Vertrags mit *H* nicht. Man wird ihm auch keine grobe Fahrlässigkeit bezüglich der Beurkundungsbedürftigkeit des Vertrags vorwerfen können, denn hierzu hätte *M* die im Verkehr erforderliche Sorgfalt in besonderem Maße außer Acht gelassen haben müssen. Dies lässt sich bei einem Mietvertrag mit Kaufoption schwerlich sagen, bei dem die Verkehrsteilnehmer die Bedeutung des kaufrechtlichen Verpflichtungselements für § 311b I 1 durchaus leicht übersehen können.

4. Unbedingtheit des Anspruchs

a) Bedingungseintritt gem. § 1001 S. 1

Nach § 1001 S. 1 kann der Besitzer seinen Verwendungsersatzanspruch jedoch nur geltend machen, wenn der Eigentümer die Sache wiedererlangt oder die Verwendungen genehmigt. Nachdem *M* das Grundstück an den neuen Eigentümer *S* herausgegeben hat, fehlt es an einer Wiedererlangung der Sache durch H. Auch eine ausdrückliche Genehmigung der Verwendungen durch *H* ist nicht ersichtlich. Die Vorschrift des § 1001 S. 1 will den Eigentümer davor schützen, dass er für Verwendungen zahlen muss, die ihm nicht zugutekommen. Danach wäre ein Verwendungsersatzanspruch des *M* gegen *H* aus dem Eigentümer-Besitzer-Verhältnis ausgeschlossen.

b) Korrekturbedürfnis?

Dieses Ergebnis könnte indes unbefriedigend und korrekturbedürftig erscheinen. Insbesondere wenn man einen Ersatzanspruch des *M* gegen *H* aus Bereicherungsrecht mit dem Hinweis auf eine Sperrwirkung des Verwendungsersatzrechts des Eigentümer-Besitzer-Verhältnisses von vornherein verneinen wollte, hätte *M* keine Möglichkeit, seine Investitionen von *H* ersetzt zu verlangen. Er wäre vielmehr allein auf ein Vorgehen gegen den neuen Eigentümer *S* nach § 999 II verwiesen und hätte dessen Insolvenzrisiko zu tragen. Es ist aber *H*, der durch den Verkauf des werterhöhten Grundstücks einen Gewinn realisiert hat. Zwar könnte *S* gegen *H* nach §§ 433, 435, 437 Nr. 3, 280 I vorgehen und den an *M* zu zahlenden Verwendungsersatz als Schadensersatz im Regresswege geltend machen. Dies erscheint aber als ein Umweg, der dem *M* die Inanspruchnahme des sachlich wohl ferner stehenden *S* statt des „Profiteurs" *H* abverlangte und notfalls zu einem zweiten Prozess (des *S* gegen *H*) führte.

c) Analogie zu § 1001 S. 1

Man könnte deshalb daran denken, den Verkauf des werterhöhten Grundstücks durch *H* einer Wiedererlangung des Besitzes oder einer Genehmigungserteilung gleichzusetzen und § 1001 S. 1 analog anzuwenden. Jedoch bedarf es hierfür der Analogievoraussetzung einer planwidrigen Regelungslücke. An dieser Voraussetzung fehlt es aber, weil der Gesetzgeber für den vorliegenden Interessenkonflikt eine ausdrückliche Regelung in § 999 II geschaffen hat, wonach sich ein vor der Veräußerung begründeter Verwendungsersatzanspruch nunmehr allein gegen den neuen Eigentümer richten soll. Wenn dieser Anspruch auch den engen zeitlichen Grenzen des § 1002 I unterliegt, lässt die zu respektierende Entscheidung des Gesetzgebers doch für eine Analogie keinen Raum.

V. Anspruch *M* gegen *H* aus Bereicherungsrecht

1. Anwendbarkeit

Unter Umständen kann *M* von *H* den Ersatz seiner Investitionen aber auf kondiktionsrechtliche Anspruchsgrundlagen stützen. Voraussetzung hierfür ist aber die Anwendbarkeit des Bereicherungsrechts neben den Verwendungsersatzvorschriften des Eigentümer-Besitzer-Verhältnisses. Die §§ 994 ff. sind jedoch als eine abschließende und erschöpfende Sonderregelung für das Verhältnis zwischen Eigentümer und nichtberechtigtem Besitzer anzusehen. Zur Wahrung dieses feinsinnigen Ordnungsgefüges über die Entstehung, den Umfang und die Durchsetzung von Verwendungsersatzansprüchen verbietet sich ein Rückgriff auf das weitergehende Bereicherungsrecht (auch über § 951). Man kann einen solchen Ausschließlichkeitsanspruch der §§ 994 ff. durch die Verwendung des Wortes „nur" in § 996 bestätigt sehen. Dieser Annahme steht auch nicht entgegen, dass der besitzende gegenüber dem nichtbesitzenden Verwender schlechter gestellt sei, da letzterer von der Sperrwirkung der §§ 994 ff. nicht betroffen wäre. Die durch die Sperrwirkung mitunter entstehenden Wertungswidersprüche können durch Anwendung eines weiten Verwendungsbegriffs weitgehend ausgeräumt werden, ohne die klaren Anwendungsbereiche von Eigentümer-Besitzer-Verhältnis und Bereicherungsrecht verwischen zu müssen.

Diese Ausschlusswirkung des Eigentümer-Besitzer-Verhältnisses kann aber nur für Nichtleistungskondiktionen gelten. Werden Verwendungen im Rahmen eines (fehlgeschlagenen) Leistungsverhältnisses erbracht, sind sie bereicherungsrechtlich rückabzuwickeln, denn dies ist gerade die Domäne des Rechts der Leistungskondiktion.

Der Vorrang des Leistungsverhältnisses beansprucht auch gegenüber dem Eigentümer-Besitzer-Verhältnis Geltung. Die Verwendungsersatzansprüche können nur bei einem „isolierten" Eigentümer-Besitzer-Verhältnis außerhalb von vertraglichen und quasi-vertraglichen Leistungsverhältnissen zur Anwendung kommen.

2. Leistungskondiktion

Soweit die notwendigen Instandhaltungsmaßnahmen für 100.000 EUR betroffen sind, hat *M* in Erfüllung seiner vermeintlichen vertraglichen Verbindlichkeit *(causa solvendi)* geleistet, und zwar wegen der Unwirksamkeit des Vertrags ohne rechtlichen Grund; hierfür erscheint die allgemeine Leistungskondiktion des § 812 I 1 Alt. 1 *(condictio indebiti)* einschlägig. Die Aufwendungen für die Modernisierung (300.000 EUR) und für den Caféausbau (200.000 EUR) lagen demgegenüber außerhalb der vermeintlichen Vertragspflichten des *M.* Diese können allein nach den Regeln des Eigentümer-Besitzer-Verhältnisses ersetzt werden.

Im Ergebnis kann *M* von *H* Verwendungsersatz in Höhe von 100.000 EUR nach §§ 812 I 1 Alt. 1, 818 II verlangen.

VI. Anspruch *M* gegen *S* aus §§ 996, 999 II

M kann seine Verwendungsersatzansprüche aus § 996 in Höhe von 500.000 EUR gegen *S* als den neuen Eigentümer des Schlösschens nach § 999 II geltend machen, während *H* als der alte Eigentümer mangels Wiedererlangung der Sache oder Genehmigung der Verwendungen insoweit frei wird. Der Verwendungsanspruch ist allerdings nach sechs Monaten vom Erlöschen nach § 1002 I bedroht.

VII. Anspruch *S* gegen *H* (Regress)

Sollte *M* den *S* in Anspruch nehmen, stellt sich die Frage, ob *S* von *H* in Höhe der 500.000 EUR Regress verlangen kann. Ein solcher Anspruch könnte ihm als Schadensersatzanspruch gem. §§ 433 I S. 2, 435, 437 Nr. 3, 280 I zustehen.

Nach §§ 433 I S. 2, 435 ist der Verkäufer einer Sache verpflichtet, dem Käufer den verkauften Gegenstand frei von Rechten zu verschaffen, die von Dritten gegen den Käufer geltend gemacht werden können. Ein Rechtsmangel im Sinne der Vorschrift liegt dann vor, wenn der Verkäufer zwar das Kaufobjekt verschafft, nicht aber zugleich die Rechtsstellung, die nach dem Kaufvertrag vorgesehen war. Dabei kommen neben dinglichen Rechten auch persönliche Rechte eines Dritten in Betracht, die dieser in Bezug auf den Kaufgegenstand gegen den Käufer geltend machen kann. Das Recht des *M*, gem. § 999 II Ersatz für seine Verwendungen zu verlangen, also die Belastung des Eigentums mit der Zahlpflicht aus § 992 II, stellt einen solchen Mangel im Eigentumsrecht des *S* (Rechtsmangel) dar.

Gem. §§ 433 I S. 2, 435, 437 Nr. 3, 280 I hat *S* gegen *H* aus Rechtsmängelgewährleistung einen Schadensersatzanspruch in Höhe der von *S* an *M* zu zahlenden 500.000 EUR.

E. Lerntest

I. Fragen

1. Bedarf ein Mietvertrag mit Kaufoption über ein Grundstück der notariellen Beurkundung nach § 311b I 1?

2. Wodurch unterscheiden sich der *weite* und der *enge* Verwendungsbegriff im Rahmen der §§ 994 ff.?
3. Womit lässt sich die Sperrwirkung der Verwendungsersatzvorschriften des Eigentümer-Besitzer-Verhältnisses gegenüber den bereicherungsrechtlichen Verwendungsansprüchen des Besitzers gegen den Eigentümer begründen? Wie weit greift die Sperrwirkung?

II. Antworten

1. Ja, denn auch bei einem derartigen, aus miet- und kaufrechtlichen Elementen zusammengesetzten Vertrag wird für den Vermieter eine (durch die Ausübung des Optionsrechts bedingte) Verpflichtung zur Übertragung des Grundstücks begründet, auf die er – ähnlich wie bei einem kaufrechtlichen Vorvertrag oder einem Vorkaufsrecht – selbst keinen Einfluss mehr hat. Der Schutzzweck des Formzwangs nach § 311b I 1 erfordert eine Anwendung der Vorschrift auch auf mittelbar übernommene Veräußerungspflichten.

2. Nach dem *weiten Verwendungsbegriff* sind Verwendungen sämtliche Aufwendungen (freiwillige Vermögensopfer) auf eine Sache, die dieser zugutekommen, indem sie sie wiederherstellen, erhalten oder verbessern. Nach dem vor allem von der Rechtsprechung vertretenen *engen Verwendungsbegriff* ist einschränkend zu verlangen, dass die Sache keine grundlegenden Veränderungen durch sog. Umgestaltungsmaßnahmen erfahren darf (wie bei der Bebauung eines bisher unbebauten Grundstücks).

3. Das in den §§ 994 ff. fein ausdifferenzierte Regelungsprogramm zur Entstehung, dem Umfang und der Durchsetzung von Verwendungsersatzansprüchen darf nicht durch die Anwendung des allgemeinen Bereicherungsrechts gestört werden. Vermeintliche Wertungswidersprüche können durch Anwendung eines weiten Verwendungsbegriffs weitgehend ausgeschaltet werden, ohne die im Gesetz angelegten Anwendungsbereiche berühren zu müssen. Die Sperrwirkung erfasst indes ausschließlich Ansprüche aus Nichtleistungskondiktion. Werden Aufwendungen im Rahmen eines (fehlgeschlagenen) Leistungsverhältnisses erbracht, sind sie bereicherungsrechtlich rückabzuwickeln, denn dies ist gerade die Domäne des Rechts der Leistungskondiktion.

Fall 7. Doktor Hinterstichs letzte Heimfahrt

Die mittelschwere Klausur „spielt" im Recht der Geschäftsführung ohne Auftrag und ist nur mit soliden Kenntnissen in diesem Rechtsgebiet zu bewältigen, denn sie dringt zu den Feinheiten der berechtigten und der unberechtigten GoA vor. Im Mittelpunkt stehen die Zufallshaftung wegen Übernahmeverschuldens, die Voraussetzungen des Durchführungsverschuldens des auftragslosen Geschäftsführers und die Reichweite des Haftungsprivilegs nach § 680.

A. Sachverhalt

Im Kreise seiner Mitarbeiter vom Landesveterinäramt feiert der Tierarzt *Doktor Hinterstich (H)* ein beschwingtes Betriebsfest, an dessen Ende kurz vor Mitternacht er völlig betrunken und zu keiner vernünftigen Willensäußerung mehr imstande ist. Gleichwohl besteht *H* darauf, mit seinem Porsche nach Hause zu fahren. Seine Kollegen, darunter auch der Veterinärassistent *Brandmaier (B)*, fordern ihn auf, die Heimfahrt zu unterlassen, die Zündschlüssel herauszugeben und bei einem der Kollegen in der Nähe zu übernachten. Dies lehnt *H* entrüstet ab. *H* setzt sich im Zustand völliger Fahruntüchtigkeit ans Steuer seines Wagens und sucht lallend das Zündschloss. *B* bespricht sich kurz mit den besorgten Kollegen, die sich aufgerufen fühlen, Unheil zu vermeiden. Es wird der Beschluss gefasst, dass *B* den Porsche fahren soll, obwohl auch er leicht beschwipst erscheint, und den *H* nach Hause bringen soll. *B* drängt den *H*, der gerade den Motor angelassen hat, gewaltsam auf den Beifahrersitz, setzt sich selbst ans Steuer des Porsche und fährt los. *H* und *B* schmettern grölend das Lied: „Swing low, sweet chariot."

Nach fünfminütiger Fahrt, als *B* nur noch etwa zwei Kilometer von der Wohnung des *H* entfernt ist, prallt er mit dem Porsche auf den Anhänger eines unbeleuchtet abgestellten LKW. Bei dem Aufprall zieht sich *H* einen sehr unglücklichen Halswirbelbruch zu. Er stirbt noch an der Unfallstelle; seine letzten Worte waren: „... coming for to carry me home." Der Fahrer *B* wird nur leicht verletzt. Der Porsche erleidet einen Totalschaden. Die Polizei stellt später fest, dass dem *B* der Vorwurf einer leichten Fahrlässigkeit bei der Unfallentstehung zu machen ist (der LKW war schwer erkennbar) und dass *B* zur Unfallzeit einen Blutalkoholgehalt von knapp 0,7 Promille hatte. Die Witwe und Erbin *W* des *H* verlangt von *B* Ersatz für den zerstörten Porsche in Höhe von 40.000 EUR und Ersatz der Bestattungskosten in Höhe von 8.000 EUR. Sie erbittet hierzu ein Rechtsgutachten.

B. Gutachtliche Überlegungen

I. Die Sichtung der Anspruchsgrundlagen

Auch wenn man als erfahrener Klausurant die Aufgabenstellung sofort als typischen GoA-Fall erkennt, sollte man sich vor einem allzu forschen Zugriff auf das GoA-Recht hüten, solange nicht das Umfeld geklärt ist und nicht alle in Betracht kommenden Anspruchsgrundlagen vorsortiert sind. Der Fall legt nämlich zunächst eine Auseinandersetzung mit vertragsrechtlichen Ansprüchen nahe, die auf *W* als Erbin

Dr. Hinterstich

des *H* übergegangen sein könnten. An die Verletzung einer Pflicht aus einem Auftrag über die Heimfahrt oder aus einem auftragsähnlichen Gefälligkeitsvertrag ist zu denken. Nicht völlig abwegig erscheint auch der Gedanke an eine BGB-Gesellschaft. Indes wird man sich hiermit nicht allzu lange aufhalten, denn es ist leicht erkennbar, dass wegen eines fehlenden Rechtsbindungswillens, jedenfalls aber wegen der Volltrunkenheit des *H* (§ 105 II) keine rechtsgeschäftlich relevanten Erklärungen ausgetauscht werden konnten. Der Sachverhalt legt auch die Prüfung deliktischer und straßenverkehrsrechtlicher Ansprüche nahe, insbesondere nach § 823 I, § 844 I (Beerdigungskosten) und nach §§ 18 I, 7 I StVG. Diese Ansprüche sind hinsichtlich ihrer tatbestandlichen Voraussetzungen schnell aufgelistet und geordnet. Man ahnt jedoch bereits, dass letztlich alles vom GoA-Recht abhängt, weil gegebenenfalls das Haftungsprivileg für den Gefahrabwender nach § 680 auf die anderen Ansprüche durchschlagen muss. Deshalb stellt sich die entscheidende Frage: Kann ein GoA-rechtlicher Schadensersatzanspruch gegen *B* auf *W* als Erbin des *H* übergegangen sein?

II. Berechtigte und unberechtigte GoA

Objektiv fremdes Geschäft und (vermuteter) Fremdgeschäftsführungswille machen keine Sorgen; es geht jedenfalls um eine *echte* GoA.[1] Einige Worte mag man darauf verwenden, dass keine „sonstige Berechtigung" des *B* für die GoA gegenüber dem Geschäftsherrn *H* festzustellen ist. Insbesondere scheidet insoweit § 323c StGB (unterlassene Hilfeleistung) aus, schon weil die entsprechende Rechtspflicht zum Tätigwerden gegenüber der Allgemeinheit und nicht gegenüber einem einzelnen Geschäftsherrn (§ 677: „ihm gegenüber") besteht. Auch eine Nothilfe (Staatsnothilfe) entsprechend §§ 227, 228, 904 ist mangels „Erforderlichkeit" der von *B* ergriffenen Maßnahmen (§ 227 II) zu verneinen. Für die Rechtsfolgen der echten GoA im

[1] Zur GoA-rechtlichen Dogmatik speziell im Hinblick auf die Fall-Lösung und Klausurentechnik vgl. *Martinek/Theobald* JuS 1997, 612 ff., 805 ff., 992 ff. sowie JuS 1998, 27 ff.; vgl. auch im Überblick Staudinger/*Auer* Eckpfeiler des Zivilrechts Rn. S 101 ff. S. 1267 ff.; *Medicus/Lorenz* SchuldR BT §§ 59 f. Rn. 1 ff.; *Schlechtriem* SchuldR BT Rn. 688 ff. S. 281 ff.

Brandmeier

Einzelnen und für die Bestimmung der auf Schadensersatz gerichteten GoA-rechtlichen Anspruchsgrundlagen ist die Abgrenzung zwischen berechtigter und unberechtigter GoA nach §§ 683, 684 von maßgeblicher Bedeutung. Hier sollte der Bearbeiter auf ein profundes Rechtswissen zurückgreifen können. Denn das Recht der GoA ist, ähnlich wie das Bereicherungsrecht, nicht annähernd aus dem Gesetz selbst verständlich, sondern eröffnet sich erst durch die Kenntnis und das Verständnis der dogmatisch-konstruktiven Zusammenhänge, die man sich durch Vorlesungen und Lehrbücher aneignen muss. Dann weiß man, dass es für die Abgrenzung zwischen berechtigter und unberechtigter GoA zuvörderst auf den wirklichen Willen des Geschäftsherrn bezüglich der Übernahme des Geschäfts (Übernahmewillen) ankommt und dass erst anschließend sein mutmaßlicher Wille zugrunde zu legen ist, der mit seinem objektiven Interesse gleichläuft. Weil die Heimfahrt im Porsche keine im öffentlichen Interesse liegende Pflicht des Geschäftsherrn *H* darstellt, ist der (von Studenten oft vorschnell bejahte) § 679 nicht einschlägig. Auf dieser Grundlage ist letztlich unzweifelhaft, dass *B* nur unberechtigter auftragsloser Geschäftsführer sein kann.

III. GoA-rechtliche Zufallshaftung

Damit ist der Weg zur Prüfung der sog. Zufallshaftung[2] aus Übernahmeverschulden nach § 678 geebnet. Entscheidend hierfür ist zunächst, ob *B* ein Vorwurf aus der unberechtigten Geschäftsübernahme gemacht werden kann. Hierbei kommt es nicht

---

[2] Vgl. dazu BGH NJW 2019, 1809 mit Anm. *Omlor* Jus 2019, 715, BGH NJW 2018, 2723 mit Anm. *Omlor* JuS 2018, 1003 und *OLG Saarbrücken* Urt. v. 19.4.2018 – 4 U 137/16 = BeckRS 2019, 9403.

etwa auf den (leicht fahrlässig verschuldeten) Unfall, sondern auf den Antritt der Heimfahrt mit dem Porsche an. An dieser Stelle sollte man erkennen, dass die Haftungsprivilegierung des Gefahrabwenders nach § 680 nicht nur auf die berechtigte GoA im Rahmen einer Schlechterfüllung nach § 677 (d. h. im Bereich der Durchführung einer berechtigten GoA) anwendbar ist, sondern auch die Haftungsnorm des § 678 korrigiert und eine Haftungserleichterung hinsichtlich des Übernahmeverschuldens im Rahmen einer unberechtigten GoA schafft.[3] Wer Rechtsgefühl und Klausurerfahrung hat, wird zu Recht dazu neigen, dem *B* trotz seiner Alkoholisierung nur einen leichten Fahrlässigkeitsvorwurf bei der Geschäftsübernahme zu machen, denn er hat sich bei Fahrtantritt letztlich als Nothelfer gefühlt und war von Umständen stark bedrängt worden (Druck der Kollegen, Zeitdruck, kaum eine praktische Alternative, Gefahr von Gewalttätigkeiten). Hier lässt sich jedenfalls mit Einfühlungsvermögen gut begründen, dass *B* die verkehrserforderliche Sorgfalt nur in geringem Umfang außer Acht gelassen hat, als er den mutmaßlichen Willen des *H* hinsichtlich der Geschäftsübernahme verkannt hat.[4] *B* trifft mithin kein Übernahmeverschulden. Die Haftungsprivilegierung des § 680 lässt jedenfalls die Zufallshaftung aus § 678 entfallen. (Freilich lässt sich auch das Gegenteil begründen.)

IV. GoA-rechtliche Durchführungshaftung

Zu Ende ist die Klausur damit noch nicht, denn ihr Problemgehalt ist noch nicht ausgeschöpft. War bisher von einer Zufallshaftung wegen Übernahmeverschuldens (beim Fahrtantritt) die Rede, so ist nun eine Durchführungshaftung, d. h. eine Haftung für den Unfall aus Schlechterfüllung der GoA zu problematisieren. Bei der unberechtigten GoA ist allerdings sehr fraglich und umstritten, ob es hier eine GoA-rechtliche Durchführungshaftung nach §§ 677, 678 gibt. Es wird gewiss belohnt, wenn man seine Rechtskenntnisse zu diesem Streitstand für die Klausurlösung fruchtbar macht und die Argumente für und wider abwägt. Im Ergebnis würde freilich auch eine Durchführungshaftung, selbst wenn man sie für die unberechtigte GoA grundsätzlich anerkennen wollte, an dem Haftungsprivileg des § 680 scheitern, trifft doch den *B* wegen des Autounfalls lediglich der Vorwurf einer leichten Fahrlässigkeit. Ein schöner und origineller Gedanke ist sodann der einer Durchführungshaftung des *B* aus § 280 I bei einer *berechtigten* GoA. Man kann nämlich in der Anspruchserhebung durch *W* eine Genehmigung nach § 684 S. 2 und damit eine Umwandlung der unberechtigten in eine berechtigte GoA sehen. Auch insoweit kommt dem *B* jedoch das Haftungsprivileg des § 680 zugute, das ohne weiteres auf die Durchführungshaftung des berechtigten Geschäftsführers nach § 677 Anwendung findet. Damit ist der Fall gelöst. Nach spätestens der „Halbzeit“ (nach zwei Stunden) sollte man sich auf die Niederschrift, d. h. auf eine inhaltlich präzise und stilistisch gefällige Darstellung der Lösung konzentrieren.

V. Aufbaufragen

Aufbaumäßig empfiehlt es sich, die vertraglichen Ansprüche vorab zu prüfen, die GoA-rechtlichen Anspruchsgrundlagen in den Mittelpunkt zu stellen und die delikts- und straßenverkehrsrechtlichen Ansprüche am Schluss zu erörtern. Letztere machen keine großen Sorgen. Sie scheitern alle, einschließlich des Anspruchs der *W* auf Ersatz der Beerdigungskosten (aus eigenem Recht) in Höhe von 8.000 EUR.

---

[3] Vgl. dazu BGHZ 43, 188 (193).

[4] Vgl. dazu *BGH* VersR 1970, 568 ff.; *BGH* VersR 1972, 456 ff.; vgl. auch den Fall *BGH* NJW 1972, 475 ff. mit Anm. *Batsch* NJW 1972, 818 f.

Entscheidend ist, dass sich immer das Haftungsprivileg des § 680 durchsetzt.[5] Es bezieht sich dabei freilich nicht auf den (GoA-rechtlich spannenderen) Fahrtantritt, sondern auf den Unfall, für den *B* ausweislich des Sachverhalts ebenfalls nur der Vorwurf einer leichten Fahrlässigkeit trifft.[6]

C. Gliederung

I. Vertraglicher Anspruch (i. V. m. § 1922)
  1. Gefälligkeitsvertrag
  2. Gefälligkeitsverhältnis mit rechtsgeschäftlichem Charakter
II. Anspruch aus §§ 684 S. 1, 678 (i. V. m. § 1922)
  1. Geschäftsführung durch *B* für *H*
  2. Unberechtigte Geschäftsführung (§§ 683 S. 1, 684 S. 1)
  3. Übernahmeverschulden
  4. Haftungsausschluss nach § 680
    a) Voraussetzungen
    b) Maß des Sorgfaltspflichtverstoßes
  5. Ergebnis zu II
III. Anspruch aus §§ 684 S. 1, 677, 280 I (i. V. m. § 1922)
  1. Haftungsausschluss nach § 680
  2. Hilfsweise: Anwendbarkeit des § 280 I
    Problem: Durchführungshaftung bei unberechtigter GoA
IV. Anspruch aus §§ 683, 677, 280 I (i. V. m. § 1922)
  1. Berechtigung des *B*
  2. Haftungsausschluss nach § 680
V. Anspruch aus § 823 I (i. V. m. § 1922)
  1. § 680 bei unberechtigter GoA
  2. § 680 bei berechtigter GoA
VI. Anspruch aus §§ 18 I, 7 I StVG (i. V. m. § 1922)
VII. Anspruch aus §§ 844 I, 823 I
VIII. Gesamtergebnis

D. Lösung

I. Vertraglicher Anspruch (i. V. m. § 1922)

Zuerst ist an einen *vertraglichen Schadensersatzanspruch* zu denken, den *W* als Erbin des *H* aus übergegangenem Recht (§ 1922 I) gegen *B* in Höhe von 40.000 EUR für den zerstörten Porsche geltend machen könnte.

1. Gefälligkeitsvertrag

In Betracht kommt ein Gefälligkeitsvertrag über die Heimfahrt. Dieser könnte als Auftrag nach §§ 662 ff. (mit einer Haftung des *B* auch für leicht fahrlässige Pflicht-

---

5 Vgl. dazu BGHZ 46, 313 (316); 46, 140 (145).
6 Dazu *Batsch* NJW 1972, 818 f.

verletzungen ohne Haftungsprivileg) oder als atypischer Vertrag mit Verwahrungselementen hinsichtlich des PKW (und mit einer Haftungsbeschränkung analog §§ 521, 599, 690 auf Vorsatz und grobe Fahrlässigkeit) zu verstehen sein. Indes fehlt es für einen Anspruch aus § 280 I bereits an einem Vertragsabschluss nach §§ 145 ff. Weder *B* noch *H* besaßen den für eine Willenserklärung erforderlichen Rechtsbindungswillen; ohnehin wäre eine Erklärung des *H* wegen seiner Volltrunkenheit nach § 105 II nichtig. Hieran scheitert letztlich auch die Annahme einer BGB-Gesellschaft (mit einer Haftungsbeschränkung nach § 708).

2. Gefälligkeitsverhältnis mit rechtsgeschäftlichem Charakter

Auch an einem sogenannten Gefälligkeitsverhältnis mit rechtsgeschäftlichem Charakter, das zwar keine Hauptpflichten, wohl aber Sorgfaltspflichten und im Verletzungsfalle Schadensersatzansprüche erzeugen könnte, mangelt es hier. Denn für die Begründung eines derartigen quasivertraglichen Schutzpflichtverhältnisses bedürfte es gleichfalls (auf beiden Seiten) der Geschäftsfähigkeit. Im Übrigen würde hiermit eine analoge Anwendung der §§ 521, 599, 690 auf die Schutzpflichtverletzung einhergehen, so dass *B* wegen der Haftungsmilderung nicht schadensersatzpflichtig wäre: Der Unfall beruhte auf nur leichter Fahrlässigkeit des *B*.

II. Anspruch aus §§ 684 S. 1, 678 (i. V. m. § 1922)

Möglicherweise hat *W* aus übergegangenem Recht einen Schadensersatzanspruch gegen *B* aus *unberechtigter Geschäftsführung* ohne Auftrag nach §§ 684 S. 1, 678 i. V. m. § 1922 I *(Übernahmeverschulden)*.

1. Geschäftsführung durch *B* für *H*

Eine Geschäftsbesorgung durch *B* für *H* liegt vor: Die Heimfahrt mit dem Porsche ist für *B* ein objektiv fremdes Geschäft, nämlich allein Sache des *H* selbst. Hierbei wird der Fremdgeschäftsführungswille des *B* vermutet. Das Führen des fremden Geschäfts geschah ohne Auftrag oder sonstige Berechtigung i. S. d. § 677. Dabei kann dahingestellt bleiben, ob *B* zum Einschreiten strafrechtlich verpflichtet war und ob bei unterbliebenem Einschreiten (unterbliebener Heimfahrt) die Voraussetzungen einer unterlassenen Hilfeleistung nach § 323c StGB vorgelegen hätten. Denn keinesfalls ist aus § 323c StGB eine das GoA-Recht ausschließende „sonstige Berechtigung" abzuleiten, weil die strafrechtlich sanktionierte Hilfeleistungspflicht gegenüber der Allgemeinheit und nicht gegenüber einem einzelnen Geschäftsherrn (§ 677: „ihm gegenüber") besteht. Auch auf eine Nothilfe (Staatsnothilfe) entsprechend §§ 227, 228, 904 kann das Vorgehen des *B* nicht gestützt werden, weil es in der konkreten Art seiner Durchführung nicht „erforderlich" (§ 227 II) war; es hätte auch andere Mittel und Wege gegeben, um den *H* an einer Trunkenheitsfahrt zu hindern und damit Gefahren von ihm und der Allgemeinheit abzuwenden (z. B. Verständigung der Polizei, Wegnahme des Zündschlüssels).

2. Unberechtigte Geschäftsführung (§§ 683 S. 1, 684 S. 1)

Für einen Anspruch aus § 678 bedarf es der Voraussetzungen einer echten GoA in Form einer *unberechtigten GoA* nach § 684 S. 1. Dabei ist für die Abgrenzung zwischen berechtigter und unberechtigter GoA (entgegen der missglückten Wortwahl in der Vorschrift des § 683 S. 1) grundsätzlich vorrangig auf den wirklichen Willen des Geschäftsherrn hinsichtlich der Übernahme (nicht: der Durchführung) des Geschäfts abzustellen (sog. Übernahmewille). Indes kann *in casu* der wirkliche

Wille (eindeutige Ablehnung des *H*, von *B* gefahren zu werden) nicht maßgeblich sein, weil *H* volltrunken und damit zu einer rechtlich bedeutsamen Willensäußerung nicht in der Lage war. Zur Klärung der Frage, ob die Übernahme der Geschäftsführung dem mutmaßlichen Willen des *H* entsprach, ist auf sein objektives Interesse abzustellen, denn das objektive Interesse ist im Zweifel mit dem mutmaßlichen subjektiven Willen kongruent. Dabei kommt es nicht etwa auf die subjektive Sicht des *B* (oder der Kollegen), sondern auf eine objektive Betrachtung und Würdigung aller Umstände durch einen hypothetischen objektiven Beobachter an. Danach aber deckt das objektive Interesse des *H* die Heimfahrt durch *B* schon deshalb nicht ab, weil auch *B* angetrunken („beschwipst“) war und sich *H* als Beifahrer einer Gefahr für Leib und Leben ausgesetzt hat. Der einer Übernahme der Geschäftsführung durch *B* entgegenstehende mutmaßliche Wille des *H* ist auch nicht nach § 679 unbeachtlich. Diese Vorschrift ist zwar (ungeachtet ihrer systematischen Stellung) nicht nur für den Durchführungswillen des Geschäftsherrn, sondern auch für seinen Übernahmewillen, also auch für die Abgrenzung zwischen berechtigter und unberechtigter GoA (§§ 683 S. 1, 684 S. 1) heranzuziehen (*arg. e* § 683 S. 2). Indes hat *B* mit der Heimfahrt keine im öffentlichen Interesse liegende Pflichterfüllung für den Geschäftsherrn *H* vorgenommen. *B* war auf der Heimfahrt mithin nicht berechtigter, sondern unberechtigter Geschäftsführer.

3. Übernahmeverschulden

Bei der Prüfung der Tatbestandsvoraussetzungen für die Haftung aus Übernahmeverschulden nach § 678 kommt es (anders als bei der Abgrenzung zwischen berechtigter und unberechtigter GoA nach §§ 683, 684) nicht auf einen objektiven Maßstab, sondern (ebenso wie im Rahmen des § 677) auf die subjektive Einschätzung des wirklichen bzw. mutmaßlichen Willens (Übernahmewillens) des Geschäftsherrn *H* durch den Geschäftsführer *B* an. *B* hat unter Außerachtlassung der verkehrsüblichen Sorgfalt, § 276 II, verkannt, dass er den *H* nach seinem (am objektiven Interesse ausgerichteten) mutmaßlichen Willen nicht nach Hause fahren durfte. Das Verschulden bei der Übernahme hat für den unberechtigten Geschäftsführer, der sich gegen den Willen des Geschäftsherrn in dessen Angelegenheiten einmischt, eine Zufallshaftung für alle Folgeschäden bei der Durchführung der unberechtigten GoA zur Folge (§ 678 a. E.), ohne Rücksicht darauf, ob (auch) bei der Durchführung der Geschäftsführung schuldhaft Fehler gemacht wurden.

4. Haftungsausschluss nach § 680

a) Voraussetzungen

Allerdings könnte die Haftung des *B* aus § 678 durch das Haftungsprivileg des § 680 ausgeschlossen sein. Dieses Haftungsprivileg zugunsten des Geschäftsführers ist nicht nur auf die berechtigte GoA im Rahmen einer Schlechterfüllung nach § 677 (d. h. im Bereich der Durchführung einer berechtigten GoA) anwendbar, sondern korrigiert auch die Haftungsnorm des § 678 und schafft eine Haftungserleichterung hinsichtlich des Übernahmeverschuldens im Rahmen einer unberechtigten GoA. Die Voraussetzungen des § 680 liegen vor. *B* bezweckte mit der Heimfahrt die Abwendung einer dem Geschäftsherrn *H* drohenden dringenden Gefahr. Er wollte verhindern, dass sich der ungleich stärker betrunkene *H* selbst ans Steuer begab und sich damit erheblichen Gefahren aussetzte. Nach den Umständen musste *B* befürchten, dass ohne sein Eingreifen *H* sogleich losfahren würde. *B* hat nach § 680 nur Vorsatz und grobe Fahrlässigkeit zu vertreten.

b) Maß des Sorgfaltspflichtverstoßes

Fraglich ist, ob sich *B* bei der Übernahme der Geschäftsführung nur eine leichte Fahrlässigkeit hat zuschulden kommen lassen, also die verkehrserforderliche Sorgfalt nur in geringem Umfang außer Acht gelassen hat, als er den mutmaßlichen Willen des *H* hinsichtlich der Geschäftsübernahme verkannt hat. Zwar handelt derjenige, der sich trotz Alkoholgenusses ans Steuer setzt anstatt seine Fahrtüchtigkeit selbstkritisch zu überprüfen, in aller Regel grob fahrlässig. Hier aber ist den besonderen Umständen des Falles Rechnung zu tragen. Der Vorwurf einer groben Fahrlässigkeit nach § 276 I, II setzt nicht nur die Feststellung eines objektiv schwerwiegenden Fehlers voraus, sondern verlangt auch die Würdigung der Umstände, die die subjektiv-personale Seite der Verantwortlichkeit gerade des konkreten Schuldners in der konkreten Situation betreffen. Hier ist zu bedenken: *B* hat sich als Nothelfer für seinen noch viel stärker betrunkenen Kollegen *H* gefühlt. Ihm blieb auch kaum Zeit für eine vernünftige Abwägung der Handlungsalternativen (Wegnahme der Zündschlüssel, Rufen der Polizei). Man kann ihm nicht vorwerfen, dass er bei Antritt der Heimfahrt mit *H* trotz eigener Angetrunkenheit außer Acht gelassen habe, was jedem vernünftigen Menschen sofort eingeleuchtet habe. Für nur leichte Fahrlässigkeit spricht insbesondere der ihn unterstützende, u. U. sogar erst motivierende „Beschluss" der Kollegen über die Heimfahrt. Auch wäre möglicherweise eine gewaltsame Auseinandersetzung mit *H* zu befürchten gewesen. *B* trifft mithin kein Übernahmeverschulden. Die Haftungsprivilegierung des § 680 lässt die Zufallshaftung aus § 678 entfallen.

5. Ergebnis zu II

Ein Schadensersatzanspruch der *W* gegen *B* aus unberechtigter Geschäftsführung ohne Auftrag nach §§ 684 S. 1, 678 i. V. m. § 1922 I (Übernahmeverschulden) besteht nicht.

III. Anspruch aus §§ 684 S. 1, 677, 280 I (i. V. m. § 1922)

Fraglich aber bleibt, ob *B* als unberechtigter auftragsloser Geschäftsführer nicht trotz fehlenden Übernahmeverschuldens der *W* zum Schadensersatz verpflichtet ist, weil ihm hinsichtlich der *Durchführung* der GoA „ein sonstiges Verschulden" (§ 678) zur Last fiel.

1. Haftungsausschluss nach § 680

Ein solcher Schadensersatzanspruch wegen Schlechterfüllung einer unberechtigten Geschäftsführung ohne Auftrag nach §§ 684 S. 1, 677, 280 I i. V. m. § 1922 I *(Durchführungsverschulden)* setzt allerdings voraus, dass es im Rahmen der unberechtigten GoA überhaupt eine Durchführungshaftung gibt, die sich aus § 677 oder aus § 678 ableiten lässt. Hierfür spricht auf den ersten Blick die Überlegung, dass der unberechtigte auftragslose Geschäftsführer „erst recht" für Durchführungsschäden haften muss, weil er nicht besser stehen darf als ein berechtigter Geschäftsführer ohne Auftrag. In diesem Licht sieht § 678 nur eine Haftungserweiterung (auf Zufallsschäden) bei Übernahmeverschulden vor. Auch der unberechtigte auftragslose Geschäftsführer aber ist bei dieser Sichtweise nach § 677 pflichtengebunden und bei Verschulden schadensersatzpflichtig. Allerdings muss auch für den unberechtigten auftragslosen Geschäftsführer der Haftungsmaßstab im Rahmen einer solchen Durchführungshaftung gegebenenfalls nach § 680 abgesenkt werden. Der Geschäftsführer kann bei Vorliegen der Voraussetzungen des § 680 nur für solche Durchführungsschäden verantwortlich sein, die auf Vorsatz oder grober Fahrlässigkeit, nicht aber nur auf leichter Fahrlässigkeit beruhen. Hier trifft den *B* nicht nur hinsichtlich der Übernahme, sondern auch hinsichtlich der Durchführung der Geschäftsführung, d. h. wegen des Autounfalls, lediglich der Vorwurf einer leichten Fahrlässigkeit. Im Ergebnis kann den *B* als unberechtigten auftragslosen Geschäftsführer also auch dann keine Haftung aus einem Durchführungsverschulden treffen, wenn man grundsätzlich eine Durchführungshaftung bei der unberechtigten GoA für möglich hält.

2. Hilfsweise: Anwendbarkeit des § 280 I

In Wirklichkeit ist freilich schon im Grundsatz eine Durchführungshaftung des unberechtigten auftragslosen Geschäftsführers und eine Anwendung des § 677 auf den nach § 684 unberechtigten Geschäftsführer abzulehnen, weil dieser eigentlich die Geschäftsführung vollends unterlassen müsste und nicht an einen Sorgfaltsmaßstab bei der Durchführung der *a limine* missbilligten Geschäftsführung gebunden werden darf. Anders als die berechtigte GoA bildet die unberechtigte GoA kein quasivertragliches Schuldverhältnis. Folglich trifft den *B* als unberechtigten Geschäftsführer ohnehin keine GoA-rechtliche Schadensersatzpflicht für von ihm verschuldete Durchführungsschäden. Er haftet nur nach allgemeinen, insbesondere deliktsrechtlichen Vorschriften, denen gegenüber sich gegebenenfalls die Haftungserleichterung nach § 680 durchsetzt.

IV. Anspruch aus §§ 683, 677, 280 I (i. V. m. § 1922)

Zu denken ist aber an einen Anspruch der *W* gegen *B* aus § 280 I wegen Verletzung einer Pflicht aus einer *berechtigten* GoA nach §§ 683, 677. Denn die zunächst unberechtigte GoA des *B* gegenüber *H* könnte nach § 684 S. 2 durch Genehmigung der Übernahme der Geschäftsführung in eine berechtigte GoA umgewandelt worden sein.

1. Berechtigung des *B*

In der Tat kann man in der Erhebung des Anspruchs auf Schadensersatz bzw. einer Klageerhebung durch *W* eine (hilfsweise) Genehmigung der Übernahme (nicht: der Durchführung) der GoA sehen, da sich *W* hierdurch, nach Versagung von Ansprüchen aus unberechtigter GoA, eventuell einen Anspruch aus berechtigter GoA verschaffen könnte. Damit ist die GoA als eine berechtigte zu behandeln.

2. Haftungsausschluss nach § 680

Als berechtigter auftragsloser Geschäftsführer und damit Partei eines gesetzlichen Schuldverhältnisses war *B (ex post)* zur ordnungsgemäßen Durchführung der Geschäftsführung nach § 677 verpflichtet. Der Unfall auf der Heimfahrt beruhte auf seiner leicht fahrlässigen Außerachtlassung der verkehrserforderlichen Sorgfalt; dabei geht es jetzt nicht mehr um das Übernahmeverschulden, sondern um das Durchführungsverschulden. Dem *B* kommt aber das Haftungsprivileg des § 680 zugute, das ohne weiteres auf die Durchführungshaftung des berechtigten Geschäftsführers nach § 677 Anwendung findet. Damit scheidet eine Haftung gem. § 280 I wegen Verletzung einer Pflicht aus einer *berechtigten* GoA nach §§ 683, 677 aus.

V. Anspruch aus § 823 I (i. V. m. § 1922)

Ein Schadensersatzanspruch der *W* gegen *B* für den zerstörten PKW aus § 823 I i. V. m. § 1922 I muss jedenfalls im Ergebnis entfallen:

1. § 680 bei unberechtigter GoA

Auf der Grundlage einer *unberechtigten* GoA setzt sich die Haftungsprivilegierung nach § 680 im Rahmen des Übernahmeverschuldens (§ 678) auch gegenüber einem deliktischen Anspruch durch. Nicht etwa hebelt § 680 allein die GoA-rechtliche Zufallshaftung mit der Folge aus, dass eine deliktische Verschuldenshaftung hinsichtlich der Durchführung des Geschäfts bestehen bliebe. Vielmehr verlangt die *ratio legis* des § 680, dass der unberechtigte Geschäftsführer auch von einer Haftung für (nur) leicht fahrlässig verschuldete Schäden im Zuge der Durchführung der unberechtigten GoA freigestellt wird.

2. § 680 bei berechtigter GoA

Nimmt man eine Genehmigung der GoA durch *W* und damit eine nachträglich *berechtigte* GoA nach § 684 S. 2 an, dann setzt sich die Haftungsprivilegierung des § 680 auch gegenüber deliktischen Ansprüchen durch, die hinsichtlich der Zerstörung von Sachen im Rahmen der Durchführung des Geschäfts mit der quasivertraglichen Haftung aus § 677 konkurrieren.

VI. Anspruch aus §§ 18 I, 7 I StVG (i. V. m. § 1922)

Vielleicht steht der *W* als Erbin aus übergegangenem Recht ein straßenverkehrsrechtlicher Schadensersatzanspruch für den zerstörten Porsche zu. Als einziger straßenverkehrsrechtlicher Anspruch kommt die (Verschuldens-)Haftung des Fahrzeugführers nach § 18 I StVG i. V. m. § 7 I StVG in Betracht. Sie scheidet jedoch aus zwei Gründen aus. Zum ersten schützen diese Vorschriften nicht das geführte Fahrzeug selbst vor Beschädigung oder Zerstörung. Zum zweiten muss sich hinsichtlich des Verschuldensmaßstabs nach § 18 I 2 StVG wiederum die Haftungsprivilegierung des § 680 durchsetzen.

VII. Anspruch aus §§ 844 I, 823 I

Ansprüche der *W* auf Ersatz der Beerdigungskosten (aus eigenem Recht) in Höhe von 8.000 EUR sind im Ergebnis gleichfalls zu verneinen. Dabei entfällt ein Anspruch aus §§ 844 I, 823 I, weil sich das Haftungsprivileg des § 680 auch insoweit durchsetzt. Es bezieht sich dabei freilich auf den Unfall, für den *B* ausweislich des Sachverhalts nur der Vorwurf einer leichten Fahrlässigkeit trifft. Ein Anspruch aus § 18 I i. V. m. § 7 I StVG scheitert wiederum am wegen § 680 fehlenden Verschulden.

VIII. Gesamtergebnis

Im Ergebnis kann *W* von *B* weder Ersatz des zerstörten Porsche noch Ersatz der Beerdigungskosten verlangen.

E. Lerntest

I. Fragen

1. Worauf kommt es für die Abgrenzung zwischen berechtigter und unberechtigter GoA an?
2. Ist für die Tatbestandsvoraussetzungen der Zufallshaftung wegen Übernahmeverschuldens nach § 678 auf eine objektive oder eine subjektive Würdigung des wirklichen oder mutmaßlichen Geschäftsherrenwillens abzustellen?

3. Kann der Geschäftsherr auch gegen den *unberechtigten* auftragslosen Geschäftsführer einen Schadensersatzanspruch aus § 280 I erheben, wenn der unberechtigte Geschäftsführer bei der Durchführung des Geschäfts schuldhaft einen Schaden verursacht hat?

II. Antworten

1. Die Abgrenzung zwischen berechtigter und unberechtigter GoA ist gemäß §§ 683 S. 1, 684 S. 1 danach vorzunehmen, ob die Geschäftsübernahme vom Willen bzw. den Interessen des Geschäftsherrn gedeckt ist. Entgegen dem missverständlichen Wortlaut des § 683 S. 1 ist zuvörderst der (feststellbare) *wirkliche* Wille des Geschäftsherrn hinsichtlich der Übernahme (nicht: der Durchführung) des Geschäfts maßgeblich. Der wirkliche Wille (Übernahmewille) ist auch dann zu beachten, wenn er dem objektiven Geschäftsherrninteresse widerspricht. Erst nachrangig entscheidet der *mutmaßliche Wille,* der sich regelmäßig aus dem objektiven Interesse des Geschäftsherrn ergibt.

2. Während es bei §§ 683 S. 1, 684 S. 1 für die Beurteilung des wirklichen oder mutmaßlichen Übernahmewillens des Geschäftsherrn auf eine rein objektive Betrachtungsweise ankommt, ist bei § 678 für diese Beurteilung die subjektive Sicht des unberechtigten Geschäftsführers entscheidend, denn jetzt geht es um den Verschuldensvorwurf des Übernahmeverschuldens.

3. Richtiger Ansicht nach ist eine Durchführungshaftung des unberechtigten auftragslosen Geschäftsführers und eine Anwendung des § 677 auf den nach § 684 unberechtigten Geschäftsführer abzulehnen, weil dieser eigentlich die Geschäftsführung vollends unterlassen müsste und nicht an einen Sorgfaltsmaßstab bei der Durchführung der *a limine* missbilligten Geschäftsführung gebunden werden darf. Anders als die berechtigte GoA bildet die unberechtigte GoA kein quasivertragliches Schuldverhältnis. Der unberechtigte Geschäftsführer haftet außerhalb der Zufallshaftung des § 678 nur nach allgemeinen, insbesondere deliktsrechtlichen Vorschriften, denen gegenüber sich gegebenenfalls die Haftungserleichterung nach § 680 durchsetzt.

Fall 8. Die schnelle Mark der Madam Schmöck

Die eher schwere Klausur führt den Bearbeiter in das wohl wenig vertraute Gebiet des Maklerrechts und konfrontiert ihn mit der eigenartigen Rechtsnatur des gesetzlichen Vertragstyps des Maklervertrags. Hier bedarf es zur Entwicklung der Lösung einer sorgfältigen Gesetzeslektüre und einer gewissen analytischen Kraft. Als zweiter Schwerpunkt kommt das Sittenwidrigkeitsverdikt mit dem Wuchertatbestand des § 138 II hinzu. Ein Randproblem wirft schließlich noch die ergänzende Vertragsauslegung auf.

A. Sachverhalt

Der reiche Pensionär *Babbelmann (B)* ist schon seit langem auf der Suche nach einer luxuriösen Villa mit großzügigem Gartenland als Alterssitz. Er wendet sich im Mai an *Madam Schmöck (S)*, von der er weiß, dass sie in der Stadt über viele Bekanntschaften verfügt und in ihrer Freizeit gelegentlich als Grundstücksmaklerin tätig ist. *B* beauftragt *S*, ein geeignetes Objekt zum Höchstpreis von 2 Mio. EUR ausfindig zu machen und mit dem Eigentümer in Verhandlungen zu treten. *S* verlangt für den Fall, dass sie Erfolg hat, d. h. dem *B* ein Objekt zusagt und der Kaufvertrag mit dem Eigentümer zustande kommt, eine Provision in Höhe von 9 % des Nettokaufpreises. Hiermit erklärt sich *B* einverstanden.

S erinnert sich an ihren alten Schulkameraden *Lehmann (L)*, der einen prächtigen Gutshof sein Eigen nennt, aber ihres Wissens derzeit in bedrückenden Geldnöten steckt. Sie setzt sich noch im Mai mit *L* in Verbindung und kann nach einem einstündigen Gespräch bei Kaffee und Kuchen erfreut feststellen, dass er „grundsätzlich bereit" ist, seinen Gutshof zu einem Preis von 2 Mio. EUR zu verkaufen. Anfang Juni kommt es zu einem von *S* vermittelten Besichtigungstermin und einem anschließenden Gespräch zwischen *B*, *L* und *S*. Dabei ist *B* von dem ihm angebotenen Objekt so fasziniert („Mein Traum wird wahr"), dass er gleich einen Notartermin mit *L* absprechen möchte. Allerdings stellt sich heraus, dass das Anwesen mit Grundpfandrechten in Höhe von 2,4 Mio. EUR belastet ist, die *L*, auch angesichts seiner anderweitigen Schulden, allein mit dem Kaufpreis nicht ablösen kann. *L* versichert zwar, er könne das fehlende Geld „in einigen Monaten" auftreiben. *B* aber bleibt skeptisch. Schließlich vereinbart *B* mit *L*, dass dieser das Grundstück bis zum Ende des laufenden Jahres von allen Grundpfandrechten freistellen solle. Für den Fall, dass *L* dies nicht gelingen sollte, bedingt sich *B* ein vertragliches Rücktrittsrecht aus. Auflassung, Eintragung und Übergabe des Anwesens sollen dann erst zu Beginn des neuen Jahres erfolgen. Wenig später wird ein notariell beurkundeter Kaufvertrag mit genau diesem Inhalt geschlossen. Dankbar zahlt *B* wenige Tage später 180.000 EUR Courtage an *S*.

Die Vorfreude des *B* auf seinen Alterssitz wird bitter enttäuscht, denn am Jahresende ist *L* die Lastenfreistellung des Grundstücks nicht annähernd gelungen. *B* macht nach erfolgloser Fristsetzung von seinem vertraglich vereinbarten Rücktrittsrecht Gebrauch. Selbstverständlich wendet er sich auch an *S* und verlangt die Rückerstattung der Maklerprovision. Bei *S* stößt er allerdings auf taube Ohren. Diese stellt sich auf den Standpunkt, sie

Madam Schmöck

habe für *B* ein geeignetes Objekt gefunden und den Vertragsabschluss vermittelt, womit die Provision endgültig verdient sei. *B* meint, die Tätigkeit der *S*, die doch über alles Bescheid gewusst habe, habe sich für ihn mangels Durchführung des Kaufvertrags als völlig sinnlos herausgestellt. Im Laufe seines Streits mit *S* erfährt *B* von der örtlichen Industrie- und Handelskammer, dass die regional übliche Maklerprovision für die Vermittlung eines Grundstückskaufvertrags bei 3 % des Nettokaufpreises liegt. Daraufhin wirft *B* der *S* ein „wucherisches Geschäftsgebaren" vor. Er rechnet ihr vor, dass sie für ihren insgesamt dreistündigen Arbeitsaufwand einen „Stundenlohn" von 60.000 EUR vereinnahmt habe. *S* habe wohl „die schnelle Mark" machen wollen. *B* möchte in einem Rechtsgutachten geklärt haben, ob er von *S* die Rückzahlung der Maklerprovision verlangen kann.

B. Gutachtliche Überlegungen

I. Die drei Schwerpunkte des Falles

Es geht um das Rechtsschicksal eines Maklervertrags zwischen *B* (Auftraggeber) und *S* (Maklerin) über die Vermittlung einer Immobilie und insbesondere um die Maklerprovision, nachdem der vermittelte und schon abgeschlossene Kaufvertrag (Hauptvertrag) zwischen *B* und *L* (Grundstückseigentümer) letztlich gescheitert ist. *B* will die schon gezahlte Maklerprovision zurückhaben. Der letzte Absatz des

Babbelmann

Sachverhalts und insbesondere die Argumentationshilfen am Schluss lassen die Streit- und Problempunkte des Falles in ihrer stufenförmigen Abhängigkeit voneinander klar hervortreten: *Erstens* beruft sich *B* auf seinen Rücktritt vom Hauptvertrag; *zweitens* darauf, dass die Maklerin *S* die Möglichkeit des Scheiterns des Hauptvertrags genau gekannt hat; *drittens* wendet er angesichts des hohen Provisionssatzes die Sittenwidrigkeit des Maklervertrags wegen Wuchers ein. Sortiert man diesen Stoff juristisch, dann wird sogleich die vorrangige Bedeutung des letztgenannten Punktes bewusst. Denn bei einer Sittenwidrigkeit und damit Nichtigkeit des Maklervertrags besteht für *B* jedenfalls ein bereicherungsrechtlicher Rückzahlungsanspruch. Nur wenn es hieran fehlt, der Maklervertrag also wirksam ist, kommt es auf die beiden anderen Argumentationswege des *B* an. Dies wird den kundigen Klausuranten allemal dazu veranlassen, ein Sittenwidrigkeitsverdikt scheitern zu lassen, schnitte er sich doch sonst den Zugang zu den übrigen zwei Dritteln des Problemstoffs ab. Bei Wirksamkeit des Maklervertrags ist sodann zu fragen, ob die Provision „verdient", der Provisionsanspruch also entstanden und fällig geworden ist. Hier ist der Rücktritt vom Hauptvertrag daraufhin zu untersuchen, ob er Auswirkungen auf den Provisionsanspruch der Maklerin hat. Nur wenn dies nicht der Fall ist, kann es auf den dritten Argumentationsstrang des *B* ankommen, nämlich auf die Kenntnis der S in Bezug auf die Umstände des Vertragspartners L und der damit verbundenen Gefahr eines Scheiterns des Hauptvertrags. Dies lädt wiederum dazu ein, Auswirkungen des Rücktritts auf den Provisionsanspruch zu verneinen, um überhaupt zum dritten Problemschwerpunkt vorzudringen. Die systematisch-konstruktive Logik empfiehlt also eine Problemerörterung, die von der Reihenfolge der aufgelisteten Argumente des *B* im letzten Absatz des Sachverhalts abweicht.

II. Die Sittenwidrigkeitsprüfung

Nach diesen Vorüberlegungen und der Formulierung der Anspruchsgrundlage des § 812 I 1 Alt. 1 (Leistungskondiktion) wird der Klausurant den Wuchertatbestand des § 138 II näher zu prüfen haben, der zunächst objektiv ein auffälliges Missverhältnis zwischen Leistung und Gegenleistung (Vergütung) verlangt. Hier besteht die Gefahr, dass es sich der Bearbeiter zu einfach macht und schlicht auf die „überhöhte" Provision hinweist, die das Dreifache des üblichen Provisionssatzes beträgt. So einfach liegen die Dinge indes nicht, denn die Sittenwidrigkeitskontrolle eines Maklervertrags erweist sich als durchaus heikel. Zugegeben: Der Zivilmaklervertrag nach §§ 652 ff.[1] dürfte im Studium bestenfalls am Rande des Interesses stehen, auch wenn er im Zweiten Buch des BGB („Recht der Schuldverhältnisse") im achten Abschnitt („Einzelne Schuldverhältnisse") einen eigenen Titel („Maklervertrag") erhalten hat. Wenn eine Klausur ein ungewöhnliches, abgelegenes Rechtsgebiet betrifft, kommt es oft auf die genaue Lektüre der einschlägigen Vorschriften an. Auch muss man sich in solchen Fällen um eine Verortung und Einbettung des wenig bekannten Rechtsstoffs in seine allgemeinen Rechtskenntnisse bemühen. Wer die Vorschrift des § 652 I genau liest, wird es wohl herausfinden: Der Makler ist zum Tätigwerden für den Auftraggeber nicht verpflichtet, aber berechtigt. Der Auftraggeber behält (ebenso wie der Makler) seine Handlungs- und Entschließungsfreiheit; er braucht die vom Makler nachgewiesene oder vermittelte Abschlussmöglichkeit nicht wahrzunehmen, selbst nicht im Falle einer vollen Kongruenz mit seinen im Auftrag formulierten Erwartungen. Die Maklerprovision ist eine Erfolgsprovision.

Dies aber bedeutet: Weil den Makler keine Pflicht zum Tätigwerden trifft, ist der Maklervertrag kein gegenseitiger, nicht einmal ein zweiseitig verpflichtender Vertrag. Weil der Auftraggeber nur im Erfolgsfalle provisionspflichtig ist, muss der Maklervertrag seiner Rechtsnatur nach als ein bedingt einseitig verpflichtender Vertrag qualifiziert werden.[2] Auch wenn man von der *rechtlichen* Äquivalenzkontrolle auf eine (nach § 138 II zumindest gleichfalls mögliche) *wirtschaftliche* Äquivalenzkontrolle überwechselt, findet man sich schnell in Zweifeln und Bedenken verstrickt. Denn auch bei rein wirtschaftlicher Betrachtungsweise lässt sich kaum ein auffälliges Missverhältnis von Leistung und Gegenleistung ermitteln, weil sich die Maklerleistung im Einzelfall schwerlich monetär quantifizieren lässt.[3] Die ortsübliche Pro-

---

[1] Der Vertrag ist nicht als ein Handelsgeschäft in Form eines Handelsmaklervertrags nach § 93 I HGB anzusehen. Abgesehen davon, dass *S* nicht gewerbsmäßig, sondern nur „gelegentlich" tätig ist, sind Immobilien keine Gegenstände des Handelsverkehrs. Insbesondere sind Waren nur bewegliche Sachen. *S* war für die Art ihrer Tätigkeit auf die Zivilmakelei verwiesen, § 93 II HGB.

[2] Vgl. dazu *Medicus/Lorenz* SchuldR BT § 44 I 3 Rn. 4; *Brox/Walker* SchuldR BT § 29 III Rn. 65 ff. (insb. Rn. 65a) S. 460 ff.; MüKoBGB/*Roth* § 652 Rn. 5 f.; Staudinger/*Arnold* (2016) BGB Vorbem. zu § 652 Rn. 1 ff.; *Reuter* NJW 1990, 1321 ff.; *BGH* NJW 1966, 1404 ff., *BGH* NJW-RR 2003, 699, 700.

[3] *Martinek* JZ 1994, 1048 (1952); vgl. auch Staudinger/*Arnold* (2016) BGB § 653 Rn. 52 ff.

vision ist eine bloße Pauschale mit Umlagecharakter ohne Aussagekraft für den Wert der Maklerleistung im Einzelfall. Denn durch die erfolgreichen Makleraufträge wird der Makleraufwand der nicht erfolgreichen mitfinanziert. Vor allem ist bei Abschluss des Maklervertrags (und darauf käme es für den Wuchertatbestand an) die Maklerleistung noch völlig ungewiss. Kurz: Bei näherer Überlegung lässt sich gut darlegen und begründen, dass es einen objektiven Wuchertatbestand beim Maklervertrag nicht geben kann.

Wer dagegen den objektiven Wuchertatbestand im Rückgriff auf eine Gegenüberstellung von ortsüblicher und tatsächlich vereinbarter Provision bejaht,[4] wird ein Sittenwidrigkeitsverdikt nach § 138 II an den subjektiven Voraussetzungen[5] scheitern lassen müssen: es fehlt für die dort genannten Ausbeutungsformen an Anhaltspunkten. Auch auf § 138 I lässt sich nicht rekurrieren.[6] Das Missverhältnis zwischen ortsüblicher und tatsächlich vereinbarter Provisionshöhe (wenn man es denn – anders als die hier vertretene Lösung – zugrunde legen will) stellt sich jedenfalls nicht als derart „krass“ dar, dass die subjektiven Sittenwidrigkeitselemente – wie bei einem wucherähnlichen Darlehen – vermutet werden könnten. Für eine verwerfliche Gesinnung der *S* spricht nichts. Auch für eine Knebelung des *B* fehlt es an Anhaltspunkten. Der Maklervertrag ist rechtswirksam.

III. Der Rücktritt vom Hauptvertrag

Als nächstes muss geprüft werden, ob sich der Rücktritt vom Hauptvertrag auf die maklervertragliche Provisionspflicht des *B* auswirkt. Ließe er die Provisionspflicht entfallen, hätte *B* wiederum einen Bereicherungsanspruch; § 812 I 1 Alt. 1 bleibt bei dieser Prüfung die Anspruchsgrundlage. Bei diesem zweiten Schwerpunkt der Klausur kommt es erneut darauf an, dass man sich über die dogmatische Struktur des Maklervertrags nach dem gesetzlichen Leitbild des § 652 im Klaren ist und die vom Gesetzgeber gewollte Risikoverteilung zwischen Auftraggeber und Makler erkennt. Danach trägt der Makler das Risiko des Vertrags*abschlusses*, der Auftraggeber das der Vertrags*durchführung*. Ein Rücktritt vom Vertrag betrifft die Vertrags*durchführung*.[7] Allerdings schiebt sich nun der zweite Satz des § 652 I ins Blickfeld, wonach das Risiko für einen *Bedingungseintritt* trotz des schon vorher abgeschlossenen Vertrags noch dem Makler zugewiesen wird. Hieran muss der Bearbeiter mit der Kraft des analogischen Denkens ansetzen und sich fragen: Steht der Fall des von *B* erklärten Rücktritts nicht dem einer aufschiebenden Bedingung gleich? Kann man also die Ausnahmeregelung des § 652 I 2 nicht für unseren Fall fruchtbar machen? Hierzu lassen sich unter Berücksichtigung von Sinn und Zweck der Regelung einerseits, der Gemeinsamkeiten und Unterschiede von vertraglichem Rücktrittsvorbehalt und aufschiebender Bedingung andererseits reizvolle Überlegungen anstellen. Wer entdeckt, dass im vorliegenden Fall der vertragliche Rücktrittsvorbehalt nur ein ohnehin bestehendes gesetzliches Rücktrittsrecht wiedergibt und deshalb der Risiko-

---

4 So die Rechtsprechung; vgl. *BGH* NJW 1994, 1475 ff. = JZ 1994, 1075 ff.; vgl. auch *BGH* WM 1976, 289 ff.

5 *BGH* NJW 2006, 3054; Staudinger/*Sack/Fischinger* (2017) BGB § 138 Rn. 235 ff.; *Brox/Walker* BGB AT § 14 II 4b Rn. 30 S. 166.

6 Vgl. zum Verhältnis der beiden Absätze des § 138 zueinander BGHZ 80, 153 ff.; MüKoBGB/*Armbrüster* § 138 Rn. 140 ff.; *Hackl* BB 1977, 1412 ff.; *Bender* NJW 1980, 1129 ff.; *Schünemann* JZ 2005, 271, 277; *Canaris* ZIP 1980, 709 ff.; *Henssler*, Risiko als Vertragsgegenstand, 1994, S. 209 ff.

7 *BGH* JZ 1997, 1119 f. mit Anm. *Theobald* JZ 1997, 1120 ff.; Staudinger/*Arnold* (2016) BGB § 653 Rn. 107 ff.; MüKoBGB/*Roth* § 652 Rn. 185, 188.

sphäre des Auftraggebers zugewiesen bleiben muss,[8] dürfte sich bei dieser Klausur bereits für den Prädikatsbereich qualifiziert haben.

IV. Ergänzende Vertragsauslegung

Abschließend ist noch der dritte Problemschwerpunkt erörterungsbedürftig: Muss nicht die besondere Kenntnis, die *S* von den Umständen des Hauptvertrags und von der finanziellen Lage des *L* hatte, und damit ihr Bewusstsein von der Möglichkeit eines Scheiterns des Hauptvertrags zu einer abweichenden Beurteilung der Provisionspflichtigkeit veranlassen? Dogmatisch kann man an eine ergänzende Vertragsauslegung unter Berücksichtigung von Treu und Glauben nach §§ 157, 242 denken.[9] Die Frage ist: War nicht der Rücktritt des *B* vom Hauptvertrag mit *L* von der Maklerin *S* als eigenes Risiko erkannt und übernommen worden? Auch hierzu lässt sich trefflich streiten und argumentieren. Es spricht aber wohl mehr dafür, es bei der gesetzlichen Risikoverteilung des § 652 I zu belassen, weil es letztlich an Indizien für einen abweichenden Parteiwillen im Sinne einer Risikoübernahme durch *S* mangelt. Eine dahingehende Vereinbarung zwischen *B* und *S* wäre wohl eine reine Fiktion. Die Kenntnis der *S* von den Umständen und Hintergründen allein kann schwerlich ausreichen, denn sie spielt für § 652 I offenbar keine Rolle. Dann aber geht *B* im Ergebnis leer aus.

C. Gliederung

- I. Anspruch infolge Sittenwidrigkeit des Maklervertrags (§ 812 I 1 Alt. 1)
  - 1. Sittenwidrigkeit wegen Wuchers
    Problem: Beurteilungsmaßstab für die Äquivalenzkontrolle
    - a) Auffälliges Missverhältnis der Leistungs- und Gegenleistungspflichten?
    - b) Auffälliges Missverhältnis von Maklerleistung und Maklerlohn?
      - aa) Gegenstand der Maklerleistung
      - bb) Fehlen eines objektiven Maßstabs für die Wertermittlung
      - cc) Abstellen auf die ortsübliche Provisionshöhe?
    - c) Zwischenergebnis
  - 2. Sittenwidrigkeit nach § 138 I
  - 3. Ergebnis zu I
- II. Anspruch infolge Rücktritts vom Kaufvertrag (§ 812 I 1 Alt. 1)
  - 1. Abschluss- versus Durchführungsrisiko
  - 2. Ausnahme bei aufschiebend bedingtem Hauptvertrag
    Problem: paralleles gesetzliches Rücktrittsrecht
  - 3. Ausnahme nach Treu und Glauben
- III. Gesamtergebnis

---

[8] Vgl. dazu *BGH* NJW 1974, 694 ff.; *BGH* NJW-RR 1991, 820 f.; *BGH* NJW-RR 1993, 248 f.; *BGH* JZ 1997, 1119 f. mit Anm. *Theobald* JZ 1997, 1120 ff.; *OLG Hamm* Urt. v. 19.12.2019 – 18 U 22/19 – BeckRS 2019, 44961; *Dehner* NJW 1997, 18 ff.

[9] So *BGH* JZ 1997, 1119 f.; zu Recht ablehnend *Theobald* JZ 1997, 1120 ff.

D. Lösung

I. Anspruch infolge Sittenwidrigkeit des Maklervertrags (§ 812 I 1 Alt. 1)

In Betracht kommt ein Anspruch des *B* gegen *S* auf Rückzahlung von 180.000 EUR aus ungerechtfertigter Bereicherung nach § 812 I 1 Alt. 1 (Leistungskondiktion). Der Anspruch besteht, wenn der zwischen *B* und *S* geschlossene Maklervertrag nichtig ist und *B* die Maklerprovision deshalb ohne Rechtsgrund an *S* geleistet hat.

1. Sittenwidrigkeit wegen Wuchers

Der Maklervertrag könnte nach § 138 II wegen Wuchers nichtig sein. Voraussetzung hierfür ist zunächst, dass durch das Rechtsgeschäft des Maklervertrags ein Vermögensvorteil als Gegenleistung versprochen oder gewährt wurde, der in einem auffälligen Missverhältnis zur Leistung steht.

a) Auffälliges Missverhältnis der Leistungs- und Gegenleistungspflichten?

Fraglich ist, was bei einem Maklervertrag für die Ermittlung eines auffälligen Missverhältnisses von Leistung und Gegenleistung miteinander in Bezug gesetzt werden kann. Es liegt zunächst nahe, an die vertraglichen Leistungspflichten der Parteien zu denken. Indes erscheint zweifelhaft, ob sich bei einem Maklervertrag überhaupt Leistung und Gegenleistung gegenüberstehen. Der zwischen *B* und *S* geschlossene Maklervertrag stellt sich als ein sogenannter Zivilmaklervertrag nach § 652 I 1 in Form eines Immobilienmaklervertrags dar. Dagegen haben die Parteien keinen sogenannten Alleinauftrag und keinen Makler*dienst*vertrag abgeschlossen, wie sie in der Praxis üblich sind und bei denen der Makler zur Tätigkeit verpflichtet ist. Kennzeichnend für den regelmäßigen gesetzlichen Zivilmaklervertrag nach § 652 I 1 ist, dass der Auftraggeber *(B)* gegenüber dem Makler *(S)* zur Zahlung einer Vergütung für den Fall verpflichtet ist, dass ein Vertragsabschluss mit einem Dritten (Hauptvertrag, hier mit *L*) aufgrund der Nachweis- oder Vermittlungstätigkeit des Maklers zustande kommt. Nach dem Vorstellungsbild des Gesetzgebers trifft dabei den Makler keinerlei Verpflichtung zum Tätigwerden, so dass auf seiner Seite eine vertragliche Hauptpflicht fehlt. Der Makler ist zwar zum Tätigwerden (Nachweisen oder Vermitteln) berechtigt, aber nicht verpflichtet. Die Maklerprovision ist eine Erfolgsprovision. Die erfolgreiche Maklerleistung ist lediglich Bedingung des Provisionsanspruchs. Seiner Rechtsnatur nach stellt sich ein solcher Maklervertrag mithin keinesfalls als ein gegenseitig verpflichtender (synallagmatischer) Vertrag nach §§ 320 ff. dar, bei dem die Hauptleistungspflichten der beiden Parteien nach dem *do ut des*-Prinzip oder *quid pro quo*-Grundsatz aufeinander bezogen sind. Er ist nicht einmal als ein zweiseitig verpflichtender Vertrag anzusehen, denn auch ohne Rücksicht auf ein Gegenseitigkeitsverhältnis fehlt es jedenfalls an einer Leistungspflicht des Maklers. Auch der Auftraggeber ist nicht unbedingt, sondern nur für den Eventualfall des Erfolgs, d. h. bei Abschluss eines Hauptvertrags infolge erfolgreichen Tätigwerdens des Maklers, zur Provisionszahlung verpflichtet. Der Maklervertrag ist mithin seiner Rechtsnatur nach als ein bedingt einseitig verpflichtender Vertrag zu qualifizieren. Damit aber stößt die Ermittlung eines auffälligen Missverhältnisses von Leistung und Gegenleistung bereits auf die Schwierigkeit, dass es keine einander gegenüberstehenden Leistungs- und Gegenleistungspflichten gibt. Beim regelmäßigen Zivilmaklervertrag ist es ausgeschlossen, schon im Verpflichtungsinhalt ein „Leistungsmissverhältnis“ auszumachen; ein objektives Ungleichgewicht von gegenseitig vereinbarten Leistungen kann es nicht geben.

b) Auffälliges Missverhältnis von Maklerleistung und Maklerlohn?

Allerdings erlauben Wortlaut, Sinn und Zweck des § 138 II, bei der Sittenwidrigkeitskontrolle nach dem Wuchertatbestand auf ein auffälliges Leistungsmissverhältnis allein im *wirtschaftlichen* Sinne abzustellen. Bei wirtschaftlicher Betrachtungsweise steht auf der *einen* Seite der Maklerlohn, der sich durch einen bestimmten Prozentsatz des Geschäftswerts ausdrückt. Dieser Maklerlohn in Höhe von 180.000 EUR (= 9 % vom Kaufpreis) steht wirtschaftlich als Gegenleistung des Auftraggebers *B* für die Maklerleistung der Maklerin *S* gegenüber. Fraglich ist allerdings, worin diese Maklerleistung besteht und wie sie zu bemessen ist.

aa) Gegenstand der Maklerleistung

Ausgeschlossen ist es jedenfalls, die Nachweis- und Vermittlungs*tätigkeit* der Maklerin *S* im Sinne ihres dreistündigen Arbeitseinsatzes zugrunde zu legen, denn diese soll nach der Konzeption des erfolgsorientierten Maklervertrags gerade keine Rolle spielen: Einerseits kann auch ohne nennenswerte Tätigkeit des Maklers ein provisionspflichtiger Erfolg erreicht werden; andererseits bleibt auch ein erheblicher Einsatz und Aufwand des Maklers bei Erfolglosigkeit unbelohnt. Vielmehr kann für die Bestimmung des Wertverhältnisses der wirtschaftlich auszutauschenden Leistungen und für die Überprüfung der Angemessenheit eines Maklerlohns auf der Seite des Maklers nur die von ihm beschaffte und vom Auftraggeber genutzte Vertragsabschlussgelegenheit in Ansatz gebracht werden. Entscheidend ist der Informations- und Unterstützungswert der nachgewiesenen Abschlussgelegenheit bzw. Vertragsvermittlung. Der Maklerlohn muss also zum Wert der durch den Nachweis bzw. die Vermittlung erhöhten Markttransparenz und zum daraus entspringenden Vorteil für den Auftraggeber in Beziehung gesetzt werden. Der Maklerlohn bildet wirtschaftlich das Entgelt und die Gegenleistung für die *Vertragsgelegenheit.* Es geht um den Wert, den das Zustandekommen des Hauptvertrags mit dem Dritten *(L)* für den Auftraggeber *(B)* hat.

bb) Fehlen eines objektiven Maßstabs für die Wertermittlung

Auch bei dieser wirtschaftlichen Betrachtungsweise ergeben sich jedoch Schwierigkeiten. Zum ersten steht ihr entgegen, dass das für den Wuchertatbestand erforderliche auffällige Leistungsmissverhältnis schon *bei Vertragsabschluss* feststellbar sein muss. Beim Maklervertrag bleibt jedoch zunächst völlig offen, ob es jemals im wirtschaftlichen Sinne zu einem Austauschverhältnis kommt. Ein Leistungsverhältnis auch nur im wirtschaftlichen Sinne gibt es vor dem Hauptvertragsabschluss nicht. Zum zweiten ergeben sich Bedenken, weil es der Maklerleistung (Verschaffung der Vertragsgelegenheit) an einer Objektivierbarkeit und an einer monetären Quantifizierbarkeit fehlt. Denn deren wirtschaftlicher Wert lässt sich kaum objektiv, sondern nur subjektiv aus der Sicht des Auftraggebers nach Maßgabe der Umstände der konkreten Abschlussmöglichkeiten bestimmen. Ein objektiver Maßstab für die Wertermittlung der Maklerleistung lässt sich im Ergebnis nicht auffinden.

cc) Abstellen auf die ortsübliche Provisionshöhe?

Unzulässig erscheint es insbesondere, für die Bestimmung des Werts einer Maklerleistung schlicht auf die ortsübliche Provisionshöhe abzustellen. Zwar ist diese leicht zu ermitteln, sie spiegelt jedoch nicht den Marktwert der konkreten Maklerleistung, d. h. den Informations- und Unterstützungswert der nachgewiesenen Abschlussgelegenheit bzw. Vertragsvermittlung im zu beurteilenden Einzelfall wider. Der übliche Maklerlohn sagt schon deshalb nichts über den Wert der konkreten Maklerleistung aus, weil in ihm eine Versicherungskomponente enthalten ist: Der Makler will mit dem ortsüblichen Maklerlohn bei den erfolgreichen Geschäften zugleich einen Aufwendungsersatz für seine bei anderen Aufträgen erfolglos gebliebene Tätigkeit sichern. Die erfolgreichen Auftraggeber bezahlen nach diesem Ausgleichssystem in einer Art Umlage die erfolglosen mit. Mithin kann der ortsübliche Maklerlohn nicht das objektive Äquivalent einer konkreten Maklerleistung sein. Im Ergebnis ist daher festzuhalten, dass es weder im rechtlichen noch auch nur im wirtschaftlichen Sinne ein Austauschverhältnis von Leistung und Gegenleistung mit objektivem Vermögens- und Verkehrswert beim gesetzestypischen Maklervertrag gibt.

c) Zwischenergebnis

Wenn es demgemäß für eine objektive Äquivalenzkontrolle an einem Beurteilungsmaßstab fehlt, dann scheidet eine Sittenwidrigkeit wegen Wuchers nach § 138 II von vornherein aus. Auf die subjektiven Voraussetzungen dieser Vorschrift kommt es deshalb nicht mehr an.

2. Sittenwidrigkeit nach § 138 I

Für ein Sittenwidrigkeitsverdikt nach dem *ersten* Absatz des § 138 fehlt es gleichfalls an Anhaltspunkten. Insbesondere ist nicht erkennbar, dass die Entschließungsfreiheit des *B* im Sinne einer Knebelung beeinträchtigt worden wäre. Dieser hat sich vielmehr aus freien Stücken zum Kauf des Anwesens entschlossen und damit zum Ausdruck gebracht, dass ihm der Erwerb des Grundstücks auch die Maklerprovision wert ist. Eine verwerfliche Gesinnung der *S* ist nicht erkennbar.

3. Ergebnis zu I

Der zwischen *B* und *S* geschlossene Maklervertrag ist danach wirksam.

II. Anspruch infolge Rücktritts vom Kaufvertrag (§ 812 I 1 Alt. 1)

Trotz des Bestehens eines rechtswirksamen Maklervertrags hat *B* möglicherweise gegen *S* einen Bereicherungsanspruch aus § 812 I 1 Alt. 1 (Leistungskondiktion), wenn für *S* überhaupt kein Provisionsanspruch entstanden ist. Nach § 652 I 1 ist die Maklerprovision erst verdient, wenn der nachgewiesene oder vermittelte Hauptvertrag abgeschlossen wird („zustande kommt"). Zu einem Hauptvertragsabschluss ist es in notarieller Form zwischen *B* und *L* im Juni gekommen. Indes hat *B* sein vertragliches Rücktrittsrecht ausgeübt und wirksam den Rücktritt vom Vertrag erklärt. Fraglich ist, wie sich dies auf den Provisionsanspruch auswirkt.

1. Abschluss- versus Durchführungsrisiko

Das Gesetz stellt in § 652 I 1 offenbar allein auf den *Abschluss* des nachgewiesenen bzw. vermittelten Hauptvertrags ab. Auf eine erfolgreiche *Durchführung* des Vertrags soll es (anders als etwa beim Handelsvertreter, § 87a I 1 HGB) für den Provisionsanspruch des Zivilmaklers nicht ankommen. Der von *B* erklärte Rücktritt vom Vertrag vermag den Vertragsabschluss zwischen *B* und *L* nicht aus der Welt zu schaffen; er gestaltet den Hauptvertrag nur in ein Rückabwicklungsverhältnis um. Der Fortbestand der Provisionspflicht erscheint dabei als folgerichtiger Ausfluss der vom Gesetzgeber als angemessen empfundenen Risikoverteilung für die Parteien des Maklervertrags. Danach soll zwar der Makler das Risiko tragen, für seine Bemühungen zum Nachweis von Abschlussmöglichkeiten ohne Lohn zu bleiben, wenn der Auftraggeber sich nicht zum Abschluss durchringen kann. Im Gegenzug soll aber das Risiko der erfolgreichen Vertragsdurchführung beim Auftraggeber liegen, wenn es einmal zum Abschluss des nachgewiesenen Hauptvertrages gekommen ist. Kurz: der Makler trägt das Risiko des Vertragsabschlusses, der Auftraggeber das der Vertragsdurchführung. Mithin fällt es in den Risikobereich des Auftraggebers, die Maklerprovision auch dann leisten zu müssen, wenn der mit dem Abschluss des nachgewiesenen Vertrages angestrebte wirtschaftliche Erfolg ausbleibt. Dies betrifft die Gefahr eines Scheiterns des Vertrags wegen eines Rücktritts aufgrund von Sachmängeln (§§ 437 Nr. 2, 323, 346 I) ebenso wie den Fall eines Rücktritts wegen Unmöglichkeit (§§ 437 Nr. 2, 326 V, 323, 346 I), die Minderung (§§ 437 Nr. 2, 441) und die Möglichkeit einer einverständlichen Vertragsaufhebung. Alle Umstände, die lediglich die Leistungspflicht aus dem wirksam zustande gekommenen Vertrag beseitigen, müssen danach die Provisionspflicht unberührt lassen.

2. Ausnahme bei aufschiebend bedingtem Hauptvertrag

Etwas anders könnte sich hier aber aus § 652 I *Satz 2* ergeben, wonach bei einem aufschiebend bedingt abgeschlossenen Hauptvertrag der Maklerlohn erst mit Bedingungseintritt verlangt werden kann. Mit dieser Vorschrift wird die Risikolinie zu Lasten des Maklers und zu Gunsten des Auftraggebers verschoben, wenn der Hauptvertrag zwar schon zustande gekommen (abgeschlossen), aber zunächst nur schwebend wirksam ist. Dann soll es im Risikobereich des Maklers verbleiben, ob der Hauptvertrag mit Bedingungseintritt nach § 158 I vollwirksam oder ob er bei ausbleibendem Bedingungseintritt unwirksam wird. Der leicht erkennbare Grund für diese Ausnahmeregelung besteht darin, dass vor Bedingungseintritt noch keine vollwertige Verpflichtung des Auftraggebers vorliegt. Hieran knüpft sich die Frage, ob der vorliegende Fall eines vertraglich vereinbarten Rücktrittsrechts nicht einer solchen aufschiebenden Bedingung gleichsteht.

a) Es leuchtet ein, dass sich ein vertraglich vereinbartes Rücktrittsrecht im Hauptvertrag als funktionales Äquivalent für eine aufschiebende Bedingung darstellen *kann.* Insbesondere wenn es, ohne an besondere Voraussetzungen gebunden zu sein, in das Belieben des Vertragspartners gestellt und zeitlich befristet wird, steht es regelmäßig einer aufschiebenden Bedingung gleich und muss dann auch hinsichtlich der maklervertraglichen Provisionspflicht entsprechend der Regelung des § 652 I 2 behandelt werden. Denn der Vertrag verliert erst mit Fristablauf, ohne dass die rücktrittsberechtigte Partei das Recht ausgeübt hat, seine schwebende Natur, so dass erst dann eine vollwertige vertragliche Bindung entsteht. Die Ausübung des Rücktrittsrechtes muss also zum Wegfall der Provisionspflicht führen.

b) Anders ist die Lage aber dann, wenn ein vertragliches Rücktrittsrecht letztlich nur ein ohnehin bestehendes gesetzliches Rücktrittsrecht wiedergibt. Tatsächlich ist das *in casu* zwischen *B* und *L* vereinbarte Rücktrittsrecht im Grunde einem gesetzlichen Rücktrittsrecht nachgebildet und hat eigentlich nur eine klarstellende Funktion. Denn *B* konnte bereits nach § 323 I vom Vertrag zurücktreten, als *L* nach Fristablauf seiner vertraglichen Pflicht zur Lastenfreistellung nicht nachkam. In diesem Lichte aber ist es nicht gerechtfertigt, dem vertraglich vereinbarten Rücktrittsrecht eine weitergehende Bedeutung beizumessen als es das gesetzliche Rücktrittsrecht hätte. Es muss vielmehr bei der Risikoverteilung der gesetzlichen Regelung in § 652 I 1 bleiben.

3. Ausnahme nach Treu und Glauben

Etwas anderes könnte vielleicht gelten, weil der Maklerin *S* das vertraglich vereinbarte Rücktrittsrecht des *B* bekannt war, sie von den finanziellen Nöten des *L* wusste und ihr das drohende Scheitern des Hauptvertrags bewusst war. Es fragt sich angesichts dieser Umstände, ob nicht eine ergänzende Vertragsauslegung (des Maklervertrags) unter Berücksichtigung von Treu und Glauben zu dem Ergebnis führen muss, dass – in Abweichung von der gesetzlichen Risikoverteilung nach § 652 I – der Provisionsanspruch mit der erfolgreichen *Durchführung* des Hauptvertrags untrennbar verknüpft gewesen ist. Indes ist dieser Gedanke bei näherer Überlegung zu verwerfen. Für eine ergänzende Vertragsauslegung bedürfte es einer ergänzungsbedürftigen Regelungslücke, an der es jedoch fehlt. Beide Parteien des Maklervertrags, *B* und *S*, kannten die finanzielle Situation des Verkäufers *L* und das damit verbundene Risiko des Käufers *B*. Auf die im Maklervertrag offen gelassene Frage, wer dieses Risiko zu tragen hat, gibt das Gesetz in § 652 I eine klare Antwort: Das Risiko der Durchführung des Hauptvertrags trägt der Auftraggeber. Diese Entscheidung darf ohne weitere Anhaltspunkte nicht durch den Rekurs auf einen hypothetischen Willen der Vertragspartner korrigiert werden.

III. Gesamtergebnis

Im Ergebnis hat *B* keinen Anspruch gegen *S* auf Rückzahlung der an sie gezahlten Maklerprovision.

E. Lerntest

I. Fragen

1. Ist der Maklervertrag nach § 652 ein „zweiseitiger Vertrag"?
2. Worin ist der wirtschaftliche Wert einer Maklerleistung zu sehen? Lässt sich dieser in Geldwert ausdrücken?
3. Wie lässt sich die Risikoverteilung kennzeichnen, die der Gesetzgeber in § 652 I für die Parteien des Maklervertrags im Hinblick auf die Ungewissheiten des Zustandekommens und der Durchführung des Hauptvertrags vorgenommen hat?

II. Antworten

1. Im Hinblick auf das Zustandekommen ist der Maklervertrag wie jeder Vertrag ein zweiseitiges Rechtsgeschäft. Im Hinblick auf den Verpflichtungsinhalt ist er mangels einer Hauptpflicht des Maklers kein zweiseitig verpflichtender und erst recht kein gegenseitig verpflichtender Vertrag. Der Maklervertrag ist vielmehr ein bedingt einseitig verpflichtender Vertrag.

2. Der wirtschaftliche Wert der Maklerleistung liegt in der vom Makler beschafften und vom Auftraggeber genutzten Gelegenheit zum Abschluss des Hauptvertrags, also in der erhöhten Markttransparenz und im Informations- und Unterstützungswert der nachgewiesenen Abschlussgelegenheit bzw. Vertragsvermittlung für den

Auftraggeber. Diese Maklerleistung ist nicht objektiv quantifizierbar, weil sie ganz von den subjektiven Umständen des Auftraggebers im Einzelfall abhängt.

3. Der Makler trägt das Risiko des *Abschlusses*, der Auftraggeber das Risiko der *Durchführung* des Hauptvertrags.

Fall 9. Fit mit den Fittichs

Der Fall thematisiert einen der großen Streitstände – und inzwischen auch Klassiker – des reformierten Schuldrechts: die Selbstvornahme der Nacherfüllung im Kaufrecht. Wegen seiner dogmatischen Brisanz im systematischen Verständnis von allgemeinem und besonderem Schuldrecht sowie der Vielzahl der in Betracht kommenden Anspruchsgrundlagen ist er von gehobenem Schwierigkeitsgrad.

A. Sachverhalt

Schon seit Jahren beobachtet das Ehepaar *Fittich (F)* mit Sorge die Entwicklung ihrer beiden Söhne *Paul* und *Peter.* Um deren Geist und Kultur durch sportliche Ertüchtigung anzuregen, fassen sie die Anschaffung zweier Fahrräder ins Auge. Zufällig kann ihr betagter Nachbar *Kaspar Schlich (S)* zwei ältere Modelle sein Eigen nennen, da er in jungen Jahren eine Reparaturwerkstatt für Zweiräder jeglicher Art unterhielt. Inzwischen beschränkt sich seine eigene sportliche Betätigung aber auf das Stopfen und Rauchen seiner geliebten Meerschaumpfeife. Auch wenn der alte *Schlich (S)* erhebliche Zweifel daran hat, dass bei *Paul* und *Peter* – wie er sagt – „noch etwas zu retten" sei, und diese gegenüber den *Fittichs* auch äußert, wird der Kauf perfekt: Für je 100 EUR nehmen die hoffnungsvollen Eltern die beiden Sportgeräte mit.

Mit dem tollen Geschenk konfrontiert, stellt *Peter* sogleich fachmännisch fest, dass an seinem Fahrrad das Tretlager defekt sei; überdies wäre ihm natürlich ein Modell ohne Rücktritt lieber gewesen. Da seine Eltern bei der Sicherheit ihrer Kinder keinen Spaß verstehen, aber zugleich *Paul* mit dem Fahrradfahren aus erzieherischen Gründen nicht ohne *Peter* beginnen soll, entschließen sich die von *S* enttäuschten *Fittichs* zu beherztem Handeln: Sie wenden sich unmittelbar an die Zweiradwerkstatt des *Gottlieb (G),* der für die Instandsetzung des Tretlagers 25 EUR berechnet, wovon 10 EUR auf die Materialkosten entfallen. Als *Paul* und *Peter* bereits fröhlich die örtliche Flora und Fauna auf dem Fahrrad erkunden, nimmt sich das Ehepaar *Fittich* vor, sich dem eigentlichen Verursacher des Ärgers zuzuwenden: *Kaspar Schlich (S).* Von ihm verlangen Sie vollen Kostenersatz, zumindest aber Zahlung der 10 EUR Materialkosten. *S* hingegen wendet empört ein, mit der eigenmächtigen und übereilten Reparatur nicht einverstanden zu sein; bei einer Reparatur durch ihn selbst wären nur die Materialkosten angefallen.

B. Gutachtliche Überlegungen

I. Anspruchsgrundlagen in zwei Gruppen

Angesichts des wenig komplexen Sachverhalts kann die gutachterliche Bearbeitung nach nicht allzu langer Einarbeitung ins Tatsächliche mit der Suche nach den prüfenswerten Anspruchsgrundlagen eröffnet werden. Zumindest gedanklich sollte sich der Klausurant hierbei eine fallentscheidende Weichenstellung vor Augen halten, die zugleich bei der Lösung anderer Fälle fruchtbar gemacht werden kann, in

Ehepaar Fittich

denen nach der Erstattungsfähigkeit von Reparaturaufwendungen des Käufers gefragt ist: die strikte Unterscheidung zwischen Ansprüchen, die (grundsätzlich) eine vorherige Fristsetzung erfordern, und solchen, bei denen dieser Zwischenschritt entbehrlich ist. Zielgerichtet kann dann der Sachverhalt auf eine solche Fristsetzung oder ihre Entbehrlichkeit untersucht werden. Erst danach darf die gedankliche Lösungsskizze zu den letztlich relevanten Anspruchsgrundlagen gelenkt werden. Konkret bedeutet dies für den vorliegenden Fall, dass der Gewährleistungsanspruch aus §§ 437 Nr. 3, 280 I, III, 281 I ausscheiden muss, falls keine Fristsetzung erfolgte und diese auch nicht ausnahmsweise entbehrlich war.

Gelangt der Bearbeiter in der Folge zum Ergebnis, dass es an der Fristsetzung sowie einer Ausnahme hierzu mangelt, gilt es, das „Pfauenrad" der sonstigen Anspruchsgrundlagen gekonnt nachzuzeichnen. Hier ist neben argumentativem Geschick und Grundlagenverständnis auch ein gewisses Maß an Problemkenntnis aus Vorlesung und Literaturstudium[1] von Nöten, um in der stets knapp bemessenen Zeit eine ansprechende Lösung präsentieren zu können. In unserem Fall sollte ohne Schwierigkeiten – und damit auch knapp dargestellt in der ausformulierten Lösung – die Feststellung gelingen, dass die Eheleute *F* gegenüber dem Verkäufer *S* keine Aufforderungen zur Nacherfüllung vorgenommen und somit auch keine Frist gesetzt haben. Ersichtlich kommt auch keiner der Ausnahmetatbestände des § 281 II in Betracht. Es bleibt als gedankliches Zwischenfazit: Klausurschwerpunkt ist die Selbstvornahme im Kaufrecht.

---

[1] Vgl. stellvertretend Staudinger/*Kaiser* Eckpfeiler des Zivilrechts Rn. H23 ff. S. 417 ff.; *S. Lorenz* NJW 2005, 1321 ff.; *Herresthal/Riehm* NJW 2005, 1457 ff.; *Dauner-Lieb* ZGS 2005, 169 ff.; *Katzenstein* ZGS 2005, 184 ff.; *ders.* ZGS 2005, 305 ff.; *Grunewald* KaufR-HdB § 9 I Rn. 59 ff. S. 202 f.; *Lerach* JuS 2008, 953 ff.; *Looschelders* SchuldR BT § 4 II 4 Rn. 97 S. 38 f.; *Wall* ZGS 2011, 166 ff.; *Brox/Walker* SchuldR BT § 4 IV Rn. 40a S. 63 f.; BGHZ 162, 219 ff.

Paul und Peter

II. Prüfungsprogramm der Selbstvornahme

Diskussionsbedürftig sind zunächst einige Anspruchsgrundlagen aus dem kaufrechtlichen Gewährleistungsrecht ebenso wie aus dem allgemeinen Schuldrecht. Den Anfang sollten zwei weitere mit § 437 Nr. 3 beginnende Normketten machen: Im Rahmen der §§ 437 Nr. 3, 280 I bedarf die allgemeine Abgrenzung zwischen Schadensersatz *statt* der Leistung und solchem *neben* der Leistung einer gekonnten Erörterung. Diese Grundlagenfrage des Leistungsstörungsrechts muss unbedingt beherrscht werden. Besinnt man sich auf die Kontrollfrage nach dem Erfolg einer hypothetischen Nacherfüllung,[2] so muss hier der Anwendungsbereich des Schadensersatzes neben der Leistung eindeutig verneint werden. Danach ist der Schadensersatzanspruch aus §§ 437 Nr. 3, 280 I, III, 283 wegen nachträglicher Unmöglichkeit kurz abzuhandeln. Erkannt werden muss, dass durch die Reparatur des Fahrrads die Nacherfüllung dem *S* nach § 275 I durch Zweckerreichung unmöglich geworden sein kann; auf diesen Gedanken wird in der weiteren Prüfung nochmals zurückzukommen sein. Allerdings hat *S* diese Unmöglichkeit nicht zu vertreten, §§ 280 I 2, 276 I, II, da sie allein auf das Verhalten der Eheleute *F* zurückzuführen ist.

Mit diesen Überlegungen ist das einfache, im Ergebnis unstreitige Vorprogramm abgehandelt; nunmehr gilt es, des Falles Kern anzupacken. Man eröffne den Reigen mit der Prüfung des § 326 II 2, IV, der die Chance zur dogmatisch-präzisen Arbeit bietet. Es liegt nahe, hier einen wesentlichen Schwerpunkt der Fallbearbeitung zu verorten und die zentralen Argumentationslinien der Selbstvornahmedebatte aufzuzeigen. Anschließend ist ein Blick auf eine Analogie zum Werkvertragsrecht, genauer §§ 634 Nr. 2, 637, zu werfen – um diese zugleich abzulehnen. Brisant wird es für den Dogmatiker erst wieder im Bereich der Geschäftsführung ohne Auftrag und im Recht der ungerechtfertigten Bereicherung. Die bekannte Normenkette der §§ 677, 683 S. 1, 670 könnte den Eheleuten *F* die gewünschte Rechtsfolge, Ersatz der Reparaturaufwendungen, gewähren. Ein Anspruch auf Wertersatz für das durch *S* Erlangte könnte sowohl aus §§ 684 Satz 1, 818 II als auch aus §§ 812 I 1 Alt. 2, 818 II (Abschöpfungskondiktion) folgen. Zu klären wäre zunächst das Konkurrenz-

2 Vgl. Staudinger/*Kaiser* Eckpfeiler des Zivilrechts Rn. H185 ff. S. 522 ff. m. w. N.

verhältnis von § 684 S. 1 und § 812 I 1 Alt. 2. Sowohl die Geschäftsführung ohne Auftrag als auch ein bereicherungsrechtlicher Anspruch müssen allerdings, unabhängig vom gefundenen Ergebnis, im kaufrechtlichen Kontext gewürdigt werden. Damit steht das vom Korrektor erwartete Prüfungsprogramm fest, das sodann im Einzelnen auszuarbeiten ist.

III. Ersatz für ersparte Aufwendungen nach allgemeinem Schuldrecht

Nachdem alle diese Anspruchsgrundlagen in einer *„tour d'horizon"* ausgekundschaftet und sinnvollerweise in einer Lösungsskizze vermerkt sind, ist die Detailarbeit mit § 326 II 2, IV zu beginnen. Aufhänger ist die bereits im Rahmen der §§ 437 Nr. 3, 280 I, III, 283 relevante – und zu bejahende – Frage, ob dem *S* seine Leistung durch die Selbstvornahme der Eheleute *F* unmöglich i. S. von § 275 I geworden ist. Der Zweck der Nacherfüllung, die Erfüllung der Pflicht aus § 433 I 2 im zweiten Versuch, ist ohne Zutun des Verkäufers eingetreten.[3] Die Verantwortlichkeit für diese Unmöglichkeit wurde ebenfalls bereits beim Schadensersatz wegen Unmöglichkeit erörtert und den Käufern zugewiesen. Auf diese Weise gelangt man zu § 326 II 1 Hs. 1, an den § 326 II 2 anknüpft. Dort findet sich, wenn auch in Verbindung mit §§ 326 IV, 346 I, eine vielfach unbekannte Anspruchsgrundlage für den Ersatz ersparter Aufwendungen. Angesichts dessen, dass der Verkäufer in den Selbstvornahmefällen nach § 326 I 2 seinen ungekürzten Kaufpreisanspruch behält, könnte bereits nach kurzer Prüfung ein gerechtes und endgültiges Ergebnis gefunden sein. *Causa finita?*

Selbst wenn der Prüfling im Ergebnis diese Linie zu verfolgen gedenkt, so hat trotzdem gutachterlich eine Auseinandersetzung mit der Rechtsprechung[4] und bedeutenden Teilen der Literatur[5] zu erfolgen, die einen solchen Anspruch der Eheleute *Fittich* rundweg ablehnen. Den Ausgangspunkt bildet § 326 I 2, wonach eine direkte Anwendung ausscheidet und eine Analogie zu erwägen ist. Im Rahmen der Analogievoraussetzungen sind sodann die Gegenargumente zu einem Anspruch aus § 326 II 2, IV analog zu platzieren. Die §§ 437 ff. enthielten einen abschließenden Katalog von Gewährleistungsrechten, dem ein grundsätzlicher Vorrang der Nacherfüllung mit einem korrespondierenden „Recht" des Verkäufers zur zweiten Andienung zugrunde liege. Dieses Wesensmerkmal des neuen Schuldrechts folge aus den Fristsetzungserfordernissen in §§ 281 I 1, 323 I, das über § 441 I 1 („statt zurückzutreten") auch für die Minderung gelte. Könnte der Käufer ohne Fristsetzung einen Aufwendungsersatz erlangen, liefe diese bis auf Ausnahmefälle notwendige Zwischenschaltung der Nacherfüllung leer. Der Verkäufer verlöre das ihm zugesprochene „Recht", sich durch die Nacherfüllung den Kaufpreis in einem zweiten Anlauf zu verdienen; zugleich sei es ihm durch die Selbstvornahme unmöglich, Beweise zu sichern. Schließlich zeige ein Vergleich mit dem Werkvertragsrecht, das im ansonsten zu § 437 parallelen § 634 ein Selbstvornahmerecht kenne, dass der Gesetzgeber dem Käufer im Gegensatz zum Besteller bewusst keine Selbstvornahmeoption einräumen wollte.

---

[3] Zur Unmöglichkeit wegen Zweckerreichung vgl. *Brox/Walker* SchuldR AT § 17 VI 1 Rn. 9 S. 161 f.; *Emmerich* Das Recht der Leistungsstörungen § 24 II 4 Rn. 15 ff. S. 370 ff.

[4] Grundlegend BGHZ 162, 219 (224 ff.) mit Anm. *Oechsler* LMK 2005, 81 f.; besprochen von *Omlor* JA 2005, 563 f.; bestätigt in *BGH* NJW 2006, 988 (989).

[5] Stellvertretend *Dauner-Lieb* ZGS 2005, 169 ff.; *Grunewald* KaufR-HdB § 9 I Rn. 60 S. 202 f.; *Looschelders* SchuldR BT § 4 II 4 Rn. 98 S. 39; *Brox/Walker* SchuldR BT § 4 IV Rn. 40a S. 62 f.

Der Klausurant mag aus Gründen der Klausurtaktik geneigt sein, sich dieser wohl überwiegenden Meinungsgruppe anzuschließen und sich auf diese Weise die weiteren Anspruchsgrundlagen offen zu halten. Dogmatisch zwingend ist dies keineswegs, so dass einige Argumente für einen Anspruch der Eheleute *F* gegen S aus §§ 326 II 2, IV, 346 erwogen sein sollten.[6] Nicht ganz ohne Grund ist dem *BGH* vorgeworfen worden, die Annahme einer abschließenden Regelung in §§ 437ff. zeuge von einem „tiefgreifenden Missverständnis der Grundkonzeption der gesamten Schuldrechtsreform"[7] und sei vielmehr eher Pragmatismus als Dogmatik[8]. Die Schuldrechtsreform des Jahres 2002 zielte auf eine enge Verzahnung des besonderen Gewährleistungsrechts (etwa der §§ 434ff.) und des allgemeinen Leistungsstörungsrechts ab. Dies zeigt sich beispielhaft an den Verweisungsnormen der §§ 437, 634, die selbst keine Anspruchsgrundlagen enthalten, sondern die §§ 280ff., 323ff. in Bezug nehmen. Überdies soll das Fristsetzungserfordernis den Verkäufer nicht vor jeglichen Ansprüchen des Käufers schützen, die er durch eine eigene Nacherfüllung hätte abwenden können: Die Chance zur zweiten Andienung, die sich als bloßer Rechtsreflex des Fristerfordernisses darstellt, beschränkt sich wirtschaftlich darauf, dass die Mängel zu den internen Kosten des Verkäufers behoben werden; sie umfasst nicht die immaterielle Befugnis, die Nacherfüllungsleistung selbst zu erbringen.[9] Zudem benachteiligt die Selbstvornahme beweisrechtlich zunächst den Käufer selbst, trifft ihn doch die Darlegungs- und Beweislast im Prozess. Schließlich gewährt § 326 II 2, IV dem Käufer kein Recht zur Selbstvornahme im Sinne der §§ 634 Nr. 2, 637, nach denen er seine *eigenen* Aufwendungen ersetzt verlangen könnte, sondern lediglich einen Anspruch auf Ersatz derjenigen Aufwendungen, die auch *beim Verkäufer* angefallen wären. Der Vergleich mit dem Werkvertragsrecht geht somit fehl. Auch auf der Grundlage des § 326 II 2, IV stünde den Eheleuten *F* gegen *S* allerdings kein Anspruch auf Zahlung der vollen 25 EUR zu, denn *S* ist gewissermaßen „vom Fach", hätte die Reparatur also selbst durchführen können. Erspart hat er lediglich die Materialkosten von 10 EUR.

IV. Analogie zum Werkvertragsrecht

Unabhängig vom zu § 326 II 2, IV gefundenen Ergebnis ist die umfassende gutachterliche Fallbearbeitung keineswegs abgeschlossen. Wenig Probleme dürfte die Abhandlung und Ablehnung einer analogen Anwendung der §§ 634 Nr. 2, 637 auf den Kaufvertrag bereiten. Denn hierbei steht im Gegensatz zu § 326 II 2, IV ein „echtes" Selbstvornahmerecht zur Debatte. Mit Verweis auf § 437 auf der einen und § 634 (Nr. 2) auf der anderen Seite lässt sich komfortabel eine Regelungslücke verneinen. Zugleich sollte darauf verwiesen werden, dass auch § 637 I, II grundsätzlich eine Fristsetzung vorsieht, welche die Eheleute *F* nicht vorgenommen haben. Es liegt auf der Hand: §§ 634 Nr. 2, 637 I analog scheiden aus.

V. Gesetzliche Schuldverhältnisse

Für die Krönung einer Selbstvornahmeklausur ist zum Abschluss die präzise Prüfung von Ansprüchen aus Geschäftsführung ohne Auftrag und Ungerechtfertigter Bereicherung unabdingbar. Dort kann seine zivilrechtlichen Fähigkeiten unter Be-

---

6 Bejahend vor allem *S. Lorenz* NJW 2002, 2497 (2499); *ders.* NJW 2003, 1417 (1418f.); *ders.* NJW 2005, 1321ff.; *Herresthal/Riehm* NJW 2005, 1457ff.; vgl. auch *Omlor* JA 2005, 163 (164).

7 So pointiert *S. Lorenz* NJW 2005, 1321 (1322).

8 *Oechsler* LMK 2005, 81 f.

9 *Herresthal/Riehm* NJW 2005, 1457 (1458); *Katzenstein* ZGS 2005, 305 (307).

weis stellen, wer sich nicht nur auf das Auswendiglernen der BGH-Entscheidung beschränkt hat. Jener erledigt die gesetzlichen Schuldverhältnisse nämlich mit dem schlichten Hinweis, wegen des Vorrangs der Nacherfüllung und der abschließenden Regelung in §§ 437ff. seien diese durch das kaufrechtliche Gewährleistungsrecht verdrängt.[10] Dem Klausuranten sei dringend von einer solch apodiktischen Argumentation abgeraten. Im Einzelnen bedeutet dies:

Der Aufwendungsersatz aus echter berechtigter Geschäftsführung ohne Auftrag (§§ 677, 683 S. 1, 670) scheitert daran, dass die Geschäftsführung, hier also die Durchführung der Reparatur, dem tatsächlichen oder zumindest mutmaßlichen Willen des *S* nicht entsprach. Diese Erkenntnis leitet über zur Rechtsfolgenverweisung des § 684 S. 1,[11] die einen Spezialfall der Abschöpfungskondiktion darstellt[12] und zu einem Wertersatz nach Maßgabe des § 818 II führt.[13] Deren Abhandlung erfordert mehr argumentativen Aufwand als § 683 S. 1. Klärungsbedürftig ist erstens, ob die Eheleute *F* ein Geschäft (zumindest auch) des *S* geführt haben. Nicht mit durchgreifendem Erfolg angeführt werden kann an dieser Stelle die fehlende Fristsetzung, denn zur Durchführung der Nacherfüllung – darin liegt die Geschäftsführung – war *S* nach §§ 437 Nr. 1, 439 bereits davor verpflichtet.[14] Die *F* handelten auch im Bewusstsein der Einstandspflicht des S, also mit Fremdgeschäftsführungswillen, sowie „ohne Auftrag". Im Rahmen des § 818 III ist auf die Grundsätze zur aufgedrängten Bereicherung einzugehen, so dass der ehemalige Fahrradtechniker *S* nur in Höhe der Materialkosten von 10 EUR bereichert ist.[15] Zur Anspruchsnegierung gelangt man nunmehr lediglich über einen Anwendungsausschluss durch einen postulierten Vorrang der §§ 437ff. Die abschließende Prüfung des § 812 I 1 Alt. 2 sollte zunächst die Frage seines Konkurrenzverhältnisses zu § 684 S. 1 erörtern. Mit Rücksicht auf die Einschränkung des § 685 verdrängt § 684 S. 1 nämlich die normale Abschöpfungskondiktion.[16] Wird dies vertretbar anders gesehen, muss § 812 I 1 Alt. 2 im Ergebnis parallel zu den §§ 677ff. dargestellt werden: Unschwer ist zu erkennen, dass *S* die Befreiung von seiner Verbindlichkeit aus §§ 437 Nr. 1, 439 nicht durch Leistung der Eheleute *F* erlangt hat. Erneut steht die fehlende Fristsetzung unmittelbar nicht entgegen, da diese nur weitere Sekundäransprüche hinderte. Ein Anspruchsausschluss ist wiederum nur möglich, wenn der BGH-Linie gefolgt und im so verstandenen Vorrang der Nacherfüllung eine Art gesetzlicher Behaltensgrund für den Verkäufer *S* gesehen wird.

VI. Zusammenfassung

Die Eheleute *F* haben wegen der Umgehung ihres Verkäufers bei der Mängelbeseitigung zwar den Nachteil hinzunehmen, nicht die vollen Reparaturkosten ersetzt verlangen zu können. Aber nach §§ 684 S. 1, 818 II steht ihnen gegen *S* ein Zahlungsanspruch über 10 EUR für die Materialkosten zu.

---

[10] BGHZ 162, 219 (219f.).

[11] Vgl. dazu Staudinger/*Bergmann* (2020) BGB § 684 Rn. 5.

[12] Vgl. *Reuter/Martinek* Ungerechtfertigte Bereicherung (1983) § 21 III 3 S. 717; *dies.* Ungerechtfertigte Bereicherung Teilband 2 § 14 III 2e bb, S. 591ff.

[13] Für einen Anspruch nach § 684 S. 1 in den Selbstvornahmefällen *Grunewald* KaufR-HdB § 9 I Rn. 61 S. 203; *Oechsler* NJW 2004, 1825 (1826); offen auch Staudinger/*Kaiser* Eckpfeiler des Zivilrechts Rn. H62 S. 450.

[14] *Oechsler* NJW 2004, 1825 (1826).

[15] Vgl. dazu *Reuter/Martinek* Ungerechtfertigte Bereicherung (1983) § 15 III S. 542ff.; *dies.* Ungerechtfertigte Bereicherung Teilband 2 § 7 III 3b S. 325 § 8 III 3 S. 419ff.

[16] *Reuter/Martinek* Ungerechtfertigte Bereicherung (1983) § 21 III 3 S. 718; *dies.* Ungerechtfertigte Bereicherung Teilband 2 § 12 IV 2b S. 564.

C. Gliederung

I. Anspruch aus §§ 437 Nr. 3, 280 I, III, 281
  1. Pflichtverletzung aus Kaufvertrag, keine Exkulpation
  2. Frist
II. Anspruch aus §§ 437 Nr. 3, 280 I
  Problem: Abgrenzung Schadensersatz statt und neben der Leistung
III. Anspruch aus §§ 437 Nr. 3, 280 I, III, 283
  1. Unmöglichkeit der Nacherfüllung
  2. Keine Exkulpation
IV. Anspruch aus §§ 326 II 2, IV, 346 I analog
  1. Anspruchsvoraussetzungen
  2. Anspruchsausschluss
    Problem: Selbstvornahme der Nacherfüllung im Kaufrecht
V. Anspruch aus §§ 634 Nr. 2, 637 I analog
VI. Anspruch aus §§ 677, 683 S. 1, 670
  1. Anwendbarkeit
    Problem: Abgrenzung zu §§ 434 ff.
  2. Fremdes Geschäft
  3. Fremdgeschäftsführungswille
  4. Geschäftsherrenwille
  5. Ergebnis zu VI
VII. Anspruch aus §§ 684 S. 1, 818
  1. Anwendbarkeit
  2. Anspruchshöhe
  3. Ergebnis zu VII
VIII. Anspruch aus § 812 I 1 Alt. 2
IX. Gesamtergebnis

D. Lösung

I. Anspruch aus §§ 437 Nr. 3, 280 I, III, 281

Die Eheleute *F* könnten gegen *S* einen Anspruch auf Zahlung von 25 EUR aus §§ 437 Nr. 3, 280 I, III, 281 haben.

1. Pflichtverletzung aus Kaufvertrag, keine Exkulpation

Gefahrübergang ist infolge der Übergabe (§ 446 S. 1) eingetreten. S hat durch die mangelhafte (§ 434 I 2 Nr. 2) Lieferung eine Pflicht aus dem Kaufvertrag (§ 433 I 2) verletzt, ohne sich exkulpieren zu können (§ 280 I 2).

2. Frist

Allerdings fehlt es an der grundsätzlich erforderlichen Fristsetzung (§ 281 I 1), die *in casu* auch nicht nach § 281 II ausnahmsweise entbehrlich war. Ein Anspruch auf Schadensersatz statt der Leistung nach §§ 437 Nr. 3, 280 I, III, 281 muss in der Folge ausscheiden.

II. Anspruch aus §§ 437 Nr. 3, 280 I

Der Anspruch der Eheleute *Fittich* gegen *S* könnte hingegen aus §§ 437 Nr. 3, 280 I folgen. Voraussetzung hierfür ist, dass die *Fs* der Sache nach Schadensersatz *neben* der Leistung begehren. Nur in diesen Fällen sind die weiteren Voraussetzungen der §§ 280 III, 281 ff. entbehrlich. Schadensersatz *statt* der Leistung ist anzunehmen, wenn eine (gedachte) Nacherfüllung den Schaden hätte entfallen lassen. Hätte *S* die Nacherfüllung erbracht, wären keine Reparaturkosten auf Seiten der Eheleute entstanden. Somit handelt es sich um einen typischen Schadensersatz statt der Leistung, der das Erfüllungsinteresse des Käufers umfasst. Aus §§ 437 Nr. 3, 280 I ergibt sich daher kein Anspruch.

III. Anspruch aus §§ 437 Nr. 3, 280 I, III, 283

Fraglich ist, ob die Eheleute *F* gegen *S* aus §§ 437 Nr. 3, 280 I, III, 283 vorgehen können.

1. Unmöglichkeit der Nacherfüllung

Das wäre nur dann der Fall, wenn infolge der Reparatur des Fahrrads Unmöglichkeit der Nacherfüllung eingetreten wäre. Der Unmöglichkeit des § 275 I gleichgestellt sind die Fälle der Zweckerreichung. In diesen ist der Schuldner zwar zur Leistung bereit und in der Lage, nur wäre ihre Erbringung sinnlos, da der vertragliche Schuldzweck bereits auf andere Weise eingetreten ist. Damit ist exakt die vorliegende Situation beschrieben, in der das Gläubigerinteresse, also das Innehaben einer mangelfreien Sache, durch die Reparatur in Eigenregie befriedigt wird. Unmöglichkeit in Form der Zweckerreichung liegt also vor.

2. Keine Exkulpation

Allerdings kann sich *S* nach § 280 I 2 exkulpieren. Den Eintritt der Zweckerreichung hat *S* nicht zu vertreten, § 276 I, II, so dass ein Anspruch aus §§ 437 Nr. 3, 280 I, III, 283 ausscheiden muss.

IV. Anspruch aus §§ 326 II 2, IV, 346 I analog

In Betracht kommt weiterhin ein Anspruch der Eheleute *F* gegen *S* auf Zahlung von 25 EUR aus §§ 326 II 2, IV, 346 I.

1. Anspruchsvoraussetzungen

Wie gezeigt ist nach § 275 I Unmöglichkeit hinsichtlich der Nacherfüllung eingetreten. Grundsätzlich entfällt damit nach § 326 I 1 Hs. 1 der Anspruch auf die Gegenleistung. Wegen § 326 I 2 steht dem *S* ausnahmsweise weiter sein Kaufpreisanspruch zu, bzw. kann seine Rückzahlung nicht nach §§ 326 IV, 346 I verlangt werden. Allerdings könnte eine analoge Anwendung von § 326 II 2, IV in Betracht kommen. Ein solcher Anspruch wäre auf Ersatz ersparter Aufwendungen gerichtet. Dieser beliefe sich *in casu* jedoch nur auf Materialkosten von 10 EUR, da *S* seine eigene Arbeitskraft hätte einsetzen können.

2. Anspruchsausschluss

Klärungsbedürftig ist daher, ob eine planwidrige Regelungslücke und eine vergleichbare Interessenlage als Analogievoraussetzungen vorliegen. Damit müsste ein solcher

Anspruch auch im Einklang mit System und *Telos* des kaufrechtlichen Gewährleistungsrechts stehen.

a) Zu berücksichtigen ist zunächst, dass ein Wesensmerkmal des neuen Schuldrechts die enge Verzahnung von allgemeinem und besonderem Leistungsstörungsrecht ist. Dies zeigt sich paradigmatisch an den Vorschriften der §§ 437, 634, die als umfassende Verweisungsnormen auf die allgemeinen §§ 280 ff., 323 ff. dienen. Weiterhin schützt das reflexartig dem Verkäufer gewährte „Recht" zur zweiten Andienung nicht auch sein Interesse, noch nicht einmal mit denjenigen Kosten belastet zu werden, die ihm selbst für eine ordnungsgemäße Nacherfüllung angefallen wären. Auch aus einem Vergleich mit §§ 634 Nr. 2, 637 lassen sich keine belastbaren Rückschlüsse ziehen, da es bei § 326 II 2, IV nicht um eine Selbstvornahme in jenem Sinne geht, die sämtliche auf Seiten des Bestellers oder Käufers entstandenen Kosten abdeckt, sondern nur einen Ersatz der seitens des Unternehmers respektive Verkäufers ersparten Aufwendungen gewährt.

b) Festzustellen bleibt allerdings, dass das unmittelbar in §§ 281 I 1, 323 I und mittelbar in § 441 I enthaltene Fristsetzungserfordernis den Verkäufer insofern schützen soll, als ihm die Chance zuerkannt wird, sich durch eine zweite Andienung den vollen Kaufpreis zu verdienen. Die Annahme eines Ausgleichsanspruches führte zwar nicht zu einer Aufnahme der Selbstvornahme in den § 437 „durch die Hintertür", jedoch entleerte sie ein zentrales Wesensmerkmal des kaufrechtlichen Gewährleistungsrechts: den Vorrang der Nacherfüllung. Über § 326 II 2, IV würde ohne weitere Voraussetzungen bei jeder Selbstvornahme ein Ausgleichsanspruch zugesprochen. Auch wenn dieser nur einen Teil der Gesamtkosten ausmacht, so verlöre das Fristsetzungserfordernis an Effizienz. Soviel kann durchaus der Nichterwähnung einer Selbstvornahme in § 437 entnommen werden: Aus Vertragsrecht soll kein Anspruch gewährt werden, wenn der Käufer ohne (nicht entbehrliche) Fristsetzung selbst zur Durchführung der Nacherfüllung schreitet. In diesem beschränkten Sinne enthält § 437 eine abschließende Regelung.

c) Mithin muss ein Anspruch der *F*s gegen *S* aus §§ 326 II 2, IV, 346 I analog aus systematischen und teleologischen Gründen ausscheiden.

V. Anspruch aus §§ 634 Nr. 2, 637 I analog

Dem Ehepaar *F* könnte gegen *S* ein Anspruch aus §§ 634 Nr. 2, 637 I analog auf Zahlung von 25 EUR zustehen.

Voraussetzung für eine Analogie sind eine planwidrige Regelungslücke und eine vergleichbare Interessenlage. Bereits an der Regelungslücke bestehen Zweifel. Denn in § 437 wurde bewusst auf ein Selbstvornahmerecht des Käufers verzichtet. Überdies gewährleistet § 637 den Vorrang der Nacherfüllung dadurch, dass der Besteller grundsätzlich (§ 637 II) erst nach erfolglosem Fristablauf zur Selbstvornahme schreiten darf; eine solche Frist haben die Eheleute vorliegend nicht gesetzt. Mithin scheidet ein Anspruch aus §§ 634 Nr. 2, 637 I analog aus.

VI. Anspruch aus §§ 677, 683 S. 1, 670

Fraglich ist, ob die *F*s gegen *S* aus echter berechtigter Geschäftsführung ohne Auftrag einen Aufwendungsersatzanspruch haben, §§ 677, 683 S. 1, 670.

1. Anwendbarkeit

Klärungsbedürftig ist vorab, ob die Vorschriften zur Geschäftsführung ohne Auftrag überhaupt Anwendung finden können oder ob speziellere Wertungsgesichtspunkte des vertraglichen Schuldrechts entgegenstehen. So könnte angenommen werden, die §§ 437ff. bildeten eine abschließende Sonderregelung, die jegliche Ansprüche des Käufers bei einer Selbstvornahme ausschlössen. Allerdings ist zu beachten, dass sich ein Aussagegehalt solcher Tragweite den §§ 437ff. nicht entnehmen lässt. Zwar wird dort über die §§ 281 I 1, 323 I, 441 I mittelbar ein Vorrang der Nacherfüllung statuiert. Dieser wird jedoch nur dann tangiert, wenn regelmäßig in allen Fällen der Selbstvornahme ein Ausgleichsanspruch entsteht. Bei dem gesetzlichen Schuldverhältnis der Geschäftsführung ohne Auftrag ist dies gerade nicht der Fall. Vielmehr statuieren die §§ 677ff. eigenständige Voraussetzungen, die eine sach- und interessengerechte Würdigung des Einzelfalles erlauben. Die Sperrwirkung der §§ 437ff. ist eine beschränkte und erfasst *nur vertragliche, nicht aber gesetzliche Schuldverhältnisse.* Mithin sind die Vorschriften über die Geschäftsführung ohne Auftrag anwendbar.

2. Fremdes Geschäft

Erforderlich ist weiterhin, dass die Eheleute *F* als Geschäftsführer ein fremdes Geschäft, nämlich ein solches des Geschäftsherrn *S*, geführt haben. Ein Geschäft ist für den Geschäftsführer fremd, wenn es dem Interessenkreis eines anderen angehört. Bei objektiv fremden Geschäften kann diese Zuordnung bereits nach äußeren Kriterien erfolgen. Hinreichend ist, wenn das Geschäft gleichermaßen dem Interessenkreis des Geschäftsherrn und des Geschäftsführers angehört („Auch-Gestion“). *S* war nach §§ 437 Nr. 1, 439 I Alt. 1, II zur Nachbesserung mit entsprechender Kostentragung verpflichtet. Unerheblich ist in diesem Zusammenhang, dass die Käufer keine vorherige Frist zur Nacherfüllung gesetzt hatten, denn das fremde Geschäft besteht gerade in dieser Nacherfüllung; die Fristsetzung ist nur für Rücktritt, Minderung und Schadensersatz statt der Leistung vorgesehen. Dass die Reparatur des Fahrrads zugleich dem Nutzungsinteresse der Eheleute als Eigentümer diente, führt allenfalls zur Annahme eines auch-fremden Geschäfts. Mithin ist ein objektiv fremdes Geschäft gegeben.

3. Fremdgeschäftsführungswille

Da die Eheleute *F* verärgert über *S* und damit im Bewusstsein der Mangelhaftigkeit des Fahrrads tätig wurden, muss der Fremdgeschäftsführungswille nicht vermutet, sondern kann sogar positiv festgestellt werden.

4. Geschäftsherrenwille

Allerdings erfordert § 683 S. 1, dass die Eheleute *F* zur Übernahme der Geschäftsführung berechtigt gewesen sind. Entgegen dem missverständlichen Gesetzeswortlaut ist zuvörderst auf den wirklichen Willen, erst in zweiter Linie auf den mutmaßlichen Willen und nur zuletzt hilfsweise auf das objektive Interesse des Geschäftsherrn abzustellen. Auf die Kenntnis des Geschäftsführers vom tatsächlichen Willen des Geschäftsherrn kommt es nicht an. *S* war vorliegend mit der Reparatur durch die Eheleute *F* nicht einverstanden, so dass es an der Berechtigung nach § 683 S. 1 fehlt. Eine Genehmigung des *S* nach § 684 S. 2 liegt nicht vor.

5. Ergebnis zu VI

Folglich besteht kein Anspruch aus berechtigter Geschäftsführung ohne Auftrag.

VII. Anspruch aus §§ 684 S. 1, 818

Demgegenüber ist ein Anspruch aus unberechtigter Geschäftsführung ohne Auftrag (§§ 684 S. 1, 818) in Betracht zu ziehen.

1. Anwendbarkeit

Die Anwendbarkeit der §§ 677 ff. wird durch das kaufrechtliche Gewährleistungsrecht – wie gezeigt – nicht gesperrt. Auch haben die *F*s ein Geschäft des *S* mit Fremdgeschäftsführungswillen geführt.

2. Anspruchshöhe

Zu prüfen ist der Umfang des Anspruchs. § 684 S. 1 enthält eine Rechtsfolgenverweisung in das Bereicherungsrecht. Nach § 818 II berechnet sich die Anspruchshöhe nach dem objektiven Wert des konkret Erlangten, hier also an sich nach den Reparaturkosten von 25 EUR. Allerdings gilt es zu beachten, dass die Reparatur für *S* nur einen Wert von 10 EUR hat, denn für ihn selbst wären nur die Materialkosten angefallen. Nach den Grundsätzen zur aufgedrängten Bereicherung ist daher die erlangte Aufwendungsersparnis nur mit einem objektiven Wert von 10 EUR anzusetzen.

3. Ergebnis zu VII

Den Eheleuten Fittich steht folglich gegen *S* ein Anspruch aus §§ 684 S. 1, 818 auf Zahlung von 10 EUR zu.

VIII. Anspruch aus § 812 I 1 Alt. 2

Schließlich ist fraglich, ob den *F*s gegen *S* auch ein Zahlungsanspruch aus der allgemeinen Abschöpfungskondiktion des § 812 I 1 Alt. 2 zusteht.

Hierzu müsste § 812 I 1 Alt. 2 neben § 684 S. 1 überhaupt anwendbar sein. Zu berücksichtigen ist, dass es sich bei § 684 S. 1 um einen Spezialfall der normalen Abschöpfungskondiktion handelt. Gegenüber § 812 I 1 Alt. 2 weist § 684 S. 1 aber die einschränkende Sonderregelung des § 685 auf, die durch einen unmittelbaren Zugriff auf das Bereicherungsrecht nicht umgangen werden darf. Daher besteht mangels Anwendbarkeit kein Anspruch aus § 812 I 1 Alt. 2.

IX. Gesamtergebnis

Zusammenfassend bleibt festzuhalten, dass die Eheleute *F* gegen *S* einen Anspruch auf Ersatz der Materialkosten von 10 EUR aus §§ 684 S. 1, 818 haben, im Übrigen aber keine Ansprüche bestehen.

E. Lerntest

I. Fragen

1. Was ist unter dem „Vorrang der Nacherfüllung" im Kaufrecht zu verstehen und wo ist er gesetzlich geregelt?
2. Können Sie Inhalt sowie Sinn und Zweck des „Rechts" zur zweiten Andienung erläutern?
3. Wann liegt eine Zweckerreichung vor und welche Rechtsfolge kommt ihr zu?

II. Antworten

1. Die Regel des „Vorrangs der Nacherfüllung“ ist ausdrücklich nicht gesetzlich geregelt, sondern folgt vielmehr aus dem grundsätzlichen Fristsetzungserfordernis in §§ 281 I 1, 323 I, 441 I. Sie besagt, dass – von Ausnahmen abgesehen – der Käufer bei Mängeln der Kaufsache erst dann zu Rücktritt, Minderung und Schadensersatz statt der Leistung übergehen darf, wenn er den Verkäufer zuvor erfolglos zur Nacherfüllung aufgefordert hat.

2. Aus dem „Vorrang der Nacherfüllung“ folgt als Rechtsreflex die Möglichkeit des Verkäufers, sich durch die Durchführung der Nacherfüllung im zweiten Anlauf den vollen Kaufpreis zu verdienen. Für ihn besteht eine verlängerte Chance zur (ordnungsgemäßen) Erfüllung, die zuvor wegen § 433 I 2 nicht eingetreten war.

3. Eine Zweckerreichung ist nicht identisch mit der von § 275 I unmittelbar erfassten Unmöglichkeit, denn der Schuldner ist weiterhin in der Lage und bereit, seine Leistung zu erbringen. Allerdings ist der anvisierte Leistungserfolg bereits auf andere Weise eingetreten, so dass dem Gläubigerinteresse Genüge getan ist. Daher wird die Zweckerreichung der Unmöglichkeit gleichgestellt.

Fall 10. Magister Bokelmanns Weggefährte

Eine bedeutende Neuerung der Schuldrechtsreform ist die Einführung der Beweislastumkehr des § 477. Der Fall illustriert ihre Anwendungsprobleme im Bereich des Tierkaufs. Einbezogen werden allgemeine Fragen des Verbrauchsgüterkaufs, wie etwa der Unternehmerbegriff der §§ 474 I, 14 I und die Besonderheiten bei öffentlichen Versteigerungen. Es handelt sich um eine Klausur mit mittlerem Schwierigkeitsgrad.

A. Sachverhalt

Magister *Bokelmann (B)* ist der langjährigen Erziehungsbemühungen für seine Schüler überdrüssig und möchte sich – wie er findet – treueren Weggefährten zuwenden. Also nimmt er mit dem berühmten Privatzüchter *Hanno von Hinkelsmark (H)* Kontakt auf, um sich einen wunderschönen Graupapagei zuzulegen. Insbesondere seine Sprechbegabung hat es ihm angetan, kann der talentierte Vogel doch selbst bekannte Weihnachtslieder intonieren. Das auserwählte Tier ist erst drei Monate alt. *H* ist ein Liebhaber und Kenner von Graupapageien und die Zucht sein Hobby; auf Überschüsse aus seiner Tätigkeit ist er daher nicht aus. Gegen Zahlung von 1.500 EUR nimmt *B* den Graupapagei mit nach Hause. Nach wenigen Wochen zeigt sich, dass der Papagei an einer bakteriellen Erkrankung leidet, die sich unter anderem durch das Herauswürgen von Körnern, gesträubtes Gefieder, Appetitlosigkeit und Kreislaufstörungen äußerlich erkennbar zeigt. Je nach Verlauf kann die Krankheit auch zum Tode des Tieres führen, sofern nicht umgehend eine bestimmte veterinärmedizinische Behandlung erfolgt.

Als der eiligst herbeizitierte Tierarzt dem *B* dieses mögliche Schicksal des geliebten Graupapageis offenbart, kennt *B* weder Zaudern noch Zögern: Eine sofortige Behandlung ist geboten. Nach drei Tagen ist der Graupapagei „über den Berg" und stimmt im Hause des *B* die erste Strophe von „Süßer die Glocken nie klingen" an. Angesichts der tierärztlichen Liquidation über 500 EUR ist *B* gar nicht weihnachtlich zumute. Daher wendet er sich mit der Bitte um Erstattung an *H,* der ihm entgegnet, es sei doch gänzlich unklar, wann die Infektion mit den Bakterien verursacht worden sei. Ein Graupapagei sei schließlich keine leblose Sache, sondern durch vielfältige Umwelteinflüsse geprägt. Muss *H* trotzdem zahlen?

Abwandlung: Ändert sich die Rechtslage, wenn *B* den Graupapagei auf einer öffentlichen Versteigerung von *H* erwirbt, bei der *B* selbst zugegen ist?

B. Gutachtliche Überlegungen

I. Falleinordnung und Anspruchsgrundlagen

Auch wenn der Sachverhalt kurz wirkt, so muss bei dem Bearbeiter frühzeitig sein juristisches Warnsystem alarmiert sein: Eine Vielzahl von kleineren und größeren Problemen ist in dem Fall versteckt. Um nicht sogleich den Überblick zu verlieren

Bokelmann

und sodann bei der Ausarbeitung an der zielgerichteten Schwerpunktsetzung zu scheitern, ist es zwingend geboten, in einem ersten (gedanklichen) Schritt eine Grobeinordnung der abgeprüften Konstellation vorzunehmen. *B* begehrt als Käufer des Graupapageis ganz offensichtlich Schadensersatz statt der Leistung von Verkäufer *H*. Der Vogel hat nicht mangelbedingt den *B* oder seine sonstigen Rechtsgüter verletzt, so dass etwa ein Schadensersatz neben der Leistung (§§ 437 Nr. 3, 280 I) in Frage käme. Vielmehr hätte eine ordnungsgemäße Nacherfüllung, hier also eine Nachbesserung durch tierärztliche Behandlung, den Schaden bei *B* nicht entstehen lassen.[1] Angekommen bei der Anspruchsgrundlage der §§ 437 Nr. 3, 280 I, III, 281 fällt unmittelbar die fehlende Fristsetzung durch den Käufer *B* auf. Eine bedeutsame Weichenstellung liegt somit in der Entscheidung, ob es sich um eine Selbstvornahme im Kaufrecht handelt oder ob die Fristsetzung ausnahmsweise nach § 281 II entbehrlich war; letzteres dürfte nach dem Sachverhalt auch ohne Detailkenntnisse zu § 281 II nahe liegen.[2] Der Weg ist damit eröffnet zu einer strukturierten Prüfung des Schadensersatzes statt der Leistung nach §§ 437 Nr. 3, 280 I, III, 281 I, II, in der sich sämtliche Probleme des Falles verorten lassen.

II. Mangelhaftigkeit bei Gefahrübergang

Nach der anfänglichen Orientierungsphase nähert sich der Klausurant dem ersten echten Klausurproblem: dem Vorliegen eines Sachmangels *bei Gefahrübergang*. Aus

---

[1] Vgl. zur Abgrenzung Staudinger/*Kaiser* Eckpfeiler des Zivilrechts Rn. H188 S. 523 f.

[2] Vgl. zu § 281 II Alt. 2 bei Notfallmaßnahmen Staudinger/*Schwarze* (2019) BGB § 281 Rn. B118.

Hanno von Hinkelsmark

der genauen Lektüre des § 434 I 1 ergibt sich eine notwendig zweistufige Prüfung des Sachmangels, die nicht nur das Abweichen der Ist- von der Soll-Beschaffenheit umfasst, sondern darüber hinaus diesen Zustand auch auf den Zeitpunkt des Gefahrübergangs fixiert. Gefahrübergang liegt beim Kaufvertrag grundsätzlich mit Übergabe der Kaufsache (§ 446 S. 1) vor. Ohne gutachterliche Ausschweife lässt sich feststellen, dass der mit unter Umständen tödlichen Bakterien infizierte Graupapagei (§ 90a S. 3) mangelhaft im Sinne des § 434 I 2 Nr. 2 war.[3] Unklar ist hingegen nach dem Sachverhalt, ab wann diese Infektion vorgelegen hat. Da der Käufer *B* den Graupapagei als ordnungsgemäße Erfüllung der kaufvertraglichen Pflichten angenommen hat, obliegt ihm nach § 363 die Darlegungs- und Beweislast für das Vorliegen eines Sachmangels gerade bei Gefahrübergang.

Hilfe kann *B* ausschließlich über die verbraucherschützende Vorschrift des § 477 erwarten. Dahinter verbirgt sich ausweislich der amtlichen Überschrift eine Beweislastumkehr zugunsten des Verbrauchers innerhalb der ersten sechs Monate ab Gefahrübergang.[4] Nicht einzugehen ist vorliegend auf den Streit, ob § 477 – so die frühere Rechtsprechung – nur eine in zeitlicher Hinsicht wirkende Vermutung enthält, denn nach der Entscheidung des EuGH zur Interpretation des Art. 5 III der Richtlinie 1999/44/EG dürfte dieser Rechtsprechung nun ohnehin die Grundlage

[3] Zu Mängeln bei Tieren vgl. die Rspr.: *BGH* NJW 2018, 150 – Dressurpferd; *BGH* NJW 2020, 2879 – „Rittigkeitsprobleme" bei einem Pferd; *BGH* Urt. v. 27.5.2020 – VIII ZR 2/19 = BeckRS 2020, 15077; *BGH* NJW 2020, 389 – Rippenfraktur bei einem Pferd.

[4] Vgl. hierzu Staudinger/*Gsell* Eckpfeiler des Zivilrechts Rn. K94 ff. S. 713 f.

entzogen sein.[5] Zudem wird *B* ein konkreter Fehler bei der Haltung des Tieres nicht vorgeworfen. Das Anwendbarkeitsproblem liegt bereits an anderer Stelle: Systematisch vorrangig zu prüfen ist, ob es sich überhaupt um einen Verbrauchsgüterkauf gemäß § 474 I 1 handelt. Der Papagei ist zwar keine Sache, aber wegen § 90a S. 3 wie eine solche zu behandeln. Die Verbrauchereigenschaft des *B* nach § 13 steht außer Zweifel. Bedenken könnten aber gegen die Einstufung des *H* als Unternehmer (§ 14 I) bestehen, sofern man sich an der klassischen handelsrechtlichen Definition eines Gewerbes orientiert. Danach wird wohl noch überwiegend eine Gewinnerzielungsabsicht verlangt und eine bloße entgeltliche Tätigkeit am Markt als nicht ausreichend angesehen.[6] *H* ist Liebhaber und nicht auf Gewinnerzielung aus. Zu hinterfragen ist also, ob dies der Annahme eines Verbrauchsgüterkaufs entgegensteht.[7]

Nicht ohne rechtliche Relevanz ist darüber hinaus der Hinweis des *H*, bei dem verkauften Tier handele es sich nicht um eine „leblose Sache"; vielmehr sei an eine Sonderbehandlung zu denken. Im alten Schuldrecht existierte dementsprechend in den §§ 481 ff. a. F. noch ein spezielles Viehgewährleistungsrecht, welches das allgemeine kaufrechtliche Gewährleistungsrecht der §§ 459 ff. a. F. verdrängte. Eine derartige Sonderregelung besteht nicht mehr. Anknüpfungspunkte für die Implementierung tierkaufspezifischer Besonderheiten lassen sich nunmehr in § 477 a. E. finden, indem auf eine Unvereinbarkeit mit der Art der Sache oder des Mangels abgestellt wird. Dies bedarf einer näheren Erörterung.[8]

III. Gewinnerzielungsabsicht beim Verbrauchsgüterkauf

Dem Klausuranten muss bekannt sein, dass die §§ 474 ff. auf europäische Vorgaben, genauer die Verbrauchsgüterkaufrichtlinie der (damaligen) Europäischen Gemeinschaften[9], zurückgehen. Ebenfalls aus dem Wissensfundus ist zu schöpfen, dass die Richtlinie zwar grundsätzlich nicht unmittelbar wirkt (Art. 288 III AEUV), jedoch für die Mitgliedstaaten hinsichtlich ihrer Ziele verbindlich ist. Zusammen mit dem Grundsatz des *effet utile* (Art. 4 III EUV) folgt hieraus die Vorgabe der richtlinienkonformen Auslegung des nationalen Rechts.[10] Maßgeblich in Zweifelsfällen ist daher die Definition des „Verkäufers" in Art. 1 II lit. c der Richtlinie, worunter jede natürliche oder juristische Person verstanden wird, „die aufgrund eines Vertrags im Rahmen ihrer beruflichen oder gewerblichen Tätigkeit Verbrauchsgüter verkauft". Um europaweit eine einheitliche Auslegung und Anwendung der Richtlinie zu gewährleisten, ist von einem europäisch-autonomen Verkäufer- bzw. Unternehmerbegriff auszugehen. Der traditionelle deutsche handelsrechtliche Gewerbebegriff kann daher nicht zur Auslegung von Art. 1 II lit. c der Richtlinie oder von § 14 I

---

5 So BGHZ 159, 215 (218); *BGH* Urteil v. 15.1.2014, VIII ZR 70/13, NJW 2014, 1086; *EuGH* (Erste Kammer) Urt. v. 4.6.2015 – C-497/13, EuZW 2015, 556; *Saenger/Veltmann* ZGS 2005, 450 ff.; *Roth* ZIP 2004, 2025 ff.; *Looschelders/Benzenberg* VersR 2005, 233f; *Fellert* JA 2015, 818 ff.

6 Grundlegend BGHZ 33, 321 (325); BGHZ 49, 258 (260); BGHZ 53, 222 (224). Überblick bei MüKoHGB/*K. Schmidt* § 1 Rn. 31.

7 Vgl. dazu *Looschelders* SchuldR BT § 13 I 2 Rn. 260 S. 97 f.; *Brox/Walker* SchuldR BT § 7 I 1 Rn. 3 S. 132f; *Teuber/Melber* MDR 2004, 185 (186).

8 Vgl. hierzu *Eichelberger/Zentner* JuS 2009, 201 (204 ff.); *Marx* NJW 2010, 2839 (2843); *Wertenbruch* NJW 2012, 2065 (2069).

9 Richtlinie 44/1999/EG, ABlEG Nr. L 171 S. 12 vom 7.7.1999.

10 Vgl. dazu *EuGH* Rs. C-91/92 *(Faccini Dori)* Slg. 1994, I-03325 Rn. 26; Staudinger/*Baldus* Eckpfeiler des Zivilrechts Rn. A256 ff. S. 54 ff.; Staudinger/*Gsell* Eckpfeiler des Zivilrechts Rn. K83 f. S. 703 ff.

herangezogen werden.[11] Teleologisch tritt die Verbraucherschutzfunktion von § 474 I hinzu. Zwar kann diese Zielsetzung nicht herangezogen werden, um jegliche paternalistische Zwangsbeglückung des Verbrauchers zu rechtfertigen. Allerdings lässt sich durchaus konstatieren, dass der Verbraucher die internen Verhältnisse des Verkäufers nicht derart zu überblicken vermag, ob nun im Einzelfall Gewinn erzielt werden soll oder lediglich eine entgeltliche anbietende Tätigkeit am Markt vorliegt. In der Folge handelte *H* als Unternehmer im Sinne der §§ 474 I 1, 14 I.

IV. Beweislastumkehr beim Tierkauf

Für den Tierkauf als solchen ist an eine Unvereinbarkeit der Vermutung des § 477 bereits mit der Art *der Sache* zu denken. Insoweit sicherlich zutreffend weist unser Verkäufer *H* darauf hin, dass beispielsweise die Art der Haltung Auswirkungen auf den Zustand eines Tieres haben kann. Rechtlich relevant wird dies allerdings nur, wenn bei Tieren generell keine Rückschlüsse aus mit großer zeitlicher Nähe auftretenden „Mängeln“ gezogen werden könnten. Schulbeispiel sind die nach 5 Monaten verdorbenen Lebensmittel, die nicht die Folgerung zulassen, bereits bei Übergabe mangelhaft gewesen zu sein. Damit sind Tiere nicht vergleichbar. Dafür spricht weiterhin die Teleologie des § 477: Grundlage der Norm sollen die schlechteren Beweismöglichkeiten des Verbrauchers und die ungleich besseren Erkenntnismöglichkeiten des Unternehmers sein.[12] Diesbezüglich bestehen keine Unterschiede zwischen einem sonstigen Sach- und dem besonderen Tierkauf. Zudem lässt sich wiederum die europarechtliche Sichtweise anbringen, denn in dem zugrundeliegenden Art. 5 III der Verbrauchsgüterkaufrichtlinie finden sich keine Anhaltspunkte für eine Nichterfassung des Tierkaufs. Hierfür sprechen systematisch auch der generelle Verweis in § 90a S. 3 sowie der ersatzlose Entfall des früheren Viehgewährleistungsrechts, zumal bereits jenes eine dem § 477 ähnliche Vermutung in § 484 a. F. kannte. Letztlich ist zu berücksichtigen, dass sich in § 477 ein Regel-Ausnahme-Verhältnis zugunsten seiner Anwendbarkeit befindet; die Ausnahme („es sei denn“) der Unvereinbarkeit ist danach eng auszulegen. Die Beweislastumkehr des § 477 ist folglich beim Tierkauf nicht *per se* mit der Art der Sache unvereinbar.[13]

Anspruchsvoll ist die Klärung der Frage, ob nicht die konkrete Tierkrankheit – eine bakterielle Infektion – eine Unvereinbarkeit mit der Art *des Mangels* begründet. Aus teleologischen Gründen darf nicht darauf abgestellt werden, ob ein äußerlich sichtbarer Mangel typischerweise jederzeit auftreten könne und somit keine Rückschlüsse auf ein Vorliegen im Zeitpunkt des Gefahrübergangs zulasse.[14] Zu erkennen ist aber, dass es auf die konkrete Tierkrankheit ankommt, die auf eine Unvereinbarkeit hin zu überprüfen ist.[15] Entsprechend heißt es in den Gesetzesmaterialien: „Mit der Art des Mangels wird die Vermutung zum Beispiel häufig bei Tierkrankheiten unvereinbar sein, weil wegen der Ungewissheit über den Zeitraum zwischen Infektion und Ausbruch der Krankheit nicht selten ungewiss bleiben wird, ob eine Ansteckung bereits vor oder erst nach Lieferung des Tieres an den Käufer erfolgt ist. [...] Das muss aber nicht unbedingt auch für andere Fehler eines Tieres gelten.“[16] Vor

---

[11] BGHZ 167, 40 (44 ff.) mit Anm. *Faust* LMK 2006, 185484; MüKoBGB/*S. Lorenz* § 474 Rn. 21.

[12] BT-Drs. 14/6040, S. 245.

[13] *Marx* NJW 2010, 2839 (2843); *Wertenbruch* NJW 2012, 2065 (2069).

[14] *BGH* NJW 2005, 3490 (3492) mit Anm. *Omlor* JA 2006, 163 ff.

[15] Staudinger/*Matusche-Beckmann* (2013) BGB § 476 Rn. 40; BGHZ 167, 40 (51 f.); *BGH* NJW 2007, 2619 (2620), *Wertenbruch* NJW 2012, 2065 (2069).

[16] BT-Drs. 14/6040, S. 245.

Augen halten sollte man sich den Grundgedanken des § 477, nämlich insbesondere den typisierten Erkenntnisvorsprung des Verkäufers. Ein solcher kann typischerweise bei *versteckten* Tierkrankheiten nicht bestehen. *In casu* weist die bakterielle Infektion allerdings *sichtbare* Symptome auf, die zumindest ein berühmter Privatzüchter wie *H* erkennen konnte. Ein Vermutungsausschluss ist in der Folge nicht anzunehmen.

V. Widerlegung der Vermutung

§ 477 kehrt als Rechtsfolge lediglich die Darlegungs- und Beweislast zugunsten des Verbrauchers um, enthält also keine Garantie. Die Vermutung ist widerleglich; erforderlich ist hierzu der volle Gegenbeweis nach § 292 ZPO. Einen solchen hat *H* nicht erbracht.

VI. Abwandlung

Eine lösbare Auslegungsfrage ist Gegenstand der kurzen Fallabwandlung. Ersichtlich ist diese auf die Vorschrift des § 474 I 2 zugeschnitten. Sämtliche Tatbestandsmerkmale werden vom Sachverhalt eindeutig vorgegeben – bis auf die Voraussetzung des Verkaufs einer „gebrauchten“ Sache. Nicht unmittelbar mag sich erschließen, ob überhaupt und wenn ja, in welchen Fällen von einem „gebrauchten“[17] oder von einem „neuen“ Graupapagei gesprochen werden kann.[18] Hier ist zunächst § 90a S. 3 zu bedenken, der von einer *entsprechenden* Anwendung der §§ 474 ff. auf Tiere spricht; die Besonderheiten eines Lebewesens gilt es also zu berücksichtigen. Damit ist der Weg zu einer Auslegung aus dem Wortlaut und nach Sinn und Zweck geebnet. Die Gegenüberstellung von „neu“ und „gebraucht“ stellt allgemein auf den Umfang der bisherigen Nutzung ab, deren Grad sich nach der Verkehrsauffassung bestimmt. Der teleologische Gehalt ist in dem Umstand zu sehen, dass als „neu“ eingestufte Tiere als mit einem geringeren Krankheitsrisiko ausgestattet gelten können; umgekehrt nimmt der Verbraucher bei „gebrauchten“ Tieren eine höhere Krankheitswahrscheinlichkeit bewusst in Kauf. Auf diese Weise rechtfertigt sich die generelle Interessenabwägung, die der Gesetzgeber in § 474 I 2 getroffen hat. Angewendet auf den 3 Monate alten Graupapagei, der direkt vom Züchter erworben wurde, führen diese Grundsätze zu einer Einstufung als „neu“. Die Ausnahme des § 474 I 2 greift nicht ein, so dass die Rechtslage mit dem Ausgangsfall identisch ist.

VII. Zusammenfassung

Die einzige ernsthaft in Erwägung zu ziehende Anspruchsgrundlage (§§ 437 Nr. 3, 280 I, III, 281 I 1, II) führt für *B* durch die Hilfe von § 477 zum Erfolg: Er kann sich bei *H* hinsichtlich der Tierarztkosten schadlos halten.

---

[17] Zum Merkmal „gebraucht“ bei Tieren vgl. *BGH* ZVertriebsR 2020, 31; *OLG Schleswig* ZVertriebsR 2018, 387.

[18] Vgl. dazu BT-Drs. 14/6040 S. 245; Staudinger/*Matusche-Beckmann* (2013) BGB § 475 Rn. 88 ff.; *Reuter* ZGS 2005, 88 (90 f.); *Grunewald* KaufR-HdB § 1 I b Rn. 15 S. 5 f.; *Looschelders* SchuldR BT § 13 I 3 Rn. 261 S. 98; *Wertenbruch* NJW 2012, 2065 (2069).

C. Gliederung

Teil 1: Ausgangsfall

Anspruch aus §§ 437 Nr. 3, 280 I, III, 281 I, II

I. Schadensersatz statt der Leistung
II. Anwendbarkeit des Kaufrechts auf Tiere
III. Sachmangel bei Gefahrübergang
  1. Darlegungs- und Beweislast des Käufers
  2. Ausnahme nach § 477
    a) Verbrauchsgüterkauf
      Problem: fehlende Gewinnerzielungsabsicht
    b) Frist
    c) Vereinbarkeit mit der Art der Sache
      Problem: Tierkauf
    d) Vereinbarkeit mit der Art des Mangels
      Problem: Tierkrankheit
    e) Keine Widerlegung der Vermutung
    f) Zwischenergebnis
  3. Zwischenergebnis
IV. Frist oder deren Entbehrlichkeit
V. Keine Exkulpation
VI. Gesamtergebnis

Teil 2: Abwandlung

Problem: „neu" und „gebraucht" i. S. d. § 474 I 2 bei Lebewesen

D. Lösung

Teil 1: Ausgangsfall

Anspruch aus §§ 437 Nr. 3, 280 I, III, 281 I, II

B könnte gegen *H* ein Anspruch auf Zahlung der Tierarztkosten in Höhe von 500 EUR aus §§ 437 Nr. 3, 280 I, III, 281 I, II zustehen.

I. Schadensersatz statt der Leistung

Der Sache nach macht *B* Schadensersatz statt der Leistung geltend, der nur unter den zusätzlichen Voraussetzungen des § 281 ersatzfähig ist, § 280 III. Abgrenzungskriterium ist der schadensvermeidende Erfolg einer hypothetischen Nacherfüllung, der hier eingetreten wäre. Betroffen ist das Erfüllungs-, nicht das Integritätsinteresse des *B*.

II. Anwendbarkeit des Kaufrechts auf Tiere

Auch wenn der Graupapagei als Tier keine Sache ist (§ 90a S. 1), so sind die kaufrechtlichen Vorschriften der §§ 433 ff. doch entsprechend anwendbar (§ 90a S. 3).

III. Sachmangel bei Gefahrübergang

Fraglich ist, ob bei Gefahrübergang ein Sachmangel nach § 434 I vorlag. Der Graupapagei entsprach durch die bakterielle Infektion zwar nicht der Soll-Beschaffenheit und war insofern mangelhaft nach § 434 I 2 Nr. 2. Allerdings ist ungeklärt, ob diese Abweichung von der Ist-Beschaffenheit bereits bei Gefahrübergang, der hier in der Übergabe (§ 446 S. 1) an *B* zu sehen ist, vorlag.

1. Darlegungs- und Beweislast des Käufers

Grundsätzlich obliegt die Darlegungs- und Beweislast für die Mangelhaftigkeit der Kaufsache im Zeitpunkt des Gefahrübergangs dem Käufer. Dies folgt aus § 363, sofern der Käufer die Kaufsache – wie hier – als ordnungsgemäße Erfüllung angenommen hat.

2. Ausnahme nach § 477

Eine Ausnahme hiervon könnte sich aus § 477 ergeben. Für die Fälle des in § 474 I 1 legal definierten Verbrauchsgüterkaufs ordnet die Vorschrift grundsätzlich eine Beweislastumkehr an, sofern sich der Mangel innerhalb von sechs Monaten nach Gefahrübergang zeigt.

a) Verbrauchsgüterkauf

Klärungsbedürftig ist zunächst, ob überhaupt ein Verbrauchsgüterkauf zwischen *B* und *H* vorliegt. Erforderlich ist der Verkauf einer beweglichen Sache durch einen Unternehmer an einen Verbraucher. Wegen § 90a S. 3 sind als „bewegliche Sachen" im Sinne von § 474 I 1 auch Tiere wie der Graupapagei erfasst. *B* kaufte den Graupapagei zum Privatvergnügen und handelte somit als Verbraucher (§ 13). Problematisch könnte hingegen die Unternehmereigenschaft des *H* sein, da dieser die Papageienzucht als Hobby betreibt und daher nicht mit Gewinnerzielungsabsicht tätig wurde.

Legt man nämlich § 14 I nach den herkömmlichen handelsrechtlichen Begrifflichkeiten aus, so erfordert eine „gewerbliche" Tätigkeit die damit verbundene Zielsetzung einer Gewinnerzielung. Ungeachtet der weitergehenden Auffassung zu den §§ 1 ff. HGB, die bereits jede entgeltliche Tätigkeit am Markt ausreichen lassen will, stellt sich jedoch die Frage, ob sich diese spezifisch handelsrechtliche Definition auf das Verbraucherschutzrecht übertragen lässt. Dagegen spricht zunächst das Erfordernis einer richtlinienkonformen Auslegung. §§ 474 I 1, 14 I gehen auf die EG-Verbrauchsgüterkaufrichtlinie zurück, die einen autonomen Unternehmer- bzw. Verkäuferbegriff enthält. Zu deren Auslegung kann aus Gründen der europaweit einheitlichen Richtlinienanwendung nicht auf das deutsche Handelsrecht abgestellt werden. Überdies ist die verbraucherschützende Teleologie der Vorschriften zu berücksichtigen. Der Verbraucher kann typischerweise nicht sicher erkennen, ob der Verkäufer mit Gewinnerzielungsabsicht oder schlicht entgeltlich tätig werden will. Schließlich rührt die fehlende Gewinnerzielungsabsicht auch nicht am Sinn und Zweck des § 477, für den die bessere Erkenntnismöglichkeit des Verkäufers entscheidend ist; diese kann typisiert aber auch bei bloß entgeltlicher Tätigkeit angenommen werden. Mithin handelte *H* als Unternehmer nach §§ 474 I 1, 14 I, so dass ein Verbrauchsgüterkauf gegeben ist.

b) Frist

Der Mangel hat sich weiterhin auch innerhalb von 6 Monaten nach Gefahrübergang „gezeigt“. Für einen Anwendungsausschluss wegen evidenter Offensichtlichkeit des Mangels auch für Laien fehlen die tatsächlichen Anhaltspunkte.

c) Vereinbarkeit mit der Art der Sache

Die Vermutung des § 477 könnte allerdings beim Tierkauf generell ausgeschlossen sein, sofern sie in diesen Fällen generell mit der Art der Sache unvereinbar ist. Bedenken gegen eine Anwendung der Beweislastumkehr auf den Tierkauf könnten daraus resultieren, dass Tiere als Lebewesen ihrer Natur nach einem ständigen Wandel ihres körperlichen und gesundheitlichen Zustandes unterliegen. Daraus ließe sich ableiten, dass ein aktueller Krankheitsbefund keine Rückschlüsse auf dessen Vorliegen bereits zu einem früheren Zeitpunkt rechtfertige. Allerdings gilt es systematisch schon im Ausgangspunkt zu bedenken, dass § 90a S. 3 eine entsprechende Anwendung auch der §§ 474 ff. auf Tiere anordnet; eine (ausdrückliche) Ausnahmeregelung ist nicht vorgesehen. Es besteht vielmehr ein Regel-Ausnahme-Verhältnis zugunsten der Anwendbarkeit der Beweislastumkehr. Zudem ist auch § 477 auf eine Vorgabe der EG-Verbrauchsgüterkaufrichtlinie zurückzuführen, die eine Einschränkung des Anwendungsbereichs für Tierkäufe nicht kennt; eine richtlinienkonforme Auslegung ist geboten. Weiterhin enthält das neue Schuldrecht keine Sonderregelung zum Viehkauf mehr, so dass die allgemeinen Vorschriften grundsätzlich uneingeschränkte Geltung beanspruchen. Vor allem aber lassen sich Sinn und Zweck des § 477 zur Gänze auch im Rahmen des Tierkaufs zur Geltung bringen: Die Vorschrift basiert auf den typischerweise schlechteren Beweismöglichkeiten des Verbrauchers und den besseren Erkenntnismöglichkeiten des Unternehmers. Diese Konstellation eines Ungleichgewichts ist uneingeschränkt auf den Tierkauf übertragbar. Mithin ist die Vermutung nicht nach § 477 a. E. wegen der Art der Sache ausgeschlossen.

d) Vereinbarkeit mit der Art des Mangels

Fraglich ist hingegen, ob ein Anwendungsausschluss wegen Unvereinbarkeit mit der Art des Mangels eingreift. Nicht ohne Grund existierten im früheren Schuldrecht Sonderregelungen zum Viehgewährleistungsrecht, da Lebewesen nicht unbesehen unter die allgemeinen kaufrechtlichen Vorschriften subsumiert werden können. Hierfür spricht auch § 90a S. 3, der eine entsprechende, d. h. auch auf die Tierbesonderheiten angepasste, Anwendung des Kaufrechts vorschreibt. Gerade bei Tierkrankheiten mit kurzer Inkubationszeit schließt die Art des konkreten Mangels eine Vermutung wie die des § 477 regelmäßig aus. Allein die Tatsache, dass bei Tieren jederzeit mit verborgenen Erkrankungen zu rechnen ist, führt allerdings nicht zur Unvereinbarkeit. Zu prüfen ist stets die Eigenart des konkreten Mangels unter Berücksichtigung von Sinn und Zweck der Vorschrift: Ausgleich für typisiert bessere Erkenntnismöglichkeiten des Unternehmers. Angewendet auf den Kauf des Graupapageis durch *B* folgt daraus, dass zugunsten des *B* die Beweislastumkehr eingreifen muss. Die bakterielle Infektion äußert sich durch Herauswürgen von Körnern, gesträubtes Gefieder, Appetitlosigkeit und Kreislaufstörungen; dies ist ein Zustand, der äußerlich wahrnehmbar ist. Bei einer solchen Krankheit bestehen typischerweise bessere Erkenntnismöglichkeiten des Verkäufers.

e) Keine Widerlegung der Vermutung

H hat die Vermutung des § 477 nicht widerlegt, wozu ein voller Gegenbeweis notwendig wäre, § 292 ZPO.

f) Zwischenergebnis

Mithin wird zugunsten des *B* nach § 477 vermutet, dass die Erkrankung des Vogels bereits bei Übergabe vorlag.

3. Zwischenergebnis

In der Folge war der Graupapagei bei Gefahrübergang mangelhaft im Sinne des § 434 I 2 Nr. 2.

IV. Frist oder deren Entbehrlichkeit

Weiterhin ist grundsätzlich eine erfolglose vorherige Fristsetzung erforderlich, § 281 I 1, die *B* aber nicht vorgenommen hat. In Betracht kommt jedoch eine ausnahmsweise Entbehrlichkeit nach § 281 II Alt. 2. Besondere Umstände in diesem Sinne liegen vor, wenn die Fristsetzung funktionswidrig und unzumutbar ist, weil bei Einhaltung der Nachfristsetzung erhebliche Schäden an den Rechtsgütern des Käufers drohen. Bei einer akuten Erkrankung eines Tieres, die einen tödlichen Verlauf nehmen kann, ist regelmäßig von einer solchen Unzumutbarkeit auszugehen. Somit war die Fristsetzung ausnahmsweise entbehrlich.

V. Keine Exkulpation

H hat sich nicht exkulpiert, so dass sein Vertretenmüssen vermutet wird, § 280 I 2. Insbesondere war die bakterielle Infektion wegen ihrer Symptome gerade für erfahrene Tierzüchter erkennbar, § 276 I 1, II.

VI. Gesamtergebnis

Folglich besteht ein Anspruch des *B* gegen *H* aus §§ 437 Nr. 3, 280 I, III, 281 I, II auf Ersatz der Tierarztkosten (§ 249 II 1) in Höhe von 500 EUR.

Teil 2: Abwandlung

Im Unterschied zum Ausgangsfall ist zu klären, ob die Anwendbarkeit des § 477 und damit letztlich der gesamte Anspruch des *B* an der Regelung des § 474 I 2 scheitert. Problematisch ist vor allem, ob der gekaufte Graupapagei als „gebraucht“ einzustufen ist. Bei Tieren könnten bereits Zweifel bestehen, ob eine Unterscheidung zwischen „neu“ und „gebraucht“ überhaupt vorgenommen werden kann. Dagegen könnte sprechen, dass Lebewesen ihrer Natur nach generell diesen Kategorien nicht zuzuordnen sind. Allerdings soll in § 474 I 2 kein Werturteil über den Kaufgegenstand gefällt, sondern eine Privilegierung bestimmter Verkaufsformen geschaffen werden. Bei einer generalisierenden Betrachtungsweise soll es darauf ankommen, ob eher ein hohes Mangelrisiko besteht – dann „gebraucht“ – oder eher ein geringes – dann „neu“. Kann der Käufer nämlich die Eigenschaft „gebraucht“ erkennen, so ist ihm eher zuzumuten, das damit verbundene Risiko zu tragen. Diese Auslegung lässt sich auch für den Tierkauf fruchtbar machen. Denn § 90a S. 3 ordnet eine sinngemäße Anwendung des § 474 I 2 auf Tiere an. Keineswegs sind Tiere stets als „gebraucht“ anzusehen, erhöhen sich die Ungewissheiten für den Rechtsverkehr über den Gesundheitszustand beispielsweise mit einer bestimmten Nutzung, einem gewissen Alter und sonstigen Lebensumständen. Bei einem Jungtier, das nur wenige Monate alt ist und noch im Eigentum des Züchters steht, gebietet daher die typisierte Risikobetrachtung eine normative Einstufung als „neu". Somit ist der Graupapagei nicht als „gebraucht" im Sinne des § 474 I 2 anzusehen. In der Folge findet § 477 Anwendung und der Anspruch des *B* folgt wie im Ausgangsfall aus §§ 437 Nr. 3, 280 I, III, 281 I, II.

E. Lerntest

I. Fragen

1. Worin ist die *ratio legis* des § 477 zu sehen?
2. Finden die Vorschriften zum Verbrauchsgüterkauf, insbesondere § 477, auch auf den Tierkauf Anwendung?
3. Nach welchen Kriterien ist zu beurteilen, ob ein Tier als „gebraucht" im Sinne des § 474 I 2 einzustufen ist?

II. Antworten

1. § 477 beruht auf der *typisierten* Annahme einer erschwerten Beweislage des Verbrauchers bei besseren Erkenntnismöglichkeiten des Unternehmers. Unerheblich ist allerdings, ob beide Kriterien auch tatsächlich im konkreten Einzelfall vorliegen.

2. Wegen § 90a S. 3 kann auch ein Tierkauf als Verbrauchsgüterkauf eingestuft werden mit der Folge, dass die Beweislastumkehr des § 477 anzuwenden ist. Die Vermutung ist auch nicht *per se* nach der Art der Sache ausgeschlossen.

3. Maßstab für die Einordnung ist allgemein das Vorliegen eines erhöhten Mängelrisikos. Bei Tieren kommt es auf ihr Alter, ihre bisherige Nutzung und vergleichbare Lebensumstände an.

Fall 11. Pater Filucius Umbuchung

Der Fall behandelt den Klassiker der Kollision von Globalzession und verlängertem Eigentumsvorbehalt in einer ungewohnten Einkleidung („Umbuchung"). Angereichert wird der Sachverhalt mit einigen bereicherungsrechtlichen Feinheiten, die mit fundiertem Grundlagenverständnis und Arbeit am konkreten Sachverhalt zu lösen sind. Diese (Original-)Examensklausur muss als eher schwer eingestuft werden.

A. Sachverhalt

Die alt-ehrwürdige *Witwe Bolte* Buchhandel-OHG *(W)* steht in laufender Geschäftsverbindung mit dem Bankhaus *Doktor Schmurzel* eG *(S)*, dem Bankhaus *Rüppel* AG *(R)*, dem Bankhaus *Max & Moritz* KGaA *(M)* und dem Bankhaus *Pater Filucius* AG *(F)*. Die *W* hat drei Geschäftsfelder: den Vertrieb von Büchern, Zeitschriften und Werbekatalogen. Diese Waren bezieht sie von verschiedenen Lieferanten unter verlängertem Eigentumsvorbehalt mit Vorausabtretungsklausel.

Durch Vertrag vom 1.1. ließ sich die *S* zur Sicherung des von ihr an die *W* gewährten Kredits alle gegenwärtigen und künftigen Forderungen der *W* aus Bücherlieferungen abtreten. Allen Beteiligten war dabei bekannt, dass in der Branche der *W* üblicherweise ein verlängerter Eigentumsvorbehalt mit Vorausabtretungsklausel vereinbart wird. Regelungen hierzu enthielt der Vertrag nicht; eine allumfassende Abtretung war von den Parteien intendiert.

Mit *R* vereinbarte *W* am 1.2. ebenfalls aus Sicherungszwecken die Abtretung aller gegenwärtigen und künftigen Forderungen der *W* aus Zeitschriftenlieferungen. Nur in dem Vertrag mit *R* findet sich die Klausel, dass Forderungen, die bei ihrer Entstehung dem verlängerten Eigentumsvorbehalt eines Lieferanten der *W* unterliegen, erst in dem Zeitpunkt an die *R* abgetreten sein sollen, in dem sie nicht mehr von dem verlängerten Eigentumsvorbehalt erfasst werden.

Da die Zahlungsmoral der Kunden der *W* infolge der Wirtschaftskrise deutlich nachgelassen hatte, nahm diese erfreut den Vorschlag der *M* auf, ihr durch ein neuartiges Geschäftsmodell aus Übersee eine höhere Liquidität zu verschaffen. *W* und *M* schlossen sodann am 1.3. einen Vertrag, der unter anderem folgende Klauseln enthielt:

„§ 2 Ankauf von Forderungen

(1) Die *W* verpflichtet sich, alle nach Abschluss dieses Vertrages entstehenden Forderungen aus Werbekataloglieferungen gegen ihre sämtlichen Kunden (Debitoren) unverzüglich nach Geschäftsabschluss der *M* zum Kauf anzubieten.

(2) Die *M* ist verpflichtet, die ihr zum Kauf angebotenen Forderungen anzunehmen.

(3) Als Kaufpreis gelten 92 Prozent der jeweiligen Forderungshöhe.

(4) Das Risiko der Zahlungsunfähigkeit des jeweiligen Schuldners übernimmt die *M*.

Max und Moritz

Pater Filucius

§ 5 Abtretung

Die *W* tritt hiermit an die *M* im Voraus alle nach Abschluss dieses Vertrages entstehenden künftigen Forderungen aus Werbekataloglieferungen ab, die ihr gegen ihre sämtlichen Debitoren zustehen bzw. zustehen werden, unter der aufschiebenden Bedingung, dass über die jeweilige Forderung ein Kaufvertrag zustande kommt. Die *M* nimmt die Abtretungen an."

W erwarb am 15.3. von ihren Lieferanten Waren. Am 1.4. verkaufte und lieferte *W* an *X* diese Waren weiter, nämlich Bücher zum Preis von 5.000 EUR, an *Y* Zeitschriften zum Preis von 10.000 EUR und an *Z* Werbekataloge zum Preis von 2.000 EUR. Einen Tag später verkaufte die *W* die Kaufpreisforderung gegen *Z* an die *M*. Am 20.4 erhielt W eine unerwartete Steuerrückzahlung, mit der sie die noch offenen Forderungen gegenüber ihren Warenlieferanten erfüllte. *W* trat am 1.5. ihre Forderungen aus diesen drei Lieferungen zur Sicherung eines Kredits an *F* ab. *X*, *Y* und *Z* sind ebenfalls Kunden bei *F* und unterhalten dort jeweils laufende Konten. *F* zeigte die Abtretungen vom 1.5. jeweils *X*, *Y* und *Z* an.

Die *F* buchte am 7.5. die jeweiligen Beträge lediglich um: Sie belastete die laufenden, im Soll befindlichen Konten der *X* (5.000 EUR), der *Y* (10.000 EUR) und der *Z* (2.000 EUR) und schrieb sie dem Kreditkonto der *W* gut. Wenige Tage später stellte *W* ihre Darlehensrückzahlungen an *S* und *R* wegen finanzieller Probleme dauerhaft ein. *F* machte die Gutschrift zu Gunsten der *W* wieder rückgängig. *S*, *R* und *M* erheben Klage gegen *F* und begehren Zahlung.

1. Kann *S* von *F* Zahlung von 5.000 EUR verlangen?
2. Kann *R* von *F* Zahlung von 10.000 EUR verlangen?
3. Kann *M* von *F* Zahlung von 2.000 EUR verlangen?

Bearbeitervermerk: Unterstellen Sie, dass das Kreditvolumen der *W* bei *S*, *R* und *F* die Höhe der zur Sicherung abgetretenen Forderungen zu jedem Zeitpunkt überstieg.

B. Gutachtliche Überlegungen

Bereits die Sachverhaltserfassung dürfte vielen Klausuranten gewisse Schwierigkeiten bereiten. Selbst die Anfertigung einer Skizze mit den einzelnen Rechtsbeziehungen stellt sich als vergleichsweise komplex dar. Davon darf man sich in der Prüfungssituation aber keinesfalls abschrecken lassen; so liefert mitunter auch gerade die Erstellung einer chronologischen Übersicht über die Ereignisse den Zugang zum tieferen Verständnis einer – mit mannigfaltigen Datumsangaben versehenen – Sachverhaltsgestaltung:

– Ausgangslage: *W* steht jeweils in geschäftlicher Verbindung zu den Banken *S*, *R*, *M* und *F*

– 1.1.: Vereinbarung *S* – *W*: Abtretung aller gegenwärtigen und künftigen Forderungen der *W* aus **Bücher**lieferungen zur Sicherung des von *S* an die *W* gewährten Kredits (keine Klausel in Bezug auf einen verlängerten Eigentumsvorbehalt)

– 1.2.: Vereinbarung *R* – *W*: Abtretung aller gegenwärtigen und künftigen Forderungen der *W* aus **Zeitschriften**lieferungen aus Sicherungszwecken (Klausel in Bezug auf einen verlängerten Eigentumsvorbehalt enthalten)

– 1.3.: Vereinbarung *M* – *W*: Vertrag über den „Ankauf von Forderungen" aus **Werbekatalog**lieferungen (einschließlich der Übernahme des Zahlungsrisikos der jeweiligen Schuldner durch *M*) sowie (Voraus-)Abtretung aller nach Abschluss des Vertrages entstehenden künftigen Forderungen aus Werbekataloglieferungen

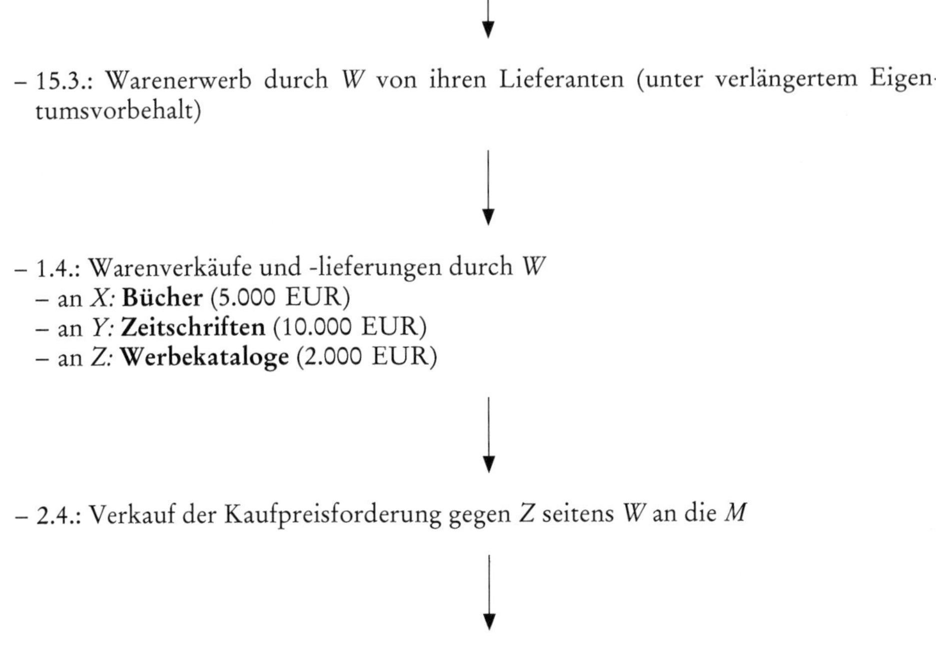

↓

– 15.3.: Warenerwerb durch *W* von ihren Lieferanten (unter verlängertem Eigentumsvorbehalt)

↓

– 1.4.: Warenverkäufe und -lieferungen durch *W*
  – an *X:* **Bücher** (5.000 EUR)
  – an *Y:* **Zeitschriften** (10.000 EUR)
  – an *Z:* **Werbekataloge** (2.000 EUR)

↓

– 2.4.: Verkauf der Kaufpreisforderung gegen *Z* seitens *W* an die *M*

↓

– 20.4.: Erfüllung der noch offenen Kaufpreisforderungen der W gegenüber ihren Warenlieferanten

↓

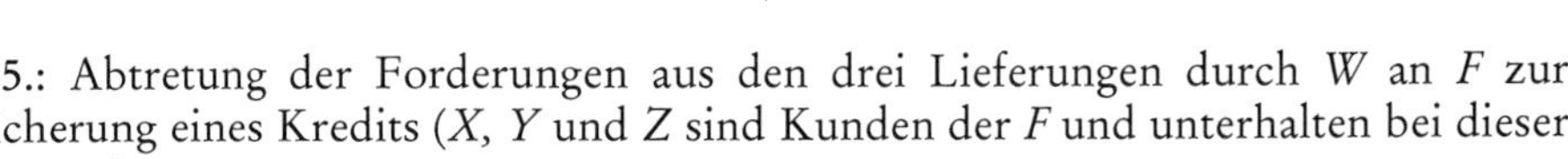

– 1.5.: Abtretung der Forderungen aus den drei Lieferungen durch *W* an *F* zur Sicherung eines Kredits (*X*, *Y* und *Z* sind Kunden der *F* und unterhalten bei dieser Konten)

↓

– Anzeige der Abtretungen durch *F* gegenüber *X*, *Y* und *Z*

↓

– 7.5.: Umbuchung der jeweiligen Beträge durch *F* (***Belastung*** der Konten von *X*, *Y* und *Z* ***sowie Gutschrift*** der Beträge auf dem Kreditkonto der *W*)

↓

– Einstellung der Darlehensrückzahlungen an *S* und *R*

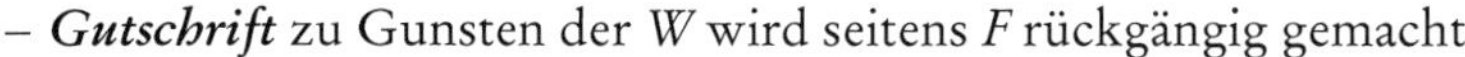

– ***Gutschrift*** zu Gunsten der *W* wird seitens *F* rückgängig gemacht

– Klage von *S, R* und *M* gegen *F* auf Zahlung

Nach zweimaligem Lesen des Sachverhalts sollte einigermaßen klar sein, worum es letztlich der Sache nach geht: Ein Händler *(W)* arbeitet mit Krediten von zwei verschiedenen Banken (*S* und *R*), denen er als Sicherheit bestimmte Kundenforderungen im Wege einer Globalzession abgetreten hat. Die Kundenforderungen resultieren aus Lieferungen, denen ein verlängerter Eigentumsvorbehalt zugrunde lag. Einen anderen Teil dieser Kundenforderungen verkauft der Händler mit Abschlag an eine weitere Bank *(M)*. Dem geschulten Blick erschließt sich das dahinter stehende Problem nunmehr schnell: Hier kollidieren Globalzession und verlängerter Eigentumsvorbehalt.

Bücherlieferungen:	S	← Globalzession	W	Kaufvertrag →	X
Zeitschriftenlieferungen:	**R**	← Globalzession	W	Kaufvertrag →	Y
Werbekataloglieferungen:	**M**	← Factoring	W	Kaufvertrag →	Z

Das bekannte Terrain wird hingegen verlassen, sobald es um die Vorgänge vom 7.5. geht. Einbezogen wird eine weitere Person, nämlich *F.* An diese tritt *W* einzelne Kundenforderungen ab, die von den Globalzessionen erfasst sind oder zumindest sein sollten. Die aus den abgetretenen Forderungen verpflichteten Kunden unterhalten zufälligerweise ebenfalls Konten bei der Bank *F.* Schließlich tritt klausurtypisch und unvermeidlich der Sicherungsfall ein, denn W bedient die Darlehen nicht mehr. Nun aber geschieht für den Bearbeiter das rechtlich bislang Unbekannte: Zur Vereinfachung der Zahlungsabwicklung bucht *F* einfach die jeweiligen Beträge um, nämlich von den einzelnen Kundenkonten auf das Kreditkonto der *W.* Faktisch „vollstreckt" *F* selbst die ihr abgetretene Forderung.

Forderungen gegen X, Y, Z:	W	Abtretung *(Umbuchung)* →	**F**

Die Herausforderung des Falles liegt darin, beide Problembereiche miteinander zu verzahnen.

1.) Anspruch	S	⟶	F
2.) Anspruch	R	⟶	F
3.) Anspruch	M	⟶	F

Genau an dieser Stelle findet sich auch ein zentraler Bewertungsmaßstab für die Klausur: Zur Kollisionsfrage kann der Prüfling erlerntes Wissen präsentieren und anwenden, die Umbuchung erfordert sodann in stärkerem Maße eigenständig-kreatives Denken. Letztere Aufgabe ist keineswegs unlösbar, sofern man sich auf sein Grundlagenverständnis des Bereicherungsrechts verlassen kann.

II. Anspruchsgrundlagen

Erfahrungsgemäß nehmen viele Klausuranten bereits die Hürde der einschlägigen Anspruchsgrundlage nicht. Ersichtlich bestehen keine vertraglichen oder vertragsähnlichen Beziehungen zwischen *S, R, M* auf der einen und *F* auf der anderen Seite. Jedoch auch bei den gesetzlichen Schuldverhältnissen verringert sich die Auswahl zusehends: Deliktische Ansprüche aus § 823 scheitern am fehlenden Verschulden; *F* hatte keine Kenntnis oder auch nur fahrlässige Unkenntnis von den Globalzessionen. Damit ist auch an eine vorsätzliche sittenwidrige Schädigung nach § 826 nicht zu denken. In Erwägung zu ziehen könnten noch Ansprüche aus Geschäftsführung ohne Auftrag sein. Die Rechtsfolge des § 667 Alt. 2 – Herausgabe des durch die Geschäftsführung Erlangten – ist über §§ 677, 681 S. 2 nicht erreichbar, da die „Umbuchung" nicht dem tatsächlichen Willen der Geschäftsherrn *(S, R, M)* entsprach. Für § 684 wiederum wäre ein Fremdgeschäftsführungswille der *F* erforderlich, der nicht angenommen werden kann. Für eine angemaßte Eigengeschäftsführung (§ 687 II) fehlt es schließlich an der positiven Kenntnis des Geschäftsführers *(F)* davon, dass er nicht zur Geschäftsführung berechtigt ist. Folglich scheiden Ansprüche aus Deliktsrecht und Geschäftsführung ohne Auftrag aus.

Stattdessen müssen die Überlegungen das Recht der ungerechtfertigten Bereicherung fokussieren. Ansatzpunkt hierzu ist, dass *F* eine Forderung eingezogen haben könnte, die ihr gar nicht zusteht. Wir bewegen uns unweigerlich im Bereich der Nichtleistungs-, genauer der Eingriffskondiktionen. Spezielle Ausprägung der allgemeinen Eingriffskondiktion (§ 812 I 1 Alt. 2) ist die Sonderregelung in § 816 II.[1] In deren Fall wird an einen Nichtberechtigten eine Leistung bewirkt. Wer erkennt, dass die Umbuchung durch *F* rechtlich als eine solche Leistung einzustufen ist, hält den Schlüssel zur Lösung in der Hand. Die Fragen rund um die Kollision von Globalzession und verlängertem Eigentumsvorbehalt können sodann vollständig innerhalb des Prüfungspunktes „Berechtigung von *S, R* und *M*" behandelt werden. Sind der Schritt zu § 816 II vollzogen und die „Umbuchung" rechtlich zumindest grob eingeordnet, so kann die damit bestehende gedankliche Kurzgliederung mit Leben gefüllt werden.

III. Anspruch der *S*

Die Prüfungsreihenfolge wird durch die nummerierten Fallfragen eindeutig vorgegeben; an diese sollte sich der Bearbeiter unbedingt halten. Im Rahmen der Erörterung eines etwaigen Anspruchs der *S* gegen *F* aus § 816 II liegt der alleinige Schwerpunkt

[1] Vgl. hierzu Staudinger/*Auer* Eckpfeiler des Zivilrechts Rn. S 41 S. 1233.

auf der Berechtigung der *S*. Entscheidend ist dabei, ob *S* Inhaberin der Forderung gegen *X* im Zeitpunkt der „Umbuchung", also des Eingriffs der *F*, war. Bevor nun die Diskussion um die Kollisionsproblematik eröffnet wird, sind innerhalb des § 138 I noch zwei weitere Ursachen einer Sittenwidrigkeit (kurz) zu begutachten: die sittenwidrige Knebelung[2] und die Übersicherung. Für erstere reicht es allerdings nicht aus, dass die *W* zur Sicherung des Kredits bedeutende Teile ihrer Kundenforderungen abtritt, solange ihr noch die wirtschaftliche Entschließungs- und Handlungsfreiheit verbleibt. Ziel der Darlehensgewährung unter Stellung der Sicherheiten war vielmehr die Aufrechterhaltung und Fortsetzung des Betriebs der *W*. Eine sittenwidrige Knebelung muss daher abgelehnt werden. Gleiches gilt für eine Übersicherung. Der Klausurant muss hierbei in der gebotenen Kürze zeigen, dass er den Unterschied zwischen anfänglicher und nachträglicher Übersicherung, ihre jeweiligen Voraussetzungen und Rechtsfolgen kennt. Eine nachträgliche Übersicherung führt nicht zur Unwirksamkeit,[3] eine anfängliche scheitert *in casu* auf Voraussetzungsseite.[4]

Im Anschluss sollte die Klausurlösung zielgerichtet auf eines der Hauptprobleme zusteuern: Muss die chronologisch vorrangige Globalzession zugunsten der *S* dem späteren verlängerten Eigentumsvorbehalt zugunsten der Lieferanten weichen?[5] Man halte sich zum Problemverständnis das Prioritätsprinzip vor Augen, das zunächst eine klare Antwort auf die soeben gestellte Frage bereithält: Nein.[6] Zweifel am Gerechtigkeitsgehalt dieses Zwischenergebnisses müssen aber aufkommen, wenn sich der Bearbeiter die Auswirkungen einer strikten Orientierung am Prioritätsprinzip bewusst macht. Die Händlerin *W* erhält ihre Waren, von deren Weiterverkauf sie lebt, aufgrund Branchenüblichkeit nur bei Akzeptanz eines verlängerten Eigentumsvorbehalts. Über den einfachen Eigentumsvorbehalt (§§ 929 S. 1, 158 I) hinaus tritt sie damit im Voraus ihre zukünftigen Kaufpreisforderungen aus den Weiterverkäufen an ihren Lieferanten ab.[7] Sind diese Forderungen nun aber bereits

---

2 Vgl. im Überblick Staudinger/*Schiemann* Eckpfeiler des Zivilrechts Rn. D177 S. 233.

3 Statt vieler grdl. BGHZ 137, 212 ff.; bestätigend *BGH* NJW-RR 2015, 1182 (1183); Überblick bei Staudinger/*Herresthal* Eckpfeiler des Zivilrechts Rn. L64 ff. S. 788 ff.

4 Vgl. zur anfänglichen Übersicherung *BGH* NJW 1994, 1796 (1798); NJW 1998, 2047; Staudinger/*Herresthal* Eckpfeiler des Zivilrechts Rn. L54 ff. S. 784 ff.; Staudinger/*Sack/Fischinger* (2017) BGB § 138 Rn. 378 f.; MüKoBGB/*Armbrüster* § 138 Rn. 101.

5 Vgl. zur Problematik BGHZ 30, 149 (152 f.); *BGH* NJW 1999, 2588 (2589) m.w.N.; Kollision zwischen verlängertem Eigentumsvorbehalt und Globalzession in der insolvenzrechtlichen Einkleidung – *BGH* NZI 2019, 274; *Reinicke/Tiedtke* Kreditsicherung Rn. 953 f.; *Jork* JuS 1994, 1019 ff.; *Lüke* JuS 1995, 90 (94); *Leible/Sosnitza* JuS 2001, 449 (452 f.); Staudinger/*Herresthal* Eckpfeiler des Zivilrechts Rn. L59 ff. S. 786 ff.

6 Nicht eingegangen werden muss auf die heute kaum noch vertretene Gegenauffassung, nach der in derartigen Fällen ohne Rücksicht auf den Grundsatz der Priorität stets und ohne weiteres der Warenlieferer den Vorzug genieße. Dabei wird der Gedanke der Surrogation verwertet: An die Stelle des bis zur Weiterveräußerung bestehenden, vorbehaltenen Eigentums des Lieferers trete die Kaufpreisforderung seines Kunden gegen dessen Abkäufer. Andere legen Gewicht darauf, dass der Lieferant dieser Forderung näher stehe als eine Bank, die nur Geldkredit gewährt habe. Wird diese Frage gesehen, so sollte trotzdem der heute wohl einhellig vertretenen Meinung zu folgen sein, die das Prioritätsprinzip – zunächst – uneingeschränkt anwendet. Der Surrogationsgrundsatz ist nämlich im geltenden Recht auf bestimmte Fallgestaltungen beschränkt, zu denen die vorliegende nicht gehört. Die Annahme, der Warenlieferant stehe der Forderung gegen den Abkäufer näher, würde, selbst wenn sie richtig wäre, keine rechtlichen Folgerungen zulassen; sie ist im Übrigen auch abzulehnen, weil die Verarbeitung und der Umsatz der eingekauften Ware regelmäßig nicht minder durch den Geldkredit der Bank als durch den Warenkredit des Lieferanten ermöglicht werden.

7 Vgl. hierzu Staudinger/*Herresthal* Eckpfeiler des Zivilrechts Rn. L61 S. 787.

von einer Globalzession erfasst, geht die naturgemäß spätere Vorausabtretung zugunsten der Lieferanten stets ins Leere. Der Händlerin *W* bliebe zur Aufrechterhaltung ihres Geschäftsbetriebs nichts anderes übrig, als ihren Lieferanten stets vorzugaukeln, ihnen die Kaufpreisansprüche verschaffen zu können – ein auch angesichts von § 263 StGB bedenkliches Verhalten. Der Bank als Sicherungsnehmerin ist dieses Dilemma durchaus bewusst. Anders als den Lieferanten sind ihr auch andere Sicherheiten leichter zugänglich. Vereinbart sie trotzdem eine uneingeschränkte Globalzession, verleitet sie ihre Darlehensnehmerin (hier *W*) sozusagen zum Vertragsbruch. In dieser Konstellation ist die gesamte Vereinbarung nach § 138 I nichtig.[8] An diesem Umstand ändert auch die spätere Befriedigung der Warenlieferanten durch Zahlung des Kaufpreises nichts. Die Wirksamkeit der Vereinbarung mit S muss abstrakt im Zeitpunkt ihres Abschlusses untersucht werden. Eine nachträgliche Heilung tritt nicht ein. Subsumiert man vor diesem Hintergrund den Sachverhalt, ist als Ergebnis die Sittenwidrigkeit der Globalzession zugunsten der *S* zu konstatieren; *S* ist mithin nicht Berechtigte im Sinne des § 816 II. Sie kann daher keine Zahlung von 5.000 EUR verlangen.

IV. Anspruch der *R*

Mit gleichem Aufbau steht in der Folge die Prüfung des Anspruchs von *R* gegen *F* aus § 816 II an. Einen entscheidenden Unterschied zur ersten Fallfrage muss der Klausurant im Sachverhalt erkennen: Soweit die Kaufpreisforderungen der *W* gegen ihre Kunden vom verlängerten Eigentumsvorbehalt der Lieferanten erfasst sind, sollen sie mit dinglicher Wirkung (!) von der Globalzession zugunsten der *R* ausgenommen sein. *W* und *R* haben damit nicht bloß einen schuldrechtlichen Rückübertragungsanspruch begründet, sondern ihren Vertrag im Sinne des § 398 S. 1 einschränkend modifiziert. Diese Erkenntnis muss zur Schlussfolgerung führen, dass die hinsichtlich der Vereinbarung mit *S* ausgeführte Problematik bei der dinglich eingeschränkten Zession zugunsten der *R* gar nicht besteht. *W* begeht gegenüber ihren Lieferanten keinen Vertragsbruch, da sie ihnen die Kaufpreisforderungen aus Weiterveräußerungen problemlos verschaffen kann. Die Darlehensgeberin nimmt in diesem Umfang keine Sicherheiten in Anspruch. Aufgrund der somit zwischen *W* und *R* vereinbarten dinglichen Teilverzichtsklausel ist die Globalzession nicht nach § 138 I sittenwidrig und *R* ist, nach Freiwerden der Kaufpreisforderung am 20.4, mithin Berechtigte im Sinne des § 816 II.

Anspruchsvoll wird die Begutachtung der Frage, ob an *F* seitens *Y* eine Leistung bewirkt worden ist.[9] In unseren ersten Überlegungen zur Orientierung haben wir bereits erarbeitet, worin der Sinn der von *F* vorgenommenen „Umbuchung" liegt: eine Verkürzung und Vereinfachung des Zahlungswegs. Durch die widerspruchslose Hinnahme der Abbuchung wollte sich *Y* aus ihrer Sicht von ihrer vermeintlich gegenüber *F* bestehenden Zahlungsverpflichtung aus § 433 II befreien und zugleich sollte die Darlehensverbindlichkeit der *W* gegenüber *F* verringert werden. Nun darf der Klausurant nicht auf den Gedanken verfallen, bei *F* handele es sich nicht um die Leistungsempfängerin im bereicherungsrechtlichen Sinne, sondern um eine bloße „Zahlstelle", die nicht in die Rückabwicklung einzubeziehen wäre.[10] *Y* hatte nämlich Kenntnis von der Abtretung an *F*. Damit bestand bei *Y* nicht der Wille, eine Leistung

---

8 A. A. *Erman* BB 1959, 1109 (1111 f.), der eine Forderungsaufteilung befürwortet.

9 Zum Leistungsbegriff vgl. *Reuter/Martinek* Ungerechtfertigte Bereicherung (1983) § 4 II S. 80 ff.; zum Leistungsbegriff in Dreipersonenverhältnissen vgl. auch *Reuter/Martinek* Ungerechtfertigte Bereicherung Teilband 2 § 1 I 1 S. 3 ff.

10 Vgl. zur Zahlstellenproblematik BGHZ 53, 139 (141 ff.); *BGH* NJW 2019, 2608.

„durch die *F* hindurch" an *W* zu erbringen. Schließlich wird das Vorliegen einer Leistung der *Y* nicht dadurch beeinträchtigt, dass *F* eventuell ohne deren Zustimmung aktiv wurde; zumindest hat *Y* die Abbuchung widerspruchslos hingenommen.[11]

Ob diese Leistung der *Y* an *F* auch gegenüber *R* wirksam war, darf nicht vor nennenswerte Schwierigkeiten stellen: Ebenso wie § 816 I 1 erlaubt auch § 816 II eine Genehmigung des Berechtigten gemäß § 185 II Alt. 1.[12] In einer Klageerhebung unter Berufung auf § 816 II ist regelmäßig eine solche Genehmigung Zug um Zug gegen Zahlung der begehrten 10.000 EUR zu sehen.

Nicht ganz so leicht lässt sich beantworten, welcher Vermögensgegenstand an *F* geleistet wurde und nach § 816 II herauszugeben ist. Zum einen kann auf die Vereinfachungsfunktion der „Umbuchung" abgestellt werden: *Y* hätte alternativ auch den Betrag von 10.000 EUR von ihrem Konto bei *F* in bar abheben und sodann wieder bei *F* zur Tilgung der Kaufpreisforderung einzahlen können, damit der Betrag dem Kreditkonto der *W* gutgeschrieben werden kann. Stattdessen stellt die „Umbuchung" eine bargeldlose Verkürzung des Zahlungswegs dar. So gesehen hat *F* den Betrag in Form von „Buchgeld" erhalten. Zum anderen lässt sich argumentieren, erlangt habe *F* letztlich nichts anderes als eine Darlehensforderung gegen *Y*, die an die Stelle der Kaufpreisforderung trat. Wegen § 818 II kommt es letztlich auf eine Entscheidung zwischen beiden Sichtweisen nicht an.

Mangels Entreicherung nach § 818 III – *F* konnte die Gutschrift zugunsten von *W* wieder rückgängig machen – kann folglich *R* von *F* Zahlung von 10.000 EUR aus § 816 II verlangen.

V. Anspruch der *M*

Eine erste kleine Herausforderung der dritten Fallfrage nach einem Anspruch der *M* gegen *F* ist die rechtliche Erfassung des zwischen *M* und *W* geschlossenen Vertrages. Zu erkennen gilt es, dass es sich um einen sogenannten „echten" Factoringvertrag handelt.[13] Zur Abgrenzung vom „unechten" Factoring, das dem Kreditgeschäft zuzuordnen ist, handelt es sich hier um einen Forderungskauf (§§ 453 I, 433 ff.); dies zeigt sich vor allem an § 2 IV des Vertrages von *M* und *W*, der das Risiko der Zahlungsunfähigkeit des jeweiligen Schuldners (Delkredererisiko) allein der *M* auferlegt.

Gefordert ist als nächster Schritt, die Anwendbarkeit der oben dargelegten Vertragsbruchtheorie auf das „echte" Factoring zu prüfen. Bedenken könnten aus dem Umstand resultieren, dass sich *W* durch die Factoringvereinbarung weitgehend ohne Eigenkapital zu finanzieren vermag und damit das (Ausfall-)Risiko für die Lieferanten erhöht. Andererseits muss die Risikoverteilung bei Vereinbarung eines verlängerten Eigentumsvorbehalts mit Vorausabtretungsklausel Berücksichtigung finden: Der Lieferant tauscht gewissermaßen seine Sicherheit „Eigentum" bei einer Weiterveräußerung gegen seine Sicherheit „Kaufpreisforderung" ein. Dies gelingt über seine vorherige Zustimmung zur Verfügung über die Kaufsache, sofern im Gegenzug die Vorausabtretung durchgreift. Gleichzeitig wird der Zwischenhändler (hier *W*) vom Lieferanten nach §§ 362 II, 185 zur Entgegennahme der Kaufpreiszahlung

---

[11] Vgl. hierzu *BGH* NJW 1974, 944 (945).

[12] *BGH* NJW 1972, 1197 (1199) m. w. N.; NJW 1974, 944 ff.; MüKoBGB/*Schwab* § 816 Rn. 98 ff. m. N. zur Gegenauffassung.

[13] Vgl. zur Einordnung *Martinek* in Schimansky/Bunte/Lwowski BankR-HdB § 102 Rn. 32 m. w. N.; *Fischinger* JA 2005, 651 ff.

ermächtigt. Im Vergleich zu dieser von den Parteien anvisierten Konstellation werden die Lieferanten allerdings durch einen Forderungsankauf nicht schlechter gestellt. *W* als Zwischenhändler erhält nämlich sofort 92 % der Forderungshöhe und damit einen Betrag, der wegen der üblichen Gewinnspannen über der Lieferantenforderung liegt. Die Lieferanten werden nicht im Vergleich zu einer befreienden Zahlung durch die Abnehmer an *W* benachteiligt. Fazit ist daher, dass die Vertragsbruchthese für das „echte“ Factoring nicht gilt und damit die Globalzession an M nicht sittenwidrig ist; mithin ist *M* – und das bereits vor Erfüllung der Kaufpreisforderungen der Warenlieferanten gegenüber W – Berechtigte im Sinne von § 816 II. Im Übrigen kann auf die zweite Fallfrage verwiesen werden.

VI. Zusammenfassung

Auf Grundlage der Vertragsbruchtheorie steht *S* kein Anspruch gegen *F* zu. Demgegenüber sind die Ansprüche von *R* und *M* aus § 816 II begründet. *R* kommt der dingliche Teilverzicht zugute, *M* die Besonderheiten des „echten“ Factorings.

Bei der gutachterlichen Darstellung muss nicht zwingend auf Ansprüche jenseits des § 816 II eingegangen werden. Für eine herausragende Leistung genügt es, sämtliche Probleme des Falles in einen bereicherungsrechtlichen Rahmen zu gießen.

C. Gliederung

Teil 1: Anspruch der *S* gegen *F* aus § 816 II

- I. Berechtigung der *S*
  - 1. Grundsatz: Prioritätsprinzip
  - 2. Sittenwidrigkeit der Globalzession nach § 138 I
    - a) Knebelung
    - b) Übersicherung
    - c) Kollision mit verlängertem Eigentumsvorbehalt
      Problem: „Vertragsbruchtheorie“ (ohne dinglichen Teilverzicht)
      - aa) Keine Forderungsaufteilung
      - bb) „Vertragsbruchtheorie“
      - cc) Fehlen eines dinglichen Teilverzichts
      - dd) Zwischenergebnis
- II. Ergebnis Teil 1

Teil 2: Anspruch der *R* gegen *F* aus § 816 II

- I. Berechtigung der *R*
  - 1. Grundsatz: Prioritätsprinzip
  - 2. Sittenwidrigkeit der Globalzession nach § 138 I
    Problem: Kollision von verlängertem Eigentumsvorbehalt und Globalzession (mit dinglichem Teilverzicht)
- II. Leistung
  Problem: bereicherungsrechtliche Einordnung der „Umbuchung“
- III. Wirksamkeit gegenüber *R*
- IV. Herausgabe des Geleisteten
  Problem: Gegenstand des durch „Umbuchung“ Geleisteten
- V. Entreicherung
- VI. Ergebnis Teil 2

Teil 3: Anspruch der *M* gegen *F* aus § 816 II
I. Berechtigung der *M*
1. Typologische Einordnung als Factoringvertrag
2. Sittenwidrigkeit der Globalzession nach § 138 I
Problem: Kollision von verlängertem Eigentumsvorbehalt und Globalzession („echtes" Factoring)
II. Weitere Voraussetzungen des § 816 II
III. Ergebnis Teil 3

D. Lösung

Teil 1: Anspruch der *S* gegen *F* aus § 816 II

S könnte gegen *F* einen Anspruch auf Zahlung von 5.000 EUR aus § 816 II haben.

I. Berechtigung der *S*

Hierzu müsste *S* Berechtigte im Sinne des § 816 II an der Forderung gegen *X* gewesen sein, die *W* an *F* abgetreten hat. Als Berechtigter ist derjenige anzusehen, der an sich zur Annahme der Leistung berechtigt gewesen wäre und durch sie beeinträchtigt wird. Vorliegend ist erforderlich, dass *S* Inhaberin der Forderung gegen *X* im Zeitpunkt der „Umbuchung" gewesen ist.

1. Grundsatz: Prioritätsprinzip

S und *W* hatten sich bereits am 1.1. über die Abtretung sämtlicher Forderungen aus Bücherlieferungen geeinigt. Von dieser Abtretung ist auch die Kaufpreisforderung (§ 433 II) gegen *X* erfasst. Die zweite Abtretung an *F* ist erst am 1.5. erfolgt, so dass dem Prioritätsprinzip zufolge an sich die Abtretung an *F* ins Leere gehen und *S* Inhaberin der Forderung sein müsste.

2. Sittenwidrigkeit der Globalzession nach § 138 I

Möglicherweise ist die Abtretung an *S* jedoch wegen Sittenwidrigkeit nach § 138 I nichtig.

a) Knebelung

Anhaltspunkte für eine sittenwidrige Knebelung der *W* bestehen nicht. Selbst die Tatsache, dass eine Bank sich zur Sicherung für gegebene Kredite den größten Teil der gegenwärtigen und zukünftigen Forderungen des Kreditnehmers abtreten und dessen pfändungsfreies Vermögen im Wesentlichen übereignen lässt, begründet für sich allein noch nicht die Sittenwidrigkeit, wenn dem Schuldner die wirtschaftliche Entschließungs- und Handlungsfreiheit, insbesondere auch die Möglichkeit der Einziehung der Forderungen belassen wird und wenn der Kredit der Aufrechterhaltung und Fortführung des Betriebs dienen soll. Vorliegend erfolgte lediglich die Globalzession eines Teils der Forderungen der *W*, nämlich solcher aus der Veräußerung von Büchern. Zudem hat die Höhe der abgetretenen Forderungen – laut Bearbeitervermerk – das zu sichernde Kreditvolumen zu keinem Zeitpunkt überschritten. Letztlich kann davon ausgegangen werden, dass der Kredit der Aufrechterhaltung und Fortführung des Unternehmens der *W* dient. Eine sittenwidrige Knebelung scheidet daher aus.

b) Übersicherung

In Betracht ist weiterhin eine Übersicherung zu ziehen. Ob eine nachträgliche Übersicherung vorliegt, kann offen bleiben, da eine solche die Wirksamkeit der Sicherungsabtretung nicht beeinträchtigt, sondern lediglich zu einem schuldrechtlichen Freigabeanspruch führt.

Eine anfängliche Übersicherung mit der Nichtigkeitsfolge des § 138 I scheitert bereits auf Voraussetzungsseite. Denn der Schätzwert des Sicherungsgutes müsste deutlich über der Freigabegrenze liegen, die bei zumindest 150 % des Wertes des zu sichernden Anspruchs liegt. Nach dem Bearbeitervermerk überstieg das Kreditvolumen der *W* bei *S* die Höhe der zur Sicherung abgetretenen Forderungen allerdings zu jedem Zeitpunkt. Damit fehlt es bereits an einer *Über*sicherung, so dass eine Nichtigkeit aus diesem Grunde ausscheiden muss.

c) Kollision mit verlängertem Eigentumsvorbehalt

Die Abtretung an *S* vom 1.1. könnte jedoch aus einem anderen Grund wegen Verstoßes gegen die guten Sitten gemäß § 138 I nichtig sein mit der Folge, dass *F* Inhaberin der Forderung gegen *X* geworden wäre. Eine solche Nichtigkeit könnte aus der Kollision der Globalzession der *S* mit den verlängerten Eigentumsvorbehalten der Warenlieferanten der *W* resultieren.

aa) Keine Forderungsaufteilung

Um der Sittenwidrigkeit einer der beiden Zessionen nach § 138 I BGB zu entgehen, könnte stattdessen eine Teilung der Kaufpreisforderung erfolgen. Dagegen spricht allerdings, dass es für eine solche Lösung an gesetzlichen Anhaltspunkten fehlt und sie zudem mit den Erfordernissen des Bestimmtheitsgrundsatzes nicht in Einklang zu bringen ist. Eine Forderungsaufteilung findet daher nicht statt.

bb) „Vertragsbruchtheorie"

Für eine Beurteilung der Kollisionsproblematik an § 138 I sind die Rechtsbeziehungen der Beteiligten umfassend zu würdigen. So ist es in der Branche der *W* üblich, dass Lieferanten einen verlängerten Eigentumsvorbehalt vereinbaren. Die *S* hatte hiervon Kenntnis. Wenn sodann die *W* bei ihren Lieferanten Waren unter Vereinbarung eines verlängerten Eigentumsvorbehalts bezog, so musste sie notwendigerweise ihre Lieferanten täuschen. Denn sie war zu der mit diesen jeweils vereinbarten Abtretung der ihr demnächst gegen ihre Abnehmer entstehenden Kaufpreisforderungen überhaupt nicht in der Lage, weil sie diese Forderungen schon zuvor der *S* abgetreten hatte. Ohne Verstoß gegen die Einkaufsverträge konnte sie solche Forderungen gar nicht entstehen lassen, weil sie durch Weiterveräußerung der Ware das bis dahin bestehende Eigentum der Lieferanten vernichtete, ohne diesen vertragsgemäß eine andere Sicherung zu verschaffen. Die *W* musste also ihren Lieferanten gegenüber fortgesetzt grobe Vertragsverletzungen, möglicherweise strafbare Handlungen (Betrug, Unterschlagung, Untreue) begehen. Die *S* verleitete die *W* auf diese Weise zum Vertragsbruch (sog. Vertragsbruchtheorie). Hieran ändert auch die spätere Zahlung der W an ihre Warenlieferanten nichts, durch die deren Sicherungsinteressen weggefallen sind. Die Beurteilung der Sittenwidrigkeit bemisst sich allein abstrakt nach den Umständen im Zeitpunkt der Vereinbarung der Globalzession.

Daraus folgt vorliegend die Nichtigkeit des dinglichen Abtretungsvertrages nach § 138 I.

cc) Fehlen eines dinglichen Teilverzichts

Eine dinglich wirkende Beschränkung der Globalzession (dinglicher Teilverzicht) wurde mit *S* nicht vereinbart.

dd) Zwischenergebnis

Mithin ist die Abtretung vom 1.1. nach § 138 I nichtig und steht der Wirksamkeit der Abtretung an die *F* nicht entgegen.

II. Ergebnis Teil 1

F ist Berechtigte im Sinne des § 816 II und nicht die *S*. Damit scheidet ein Anspruch der *S* gegen die *F* auf Zahlung von 5.000 EUR aus § 816 II aus.

Teil 2: Anspruch der *R* gegen *F* aus § 816 II

Weiterhin könnte *R* gegen *F* ein Anspruch aus § 816 II auf Zahlung von 10.000 EUR zustehen.

I. Berechtigung der *R*

Auch *R* müsste Berechtigte im Sinne des § 816 II an der Forderung der *W* gegen *Y* gewesen sein.

1. Grundsatz: Prioritätsprinzip

R könnte die Forderung durch den Abtretungsvertrag vom 1.2. von *W* erworben haben. Diese erste Abtretung genießt dann gegenüber der zweiten an *F* Priorität, wenn sie wirksam, d. h. nicht wegen Verstoßes gegen § 138 I nichtig war.

2. Sittenwidrigkeit der Globalzession nach § 138 I

Aus den gleichen Gründen wie bei *S* scheiden eine sittenwidrige Knebelung sowie eine anfängliche Übersicherung aus. Der Verstoß gegen die guten Sitten könnte jedoch wie bei dem Vertrag mit *S* aus der Kollision mit den verlängerten Eigentumsvorbehalten der Warenlieferanten der W folgen. Allerdings hat *R*, anders als *S*, solche Forderungen von der Globalzession ausgenommen, die einem verlängerten Eigentumsvorbehalt der Warenlieferanten unterliegen. Der Makel der Sittenwidrigkeit ist einer Globalzession dann genommen, wenn auf die schützenswerten Belange der Lieferanten des Kreditnehmers in einer Weise Rücksicht genommen worden ist, die den Kreditnehmer davor bewahrt, ständig Vertragsverletzungen oder sogar strafbare Handlungen gegenüber seinen Lieferanten begehen zu müssen, wenn er auf Lieferungen unter Eigentumsvorbehalt angewiesen ist. Diese Voraussetzung ist erfüllt, wenn Ansprüche aus einem verlängerten Eigentumsvorbehalt der Globalzession auf jeden Fall und mit dinglicher Wirkung vorgehen sollen (dingliche Teilverzichtsklausel). Einen solchen dinglich wirkenden Teilverzicht haben *R* und *W* vorliegend vereinbart. Ob ein lediglich schuldrechtlich wirkender Teilverzicht ebenfalls genügte, wie eine frühere Minderheitsauffassung behauptete, kann daher dahinstehen.

Mithin liegt keine Nichtigkeit der Globalzession an *R* vor. *R* ist nach dem Prioritätsprinzip am 20.4., nach Zahlung des noch ausstehenden Kaufpreises durch *W* an ihre Warenlieferanten, Inhaberin der Forderung und damit Berechtigte im Sinne des § 816 II geworden.

II. Leistung

An die *F* als Nichtberechtigte müsste weiterhin eine Leistung bewirkt worden sein. Leistung ist jede auf bewusste und zweckgerichtete Vermögensmehrung gerichtete Zuwendung. Fraglich ist, ob in der „Umbuchung" durch *F* eine Leistung der *Y* an *F* zu sehen ist.

Eine solche Leistung wäre dann zu verneinen, wenn *F* als bloße Zahlstelle für *W* tätig geworden wäre. Dies wäre etwa der Fall, wenn letztlich lediglich eine Vereinfachung des Verfahrensvorgangs vorgelegen hätte. Die „Umbuchung" wäre dann ein bloßer Ersatz dafür, dass *Y* unmittelbar an *W* gezahlt und *W* die gezahlten Beträge auf ihr Konto bei der *F* eingezahlt hätte. Dann könnte eine Leistung der *Y* an *W* vorliegen und *F* auf eine bereicherungsrechtlich irrelevante „Statistenrolle" beschränkt sein. Maßgeblich gegen eine bloße Zahlstellenfunktion der *F* spricht die Kenntnis der *Y* von der Abtretung vom 1.5. Der *Y* war diese Abtretung durch die *F* angezeigt worden. Sie hat somit nicht den Willen gehabt, an *W* zu leisten und die *F* nur als bloße Zahlstelle einzuschalten.

Überdies kann dahinstehen, ob die *F* die Belastung des Kontos der *Y* zunächst eigenmächtig vorgenommen hat oder ob sie das Einverständnis ihres Kunden von vornherein voraussetzen konnte. Auch wenn *Y* die Lastschrift lediglich widerspruchlos hinnahm, so ändert dies nichts daran, dass sie damit selbst eine Leistung an die *F* als Abtretungsempfängerin erbringen wollte und erbracht hat.

Nicht angenommen werden kann zudem, dass die *Y* gegenüber der *F* eine neue Schuld habe eingehen wollen, die die ursprünglich der *W* zustehende Forderung gänzlich unberührt lassen sollte. Hierfür fehlt es an Anhaltspunkten. Vielmehr spricht der zeitliche und sachliche Zusammenhang mit der Abtretung vom 1.5. gegen eine solche Neuschaffung neben der Forderung der *W*. Die *F* hat der *Y* mit der Belastung weiteren Kredit eingeräumt, damit sie ihre Forderung gegenüber der *W*, die inzwischen an die *F* abgetreten war, erfüllen konnte.

Damit liegt in der „Umbuchung" eine Einziehung der Forderung durch die *F* und eine Leistung der *Y* an die *F* im Sinne des § 816 II.

III. Wirksamkeit gegenüber *R*

Die Leistung an die *F* müsste der *R* gegenüber wirksam sein. Unabhängig von einer etwaigen schuldbefreienden Wirkung nach den §§ 407, 408 hat hier die *R* die Leistung an die *F* nach § 185 II genehmigt. Eine solche ist in der Klageerhebung durch *R* – zumindest Zug-um-Zug gegen Zahlung der 10.000 EUR – zu sehen.

IV. Herausgabe des Geleisteten

Nach § 816 II ist der Nichtberechtigte zur Herausgabe des Geleisteten verpflichtet. Welcher Vermögensgegenstand an die *F* durch die *Y* geleistet wurde, kann unterschiedlich erfasst werden.

Zum einen könnte davon ausgegangen werden, die *F* hätte den Betrag in Form von „Buchgeld" erhalten, das einer Barzahlung gleichzusetzen ist. Mit der von ihr vorgenommenen „Umbuchung" hätte sie nur den Weg der von der *Y* zu erbringenden

Leistung abgekürzt. Die *Y* hätte dazu den ihr von der *F* allgemein eingeräumten Kontokorrentkredit ausschöpfen können, den die *F* zu diesem Zweck erhöhte. Die *F* hätte so verfahren können, dass sie die 10.000 EUR auf dem für die *Y* geführten Konto zunächst abgebucht und an die *Y* ausgezahlt hätte. Die *Y* hätte die Summe dann wieder bei *F* zur Tilgung der an diese abgetretenen Kaufpreisforderung der *W* einzahlen müssen. Auf dem Kreditkonto der *W* hätte die *F* dann den Betrag gutbringen müssen. Statt in dieser umständlichen Weise zu verfahren, hätte die *F* nun dasselbe Ergebnis ohne Aus- und Einzahlung von barem Geld auf direktem Wege durch die „Umbuchung" der 10.000 EUR von dem einen auf das andere Konto erreicht. Das bezweckte der bargeldlose Zahlungsverkehr auch sonst. Dass die *F* hier zugleich „überweisende" und „empfangende" Bank war, machte keinen Unterschied. Sie wäre – zumindest bereicherungsrechtlich – so zu behandeln, als hätte die *Y* den ihr belasteten Betrag an sie, also die *F*, bar bezahlt.

Zum anderen könnte das von der *F* durch die „Umbuchung" Erlangte lediglich in einer von ihr gegen die *Y* erworbenen Darlehensforderung gesehen werden, die an die Stelle der Kaufpreisforderung der *W* getreten wäre. Denn diese neue Forderung hätte die *F* mit der „Umbuchung" in das für die *Y* geführte Kontokorrent eingestellt. Damit wäre eine gesonderte Verfügung über diesen nunmehr nur noch einen unselbstständigen Rechnungsposten darstellenden ursprünglichen Anspruch, also auch eine Abtretung an die *R*, grundsätzlich nicht mehr möglich. Die einzelnen Posten der laufenden Rechnung bilden eine Einheit; für eine dem entgegenstehende besondere Abrede der Kontokorrentparteien fehlt es an Anhaltspunkten. Die *F* wäre also zur Herausgabe des von ihr Erlangten außerstande und müsste nach § 818 II dessen Wert ersetzen. Dieser Wert beträgt mangels entgegenstehender Anhaltspunkte 10.000 EUR.

Letztlich kann offen bleiben, welchem der beiden Lösungsansätze gefolgt wird. In beiden Fällen schuldet die *F* Zahlung von 10.000 EUR.

V. Entreicherung

Die Bereicherung der *F* ist nicht gemäß § 818 III dadurch weggefallen, weil sie den der *Y* belasteten Betrag ihrer anderen Kundin, der *W*, gutgebracht und damit deren Schuld vermindert oder ihr in Höhe dieses Betrags weiteren Kredit gewährt hat. Denn die *F* konnte die Gutschrift wieder rückgängig machen und so ihre Forderung gegen die *W* behalten.

VI. Ergebnis Teil 2

R kann folglich von *F* Zahlung von 10.000 EUR aus § 816 II verlangen.

Teil 3: Anspruch der *M* gegen *F* aus § 816 II

Des Weiteren könnte der *M* gegen die *F* ein Anspruch aus § 816 II auf Zahlung von 2.000 EUR zustehen.

I. Berechtigung der *M*

Hierzu müsste *M* Berechtigte im Sinne des § 816 II, d. h. Inhaberin der Forderung gegen *Z*, gewesen sein, als *F* die „Umbuchung" vornahm. *M* hat die Forderung infolge der Abtretung vom 1.3. erworben, sofern diese wirksam war. Eine sittenwidrige Knebelung liegt aus den gleichen Gründen wie bei *S* nicht vor. Dagegen könnte erneut die Kollision der in § 5 des Vertrages vom 1.3. vereinbarten Globalzession mit den verlängerten Eigentumsvorbehalten der Warenlieferanten der *W* eine Sittenwidrigkeit begründen. Da die Globalzession bereits am 1.3. erfolgte und damit zeitlich vor der Vereinbarung des verlängerten Eigentumsvorbehalts am 15.3., wäre nach dem Prioritätsprinzip die Globalzession vorrangig und die spätere Vorausabtretung ins Leere gegangen. Fraglich ist aber, ob sich die Rechtslage in Bezug auf § 138 I ähnlich wie bei der Globalzession der *S* und der *R* darstellt.

1. Typologische Einordnung als Factoringvertrag

Die vertragstypologische Einordnung ergibt, dass *M* und *W* einen sogenannten Factoring-Vertrag geschlossen haben. *M* kauft von *W* deren Kaufpreisforderungen aus Werbekataloglieferungen, um der *W* zeitnahe Liquidität zur Verfügung zu stellen. Der *W* werden 92 % der jeweiligen Forderungshöhe vergütet. Nach § 2 IV des Factoring-Vertrages trägt allein die *M* das Risiko der Zahlungsunfähigkeit des jeweiligen Schuldners, d. h. das Delkredererisiko. Damit liegt ein sogenanntes „echtes" Factoring vor, bei dem es sich um einen Forderungskauf handelt. Das „unechte" Factoring hingegen ist den Kreditgeschäften zuzuordnen. Das „echte" Factoring hat die Besonderheit, dass der Anschlusskunde, hier die *W*, den von der Factoring-Bank, hier der *M*, regelmäßig schon vor Fälligkeit – vorschussweise – gezahlten Kaufpreis endgültig behalten darf.

2. Sittenwidrigkeit der Globalzession nach § 138 I

Für eine Heranziehung der Vertragsbruchtheorie bei „echtem" Factoring könnte sprechen, dass durch das Factoring die Finanzstruktur eines Unternehmens gegenüber dem „Normalfall" erheblich umgeschichtet und eine Geschäftsausweitung nahezu ohne Eigenkapital ermöglicht werde. Die Vorbehaltslieferanten könnten sich im Falle einer Krise des Vorbehaltskäufers auf eine „exemplarisch masselose Insolvenz" einrichten. Nicht umsonst lege der Lieferant auf das Sicherungsrecht Wert, dass ihm durch die Factoring-Globalzession entzogen werde. Die Barzahlung des Factors sei betriebswirtschaftlich kein Äquivalent zu einem Barverkauf des Vorbehaltsguts, denn die Erlaubnis zur Weiterveräußerung im Wege von Barverkäufen umfasse keinesfalls, dass sich der Vorbehaltskäufer seiner gesamten Außenstände entledige, sämtlichen Lieferanten ihre Sicherungsrechte (und notfalls Absonderungsrechte) nehme und sich ohne Eigenkapital expansiv und hochriskant finanziere.

Dagegen spricht jedoch, dass es im Einklang mit der Rechtsordnung steht, bei einer Unternehmensexpansion weitgehend auf Eigenkapital zu verzichten. Dadurch, dass der Vorbehaltskäufer beim „echten" Factoring den vollen Gegenwert der Forderung derart erhält, nimmt der Vorbehaltsverkäufer genau die Stellung ein, die ihm zukäme, wenn der Vorbehaltskäufer bei einem verlängerten Eigentumsvorbehalt die abgetretene Forderung – erlaubterweise – dadurch zum Untergang gebracht hätte, dass er den Wert der Kaufpreisforderung vom Zweitkäufer der Vorbehaltsware oder einem Dritten in bar entgegengenommen hätte. Es handelt sich nicht um einen Konflikt zweier Kreditgeber.

Ein Vertragsbruch, wie er bei einer Globalzession zugunsten eines Kreditgebers eintritt, liegt beim „echten" Factoring nicht vor. Ein solcher läge auch dann nicht vor, wenn der Vorbehaltskäufer gegen Barzahlung an einen Zweitabnehmer die Vorbehaltsware weiterveräußert hätte. Vergleichbar erhält der Vorbehaltskäufer den Gegenwert der konkreten Forderung von der Factoring-Bank gutgeschrieben. Die Tatsache, dass der Anschlusskunde das Risiko der Verität der abgetretenen

Forderung behält, rechtfertigt eine unterschiedliche Behandlung beider Fallgestaltungen nicht, denn diese Regelung entspricht der gewöhnlichen Rechtslage gemäß §§ 453 I, 434.

Nach der vorzugswürdigen Auffassung findet die Vertragsbruchtheorie somit keine Anwendung bei einer Kollision von zeitlich vorrangiger Globalzession bei „echtem" Factoring und verlängertem Eigentumsvorbehalt von Warenlieferanten. Der Abtretungsvertrag vom 1.3. verstößt damit nicht gegen die guten Sitten und ist insgesamt wirksam. *M* ist damit Inhaberin der Kaufpreisforderung gegen *Z* und Berechtigte im Sinne des § 816 II geworden.

II. Weitere Voraussetzungen des § 816 II

Wie bereits entsprechend in Teil 2 für *R* gezeigt, liegt eine Leistung von *Z* an *F* vor, die gegenüber *M* durch Genehmigung wirksam ist. *F* muss die erlangten 2.000 EUR an *M* herausgeben, ohne sich auf Entreicherung berufen zu können.

III. Ergebnis Teil 3

M kann in der Folge von *F* Zahlung von 2.000 EUR aus § 816 II verlangen.

E. Lerntest

I. Fragen

1. Was ist unter der sogenannten „Vertragsbruchtheorie" zu verstehen?
2. Ist im Rahmen des § 816 II eine Genehmigung des Berechtigten zulässig?
3. Welche Formen des Factorings kennen Sie?

II. Antworten

1. Nach der Vertragsbruchtheorie ist grundsätzlich die (zeitlich vorgelagerte) Globalzession zugunsten eines Geldkredit- oder Warenkreditgebers nach § 138 I unwirksam, sofern dadurch ein branchenüblicher verlängerter Eigentumsvorbehalt von Lieferanten des Sicherungsgebers torpediert wird. Eine Ausnahme gilt bei Vereinbarung einer dinglichen Teilverzichtsklausel.

2. Ja, nach § 185 II Alt. 1.

3. Zu unterscheiden ist zwischen „echtem" und „unechtem" Factoring. Erstere Variante ist rechtlich als Forderungskauf (§§ 453 I, 433 ff.), letztere als Darlehensvertrag (§ 488) einzuordnen. Das Delkredererisiko trägt im Rahmen des „echten" Factorings der sogenannte Factor als Käufer der Forderung.

Fall 12. Doktor Schmurzel in Nöten

Die mittelschwere Klausur behandelt einen bunten Querschnitt aus Allgemeinem Teil (§ 138), Allgemeinem Schuldrecht (Formvorschriften, Wegfall der Geschäftsgrundlage) und Bereicherungsrecht (Leistungskondiktionen). Eine eigenständige Herausforderung liegt dabei im Verständnis der Interessenlagen der Beteiligten.

A. Sachverhalt

Doktor Schmurzel (S) war Eigentümer eines mit einer Prachtvilla bebauten Grundstücks, dessen Verkehrswert 2.500.000 EUR beträgt. Da *Doktor Schmurzel (S)* durch einen Börsenkrach leider einen Großteil des ererbten Vermögens verloren hatte, kam es dazu, dass das Grundstück mit einer Grundschuld in Höhe von 1.200.000 EUR zuzüglich Zinsen zugunsten des Bankhauses *Franz & Fritz* AG (*F*-AG) belastet wurde. Dieses stellte am 4.1. zulässigerweise einen Antrag auf Durchführung der Zwangsversteigerung in das Grundstück des *S*. Die *F*-AG erklärte sich jedoch bereit, gegen Zahlung von 1.200.000 EUR, bis zum 31.8. von der Versteigerung Abstand zu nehmen.

Um die Zwangsversteigerung seines geliebten Grundstücks abzuwenden und sich nicht zum Gespött der Ärztewelt zu machen, schloss *S* mit seinem wohlhabenden Kollegen, *Doktor Hinterstich (H)*, am 25.8. einen Notarvertrag, in dem er das Grundstück an *H* für 1.200.000 EUR verkaufte. *H* kannte dabei den wahren Wert des Grundstücks nicht. Die Auflassung erfolgte in der Notarverhandlung. Mit privatschriftlich am selben Tag geschlossener „Vereinbarung über die Modalitäten zu Vermietung und Verkauf" verpflichtete sich *H* gegenüber *S* unter anderem, die Villa ab dem 1.9. für zwei Jahre an *S* zu vermieten und bis zum Mietende für den „maximal erzielbaren Preis" weiter zu verkaufen. Von dem einvernehmlich festzulegenden Weiterverkaufspreis sollten 1.500.000 EUR dem *H* zustehen. Der Rest wurde *S* zugesprochen. An dem Weiterverkauf, insbesondere an der Erzielung eines „möglichst hohen Verkaufserlöses", hatten beide Parteien mitzuwirken. Welche der beiden Übereinkünfte am 25.8. zeitlich zuerst geschlossen wurde, ist inzwischen nicht mehr aufklärbar.

Mit weiterem, am 25.8. privatschriftlich geschlossenem Vertrag verkaufte *S* dem *H* einen Teil der Einrichtung. Mit einem darüber hinaus am selben Tag geschlossenen Vertrag, vermietete *H* dem *S* das Haus. In der Folge zahlte *S* den Betrag an die *F*-AG, so dass die Zwangsversteigerung abgewendet werden konnte. Im Oktober wurde *H* als Grundstückseigentümer in das Grundbuch eingetragen.

Es kam jedoch zu Spannungen zwischen den Beteiligten. Wie von *S* befürchtet, hatte der redselige *H* beim Jahrestreffen des örtlichen Ärztevereins bereits von seiner „Rettungsaktion" zugunsten des „verarmten Doktors" erzählt, um sich selbst als neuen Stern am Ärztehimmel feiern zu lassen. Auch deshalb forderte *S* den *H* am 22.12. auf, dem gemeinsamen Weiterverkauf des Grundstücks zuzustimmen. Der *H* unterließ dies, woraufhin *S* den Rücktritt von den Verträgen vom 25.8. erklärte. *S* macht geltend, dass die Verträge vom 25.8. fest aneinander gebunden seien, um auf diese Weise zu gewährleisten, dass er

Doktor Schmurzel

den Erlös aus dem letztlich erstrebten Verkauf an einen Dritten erhalten sollte, sofern er die auf Seiten des *H* für den Zwischenerwerb entstandenen Kosten überstieg. Zumindest sei an die Heilung einer etwaigen Formnichtigkeit zu denken. Auch sei der vereinbarte Kaufpreis viel zu niedrig gewesen. *S* verlangt daher von *H* die Rückübertragung des Grundstücks. Zu Recht?

B. Gutachtliche Überlegungen

I. Anspruchsgrundlagen

Der Sachverhalt selbst gibt am Ende bereits einige Hinweise auf wichtige Problemstellen des Falles. Die erste zu prüfende Anspruchsgrundlage lässt sich bereits aus der Erklärung eines Rücktritts ableiten; diese führt unweigerlich zu §§ 346 I, 323 I. Notwendige Voraussetzung eines Rücktritts ist allerdings ein wirksamer Vertrag, woran es wegen Formmangels der „Vereinbarung" vom 25.8. fehlen könnte. Sodann müssen die Überlegungen bei der besonderen Zielsetzung von *S* und *H,* die in der privatschriftlichen „Vereinbarung" getroffen wurde, ansetzen. Es ist daher zu klären, ob ein Wegfall der Geschäftsgrundlage oder die besondere Leistungskondiktion des § 812 I 2 Alt. 2 *(condictio ob rem)* für *S* zum Erfolg führen, sofern die „Vereinbarung" formnichtig sein sollte. Angesprochen ist abschließend, der Kaufpreis sei viel zu niedrig vereinbart worden. Damit sollten Unwirksamkeitsgründe nach § 138 in Erwägung gezogen werden, die letztlich einen Anspruch aus § 812 I 1 Alt. 1 *(condictio indebiti)* begründen. Wer in der Lage ist, den Sachverhalt derart umfassend rechtlich auszuwerten, kann nun sorgenfrei zur Detailarbeit übergehen.

II. Rücktrittsrecht

Für die exakte Darstellung des Rücktrittsrechts von *S* ist strikt zwischen den beiden am 25.8. getroffenen Regelungen zu unterscheiden. Die eine wurde notariell beurkundet und enthielt den Verkauf des Grundstücks von *S* an *H* zum Preis von 1.200.000 EUR.[1] In der anderen „Vereinbarung", die lediglich privatschriftlich geschlossen wurde, verpflichtete sich H zum Verkauf des Grundstücks zu dort näher festgelegten Bedingungen. Damit muss für letztere „Vereinbarung" eine Nichtigkeit

[1] Vgl. zu den Formzwecken Staudinger/*Schumacher* (2018) BGB § 311b Rn. 3.

Doktor Hinterstich

nach § 311b I 1 i.V.m. § 125 S. 1 attestiert werden, denn auch Nebenabreden – zumal mit eigenständiger Übertragungspflicht – bedürfen der notariellen Beurkundung.[2] Spannend wird aber die Folgefrage, ob durch Eintragung in das Grundbuch Heilung nach § 311b I 2 eingetreten ist. Denn die nichterfüllte Vertragspflicht im Sinne des § 323 I kann sich nur aus der privatschriftlichen „Vereinbarung" ergeben. Entscheidend ist zu erkennen, dass sich die im Oktober erfolgte Eintragung nur auf die Erfüllung des Notarvertrages bezog. Die Pflicht des *H* aus der „Vereinbarung" zum späteren Verkauf hingegen wurde noch nicht vollzogen; insofern fehlt es eigentlich an der Eintragung im Sinne des § 311b I 2.

Allerdings ist damit noch nicht notwendig das letzte Wort zur Heilung gesprochen. Zu erwägen ist nämlich, ob beide Verträge vom 25.8. derart eine rechtliche Einheit bilden, dass bereits die Eintragung bezüglich des Notarvertrages die Heilung bezüglich der „Vereinbarung" bewirkt.[3] Ein solcher Gleichschritt kann jedoch nur angenommen werden, wenn Notarvertrag und privatschriftliche „Vereinbarung" nach dem Willen der Parteien derart voneinander abhängen, dass sie miteinander „stehen und fallen" sollen. Allein den taggleichen Abschluss darf der Bearbeiter nicht genügen lassen.[4] Ganz im Gegenteil legt eine solch äußere Betrachtung die Verneinung einer rechtlichen Einheit nahe, da die Verträge in zwei selbstständigen Urkunden niedergelegt wurden.[5] Im Kern ist ausschlaggebend, dass der Durchführung des Notarvertrages unter Auslassung der zusätzlichen „Vereinbarung" bereits ein eigenständiger Sinn und Zweck zukommt: Die Zwangsvollstreckung durch die *F*-AG konnte *S* bereits mit dem Notarvertrag verhindern. Nach dem Willen der Parteien besteht mithin nicht die notwendige enge Verbindung, und eine Heilung der Formnichtigkeit hinsichtlich der privatschriftlichen „Vereinbarung" nach § 311b I 2 muss daher ausscheiden.

---

[2] Vgl. zu Nebenabreden Staudinger/*Schumacher* (2018) BGB § 311b Rn. 152ff.

[3] Vgl. hierzu BGHZ 63, 359 (362); *BGH* NJW 2000, 951 f.; NJW 2002, 2559 (2560); MittBayNot 2010, 306f; MüKoBGB/*Ruhwinkel* § 311b Rn. 54.

[4] Vgl. *OLG München* BeckRS 2009, 06775.

[5] BGHZ 76, 43 (49); ähnlich MüKoBGB/*Ruhwinkel* § 311b Rn. 54.

III. Nichterreichen des verfolgten „Ziels"

Das rechtliche und wirtschaftliche Scheitern der privatschriftlichen „Vereinbarung" vom 25.8. könnte Auswirkungen auf die im Notarvertrag formgerechte vereinbarte Übertragung des Grundstücks haben. Die bereits im Kontext des § 311b I 2 geprüfte Beziehung zwischen den beiden Verträgen – dort noch in Gestalt des rechtlichen Zusammenhangs – nähert sich uns erneut, wenn auch in gänzlich anderem dogmatischem Gewande.

Erstens ist klärungsbedürftig, ob die „Vereinbarung" als Geschäftsgrundlage des Notarvertrages einzuordnen ist. Zwar sind Störung und Wegfall der Geschäftsgrundlage seit 2002 ausdrücklich im Gesetz geregelt, jedoch findet sich keine ausgefeilte Legaldefinition der Geschäftsgrundlage selbst in § 313 I. Vielmehr wird reichlich ominös von den „Umstände(n), die zur Grundlage des Vertrags geworden sind", gesprochen. Üblicherweise wird sie umschrieben als die bei Abschluss des Vertrages zutage getretenen, dem anderen Teil erkennbar gewordenen und von ihm nicht beanstandeten Vorstellungen der einen Partei oder die gemeinsamen Vorstellungen beider Parteien, von dem Vorhandensein oder dem künftigen Eintritt bestimmter Umstände, sofern der Geschäftswille der Parteien auf diesen Vorstellungen aufbaut.[6] Hervorzuheben ist sowohl, dass die Vorstellungen im Zeitpunkt des Abschlusses gegeben sein müssen, als auch, dass eine Grundlage bereits sprachlich nicht Inhalt des Vertrages sein kann. Angewendet auf den Fall bedeutet dies, dass die Voraussetzungen einer Geschäftsgrundlage nicht angenommen werden können: Entweder wurde die nichtige „Vereinbarung" chronologisch vor dem Notarvertrag geschlossen, dann könnte die Erwartung ihrer Erfüllung nur Vertragsinhalt geworden sein; oder aber die „Vereinbarung" folgte zeitlich nach, dann fehlt es an einer Vorstellung *bei Abschluss* des Notarvertrages.[7] Ein Anspruch aus §§ 313 I, III 1, 346 I muss folglich verneint werden.

Zweitens ist die „Zielverfehlung" infolge Nichtigkeit der privatschriftlichen „Vereinbarung" unter dem Blickwinkel der *condictio ob rem* bzw. *condictio causa data causa non secuta* (§ 812 I 2 Alt. 2) rechtlich zu würdigen. Doch hier ist Vorsicht angebracht: „Kein Bereicherungsanspruch der §§ 812ff.", so klagte *Josef Esser,* „wird von Rechtsprechung und Schrifttum seinem Wesen und seiner Bedeutung nach so oft missverstanden."[8] Überlebenswichtig ist bei dieser Leistungskondiktion stets die zutreffende Erkenntnis, was der „nach dem Inhalt des Rechtsgeschäfts bezweckte Erfolg" ist.[9] Zum einen darf sich der Erfolg nicht auf die Erfüllung einer Verbindlichkeit beziehen; insofern vorrangig sind die *condictio indebiti* (§ 812 I 1 Alt. 1) und die *condictio ob causam finitam* (§ 812 I 2 Alt. 1). Zum anderen darf das „Rechtsgeschäft" nicht vertraglich zwingend bindend sein, sondern muss unter dieser Schwelle bleiben; positiv gewendet bedarf es einer Willenseinigung über die Zweckbestimmung. Aus diesen beiden Kriterien haben sich drei Fallgruppen gebildet, in denen die *condictio ob rem* zur Anwendung kommt: Vorleistungs-, Veranlassungs- und Verwendungsfälle.[10] Für unseren Fall bedeutet dies, dass eine Zweckverfehlung nur hinsichtlich des Weiterverkaufs angenommen werden könnte. Allerdings setzt eine entsprechende Willenseinigung der Parteien notwendig voraus, dass die privatschriftliche „Vereinbarung" zeitlich vor dem Notarvertrag geschlossen

---

6 MüKoBGB/*Finkenauer* § 313 Rn. 8ff.; Jauernig/*Stadler* BGB § 313 Rn. 3ff.

7 Ähnlich *BGH* MittBayNot 2010, 306 (307).

8 *Esser* SchuldR AT und BT S. 793.

9 Vgl. hierzu Staudinger/*Auer* Eckpfeiler des Zivilrechts Rn. S 28 S. 1225.

10 Vgl. hierzu Staudinger/*Auer* Eckpfeiler des Zivilrechts Rn. S 29 S. 1226.

wurde; gerade dieser Umstand ist inzwischen nicht mehr aufzuklären. Mithin fehlt es an einer Zweckabrede, so dass sich kein Anspruch des *S* aus § 812 I 2 Alt. 2 ergibt.

IV. Nichtigkeit des Notarvertrages

Die Rückabwicklung des Notarvertrages nach Bereicherungsrecht kann letztlich allein auf Grundlage der *condictio indebiti* erfolgen. Der damit verbundene dritte Großkomplex des Falles dreht sich inhaltlich um eine Nichtigkeit des notariellen Kaufvertrages nach § 138.

Aufbautechnisch halte sich der Klausurant vor Augen, dass wegen der engeren und spezielleren Voraussetzungen die Prüfung sinnvollerweise mit dem Wuchertatbestand des § 138 II zu beginnen ist. Aus dem Gesetzestext können ein subjektives („Ausbeutung") und ein objektives („auffälliges Missverhältnis") Element abgeleitet werden. Objektiv sind die gegenseitigen Leistungspflichten ihrem Wert nach zu vergleichen, wobei regelmäßig eine Differenz von 100 % ein solches Missverhältnis begründet.[11] Die Gegenüberstellung des Grundstückswerts von 2.500.000 EUR und des Kaufpreises von 1.200.000 EUR deutet vorliegend auf ein solches Missverhältnis hin. Allerdings muss sich der andere Teil (hier *H*) die Zwangslage des Übervorteilten (hier *S*) bewusst zunutze machen, also insbesondere Kenntnis von dem Missverhältnis haben.[12] Ausweislich des Sachverhalts war dies nicht der Fall, so dass Wucher am subjektiven Element scheitert.

Zurückgegriffen werden muss sodann jedoch auf den allgemeineren § 138 I, der schlicht auf einen Verstoß „gegen die guten Sitten" abstellt. Einschlägige Ausprägung ist das sogenannte wucherähnliche Geschäft, das seine Existenzberechtigung – so könnte man lapidar formulieren – nicht zuletzt den engen subjektiven Voraussetzungen des Wuchertatbestandes verdankt. Zwar ist erneut objektiv ein auffälliges Missverhältnis erforderlich, welches aber bereits bei § 138 II bejaht wurde. Im Unterschied hierzu indiziert ein besonders grobes Missverhältnis ein Handeln in verwerflicher Gesinnung und damit das subjektive Element.[13] Dem liegt in tatsächlicher Hinsicht der Erfahrungssatz zugrunde, dass ohne Not keine derart „schlechten Geschäfte" getätigt werden und der Übervorteilende diese Erfahrung teilt.[14] Besinnt sich der Klausurant auf den – dem *H* bekannten – Beweggrund des *S*, sein Grundstück vor der unmittelbar drohenden Zwangsversteigerung noch vor Fristablauf zu bewahren, so wird er damit zwanglos zur Annahme eines wucherähnlichen Geschäfts und damit zu einer Nichtigkeit nach § 138 I geleitet.

Perfektioniert wird die im Ergebnis bereicherungsrechtliche Lösung mit einer Berücksichtigung des faktischen Synallagmas zwischen Leistung und Gegenleistung von *S* und *H*, also mit einer Anwendung der Saldotheorie.[15] Somit besteht der Anspruch des *S* von vornherein nur Zug-um-Zug gegen Rückzahlung des Kaufpreises von 1.200.000 EUR.

---

[11] *BGH* NJW 1979, 758; NJW 1988, 130 (131); MüKoBGB/*Armbrüster* § 138 Rn. 144; zweifelnd *Medicus/Petersen* BGB AT § 46 V 1 Rn. 708a S. 312 (Fn. 79).

[12] *Medicus/Petersen* BGB AT § 46 V 2 Rn. 710 S. 313 f.

[13] *Neuner* BGB AT § 46 IV 2 Rn. 24 S. 558; BGHZ 160, 8 (14).

[14] BGHZ 160, 8 (15).

[15] Vgl. dazu Staudinger/*Auer* Eckpfeiler des Zivilrechts Rn. S 87 f. S. 1258 f.

V. Zusammenfassung

Allein der Weg über § 812 I 1 Alt. 1 führt für *S* zum Ziel. Jedoch muss er sich die Einschränkung gefallen lassen, dorthin nur bei Rückzahlung von 1.200.000 EUR zu gelangen. Letztlich hat also das Scheitern der privatschriftlichen „Vereinbarung" keine Auswirkungen auf die Rückabwicklung des Grundstückskaufs gehabt.

C. Gliederung

I. Anspruch aus §§ 346 I, 323 I
   Problem: Rücktrittsgrund nach § 323 I
   1. Vertragspflicht zur Kaufpreiszahlung
   2. Pflichten aus der „Vereinbarung"
      Problem: Wirksamkeit der „Vereinbarung"
      a) Notarielle Form (§ 311b I 1)
      b) Heilung (§ 311b I 2)
         Problem: rechtliche Einheit von Notarvertrag und „Vereinbarung"
   3. Ergebnis zu I
II. Anspruch aus §§ 313 I, III 1, 346 I
   1. Ratio legis
   2. Geschäftsgrundlage
   3. Ergebnis zu II
III. Anspruch aus § 812 I 2 Alt. 2
   1. Etwas durch Leistung erlangt
   2. Zweckabrede
      a) Leistungszweck bei der *condictio ob rem*
      b) Leistungszweck im vorliegenden Fall
   3. Ergebnis zu III
IV. Anspruch aus § 812 I 1 Alt. 1
   1. Etwas durch Leistung erlangt
   2. Ohne Rechtsgrund
      a) Nichtigkeit der „Vereinbarung" wegen Wuchers
         aa) Objektive Voraussetzungen
         bb) Subjektive Voraussetzungen
      b) Nichtigkeit der „Vereinbarung" nach § 138 I
         aa) Abgrenzung zum Wucher und objektive Voraussetzungen
         bb) Subjektive Voraussetzungen
      c) Zwischenergebnis
   3. Zug-um-Zug-Einrede („faktisches Synallagma")
   4. Ergebnis zu IV

D. Lösung

I. Anspruch aus §§ 346 I, 323 I

S könnte gegen *H* ein Anspruch auf Rückübertragung des Grundstücks aus §§ 346 I, 323 I zustehen. Eine Rücktrittserklärung des *S* nach § 349 liegt vor, so dass letztlich allein das Rücktrittsrecht des *S* fraglich ist. Nach § 323 I ist ein Rücktritt dann möglich, wenn der Vertragspartner eine geschuldete Leistung nicht oder nicht vertragsgerecht erbringt.

1. Vertragspflicht zur Kaufpreiszahlung

Der am 25.8. zwischen den Beteiligten geschlossene und der Form des § 311b I 1 genügende Notarvertrag verpflichtete den *H* zur Zahlung des vereinbarten Kaufpreises. Die Zahlung ist erfolgt. Damit hat *H* die ihm obliegenden Verpflichtungen aus dem notariellen Kaufvertrag vom 25.8. vollständig und beanstandungsfrei erfüllt.

2. Pflichten aus der „Vereinbarung"

Die von *S* als Grund für den Rücktritt vom Vertrag geltend gemachten Pflichtverletzungen haben allerdings die Pflichten des *H* aus der „Vereinbarung" zum Gegenstand. Auf eine solche Pflichtverletzung kann aber nur abgestellt werden, wenn die „Vereinbarung" wirksam ist. Dem könnte entgegenstehen, dass die „Vereinbarung" auch einer notariellen Beurkundung bedurft hätte bzw. ein etwaiger Formfehler nicht geheilt worden ist.

a) Notarielle Form (§ 311b I 1)

Nach dem Wortlaut des § 311b I 1 bedarf ein Vertrag, durch den sich der eine Teil verpflichtet, das Eigentum an einem Grundstück zu übertragen (oder zu erwerben), einer notariellen Beurkundung. Der Beurkundungszwang des § 311b I bei der Verpflichtung zur Übertragung oder dem Erwerb eines Grundstücks, also der Änderung der Eigentumszuordnung, zielt darauf ab, die derart verpflichtete Partei auf die Bedeutung des Geschehens hinzuweisen und vor dem Eingehen übereilter Verpflichtungen oder unüberlegten Bedingungen zu schützen (Warnfunktion). Zugleich soll er den Nachweis der getroffenen Vereinbarung sichern (Beweisfunktion), die Wirksamkeit des Rechtsgeschäfts gewährleisten (Gültigkeitsgewähr) und eine sachgerechte Beratung der Parteien sicherstellen (Beratungsfunktion). Auch Nebenabreden werden vor dem Hintergrund dieser Formzwecke vom Beurkundungszwang erfasst. Ist der Vertrag unvollständig beurkundet, sind die nicht beurkundeten Abreden nichtig nach § 311b I 1 i.V.m. § 125 S. 1. Die Gültigkeit des Vertrages im Übrigen richtet sich nach § 139.

Vorliegend hat sich *H* in der „Vereinbarung" zum Weiterverkauf der Immobilie, also zur Übertragung des Eigentums an einem Grundstück, verpflichtet. Damit lag eine Beurkundungsnotwendigkeit gemäß § 311b I 1 vor. Da diese nicht gewahrt wurde, führt dies grundsätzlich zur Nichtigkeit der „Vereinbarung" mit der Folge, dass keine Rechtswirkungen von ihr ausgehen.

b) Heilung (§ 311b I 2)

Allerdings könnte der Formmangel geheilt worden sein. Ein ohne Beachtung der in § 311b I 1 vorgesehenen Form geschlossener Vertrag wird nämlich seinem ganzen Inhalt nach gültig, wenn die Auflassung und die Eintragung in das Grundbuch erfolgen. Der Heilung durch Auflassung und Eintragung liegt der Gedanke der Erfüllung zugrunde. So wird der formnichtige Vertrag grundsätzlich mit Auflassung und Eintragung wirksam, § 311b I 2. Vorliegend ist im Oktober die Eintragung des *H* in das Grundbuch erfolgt.

Eine Heilung greift allerdings nur ein, sofern der Notarvertrag und die „Vereinbarung“ eine Einheit bilden, ohne die der Kaufvertrag nicht geschlossen worden wäre. Voraussetzung ist daher das Bestehen einer rechtlichen Einheit zwischen beiden. Eine solche besteht dann, wenn die Verträge nach dem Willen der Parteien derart voneinander abhängen, dass sie miteinander stehen und fallen sollen. Hierfür ist ausreichend, dass nur eine der Vertragsparteien das Grundstückgeschäft ohne den Abschluss des weiteren Vertrages nicht geschlossen hätte und die andere Vertragspartei dies erkannt und zumindest hingenommen hat. Klärungsbedürftig ist deshalb, ob die „Vereinbarung“ und der Grundstückserwerb in jenem Falle nach dem Willen der Vertragsparteien eine rechtliche, also nicht nur eine tatsächliche oder wirtschaftliche Einheit bilden sollten und in der Folge der vollständigen Beurkundung bedurften.

Zunächst kann nicht allein auf die Tatsache, dass sämtliche Vereinbarungen am selben Tag getroffen wurden, abgestellt werden, um einen rechtlichen Zusammenhang zwischen dem Weiterverkauf der Immobilie und dem Grundstückskaufvertrag zu begründen. Vielmehr bestand auch ohne die „Vereinbarung“ ein Interesse des *S*, am Notarvertrag festzuhalten. Im Notarvertrag wurde jedoch keine Verpflichtung mit dem Inhalt der „Vereinbarung“ aufgenommen. Ohne den Notarvertrag hätte der *S* von *H* nicht das zur Abwendung der Zwangsvollstreckung nötige Geld erhalten. Die „Vereinbarung“ diente nur der näheren Ausgestaltung und der Regelung von weiteren, zusätzlichen Bedingungen. Beide Vertragsinhalte stehen damit nicht in einem derartigen rechtlichen Zusammenhang, dass sie miteinander „stehen und fallen“ sollten. Als Indiz hierfür kann auch die Niederlegung mehrerer selbstständiger Verträge in verschiedenen Urkunden herangezogen werden. Dies begründet die Vermutung, dass die Verträge gerade nicht in rechtlichem Zusammenhang stehen sollten. Die hier vorgenommene Regelung zum Weiterverkauf des Grundstücks entspricht auch nicht den typischen Gepflogenheiten in den Fällen, in denen der Veräußerer sicherstellen will, dass er oder ein Dritter zu einem späteren Zeitpunkt wieder Eigentümer der Immobilie werden kann. Bei solchen Zielsetzungen wird üblicherweise im Rahmen des notariell beurkundeten Kaufvertrags ein Rückkaufsrecht zugunsten des Verkäufers bzw. eines von ihm zu bestimmenden Dritten vereinbart (wobei Kaufpreis, Zeitpunkt des Kaufes *et cetera* auch schon feststehen), verbunden mit der Bewilligung einer Rückauflassungsvormerkung durch den Käufer. Eine solche, die Interessen des Veräußerers sichernde Regelung wurde hier gerade nicht getroffen. Der äußere Anschein weist vielmehr darauf hin, dass zwischen den Parteien gerade keine Einheit zwischen dem Weiterverkauf der Immobilie und dem notariellen Kaufvertrag bestehen soll. Keinesfalls ergeben sich Anhaltspunkte, dass eine solche Verbindung besteht. Der erforderliche Verknüpfungswille liegt damit nicht vor.

Auch ein innerer Zusammenhang der einzelnen Regelungen zueinander lässt sich nicht erkennen. Nirgendwo ergibt sich, dass die Parteien zwischen dem Weiterverkauf der Immobilie und dem Kauf dieser durch *H* ein Abhängigkeitsverhältnis gewollt hatten. Der Kaufvertrag zwischen *S* und *H* wurde nicht geschlossen, damit das Grundstück dann später durch *H* weiterverkauft werden kann. Zweck des Abschlusses des Kaufvertrages war es, dass *S* den Kaufpreis erhielt, damit er die Zwangsvollstreckung abwenden konnte.

Insgesamt ergibt sich damit aus der fehlenden Zusammengehörigkeit von Notarvertrag und „Vereinbarung“, dass eine Heilung des Formmangels der „Vereinbarung“ durch die Eintragung des *H* in das Grundbuch nicht stattgefunden hat.

3. Ergebnis zu I

Es fehlt damit an einer Nicht- oder Schlechtvornahme einer Verpflichtung seitens des *H*. Folglich bestand für *S* kein Rücktrittsrecht. Ein Anspruch auf Rückübertragung des Grundstücks aus §§ 346 I, 323 I ist damit zu verneinen.

II. Anspruch aus §§ 313 I, III 1, 346 I

In Betracht kommt weiterhin ein Anspruch des *S* auf Rückübertragung des Grundstücks aus §§ 313 I, III 1, 346 I. Ein Rücktrittsrecht könnte bei einem Wegfall der Geschäftsgrundlage aus § 313 III 1 folgen.

1. Ratio legis

§ 313 ermöglicht als gesetzliche Ausformung des Gedankens von Treu und Glauben unter bestimmten, eng auszulegenden Voraussetzungen bei Störung der Geschäftsgrundlage eine Anpassung des Vertragsinhaltes an veränderte Verhältnisse und schränkt damit den Grundsatz *„pacta sunt servanda"* ein. In der Folge darf der benachteiligte Teil vom Vertrag zurücktreten, wenn eine vorrangige Anpassung des Vertrages nach § 313 I wegen Störung der Geschäftsgrundlage nicht möglich oder einem Teil nicht zumutbar ist, § 313 III 1. Dafür ist jedoch zunächst der Wegfall *einer Geschäftsgrundlage* erforderlich.

2. Geschäftsgrundlage

Geschäftsgrundlage sind die bei Abschluss des Vertrages zutage getretenen, dem anderen Teil erkennbar gewordenen und von ihm nicht beanstandeten Vorstellungen der einen Partei oder die gemeinsamen Vorstellungen beider Parteien von dem Vorhandensein oder dem künftigen Eintritt bestimmter Umstände, sofern der Geschäftswille der Parteien auf diesen Vorstellungen aufbaut. Vorliegend kommt es nicht darauf an, ob die privatschriftlichen Abreden vor oder nach dem Notarvertrag abgeschlossen wurden. In beiden Fällen muss die Eigenschaft der „Vereinbarungen" als Geschäftsgrundlage nämlich ausscheiden: Ist sie vor dem Notarvertrag geschlossen worden und beruht der Kaufvertrag auf der Erwartung, die Vereinbarung werde erfüllt, dann war sie nicht Grundlage, sondern Inhalt des Kaufvertrages. Ist sie später, also nach dem Notarvertrag, zustande gekommen, so kann sie schon unter diesem zeitlichen Gesichtspunkt nicht Grundlage für einen früheren Vorgang geworden sein. Die formnichtige „Vereinbarung" konnte weder zu den Umständen noch zu den Vorstellungen der Beteiligten gehören, die Grundlage des formgerechten Vertrags"teils" geworden ist. Damit war die Vereinbarung nicht Geschäftsgrundlage i. S. d. § 313 I.

3. Ergebnis zu II

Ein Rücktrittsrecht nach § 313 III 1 muss mithin ausscheiden. Ein Anspruch auf Rückübertragung des Grundstücks ergibt sich folglich nicht aus §§ 313 I, III 1, 346 I.

III. Anspruch aus § 812 I 2 Alt. 2

Möglicherweise steht *S* ein Anspruch auf Rückübertragung des Grundstücks aus § 812 I 2 Alt. 2 *(condictio ob rem)* zu. Voraussetzung ist, dass etwas durch Leistung erlangt wurde, der mit der Leistung nach dem Inhalt des Rechtsgeschäfts bezweckte Erfolg jedoch nicht eingetreten ist.

1. Etwas durch Leistung erlangt

H hat Eigentum am Grundstück erlangt. Dies geschah auch durch bewusste und zweckgerichtete Mehrung fremden Vermögens, also durch Leistung des *S*.

2. Zweckabrede

Fraglich ist, ob ein Zweck im Sinne des § 812 I 2 Alt. 2 verfehlt wurde.

a) Leistungszweck bei der *condictio ob rem*

Im Gegensatz zu den anderen Leistungskondiktionen ergibt sich der Leistungszweck bei der *condictio ob rem* nicht aus dem Bezug auf ein bestimmtes Kausalgeschäft, sondern aus einer gesonderten Zweckabrede („nach dem Inhalt des Rechtsgeschäfts“). Es genügt jeder Zweck, der nach dem Willen der Beteiligten für das Behalten der Zuwendung maßgeblich sein soll, sofern er nicht gegen ein gesetzliches Verbot oder gegen die guten Sitten verstößt. Dieser Zweck darf aber nicht Gegenstand der vertraglichen Bindung sein. Er darf aber auch nicht bloßer Beweggrund oder einseitige Erwartung des Leistenden gewesen sein. Erforderlich, aber auch hinreichend ist die tatsächliche Einigung über den Zweck der Leistung zwischen den beteiligten Partnern; dies ist hier geschehen.

b) Leistungszweck im vorliegenden Fall

In casu waren sich alle Beteiligten darüber einig, dass die Zwangsvollstreckung abgewendet werden sollte. Da *S* nicht in der Lage war, sein belastetes Grundstück selbst auszulösen, bat er den *H,* dies zu tun. Zu diesem Zweck einigte man sich über die Veräußerung des Grundstücks an *H.* Dieser Zweck ist jedoch erreicht worden. *H* hat sich in der „Vereinbarung“ zum Weiterverkauf des Grundstücks und zur Auskehrung des hieraus erwarteten Erlösanteils an *S* verpflichtet. Die Formnichtigkeit der „Vereinbarung“ führt zur Unwirksamkeit der darin getroffenen Regelungen. Das hätte nur dann zur Folge, dass die unwirksam „vereinbarten“ Pflichten des *H* einen weiteren – nicht erreichten – Zweck des Verkaufs des Grundstücks gebildet hätten, wenn ein Weiterverkauf bereits bei Abschluss des notariellen Kaufvertrags vereinbart war oder *S* zu diesem Zeitpunkt für *H* erkennbar den Weiterverkauf und die Auskehrung des Erlösanteils erwartet hatte. Dies ist jedoch nicht der Fall.

3. Ergebnis zu III

Insgesamt ergibt sich damit kein Rückübertragungsanspruch für *S* aus § 812 I 2 Alt. 2.

IV. Anspruch aus § 812 I 1 Alt. 1

Ein Anspruch des *S* gegen *H* auf Rückübertragung des Grundstücks könnte aus § 812 I 1 Alt. 1 folgen.

1. Etwas durch Leistung erlangt

H hat das Eigentum am Grundstück durch Leistung des *S solvendi causa* erlangt.

2. Ohne Rechtsgrund

Fraglich ist, ob dies mit Rechtsgrund erfolgt ist. Das ist der Fall, wenn der mit der Leistung verfolgte Zweck – bei der *condictio indebiti* die Erfüllung einer (vermeintlichen) Verbindlichkeit – nicht erreicht wird. Eine Nichtigkeit könnte sich vorliegend aus § 138 BGB ergeben.

a) Nichtigkeit der „Vereinbarung" wegen Wuchers

Zunächst kommt eine Nichtigkeit wegen Wuchers nach § 138 II in Betracht. Ein Wuchergeschäft liegt vor, wenn jemand unter Ausbeutung der Zwangslage, der Unerfahrenheit, des Mangels an Urteilsvermögen oder der erheblichen Willensschwäche eines anderen sich oder einem Dritten für eine Leistung Vermögensvorteile versprechen oder gewähren lässt, die in einem auffälligen Missverhältnis zur Leistung stehen. Voraussetzung sind damit objektive und subjektive Elemente.

aa) Objektive Voraussetzungen

Objektiv ist zunächst Voraussetzung des Wuchertatbestandes, dass ein auffälliges Missverhältnis zwischen Leistung und Gegenleistung besteht. Ausgangspunkt für die Beurteilung ist die Ermittlung und Gegenüberstellung des objektiven Wertes der beiderseitigen Leistungen. Auffällig ist ein Missverhältnis in der Regel dann, wenn die Grenze des Doppelten überschritten ist. Dies ist vorliegend der Fall; der Wert des Grundstücks liegt bei 2.500.000 EUR, wohingegen von *H* lediglich 1.200.000 EUR dafür bezahlt wurden.

bb) Subjektive Voraussetzungen

In subjektiver Hinsicht muss auf Seiten des Bewucherten eine Schwächesituation vorliegen, die dem Wucherer bekannt ist und die Letzterer in Kenntnis des Missverhältnisses zwischen Leistung und Gegenleistung bewusst ausnutzt. Eine solche könnte hier in Gestalt einer Zwangslage gegeben gewesen sein. Diese besteht regelmäßig dann, wenn wegen einer erheblichen Bedrängnis ein zwingender Bedarf nach einer Geld- oder einer Sachleistung besteht. *S* musste vorliegend in kurzer Zeit sehr viel Geld auftreiben, um eine Zwangsversteigerung seines Grundstücks zu verhindern. Eine Zwangslage liegt daher vor. Unerheblich ist es insofern, dass das Angebot zum Wuchergeschäft vom Bewucherten ausgegangen ist. Allerdings ist erforderlich, dass der Wucherer sich die Zwangslage bewusst zunutze macht und dabei Kenntnis von dem Missverhältnis der beiderseitigen Leistungen hat. *H* hatte aber von dem Missverhältnis bzgl. Leistung und Gegenleistung tatsächlich keine Kenntnis.

Eine Nichtigkeit wegen Vorliegens eines Wuchergeschäfts scheidet mithin nach § 138 II aus.

b) Nichtigkeit der „Vereinbarung" nach § 138 I

Fehlt es an einem der Tatbestandsmerkmale von § 138 II, kann das Geschäft gleichwohl noch nach § 138 I nichtig sein, wenn weitere verwerfliche Umstände hinzukommen, die die Sittenwidrigkeit des Geschäfts auf andere Weise begründen. In Betracht kommt also eine Nichtigkeit wegen Vorliegens eines sogenannten wucherähnlichen Geschäfts nach § 138 I.

aa) Abgrenzung zum Wucher und objektive Voraussetzungen

Auch die Annahme eines wucherähnlichen Geschäfts verlangt das Vorliegen einer objektiven und einer subjektiven Komponente. Die objektive Komponente besteht im Vorliegen eines auffälligen Missverhältnisses; diese ist – wie zum Wucher gezeigt – zu bejahen. Bezüglich der subjektiven Komponente ergibt sich jedoch ein wesentlicher Unterschied zum Wucher. Dieser liegt darin, dass das Vorliegen eines besonders groben Missverhältnisses ein Handeln in verwerflicher Gesinnung indiziert, die in der Regel eine weitere Prüfung der subjektiven Voraussetzungen entbehrlich macht und die Sittenwidrigkeit des Vertrages hervorruft.

bb) Subjektive Voraussetzungen

Das Bestehen eines groben Missverhältnisses zwischen den in einem gegenseitigen Vertrag vereinbarten Leistungspflichten begründet die tatsächliche Vermutung einer verwerflichen Gesinnung des Begünstigten. Die Vermutung beruht auf dem Erfahrungssatz, dass in der Regel außergewöhnliche Leistungen nicht ohne Not oder nicht ohne einen anderen den Benachteiligten hemmenden Umstand zugestanden werden und dass der Begünstigte diese Erfahrung teilt. Die (widerlegliche) Vermutung erstreckt sich auf zwei Momente: zum einen darauf, dass Umstände vorliegen, die eine freie Entscheidung des Benachteiligten beeinträchtigt haben, und andererseits darauf, dass der Begünstigte sich die Situation zunutze gemacht hat. Die bedrängte Situation des *S* bei Abschluss des Kaufvertrages folgte hier schon aus der Anordnung der Zwangsversteigerung des Grundstücks. Sie wurde durch die bei Abschluss des Vertrages unmittelbar bevorstehende Beendigung der zur Vermeidung der Versteigerung von der Gläubigerin gesetzten Frist noch gesteigert.

Die Vermutung ist widerlegbar, beispielsweise wenn der Käufer auf ein Wertgutachten vertraut hat. Es fehlt jedoch sowohl an einem Gutachten als auch an einem darauf bezogenen Vertrauen. Ferner wird die Vermutung nicht dadurch beeinträchtigt, dass der Benachteiligte *in casu* von dem krassen Missverhältnis von Leistung und Gegenleistung wusste.

c) Zwischenergebnis

Damit fehlt es an einem Rechtsgrund, so dass *S* einen Anspruch auf Rückübertragung des Grundstücks aus § 812 I 1 Alt. 1 hat.

3. Zug-um-Zug-Einrede („faktisches Synallagma")

Bei der Rückabwicklung unwirksamer Austauschverträge ist allerdings zu beachten, dass zwischen der erbrachten Leistung und der erhaltenen Gegenleistung ein tatsächliches Abhängigkeitsverhältnis – sog. faktisches Synallagma – besteht. Danach kann jede Partei nur so viel zurückverlangen, wie sie ihrerseits zurückzugewähren vermag (Saldotheorie). Es besteht bezüglich Leistung und Gegenleistung von vornherein nur eine Zug-um-Zug-Verpflichtung, ohne dass sich eine Partei auf ein Zurückbehaltungsrecht berufen muss. Daraus folgt, dass *S* zumindest die Summe zu erstatten hat, mit der die Bank befriedigt und mithin die Zwangsvollstreckung abgewendet wurde, also 1.200.000 EUR.

4. Ergebnis zu IV

Im Ergebnis kann *S* die Rückübertragung des Grundstücks nur Zug-um-Zug gegen Zahlung von 1.200.000 EUR verlangen.

E. Lerntest

I. Fragen

1. Wann liegt eine rechtliche Einheit bei zusammengesetzten Rechtsgeschäften im Anwendungsbereich des § 311b I vor?
2. Welche Fallgruppen existieren für die Anwendung der *condictio ob rem* (§ 812 I 2 Alt. 2)?
3. Welche Voraussetzungen müssen für ein sogenanntes wucherähnliches Geschäft vorliegen?

II. Antworten

1. Eine rechtliche Einheit besteht dann, wenn die Verträge nach dem Willen der Parteien derart voneinander abhängen, dass sie miteinander „stehen und fallen" sollen. Ausreichend ist, wenn nur eine Partei einen solchen Einheitlichkeitswillen erkennen lässt und die andere Partei ihn anerkennt oder zumindest hinzunimmt.

2. Die *condictio ob rem* findet im Wesentlichen nur Anwendung bei den Vorleistungs-, Veranlassungs- und Verwendungsfällen.

3. Erforderlich sind objektiv ein auffälliges Missverhältnis zwischen Leistung und Gegenleistung sowie subjektiv ein Handeln in verwerflicher Gesinnung. Ein besonders grobes Missverhältnis indiziert jedoch das Vorliegen des subjektiven Elements.

Fall 13. Knabe Eugen mit Krawattennadel

Der Fall behandelt ein schwieriges Problem der Alternativität des Vindikationsanspruchs aus § 985 mit einem daneben zur Wahl stehenden, aber von der Genehmigung einer nichtberechtigten Verfügung abhängigen Anspruch aus § 816 I 1. Den Weg zu diesem Problem muss man sich erst durch eine Weichenstellung bei der Frage des gutgläubigen Erwerbs vom Minderjährigen und durch die Erörterung weiterer Anspruchsgrundlagen freischaufeln, die mit § 985 sowie mit § 816 I 1 konkurrieren könnten. Der Fall ist in jedem Sinne des Wortes „anspruchsvoll" und auf die volle Dauer einer Examensklausur angelegt. Und diese Zeit braucht man.

A. Sachverhalt

Der 16-jährige *Knabe Eugen (E)* ist über beide Ohren in seine Angebetete, die *schöne Adele (A),* verliebt. Um ihr beim bevorstehenden gemeinsamen Sonntagsspaziergang kräftig zu imponieren, leiht er sich am Freitag vorher von seinem Onkel *Jakob Niedermeier (N)* dessen goldene Krawattennadel bis Sonntagabend aus. Am Samstag trifft er auf dem Dorffest den Schausteller *Bullerstiebel (B),* dessen Schlips eine silberne Krawattennadel ziert, die allerdings viel extravaganter wirkt als „seine" goldene. Es fällt *E* nicht schwer, den *B* zu einem Tausch zu überreden; dabei hält *B* den zwar ein wenig einfältigen, aber schon recht erwachsen auftretenden *E* für den Eigentümer der goldenen Krawattennadel. Am Sonntag holt sich *E* beim Spaziergang mit *A* eine böse Abfuhr, nicht zuletzt weil sie das silberne Schmuckstück „protzig und albern" findet. Enttäuscht kehrt *E* abends in die Gaststätte „Zum Schimmelwirt" ein, wo er sich an den Tisch zu *N* und *B* setzt und sich mit ihnen austauscht. Onkel *N* ist nicht sehr erbaut von der ganzen Geschichte. *N* prahlt lautstark, er könne „seine" Goldnadel „aus vielen Gründen" von *B* herausverlangen; er sei „immer noch" der Eigentümer. Zudem habe er gegen *E* Herausgabeansprüche „wegen der Goldnadel und auch wegen der Silbernadel". Er werde sich noch überlegen, ob er die Goldnadel oder die Silbernadel wolle und wen er sich „vorknöpfen" werde. Dies hört am Nebentisch der Advokat *Dr. Hinterstich (H),* der sich spontan dazu bereit erklärt, den Fall rechtsgutachtlich zu bearbeiten. *N* sagt ihm, er wolle es aber „genau wissen". Stellen Sie sich vor, Sie seien *H.*

B. Gutachtliche Überlegungen

I. Die zwei Standardprobleme im Verhältnis zwischen *N* und *E*

Was ist passiert? Der minderjährige Entleiher *(E)* einer dem Verleiher *(N)* gehörenden Sache (goldene Krawattennadel) hat diese gegen eine andere Sache (silberne Krawattennadel) eingetauscht, und der Verleiher *(N)* verlangt vom Tauschpartner *(B)* die ursprünglich verliehene Sache (Goldnadel) und/oder vom früheren Entleiher *(E)* die dafür eingetauschte Sache (Silbernadel) heraus – das ist schon der ganze Fall; doch der hat es „in sich", wenn man allen in Betracht kommenden Anspruchsgrundlagen sorgsam nachspürt. Glücklicherweise geht es allein um Herausgabeansprüche.

Knabe Eugen

Für den Anspruchsteller *N*, der sich von *E* um seine goldene Krawattennadel geprellt sieht, (und für den Klausurbearbeiter) stellt sich die Frage eines Schadensersatzanspruchs offenbar nicht – ein untrügliches Indiz dafür, dass ein Herausgabeanspruch entweder gegen *B* oder gegen *E* im Ergebnis zum Zuge kommt und *N* entweder die goldene oder die silberne Nadel erhalten wird.

Schuldvertragliche Lösungsüberlegungen treten von Anfang an in den Hintergrund, denn es bedarf nur weniger Überlegungen, um die Unwirksamkeit sowohl des Leihvertrags *N – E* – dieser brächte unbeschadet der Unentgeltlichkeit für *E* rechtliche Nachteile mit sich – wie auch des Tauschvertrags *E – B* zu erkennen. Damit findet der Fall auf dem Gebiet der sachenrechtlichen und der bereicherungsrechtlichen Ansprüche seinen Schwerpunkt. Man wird sich nach der am Sachverhaltsende im Streitgespräch der Beteiligten zutage getretenen Interessenlage zuerst um Herausgabeansprüche des *N* gegen *B* kümmern müssen; hier steht allein die Goldnadel in Rede. Sogleich rückt die *vindicatio rei* des § 985 ins Blickfeld, zumal sich *N* „immer noch" für den Eigentümer hält. Man mag vorher, wenn man ihn „sieht", einen Herausgabeanspruch aus der versteckten, vielfach unbekannten, deshalb oft nicht „gesehenen" Vorschrift des § 604 IV ansprechen, die im Ergebnis freilich wegen der Unwirksamkeit des Leihvertrags nicht zum Erfolg führt und mit der man auch allenfalls einen kleinen Zusatzpunkt ergattern kann. Bei § 985 aber stößt der Klausurant frontal auf das erste dogmatische Problem: Konnte der – fraglos gutgläubige – *B* vom nichtberechtigten und minderjährigen *E* die Goldnadel nach §§ 929 S. 1, 932 erwerben, obwohl er im Falle der gutgläubig angenommenen Eigentümerstellung des *E* wegen dessen Minderjährigkeit und damit nach §§ 107, 108 nicht hätte von ihm erwerben können? – Das ist ein „Standardproblem", das man im Interesse des Verkehrsschutzes zugunsten des Erwerbers *(B)* oder im Interesse des Bestandsschutzes zugunsten des Eigentümers *(N)* lösen kann.[1] Auch wer sich in der psychophysischen Grenzsituation der Examensklausur nicht mehr an alle Einzelheiten

[1] Vgl. dazu Staudinger/*Wiegand* (2016) BGB § 932 Rn. 10f.; MüKoBGB/*Spickhoff* § 107 Rn. 55; Erman/*H.-F. Müller* BGB § 107 Rn. 10; *Medicus/Petersen* BürgerlR § 22 I 2 Rn. 540, 542 S. 277f.; *Medicus/Petersen* BGB AT § 39 II 2 Rn. 567f. S. 251f.; *Zeranski* JuS 2002, 340 (343); *Weber* SachenR I § 9 Rn. 48 S. 149f.; *Braun* Jura 1993, 459f.; *v. Olsenhausen* AcP 189 (1989) 223 (231ff.); *Hommelhoff/Stüsser* Jura 1985, 654 (658f.); *Larenz/Wolf* BGB AT § 34 Rn. 33f. S. 375; *K. Schreiber* Jura 1987, 221f.; *Brox/Walker* BGB AT § 12 III 2b Rn. 19ff. S. 134ff.; *H. P. Westermann/Gursky/Eickmann* SachenR § 47 II 1 S. 431f.; *Bayreuther/Arnold* JuS 2003 769 (770f.); *Vieweg/Werner* SachenR § 5 Rn. 12 S. 128f.

Jakob Niedermeier

dieses Meinungsstreits erinnert, sollte sich einige Argumente zur Lösung einfallen lassen. Von der Entscheidung hängt der weitere Lösungsweg ab. Denn wer einen gutgläubigen Erwerb des *B* annimmt und einen Herausgabeanspruch des *N* aus § 985 (und dann auch aus § 861, aus § 1007 sowie aus § 812 I 1 Alt. 2) verneint, womit die Goldnadel für *N* „weg" wäre, wird bei den sodann zu behandelnden Ansprüchen des *N* gegen *E* keine Mühe mit der Bejahung des Anspruchs aus § 816 I 1 auf Herausgabe der Silbernadel haben. Einer Genehmigung der Verfügung des *E* durch *N* bedürfte es nicht. Dem *N* bliebe die „Qual der Wahl" zwischen einem Anspruch aus § 985 gegen *B* und einem Anspruch aus § 816 I 1 gegen *E* erspart – gerade an diese „Qual der Wahl" lassen sich aber einige punkteträchtige Überlegungen anknüpfen. Der erfahrene Klausurtaktiker entscheidet sich in einer solchen Lage „problemfreudig" und nicht „problemscheu". Es sprechen ja auch gute Gründe dafür, dem *B* einen gutgläubigen Erwerb der Goldnadel vom minderjährigen *E* zu versagen: Der Gutgläubige darf nicht besser gestellt werden als er bei Richtigkeit seines Vorstellungsbildes stünde.

Neben dem Vindikationsanspruch sollte man noch einen Anspruch des *N* aus Nichtleistungskondiktion gegen *B* nach § 812 I 1 Alt. 2 (als Besitzkondiktion) prüfen, den man nicht sofort mit dem Hinweis auf das bereicherungsrechtliche Subsidiaritätsprinzip „abwürgen" darf. Gewiss hat *E* dem *B* in Erfüllung des (unwirksamen) Tauschvertrags die Goldnadel (den Besitz; nicht das Eigentum) geleistet. Indes kann man hier eine Durchbrechung des Subsidiaritätsprinzips durch eine analoge Heranziehung des § 816 I 2 erwägen und eine Minderprivilegierung des *B* in Betracht ziehen, der die Goldnadel zwar nicht „unentgeltlich", wohl aber „rechtsgrundlos" erlangt hat. Auch das ist ein schönes „Standardproblem".[2] Weil auch für eine rechtsgrundlose Leistung ein Entgelt bzw. eine Gegenleistung erbracht worden sein kann, geht allerdings die Gleichung „rechtsgrundlos = unentgeltlich" nicht auf.[3]

II. Das Genehmigungserfordernis und *N*s „Qual der Wahl"

Im Verhältnis *N* zu *E* steht zuerst der Anspruch aus der speziellen Eingriffskondiktion des § 816 I 1 zur Prüfung an. Der Anspruch richtet sich auf Herausgabe der Silbernadel, die *E* von *B* tauschweise für die Goldnadel erlangt hat. Es stößt ins Auge, dass es für diesen Anspruch noch auf eine – bisher fehlende – Genehmigung der nichtberechtigten Verfügung des *E* zugunsten des Erwerbers *B* ankommt; erst mit dieser Genehmigung würde sich *N* den Anspruch aus § 816 I 1 verschaffen – und damit allerdings zugleich seinen Vindikationsanspruch gegen *B* verlieren, der damit rückwirkend Eigentümer der Goldnadel würde. Die Goldnadel wäre in diesem Fall für *N* endgültig „weg". Damit steht *N* vor der Entscheidung: Goldnadel oder Silbernadel – Nicht-Genehmigung oder Genehmigung. Wieder ein „Standardproblem".[4] Denn diese Entscheidungssituation des *N* lässt sich für den Klausuranten nach mehreren Seiten hin „problematisieren"; dies zwar kaum mehr hinsichtlich der inzwischen wohl unbestrittenen Zulässigkeit einer solchen nachträglichen Genehmigung der nichtberechtigten Verfügung, die erst durch diese Genehmigung rückwirkend gegenüber dem (Alt-)Eigentümer wirksam, damit aber keineswegs zu einer „berechtigten" Verfügung wird.[5] Die Lage gibt aber dem Klausurbearbeiter willkommenen Anlass, die „Qual der Wahl" des *N* unter taktischen Gesichtspunkten zu kommentieren – und das gehört durchaus zur Aufgabe einer solchen Klausur. Man bedenke: Genehmigt *N,* sieht sich *E* Herausgabeansprüchen bezüglich derselben

---

[2] Vgl. dazu etwa BGHZ 37, 363 ff. = WM 1962, 960; BGHZ 47, 393 ff. = WM 1967, 564; *P. Schlosser* JuS 1963, 141 ff.; *Rothoeft* AcP 163 (1964), 215 ff.; *Grunsky* JZ 1962, 207 ff.; *Wiethölter* JZ 1963, 286 ff.; Staudinger/*S. Lorenz* (2007) BGB § 816 Rn. 16 ff.; *Reuter/Martinek* Ungerechtfertigte Bereicherung (1983) § 8 II 2a S. 337 ff.; MüKoBGB/*Schwab* § 816 Rn. 61 f.; Erman/*P. Buck-Heeb* BGB § 816 Rn. 10 f.; *Medicus/Petersen* BürgerlR § 16 IV Rn. 389 S. 202 f.; Soergel/*Mühl* BGB § 816 Rn. 43; *v. Caemmerer* Festschrift Gustav Boehmer S. 145 ff. (153 ff.); *Hüffer* JuS 1981, 263 (267).

[3] Vgl. ferner zur „verwandten" Streitfrage der Gleichstellung von rechtsgrundlosem und unentgeltlichem Besitzer im Rahmen des § 988: RGZ 163, 348 ff.; BGHZ 32, 76 (94 ff.) = NJW 1960, 1105; bestätigt durch: BGHZ 71, 216, 225 f. = NJW 1978, 1529; *BGH* NJW 1983, 164 (165); BGHZ 120, 204 (215) = *BGH* NJW 1993, 389; *BGH* NJW 1995, 454 (455); *BGH* NJW 1995, 2627 (2628); *BGH* NJW-RR 2005, 965 (966 f.); vgl. ferner aus der Literatur: *Kindl* JA 1996, 115 (120 f.); *Roth* JuS 2003, 937 (941 f.); MüKoBGB/*Baldus* § 988 Rn. 6 ff.; Staudinger/*Thole* (2019) Vorbem zu §§ 987–993 Rn 122 ff. *Baur/Stürner* SachenR § 11 Rn. 38 S. 125; *Wolff/Raiser* SachenR § 85 II 6; *Larenz/Canaris* SchuldR BT II § 74 I 1a.

[4] Vgl. dazu *Reuter/Martinek* Ungerechtfertigte Bereicherung (1983) § 8 I 2 S. 299 ff.; Staudinger/*S. Lorenz* (2007) BGB § 816 Rn. 9 ff.; MüKoBGB/*Schwab* § 816 Rn. 34 ff.

[5] Grundlegend RGZ 106, 44 (45); RGZ 115, 31 (34 f.); diese Rspr. wurde seitens des BGH aufgegriffen und weiterentwickelt: *BGH* WM 1958, 1222 (1224 f.); *BGH* NJW 1959, 668 (668) (insoweit nicht in BGHZ 29, 157 abgedruckt); *BGH* NJW 1960, 860 (860) (insoweit in BGHZ 32, 53 nicht abgedruckt); *BGH* NJW 1968, 1326 (1327); BGHZ 56, 131 (132 ff.) = NJW 1971, 1452; *BGH* NJW 1972, 1197 (1199); *BGH* DB 1976, 814 (815); BGHZ 107, 340 (341 f.) = NJW 1989, 2049; s. auch Erman/*P. Buck-Heeb* BGB § 816 Rn. 7; MüKoBGB/*Schwab* § 816 Rn. 34; Staudinger/*S. Lorenz* (2007) BGB § 816 Rn. 9; *Reuter/Martinek* Ungerechtfertigte Bereicherung (1983) 8 I S. 299 ff.; *Grunsky* JZ 1961, 119 f.

Silbernadel sowohl von *N* wie auch von *B* ausgesetzt. Gegenüber *B* ist *E* ja zur bereicherungsrechtlichen Rückabwicklung des unwirksamen Tauschvertrags verpflichtet. Wenn *E* die Silbernadel dem *B* – Zug-um-Zug gegen Herausgabe der Goldnadel – zurückgibt anstatt sie dem *N* herauszugeben, dann verliert *N* sowohl die Silber- wie die Goldnadel. Letztere erwirbt *E* von *B* zu Eigentum, ohne dass *N* darauf etwa zugreifen könnte. Ein Anspruch des *N* gegen *E* aus § 604 I würde in Ermangelung eines wirksamen Leihvertrages von vornherein ausscheiden. Auch eine Kondiktion des *N* gegen *E* wäre nicht erfolgsgekrönt: Der – nunmehr – als Eigentümer in Erscheinung tretende E hätte sowohl Besitz als auch Eigentum an der Goldnadel durch eine Leistung des – nach erfolgter Genehmigung – Berechtigten *B* gem. § 929 S. 1 erworben; *N* hatte dem *E* hingegen lediglich – in Erfüllung seiner vermeintlichen leihvertraglichen Pflicht – den Besitz verschafft. Eine auf Herausgabe des Besitzes gerichtete Leistungskondiktion des *N* wäre ferner dem Arglisteinwand *(dolo agit qui petit quod statim redditurus est)* ausgesetzt, da *B* im Falle der Herausgabe an *N* seinerseits sogleich ein Anspruch gegen *N* auf Herausgabe der Goldnadel nach § 985 erwachsen würde. Eine Nichtleistungskondiktion des *N* gegen *E* würde ohnehin bereits am Vorrang der Leistungskondiktion (Leistung des *B* an *E*) scheitern. Schon diese Überlegungen laden dazu ein, das Verhältnis aller drei Beteiligten für den Fall der Genehmigung und der Nicht-Genehmigung und mit Rücksicht auf das bereicherungsrechtliche Rückabwicklungsverhältnis zwischen *E* und *B* zu durchdenken und kurz zu skizzieren, um dem *N* schließlich von der Genehmigung abzuraten. Er sollte sich auf seine Vindikation gegen *B* konzentrieren.

Allerdings rücken für *N* noch weitere Ansprüche gegen *E* auf Herausgabe der Silbernadel ins Visier, die möglicherweise sogar – anders als § 816 I 1 – von einer Genehmigung der Verfügung unabhängig sind; gerade deshalb müssen sie auch noch angesprochen werden. So ist durchaus an eine Leistungskondiktion des *N* gegen *E* aus § 812 I 1 Alt. 1 i. V. m. § 818 I auf Herausgabe der von *B* erhaltenen Silbernadel als Surrogat für die von *N* an *E* in Erfüllung des unwirksamen Leihvertrags besitzweise geleistete Goldnadel zu denken. Zugegeben: Darauf muss man erst einmal kommen. Und zugegeben: Der Anspruch scheitert schnell daran, dass die Silbernadel kein „unmittelbares" Surrogat, sondern nur ein von § 818 I nicht erfasstes „rechtsgeschäftliches Surrogat" für die weitergegebene Goldnadel ist. Schließlich lässt sich noch an einen Herausgabeanspruch aus angemaßter Geschäftsführung ohne Auftrag (§§ 687 II, 681 S. 2, 667 Alt. 2) denken. Der aber scheitert an der Minderjährigkeit des *E*, § 682.

III. Weitere Anspruchsgrundlagen und Ergebnis

Für *N*, der es ja nach dem Sachverhalt „genau wissen" will, könnten noch weitere Anspruchsgrundlagen gegen *E* bedeutsam sein. Eigentlich fernliegend, aber angesichts der Hartleibigkeit des *N*, der sogar die *Goldnadel* von *E* herausverlangt, vielleicht doch prüfungswert sind Ansprüche auf Herausgabe nach § 604 I und nach § 985, die jedenfalls am fehlenden (auch nur mittelbaren) Besitz des *E* scheitern. Wichtiger sind Ansprüche des *N* gegen *E* aus § 816 I 1 sowie aus §§ 812 I 1 Alt. 1, 818 I auf Abtretung des Bereicherungsanspruchs, den *E* gegen *B* auf Herausgabe der Goldnadel nach § 812 I 1 Alt. 1 hat. Mit dieser oder jener Kondiktion der Kondiktion könnte sich *N* einen Anspruch auf Rückgewinn der Goldnadel aus abgetretenem Recht zu verschaffen trachten. Beides aber scheitert. Die Leistungskondiktion des *E* gegen *B* stellt sich im Verhältnis zu *N* weder als das durch die Verfügung Erlangte i. S. d. § 816 I 1 noch als unmittelbares Surrogat für die Goldnadel nach §§ 812 I 1 Alt. 1, 818 I dar. Damit ist der Fall gelöst und man kann das Ergebnis gefällig zusammenfassen: *N* kann entweder die Goldnadel von *B* nach § 985 oder die Silbernadel von *E* nach § 816 I 1 herausverlangen. Man kann sich darüber freuen, dass nicht nach Schadensersatzansprüchen gefragt ist, schon weil *N* keinen Schaden zu beklagen hat. Würden ihm zukünftig allerdings Kosten entstehen, etwa weil *B* die Herausgabe der Goldnadel verweigert und *N* Rechtsverfolgungsaufwendungen tätigen muss, stünden Schadensersatzansprüche gegen *E* etwa aus §§ 989, 990 I oder aus § 823 I und II zur Prüfung an, die aber wohl an der fehlenden Bösgläubigkeit bzw. Einsichtsfähigkeit (§ 828 III) des „ein wenig einfältigen" sechzehnjährigen *E* scheitern würden; aber das wäre ein anderer Fall, den der Advokat *H* jetzt jedenfalls nicht zu beurteilen hat.

C. Gliederung

I. Ansprüche des *N* gegen *B* auf Herausgabe der goldenen Krawattennadel
   1. Herausgabeanspruch aus § 604 IV
   2. Herausgabeanspruch aus § 985
      a) Übereignungsvertrag zwischen *E* und *B*
      b) Kein gutgläubiger Erwerb des *B*
         Problem: gutgläubiger Erwerb vom Minderjährigen
      c) Zwischenergebnis
   3. Herausgabeanspruch aus § 861 I
   4. Herausgabeanspruch aus § 1007 I
   5. Herausgabeanspruch aus § 1007 II
   6. Herausgabeanspruch aus § 812 I 1 Alt. 2
      a) Subsidiaritätsprinzip
      b) Keine Analogie zu § 816 I 2
II. Ansprüche des *N* gegen *E* auf Herausgabe der silbernen Krawattennadel
   1. Herausgabeanspruch aus § 816 I 1
      a) Das Genehmigungserfordernis
      b) Die „Qual der Wahl"
         Problem: Bei Genehmigung Gefahr des Verlustes der Gold- wie auch der Silbernadel für N
   2. Herausgabeanspruch aus § 812 I 1 Alt. 1
   3. Herausgabeanspruch aus §§ 687 II, 681 S. 2, 667 Alt. 2
III. Ansprüche des *N* gegen *E* auf Herausgabe der *goldenen* Krawattennadel
IV. Ansprüche des *N* gegen *E* auf Abtretung
   1. Abtretungsanspruch aus § 816 I 1
   2. Abtretungsanspruch aus § 812 I 1 Alt. 1
V. Ergebnis

D. Lösung

I. Ansprüche des *N* gegen *B* auf Herausgabe der goldenen Krawattennadel

1. Herausgabeanspruch aus § 604 IV

Ein Herausgabeanspruch des *N* aus § 604 IV gegen *B* als „Dritten" setzt voraus, dass zwischen *N* und *E* ein wirksamer Leihvertrag über die goldene Krawattennadel zustande gekommen ist. Der Wirksamkeit der Willenserklärung des mit 16 Jahren nur beschränkt geschäftsfähigen *E* (§§ 106, 2) stehen die §§ 107, 108 I entgegen, wenn dessen Erklärung nicht als lediglich rechtlich vorteilhaft qualifiziert werden kann. Zwar ist der Leihvertrag für *E* unentgeltlich, § 598. Aus einem wirksamen Leihvertrag entstünden für *E* aber die Verpflichtungen zur Tragung der Erhaltungskosten nach § 601 I, zum vertragsgemäßen Gebrauch nach § 603 S. 1, sowie zur Rückgabe nach Zeitablauf nach § 604 I. Da somit der Abschluss eines Leihvertrages für *E* auch rechtliche Nachteile zur Folge hat, konnte er ohne Zustimmung seiner gesetzlichen Vertreter, der Eltern (§§ 1629, 1626), keinen wirksamen Leihvertrag mit *N* abschließen. Abgesehen hiervon muss ein Herausgabeanspruch aus § 604 IV auch deshalb scheitern, weil *E* dem *B* die Goldnadel nicht „unterverliehen" und nicht nur zum Gebrauch unter lediglich vorübergehender Einräumung von Fremdbesitz überlassen, sondern sie ihm im Rahmen eines Tauschvertrags zu dauerhaftem Eigenbesitz übertragen wollte.

2. Herausgabeanspruch aus § 985

N kann aber die Herausgabe der Goldnadel von *B* nach § 985 verlangen, wenn *N* Eigentümer und *B* Besitzer ohne Recht zum Besitz ist.

a) Übereignungsvertrag zwischen *E* und *B*

Ursprünglich war *N* Eigentümer der Goldnadel. Er hat das Eigentum auch nicht durch Übereignung an *E* nach § 929 S. 1 verloren. *N* hat mit *E* nur einen (unwirksamen) Leihvertrag vereinbart. Die Leihe verpflichtet nur zur Gebrauchsüberlassung und nicht zur Übereignung, weshalb in Vollzug der Leihe auch keine Übereignung der Goldnadel stattgefunden hat. Wohl aber kann *N* sein Eigentum durch eine Übereignung von *E* an *B* gemäß § 929 S. 1 verloren haben. Als *E* und *B* die Krawattennadeln tauschten, haben sie sich neben dem schuldrechtlichen Tauschvertrag auch über den Übergang des Eigentums geeinigt. Fraglich ist jedoch, ob die Einigung im Licht der §§ 107, 108 I wirksam, der dingliche Vertrag also für *E* lediglich rechtlich vorteilhaft ist. Der Übereignungsvertrag bringt für *E* keine unmittelbaren nachteiligen Rechtsfolgen mit sich, da er nicht Eigentümer der Goldnadel ist und daher auch kein Eigentum verlieren kann. Der Verlust seines Besitzes an *B* nach § 854 I ist nicht Folge der Einigung, sondern Auswirkung der sich gleichzeitig vollziehenden Übergabe. Allerdings könnte die Einigung mittelbare nachteilige Rechtsfolgen für *E* haben. Erwirbt nämlich *B* tatsächlich das Eigentum an der Goldnadel, ist *E* möglicherweise Ansprüchen des *N* nach § 816 I 1 und §§ 823 I, 828 II ausgesetzt. Diese nur mittelbaren nachteiligen Rechtsfolgen wird man jedoch als unbeachtlich ansehen müssen; man trüge in die Übereignungsgeschäfte eine verkehrsfeindliche Rechtsunsicherheit hinein, wollte man zur Bestimmung des rechtlich nachteilhaften Geschäfts auch mittelbare Rechtsfolgen heranziehen, die sich schwer vorhersagen und überschauen lassen, zumal nahezu jedes Geschäft mittelbar zu irgendwelchen rechtlichen Nachteilen führen kann. Vielmehr ist das

Geschäft für *E* als rechtlich neutral anzusehen. Vom Wortlaut des § 107 her könnte man zwar annehmen, dass auch solche Geschäfte zustimmungsbedürftig seien. Indes ergibt sich das Gegenteil aus Sinn und Zweck dieser Regelung, die den Minderjährigen lediglich vor nachteiligen Folgen seines rechtlichen Handelns schützen will. Dies wird durch § 165 bestätigt, wonach ein beschränkt Geschäftsfähiger als Stellvertreter eine wirksame Willenserklärung für einen Dritten abgeben kann. Entgegen dem Wortlaut des § 107 BGB sind rechtlich neutrale Geschäfte mithin auch ohne Zustimmung des gesetzlichen Vertreters wirksam. Damit konnte *E* die Willenserklärung zustimmungsfrei abgeben, so dass ein wirksamer Übereignungsvertrag vorliegt. *E* hat *B* die Goldnadel auch übergeben.

b) Kein gutgläubiger Erwerb des *B*

E besaß jedoch keine Verfügungsbefugnis über die Goldnadel. Diese stand allein *N* als Eigentümer zu. *E* war auch nicht nach § 185 I von *N* zur Verfügung ermächtigt. Damit wäre die Übereignung nach § 929 S. 1 unwirksam. *E*s fehlende Verfügungsbefugnis könnte jedoch durch einen gutgläubigen Erwerb vom Nichtberechtigten gemäß § 932 I 1 überwunden worden sein. Voraussetzung hierfür ist *B*s Gutgläubigkeit hinsichtlich der Eigentümerposition von *E*. Diese Gutgläubigkeit würde fehlen, wenn *B* gewusst hätte oder ihm in Folge grober Fahrlässigkeit verborgen geblieben wäre, dass *E* nicht Eigentümer der Goldnadel ist, § 932 II. Dies ist aber nicht der Fall, vielmehr sprach der Rechtsschein des Besitzes für das Eigentum des *E* (§ 1006 I 1); ein gutgläubiger Erwerb des *B* erscheint auf den ersten Blick unzweifelhaft. Bei näherer Betrachtung kommen jedoch durchaus Zweifel auf: Hätte nämlich das gutgläubige Vorstellungsbild des *B* den Tatsachen entsprochen, hätte er kein Eigentum erwerben können. Denn bei einer Eigentümerstellung des *E* wäre der Übereignungsvertrag wegen §§ 107, 108 I (zunächst: schwebend) unwirksam gewesen, weil der Verlust des Eigentums für *E* einen unmittelbaren rechtlichen Nachteil bedeutet hätte. Dies legt den Gedanken nahe, den Schutz des gutgläubigen Rechtsverkehrs nur so weit reichen zu lassen, wie dies mit dem Minderjährigenschutz vereinbar ist, mithin die §§ 929 S. 1, 932 durch die §§ 107, 108 I teleologisch zu reduzieren. Gewiss, im Sinne eines reibungslosen Geschäftsverkehrs soll sich ein gutgläubiger, auf den Rechtsschein des Besitzes vertrauender Erwerber darauf verlassen können, dass er Eigentum erwirbt, wenn er seine Gegenleistung opfert. Der Schutz des guten Glaubens, bei dem im Ergebnis ein materiell Berechtigter aus seiner Eigentümerposition verdrängt und „enteignet“ wird, kann den Gutgläubigen aber nicht besser stellen, als er stünde, wenn sein Vorstellungsbild der Wirklichkeit entsprochen hätte. Andernfalls würde der Verkehrsschutz unangemessen weit ausgedehnt und zu dem kaum einsehbaren Ergebnis führen, dass der Gutgläubige (hier: *B*) nur deshalb Eigentum erwerben könnte, weil der Veräußerer (hier: *E*) nichtberechtigter Minderjähriger ist, während ein Erwerb des Gutgläubigen im Falle einer Eigentümerstellung des Veräußerers an §§ 107, 108 I gescheitert wäre.

c) Zwischenergebnis

B hat also nicht gutgläubig Eigentum an der Goldnadel erworben. *N* ist damit nach wie vor Eigentümer. *B* ist auch gegenüber dem Anspruchsteller *N* besitzrechtsloser Besitzer der Goldnadel, denn er hat weder ein eigenes noch ein von *E* abgeleitetes Besitzrecht, § 986. *B* steht gegenüber dem Vindikationsanspruch des *N* auch kein Zurückbehaltungsrecht an der goldenen Krawattennadel nach § 273 I etwa deshalb zu, weil er ja seinerseits seine *silberne* Krawattennadel an *E* weggegeben hat, denn dafür fehlt es im Verhältnis *B* – *N* an einer Gegenseitigkeit der Ansprüche. Im Ergebnis kann *N* die Goldnadel von *B* nach § 985 herausverlangen.

3. Herausgabeanspruch aus § 861 I

Ein Anspruch aus § 861 I setzt voraus, dass dem unmittelbaren Besitzer der Besitz durch verbotene Eigenmacht entzogen wurde und dass der jetzige unmittelbare Besitzer fehlerhaft besitzt, § 858. *N* selbst hat den unmittelbaren Besitz an der Goldnadel aber freiwillig aufgegeben, als er ihn dem *E* leihweise aushändigte. Ein Anspruch unmittelbar aus § 861 I scheidet damit aus. Aber auch ein Herausgabeanspruch als mittelbarer Besitzer nach § 869 in Verbindung mit §§ 861 I, 858 kommt nicht in Betracht, denn auch *E* hat seinen Besitz durch Übergabe an *B* freiwillig aufgegeben.

4. Herausgabeanspruch aus § 1007 I

Für einen Anspruch des ehemaligen Besitzers *N* gegen *B* aus § 1007 I ist erforderlich, dass *B* kein Besitzrecht hatte und beim Erwerb seines Besitzes nicht in gutem Glauben war; außerdem dürfte der Anspruch nicht nach § 1007 III BGB ausgeschlossen sein. Zwar hatte *B* von Anfang an kein Besitzrecht, aber er glaubte bei Besitzerwerb an ein Besitzrecht aus dem Tauschvertrag mit *E*. Die Gutgläubigkeit des *B* beim Erwerb des Besitzes an der Goldnadel steht mithin einem Anspruch des *N* aus § 1007 I entgegen.

5. Herausgabeanspruch aus § 1007 II

Ein Herausgabeanspruch aus § 1007 II setzt voraus, dass dem *N* oder dem *E* die Sache gestohlen, verloren gegangen oder sonst abhanden gekommen ist; außerdem dürfte der Anspruch nicht durch einen der in § 1007 II und III genannten Ausschlussgründe ausgeschlossen sein. Mit „früherem Besitzer“ ist dabei der frühere *unmittelbare* Besitzer gemeint. Dies ergibt sich aus dem Begriff des „Abhandenkommens“. Er entspricht der Wegnahme des § 859 II wie auch dem Abhandenkommen des § 935 I und meint den Verlust des unmittelbaren Besitzes, nicht aber den Verlust des nur mittelbaren Besitzes. Dies ergibt sich einerseits daraus, dass § 859 im Bereich der Regelungen zum unmittelbaren Besitzer steht und § 869 die entsprechende Anwendbarkeit der Regelungen des unmittelbaren auf den mittelbaren Besitzer nicht auf § 859 erstreckt. Andererseits zeigt auch die Regelung des § 935 I 2, dass die Person des unmittelbaren Besitzers und damit der Entzug des unmittelbaren Besitzes als maßgeblich anzusehen ist. Dem *N* ist aber die Goldnadel nicht abhanden gekommen. Allerdings muss der frühere Besitzer, dem die Sache gestohlen wurde, verloren gegangen oder abhanden gekommen ist, nicht zwingend der Anspruchsteller sein. Vielmehr kann auch der mittelbare Besitzer *(N)* Anspruchsteller sein, und es genügt, wenn seinem Besitzmittler als unmittelbaren Besitzer *(E)* die Sache abhanden gekommen ist. Auch hieran fehlt es jedoch. Da die Goldnadel weder *N* noch *E* gestohlen wurde, verloren gegangen oder sonst abhanden gekommen ist, scheidet ein Anspruch aus § 1007 II BGB ebenfalls aus.

6. Herausgabeanspruch aus § 812 I 1 Alt. 2

In Betracht kommt jedoch ein Herausgabeanspruch des *N* gegen *B* aus § 812 I 1 Alt. 2 (Nichtleistungskondiktion). Das Bereicherungsrecht kann hier insoweit nicht durch § 993 I Hs. 2 ausgeschlossen sein, da die Vorschriften des Eigentümer-Besitzer-Verhältnisses (EBV) beim gutgläubigen unverklagten Besitzer nur in Bezug auf

Nutzungen und Schadensersatz vorrangig sind, nicht jedoch in Bezug auf Herausgabeansprüche.

a) Subsidiaritätsprinzip

B hat den Besitz an der Goldnadel erlangt. Die Frage ist jedoch, ob er ihn in sonstiger Weise auf Kosten des Anspruchstellers *N* oder aber durch eine Leistung des *E* erlangt hat. Nach dem bereicherungsrechtlichen Subsidiaritätsprinzip darf ein Leistungsempfänger grundsätzlich nicht noch der Nichtleistungskondiktion eines Dritten ausgesetzt sein, denn sonst drohten ihm Einwendungen verloren zu gehen, die ihm im Verhältnis zu dem Leistenden zustehen. Hier ist leicht erkennbar, dass *E* den Besitz an der Goldnadel bewusst und zweckgerichtet zur Erfüllung einer (vermeintlich wirksamen) tauschvertraglichen Verbindlichkeit auf *B* übertragen und mithin *causa solvendi* geleistet hat. Dem steht die Minderjährigkeit des *E* nicht entgegen. Zwar kann ein Minderjähriger die für eine bereicherungs- wie erfüllungsrechtliche Leistung erforderliche Tilgungs- und Zweckbestimmung (§§ 362 I, 366) nur unter den Voraussetzungen der §§ 107, 108 wirksam erklären. Diese Voraussetzungen sind aber erfüllt, weil die Leistung an *B* ebenso wie die Übereignung an ihn für den Leistenden *E* ein rechtlich neutrales Geschäft war.

b) Keine Analogie zu § 816 I 2

Das Subsidiaritätsprinzip wirkt freilich nicht ausnahmslos als Sperre einer Nichtleistungs- gegenüber einer Leistungskondiktion. Es erfährt insbesondere eine wichtige Ausnahme in § 816 I 2. Danach steht dem Alt-Berechtigten (also möglicherweise *N*) durchaus – in Ausnahme gegenüber dem in S. 1 zum Ausdruck gebrachten Subsidiaritätsprinzip – eine Direktkondiktion gegen den „unentgeltlichen“ Empfänger *(B)* auf Rückübertragung des Verfügungsgegenstandes zu, und zwar unbeschadet einer Leistungsbeziehung dieses Empfängers *(B)* zum nichtberechtigt Verfügenden *(E)*. Einer analogen Anwendung dieser Vorschrift stehen hier aber unüberwindbare Hindernisse entgegen: *Zum einen* hat *B* die Goldnadel keineswegs durch eine Verfügung des *E* erlangt, die gegenüber dem Berechtigten *(N)* wirksam wäre, denn ein gutgläubiger Erwerb des *B* hat ja gerade nicht stattgefunden; die bloße Besitzübertragung ist keine Verfügung. *Zum zweiten* erfolgte der Erwerb des Besitzes an der Goldnadel für *B* nicht „unentgeltlich“, sondern auf tauschvertraglicher Grundlage. Zwar erweist sich der Tauschvertrag als unwirksam und damit der Besitzerwerb des *B* als „rechtsgrundlos“, doch verbietet sich eine Gleichstellung von „rechtsgrundlos“ mit „unentgeltlich“ im Rahmen des § 816 I 2, an die man etwa unter dem Oberbegriff der „Gegenleistungsfreiheit“ denken könnte, weil der Empfänger – wie hier in der Tat *B* – bei einem rechtsgrundlosen Leistungsempfang (anders als bei einem unentgeltlichen) seinerseits gegengeleistet haben kann und dann in seinem Rückabwicklungsverhältnis mit seinen Einwendungen gegenüber dem Leistungspartner vor dem Zugriff des Dritten auf das Erlangte geschützt werden muss. Eine Nichtleistungskondiktion des *N* gegen *B* kommt daher nicht in Betracht.

II. Ansprüche des *N* gegen *E* auf Herausgabe der silbernen Krawattennadel

1. Herausgabeanspruch aus § 816 I 1

a) Das Genehmigungserfordernis

Einem solchen Anspruch auf Herausgabe der silbernen Krawattennadel, die *E* von *B* tauschweise erlangt hat, kann die Sperrwirkung des EBV nach § 993 I a. E. nicht entgegenstehen. Zwar bestand zwischen *N* und *E* ein EBV (eine Vindikationslage); insbesondere stand *E* in Anbetracht des unwirksamen Leihvertrags kein Besitzrecht zu, § 986 I. Das EBV entfaltet aber gegenüber Herausgabeansprüchen keine Sperrwirkung; die Bös- oder Gutgläubigkeit des *E* hinsichtlich seines unrechtmäßigen Besitzes kann dabei dahinstehen. Einem Anspruch aus § 816 I 1 steht auch nicht entgegen, dass *E* mangels eines gutgläubigen Erwerbs des *B* nicht in einer gegenüber *N* wirksamen Weise als Nichtberechtigter verfügte. Es steht *N* nämlich frei, eine Genehmigung der nichtberechtigten Verfügung nach § 185 I auszusprechen. Dies kann nach § 182 I sowohl gegenüber *E* wie gegenüber *B* geschehen. Dann bildet die Silbernadel das durch die – nunmehr gegenüber *N* wirksame – Verfügung des *E* von *B* Erlangte. Bisher ist allerdings noch keine Genehmigung erklärt worden. Man wird in dem Verhalten des *N* am Sonntagabend auch keine konkludente Genehmigung sehen können, denn *N* macht Ansprüche sowohl gegen *B* wie auch gegen *E* geltend und würde sich mit einer Genehmigung der Verfügung um seinen Herausgabeanspruch aus § 985 gegen *B* bringen.

b) Die „Qual der Wahl"

Allerdings hat *N* die „Qual der Wahl", ob er von *B* nach § 985 seine Goldnadel oder von *E* nach § 816 I 1 nach einer Genehmigung der Verfügung die Silbernadel herausverlangt. Dass sich *N* damit in einer privilegierten Position sieht, die es ihm ermöglicht, Verlust oder Insolvenzrisiken bei einem der möglichen Anspruchsgegner durch einen Wechsel zum anderen zu entgehen, ist schwerlich angreifbar: die Rechtsordnung selbst gewährt ihm dieses Privileg. Auch steht dem Anspruch des *N* gegen *E* aus § 816 I 1 nicht entgegen, dass *E* zugleich einem Rückübereignungsanspruch des *B* aus § 812 I 1 Alt. 1 hinsichtlich derselben Silbernadel im Rahmen der bereicherungsrechtlichen Rückabwicklung des unwirksamen Tauschvertrags zwischen *E* und *B* ausgesetzt ist. Bedient *E* den Anspruch des *N* zuerst, muss er dem *B* Wertersatz nach § 818 II zahlen. Bedient *E* den Anspruch des *B* zuerst, verliert *N* freilich seinen Anspruch aus § 816 I 1 auf Herausgabe der Silbernadel. Er kann dann auch nicht etwa von *E* die von *B* zurückerhaltene Goldnadel aus § 985 herausverlangen, denn es wäre willkürlich, wollte man nach deren Übereignung von *B* an *E* einen „automatischen Rückfall" des Eigentums wieder an *N* annehmen; *N* bliebe auf einen Wertersatzanspruch aus §§ 816 I 1, 818 II verwiesen. Zur Absicherung dagegen, dass ihm sowohl die Silber- wie die Goldnadel entgeht, kann *N* auch nicht etwa seine Genehmigung der Verfügung des *E* von einer aufschiebenden oder auflösenden Bedingung abhängig machen, denn die Genehmigung ist als einseitiges Rechtsgeschäft bedingungsfeindlich. Dies zeigt, dass *N* gut beraten ist, sich in erster Linie auf eine Vindikation der Goldnadel von *B* zu stützen und mit einer Genehmigung der Verfügung des *E* zur Erlangung der Silbernadel vorsichtig sein muss.

2. Herausgabeanspruch aus § 812 I 1 Alt. 1

Fraglich ist, ob *N* auch ohne eine Genehmigung der Verfügung einen Anspruch gegen *E* auf Herausgabe der Silbernadel hat. Man kann an einen Anspruch aus Leistungskondiktion nach § 812 I 1 Alt. 1 denken, der sich nach § 818 I auf die Silbernadel als Ersatz (Surrogat) für die von *N* erhaltene Goldnadel richten müsste. Ohne weiteres hat *E* den Besitz an der Goldnadel von *N* durch dessen Leistung in Erfüllung des vermeintlich wirksamen Leihvertrags ohne rechtlichen Grund erlangt. Die für diese Leistung erforderliche Tilgungs- und Zweckbestimmung des *N* konnte gegenüber dem nicht voll geschäftsfähigen *E* nach § 131 II 2 wirksam werden, weil sie diesem nur den rechtlichen Vorteil des unentgeltlichen Besitzes brachte. Als Besitzkondiktion scheitert der Anspruch aus § 812 I 1 Alt. 1 allerdings schon am fehlenden Besitz des *E*. Dies bedeutet aber nicht, dass sich der Anspruch sogleich auf Wertersatz nach § 818 II richtet. Wertersatz kommt erst in Betracht, wenn weder der Gegenstand selbst noch ein dafür erhaltenes Surrogat nach § 818 I herausgegeben werden kann. Allerdings kann die Silbernadel nicht als *commodum ex re* (Surrogat unmittelbar aus Entzug, Zerstörung oder Beschädigung) i. S. d. § 818 I angesehen werden, sondern muss als ein *commodum ex negotiatione cum re* (rechtsgeschäftliches Surrogat) betrachtet werden; letzteres aber kann von § 818 I nicht mit erfasst werden, weil sonst auch weit hergeholte Vorteile vom Bereicherungsgläubiger kondiziert werden könnten. Dies zeigt auch ein Umkehrschluss *(arg. e contrario)* zu den §§ 1418 II Nr. 3, 1473 I, 1638 II, in denen der Gesetzgeber zunächst genau dieselbe Formulierung wie in § 818 I aufgreift, dann aber – anders als in § 818 I – das rechtsgeschäftliche Surrogat ausdrücklich hinzufügt. Damit hat der Gesetzgeber zum Ausdruck bringen wollen, dass das *commodum ex negotiatione cum re* nicht von § 818 I erfasst sein soll.

3. Herausgabeanspruch aus §§ 687 II, 681 S. 2, 667 Alt. 2

Als Anspruchsgrundlage lässt sich auch an einen Anspruch auf Herausgabe des durch eine angemaßte Eigengeschäftsführung Erlangten nach §§ 687 II, 681 S. 2, 667 Alt. 2 denken. Man wird den Versuch einer Übereignung der goldenen Krawattennadel, die im Eigentum der *N* stand, als ein objektiv fremdes Geschäft für *E* ansehen müssen, denn grundsätzlich darf nur der Eigentümer über sein Eigentum verfügen. Allerdings ist zu beachten, dass *E* minderjährig und damit beschränkt geschäftsfähig ist, so dass er gem. § 682 nur nach den Vorschriften über die unerlaubten Handlungen und die ungerechtfertigte Bereicherung haftet. Ein Anspruch aus § 687 II i. V. m. §§ 681 S. 2, 667 Alt. 2 auf Herausgabe der Silbernadel kommt daher nicht in Betracht.

III. Ansprüche des *N* gegen *E* auf Herausgabe der *goldenen* Krawattennadel

Möglicherweise schweben dem *N* auch Ansprüche gegen *E* auf Herausgabe der Goldnadel vor. Solche liegen indes letztlich fern. Für die leihvertragliche Anspruchsgrundlage des § 604 I fehlt es nicht nur wegen §§ 107, 108 I an einem wirksamen Leihvertrag mit *E*, sondern auch an einem unmittelbaren Besitz des *E*. Die *rei vindicatio* nach § 985 könnte *N* als Eigentümer zwar auch gegen einen mittelbaren Besitzer geltend machen, doch ist *E* nach der Besitzübertragung an *B*, der die Goldnadel ungeachtet der Unwirksamkeit der Übereignung dauerhaft und für sich besitzen sollte und wollte, nicht einmal mehr mittelbarer Besitzer.

IV. Ansprüche des *N* gegen *E* auf Abtretung

N kann aber vielleicht daran denken, zur Rückgewinnung der *Goldnadel* einen Anspruch gegen *E* auf Abtretung eines Anspruchs des *E* gegen *B* auf Rückgabe dieser Goldnadel geltend zu machen, um sodann aus abgetretenem Recht gegen *B* vorgehen zu können.

1. Abtretungsanspruch aus § 816 I 1

Man könnte durchaus erwägen, dass sich der Anspruch, den *N* gegen *E* – vorbehaltlich der Genehmigung der nichtberechtigten Verfügung – aus § 816 I 1 auf Herausgabe des von *B* Erlangten hat, vielleicht auch auf einen an *N* abzutretenden Bereicherungsanspruchs des *E* gegen *B* auf Rückgabe der *goldenen* Krawattennadel richtete. Damit könnte sich *N* einen Herausgabeanspruch gegen *B* aus abgetretenem Recht verschaffen (Kondiktion der Kondiktion). In der Tat steht *E* gegen *B* ein solcher Anspruch auf Rückgabe der *Gold*nadel Zug um Zug gegen Rückgabe seinerseits der *Silber*nadel zu, denn *E* und *B* sind zur bereicherungsrechtlichen Rückabwicklung ihres unwirksamen Tauschvertrags auf der Grundlage von Leistungskondiktionen aus § 812 I 1 Alt. 1 verpflichtet. Genehmigt *N* die Verfügung des *E,* wird *B* (rückwirkend) Eigentümer der Goldnadel, muss sie aber gegen Rückübereignung der Silbernadel an *E* übereignen. Fraglich ist aber, ob dieser Bereicherungsanspruch des *E* gegen *B* im Verhältnis zu *N* als das „durch die Verfügung Erlangte" angesehen werden kann. Diese Frage ist zu verneinen, nachdem *E* von *B* im Rahmen des Tauschgeschäfts – ungeachtet der Unwirksamkeit des Tauschvertrags – die Silbernadel von *B* übereignet erhalten hat. Als für *B* rechtlich vorteilhaftes Geschäft ist diese Übereignung nach § 107 wirksam. Auf diese Silbernadel kann *N* im Falle der Genehmigung der Verfügung des *E* zurückgreifen. Dies lässt freilich den Bereicherungsausgleich im Verhältnis zwischen *B* und *E* unberührt, der sich auf die Rückübereignung der Silbernadel von *E* an *B* und die Übereignung der Goldnadel von *B* an *E* richtet, wobei *E,* sollte er die Silbernadel nach § 816 I bereits an *N* herausgegeben haben, dem *B* nach § 818 II wertersatzpflichtig ist. Ein Zugriff auf den Bereicherungsanspruch des *E* gegen *B* auf Rückübereignung ist dem *N* aber verwehrt, weil dieser Bereicherungsanspruch nicht als das durch die (von *N* genehmigte) Verfügung Erlangte i. S. d. § 816 I 1 angesehen werden kann.

2. Abtretungsanspruch aus § 812 I 1 Alt. 1

N kann sich für den Gedanken einer Kondiktion der Kondiktion auch nicht auf seine Leistungskondiktion gegen *E* aus §§ 812 I 1 Alt. 1, 818 I mit der Begründung stützen, *E* müsse anstelle der von *N* erhaltenen Goldnadel nach deren Weitergabe an *B* nunmehr seinen Bereicherungsanspruch gegen *B* aus § 812 I 1 Alt. 1 an *N* abtreten, denn auch der Bereicherungsanspruch des *E* gegen *B* auf Herausgabe der Goldnadel ist (ebenso wie die Silbernadel selbst) im Verhältnis des *E* zu *N* nicht als *commodum ex re* (Surrogat unmittelbar aus Entzug, Zerstörung oder Beschädigung), sondern als ein von § 818 I nicht erfasstes *commodum ex negotiatione cum re* (rechtsgeschäftliches Surrogat) anzusehen.

V. Ergebnis

Im Ergebnis hat *N* gegen *B* einen Anspruch auf Herausgabe der Goldnadel aus § 985. Er kann sich einen Anspruch gegen *E* auf Herausgabe der Silbernadel nach § 816 I 1 verschaffen, indem er die nichtberechtigte Verfügung des *E* genehmigt, womit er freilich seinen Anspruch gegen *B* aus § 985 verliert.

E. Lerntest

I. Fragen

1. Kann man von einem nichtberechtigt verfügenden Minderjährigen gutgläubig Eigentum nach §§ 929 S. 1, 932 erwerben?
2. Ist § 816 I 2 analog anwendbar, wenn der Erwerber eine Sache vom nichtberechtigt Verfügenden auf der Grundlage eines unwirksamen Kausalgeschäfts und damit rechtsgrundlos erlangt hat?

3. Kann der Bereicherungsgläubiger vom Bereicherungsschuldner nach § 818 I auch dasjenige herausverlangen, was dieser aufgrund eines Rechtsgeschäfts von einem Dritten für den primär erlangten Gegenstand erhalten hat?

II. Antworten

1. Zwar ist die Einigung nach § 929 S. 1 zwischen dem nichtberechtigt verfügenden Minderjährigen und dem Erwerber über eine dem Minderjährigen nicht gehörende Sache als rechtlich neutrales Geschäft ungehindert durch § 107 wirksam, doch steht einem gutgläubigen Erwerb die teleologische Reduktion des § 932 entgegen: Bei zutreffendem Vorstellungsbild des Gutgläubigen, also bei tatsächlichem Eigentum des Minderjährigen, scheiterte schon die Einigung an § 107. Der Gutgläubige darf nicht besser gestellt werden als er bei Richtigkeit seines Vorstellungsbildes stünde.

2. Eine analoge Anwendung des § 816 I 2 im Wege einer Gleichstellung von „rechtsgrundlos" mit „unentgeltlich", an die man etwa unter dem Oberbegriff der „Gegenleistungsfreiheit" denken könnte, verbietet sich, weil der Empfänger bei einem rechtsgrundlosen Leistungsempfang (anders als bei einem unentgeltlichen) seinerseits gegengeleistet haben kann und dann in seinem Rückabwicklungsverhältnis mit seinen Einwendungen gegenüber dem Leistungspartner vor dem Zugriff des Dritten auf das Erlangte geschützt werden muss.

3. Nur ein Surrogat unmittelbar aus Entzug, Zerstörung oder Beschädigung *(commodum ex re)* wird von § 818 I erfasst, nicht dagegen ein rechtsgeschäftliches Surrogat *(commodum ex negotiatione cum re)*, weil sonst auch weit hergeholte Vorteile vom Bereicherungsgläubiger kondiziert werden könnten. Dies zeigt auch ein Umkehrschluss *(arg. e contrario)* zu den §§ 1418 II Nr. 3, 1473 I, 1638 II, in denen der Gesetzgeber zunächst genau dieselbe Formulierung wie in § 818 I aufgreift, dann aber – anders als in § 818 I – das rechtsgeschäftliche Surrogat ausdrücklich hinzufügt. Damit hat der Gesetzgeber zum Ausdruck gebracht, dass rechtsgeschäftliche Surrogate nicht „als Ersatz für die Zerstörung, Beschädigung oder Entziehung des (...) Gegenstands" zu erachten sind und demgemäß auch nicht von § 818 I erfasst sein sollen.

Fall 14. Adelens trickreicher Spaziergang

Diese Klausur ist nur mit ausgeprägten und ausgereiften Kenntnissen im Bereicherungsrecht zu lösen. Sie behandelt schwierige Fragen der Leistungskondiktion. Im Mittelpunkt stehen die Anfechtung und die Nachholung einer Leistungszweckbestimmung, insbesondere die Umwidmung einer ursprünglichen Drittleistung auf fremde Schuld in eine Eigenleistung auf vermeintlich eigene Schuld. Zudem verlangt die Würdigung des Sachverhalts ein gutes Einfühlungsvermögen in die Sichtweise und Interessen der drei Parteien.

A. Sachverhalt

Die schöne *Adele (A)* – sie ist erst siebzehn Jahre alt, aber schon sehr „erwachsen" – geht mit ihren beiden Hunden *Plisch und Plum* spazieren. Plötzlich reißen sich die Vierbeiner auf der Jagd nach einer Katze los und stürmen in das Rosenbeet im Vorgarten des Dichters und Rosenzüchters *Balduin Bählamm (B)*. In Sekundenschnelle ist die Rosenpracht völlig zerstört. *B* stürmt wütend aus dem Haus und stellt *A* zur Rede. Diese entschuldigt sich und sagt: „Wir haben Glück im Unglück. Mein Ehemann ist Gartenbaumeister und wird Ihnen sogleich ein neues Beet pflanzen." Am Nachmittag erscheint der Gärtner *Dümmel (D)* bei *B* und pflanzt neue Rosen ein. Nach der Fertigstellung der Arbeit sieht der Garten aus wie vorher. Als aber *D* 150 EUR für das fertiggestellte Werk als Lohn verlangt, fragt *B* erstaunt: „Sind Sie nicht der Ehemann der feschen Dame, deren Hunde den Garten zerstört haben?" *D* antwortet noch erstaunter: „Na, so etwas! Mir hat die Dame erzählt, Sie seien ihr Ehemann und hätten die Rosen bestellt." Wie ist die Rechtslage?

B. Gutachtliche Überlegungen

I. Ergänzende Sachverhaltsauslegung und Interessenlage

Die Lektüre dieses ungewöhnlich lebendigen, geradezu turbulenten Sachverhalts lässt den Klausurbearbeiter vielleicht auch nach dem zweiten Durchlesen zunächst verdutzt zurück; er hat Mühe, die Abfolge der Ereignisse in einen übersichtlichen Zusammenhang zu bringen und sich auf das Geschehene einen Reim zu machen. Dies liegt daran, dass ein wichtiger Teil der Fallgeschichte überhaupt nicht ausdrücklich berichtet wird, sondern erst im Wege einer ergänzenden Sachverhaltsauslegung rekonstruiert werden muss. Der Anfang erscheint zunächst noch klar: Nachdem *A*s Hunde *Plisch und Plum* das Rosenbeet des *B* zerstört haben, stellt *A* dem *B* eine Wiedergutmachung dadurch in Aussicht, dass ihr angeblicher Ehemann, der zufällig Gärtner sei, ein neues Rosenbeet pflanzen werde. Hierzu stellt sich am Schluss des Sachverhalts allerdings heraus, dass der dann tatsächlich am Nachmittag bei *B* erscheinende und ein neues Rosenbeet anlegende *D* zwar durchaus Gärtner, keineswegs aber der Ehemann der Hundehalterin *A* ist. Der „fehlende" Sachverhaltsteil

Plisch und Plum

aber besteht in der – nachträglich dem *B* von *D* geschilderten – Unterredung zwischen *A* und *D*, die offenbar kurz nach der Rosenbeetzerstörung stattgefunden hat. In dieser Unterredung hat sich *A* gegenüber *D* als Ehefrau des *B* ausgegeben und den *D* im Namen des *B* beauftragt, das zerstörte Rosenbeet in Ordnung zu bringen. Diese Unterredung mag telefonisch oder mündlich unter Anwesenden stattgefunden haben – jedenfalls kam *D* zu *B* mit der Vorstellung, er, *D*, sei von *B*, vertreten durch *A*, zur Wiederherstellung des Rosenbeets beauftragt worden. Und in diesem Bewusstsein hat *D* seine Arbeitsleistung als Gärtner auch erbracht. Diese Arbeitsleistung wurde allerdings von *B* völlig anders verstanden. *B* nämlich konnte in der Wiederherstellung des Rosenbeets durch *D* nur eine Schadensersatzleistung durch Naturalrestitution erblicken, die *D* für die Übeltäterin *A* und als deren Ehemann vornahm. *B* und *D* – beide von *A* belogen und betrogen – nahmen aufgrund ihrer verschiedenen Vorstellungsbilder von den Hintergründen und Zusammenhängen des Geschehens unterschiedliche Würdigungen der Wiederherstellung des Rosenbeets vor: *D* glaubte dabei an die Erfüllung eines mit *B* geschlossenen Werkvertrags; *B* glaubte an eine Schadensersatzleistung; jeder von beiden hielt *A* für die Ehefrau des anderen – ein Missverständnis also, freilich ein von *A* bewusst eingefädeltes Missverständnis.

Balduin Bählamm

Aber Lügen haben kurze Beine! Der Sachverhalt einschließlich *A*s Flunkereien wird zwischen *D* und *B* aufgeklärt. Die Frage nach der Rechtslage zwingt nun den Bearbeiter zu einer genauen Ermittlung der Interessen der drei Beteiligten. Sie kann nur dann gelingen, wenn dem Bearbeiter die Ereignisse mitsamt der Sachverhaltsergänzung wirklich plastisch vor Augen stehen. Nur dann! Wer bei diesem Fall drauflos schreibt, ohne das Fallgeschehen durchschaut und begriffen zu haben, springt ins Dunkle und rennt in die Irre. *D* will seine Arbeit bezahlt haben, und er will sie in erster Linie von *B* bezahlt haben, dem diese Arbeit unmittelbar zugute gekommen ist. Dieses Interesse des *D* besteht auch nach der Aufklärung des Missverständnisses auf der Grundlage der inzwischen allseits bekannten wahren Zusammenhänge. Wenn inzwischen allerdings deutlich geworden ist, dass *A* mit ihren Hunden für die Zerstörung des Rosenbeets verantwortlich war, wird *D* auch erwägen, die *A* in Anspruch zu nehmen, der doch dann die Wiederherstellung des Beets gleichfalls zugute gekommen ist; denn eigentlich hätte dann *A* den Schaden des *B* ersetzen müssen. Das Interesse des *B* geht in die Richtung, möglichst nicht selbst an *D* für das neue Beet zahlen zu müssen, sondern den *D* an *A* verweisen zu können. Und wenn *B* doch an *D* zahlen muss, will er „sein Geld" natürlich von *A* zurückbekommen, die er doch für den Schaden verantwortlich hält. Das Interesse der *A* kann nur sein, möglichst ungeschoren davon zu kommen; das wird ihr kaum gelingen, denn sie ist das *„bad girl"* des Falles. Nach diesen Vorklärungen kann man in die juristische Aufbereitung des Falls eintreten.

II. Kaum problematische Vorfragen

Wenig Sorgen bereitet die Ablehnung eines Werklohnanspruchs des *D* gegen *B*, der schon am fehlenden Zustandekommen eines Werkvertrags scheitert, denn die als Botin des *B* auftretende *A* hatte in Wirklichkeit keine Botenmacht, sondern spiegelte dem *D* nur eine Botenmacht vor. Auch wird man schwerlich in der von *B* wohl beobachteten und gebilligten Arbeitsleistung des *D* einen konkludenten Austausch von Willenserklärungen zur Vertragsbegründung sehen können. Dies verbietet sich wegen der unterschiedlichen Vorstellungsbilder von *D* und *B:* Aus der Sicht des *B* ging es dem *D* bei der Wiederherstellung des Rosenbeets um die Wiedergutmachung des entstandenen Schadens, und aus der Sicht des *D* war ein Vertrag ja bereits geschlossen. Man darf auch nicht auf einen Anspruch des *D* gegen *B* auf Aufwendungsersatz aus berechtigter Geschäftsführung ohne Auftrag nach §§ 677, 683 S. 1, 670 ausweichen. *D* handelte bei der Wiederherstellung des Rosenbeets zur Erfüllung einer vermeintlichen Verbindlichkeit, führte also ein eigenes und kein fremdes Geschäft. Die Figur des auch-fremden Geschäfts darf nicht dazu führen, einen Fremdgeschäftsführungswillen zu unterstellen, weil sonst das Institut der Geschäftsführung ohne Auftrag in die Domäne des Rechts der Leistungskondiktion, die Rückabwicklung fehlerhafter Leistungsverhältnisse, einbräche.[1]

III. Der Weg zum Kernproblem

Der Anspruch des *D* gegen *B* auf Wertersatz für Rosen und Arbeit aus Leistungskondiktion nach § 812 I 1 Alt. 1, 818 II steht eindeutig im Mittelpunkt des Falls. Liegt in der Wiederherstellung des Beets eine Leistung des *D* an *B?* Wer mit der Dogmatik der Leistungskondiktion vertraut ist, wird schnell erkennen, dass es für den Leistungsbegriff nicht auf das Vorstellungsbild des *D* ankommt, der mit seiner Zuwendung eine Verbindlichkeit zu erfüllen, also *solvendi causa* zu leisten glaubt. Weil die Leistungszweckbestimmung – und sie ist konstitutiver Bestandteil einer Leistung – eine Willenserklärung ist,[2] muss sie nach §§ 133, 157 aus der Sicht des objektivierten Empfängerhorizonts des *B* ausgelegt werden.[3] Und das ist nicht einfach.

Aus der Sicht des *B* kann in den Beetarbeiten des *D* möglicherweise eine sogenannte Anweisungsleistung der *A* als Leistender mittels des *D* als bloßem Leistungsgehilfen, also keine Leistung des *D*, sondern eine der *A* liegen: *B* könnte nämlich gedacht

---

1 Vgl. dazu Staudinger/*Auer* Eckpfeiler des Zivilrechts Rn. S 120 S. 1277 f. mit zahlreichen Nachweisen; a. A. *BGH* NJW 1993, 3196; *BGH* NJW-RR 2004, 81; *OLG Düsseldorf* Urt. v. 30.7.2013 – I-21 U 162/12, 21 U 162/12.

2 Vgl. *Reuter/Martinek* Ungerechtfertigte Bereicherung (1983) § 4 II 3 S. 91 ff.

3 Vgl. zur Frage der Maßgeblichkeit der Sicht des Empfängers BGHZ 40, 272 (277 ff.) = NJW 1964, 399; BGHZ 58, 184 (188) = WM 1972, 499; *BGH* NJW 1974, 1132 (1132 a.E f.); *BGH* WM 1978, 1053 (1054); BGHZ 72, 246 (248 a.E f.) = NJW 1979, 157; BGHZ 75, 299 (303) = NJW 1980, 452; *BGH* NJW 1986, 251 (251); *BGH* NJW 1995, 128 (129); BGHZ 137, 89 (95) = NJW 1998, 377; BGHZ 147, 145 (151) = NJW 2001, 1856; *BGH* NJW-RR 2002, 1176 (1177); BGHZ 152, 307 (311 f.) = *BGH* NJW 2003, 583; *BGH* NJW 2005, 60 (60 a.E f.); BGHZ 201, 1 (11) = BGH NJW 2014, 1805 (1807); *BGH* MDR 2016, 259 (261); BGH ZIP 2016, 682 (685); vgl. ferner *Weitnauer* Festschrift Ernst v. Caemmerer S. 255 ff. (261 f.); *Schnauder* NJW 1999, 2841 ff.; *Staake* WM 2005, 2120 ff.; *Lorenz/Cziupka* Grundwissen – Zivilrecht: Bereicherungsrecht – Grundtypen der Kondiktionen JuS 2012, 777 (778).

haben, dass nicht *D*, sondern *A* sein Vermögen mehre, weil *A* ihre Schadensersatzverpflichtung mittels des *D* erfüllen wolle.[4] Nach einigem Nachdenken dürfte sich diese Betrachtungsweise allerdings doch verbieten, weil *B* von der Fehlvorstellung ausging, der Gärtner *D* sei der Ehemann der *A*. Damit aber wusste *B* wohl, dass *D* der *A* gegenüber nicht zu den Gärtnerarbeiten an dem Rosenbeet verpflichtet war. Statt einer Anweisungsleistung liegt deshalb eine Drittleistung des *D* auf eine fremde Schuld der *A* gegenüber *B* nach § 267 I näher.[5]*B* sah die Tätigkeit des *D* als dessen eigenen Beitrag zur Wiedergutmachung des von der vermeintlichen Ehefrau *A* verursachten Schadens an. Dann aber kann von einer Rechtsgrundlosigkeit der Leistung, d.h. einer Zweckverfehlung keine Rede sein. Dem geschädigten *B* standen gegen *A* durchaus Schadensersatzansprüche aus der Tierhalterhaftung nach § 833 S. 1 und aus verletzter Verkehrssicherungspflicht nach § 823 I zu, die *D* als Dritter nach § 267 I erfüllen konnte. Aus der maßgeblichen Sicht des *B* hat *D* danach nicht *ohne*, sondern *mit* Rechtsgrund geleistet.

Wer sich jetzt die Auseinandersetzung und das Klärungsgespräch zwischen *D* und *B* am Ende des Sachverhalts vergegenwärtigt, steht vor dem Durchbruch. Wenn nun *D* dabei zu erkennen gibt, dass er keineswegs eine Drittleistung auf fremde Schuld der *A*, sondern eine Eigenleistung auf eine vermeintlich eigene werkvertragliche Verpflichtung erbringen wollte, kann man darin nicht etwa eine Irrtumsanfechtung seiner ursprünglichen Leistungszweckbestimmung und die Bestimmung eines neuen Leistungszwecks sehen? Das ist das Kernproblem des Falles.

IV. Das Kernproblem und seine Lösung

Die Irrtumsanfechtung bietet *in punctis* Anfechtungserklärung und Anfechtungsgrund kaum Schwierigkeiten. Damit ist die Drittleistung auf fremde Schuld nach § 267 I als Leistungszweck und Rechtsgrund aus dem Weg geräumt. Wir hätten jetzt eine Zuwendung, aber keine Leistung. *D* gibt gegenüber *B* aber auch zu verstehen, dass er eigentlich eine Eigenleistung auf eine in Wirklichkeit nicht bestehende werkvertragliche Verpflichtung erbringen wollte, will also seine angefochtene Leistungszweckbestimmung durch eine neue Leistungszweckbestimmung ersetzen, die jetzt auf eine Eigenleistung zur Erfüllung einer (vermeintlichen) eigenen werkvertragli-

---

4 Zur Anweisungsleistung im Bereicherungsrecht vgl. Staudinger/*Auer* Eckpfeiler des Zivilrechts Rn. S 59ff. S. 1242ff.; Staudinger/*Martinek* (2006) BGB § 676c Rn. 16ff.; *Reuter/Martinek* Ungerechtfertigte Bereicherung Teilband 2 § 2 S. 43ff.; *Canaris* Festschrift Karl Larenz S. 799ff. (800ff.); *Canaris* WM 1980, 354; *Müller* WM 2010, 1293; *Krumm* WM 1990, 1609; Jauernig/*Stadler* BGB § 812 Rn. 35ff.; *Schnauder* WM 1996, 1069ff.; *Flume* NJW 1991, 2521ff.; *Löhnig/Würdinger* WM 2007, 961ff.; vgl. hierzu aus der Rspr: BGHZ 50, 227ff. = WM 1968, 839; BGHZ 61, 289ff. = WM 1973, 1374; BGHZ 66, 362ff. = NJW 1976, 1448; BGHZ 67, 75ff. = NJW 1976, 1845; BGHZ 87, 246ff. = NJW 1983, 2501; BGHZ 87, 393 = NJW 1983, 2499; BGHZ 88, 232ff. = NJW 1984, 483; *BGH* NJW 1987, 185ff.; *BGH* NJW-RR 1990, 1200ff.; BGHZ 111, 382ff. = NJW 1990, 3194; *BGH* NJW 1995, 3315ff.; BGHZ 147, 145ff. = NJW 2001, 1855; BGHZ 147, 269ff. = NJW 2001, 2880; *BGH* NJW 2003, 582ff.; BGHZ 158, 1ff. = NJW 2004, 1315; BGHZ 167, 171ff. = NJW 2006, 1965; *BGH* NJW 2008, 2331ff.; *BGH* NJW 2011, 66ff.; *BGH* NJW 2011, 1434f.; *BGH* NJW 2011, 2130ff.; *BGH* Urteil v. 13.1.2015, XI ZR 182/13, Rn. 16; BGHZ 205, 378, 382f. = *BGH* NJW 2015, 3093, 3094.

5 Zur Drittleistung nach § 267 I im Bereicherungsrecht vgl. Staudinger/*Auer* Eckpfeiler des Zivilrechts Rn. S 70f. S. 1248f.; *Reuter/Martinek* Ungerechtfertigte Bereicherung Teilband 2 § 3 III S. 120ff.; *Canaris* Festschrift Karl Larenz S. 799ff. (843ff.); *Medicus/Petersen* BürgerlR § 27 II 5 Rn. 684f S. 357ff.; vgl. ferner aus der Rspr. BGHZ 46, 319ff.; BGHZ 70, 389ff.; BGHZ 72, 246ff. = NJW 1979, 157; BGHZ 75, 299ff. = NJW 1980, 452; BGHZ 113, 62ff.; *BGH* NJW 2000, 1718 (1719); *BGH* WM 2008, 1703ff.

chen Verpflichtung gerichtet ist. Ist das überhaupt möglich, zumal doch *D* inzwischen weiß, dass kein Werkvertrag mit *B* zustande gekommen ist? Hierzu kann man sich viele Gedanken machen – und damit kann man viele Punkte ernten.

Natürlich ist es zulässig, eine derartige nachträgliche „Umwidmung" rundheraus abzulehnen, weil dies „im Gesetz keine Stütze" finde oder dogmatisch überkonstruiert sei, womit *D* immerhin eine Nichtleistungskondiktion gegen *B* aus § 812 I 1 Alt. 2 (Aufwendungs- oder Verwendungskondiktion) hätte. Es erscheint aber doch auch dogmatisch begründbar, eine „Umwidmung" zu gestatten. Man erinnere sich daran, dass anerkanntermaßen der Leistende nach einer irrtümlichen Leistung auf vermeintlich eigene Schuld im Wege einer „Nachholung des Drittleistungswillens" eine Umwidmung seiner Leistung zur Drittleistung auf fremde (bestehende) Schuld nach § 267 I vornehmen kann, um sich auf diese Weise eine Rückgriffskondiktion gegen den Schuldner zu verschaffen.[6] Im vorliegenden Fall steht sozusagen die umgekehrte Konstellation in Rede, weil nach einer irrtümlichen Drittleistung eine Umwidmung der Leistung in eine Leistung auf vermeintlich eigene Schuld erfolgt, um sich einen Kondiktionsanspruch gegen den Zuwendungsempfänger zu verschaffen. Gewiss liegt der Einwand nahe, eine Leistungskondiktion komme nachträglich wegen § 814 Alt. 1 nicht in Betracht, weil der Bereicherungsgläubiger inzwischen wisse, dass er nicht zur Leistung verpflichtet war. Diese „Klippe" lässt sich aber mit dem Hinweis umschiffen, dass es für die Kondiktionssperre des § 814 Alt. 1 auf ein Bewusstsein des Zuwendenden von der fehlenden Leistungsverpflichtung zur Zeit der Zuwendung ankommt. Wer sich hier einen argumentativ tragfähigen Weg zu bahnen weiß, wird dem *D* einen Anspruch gegen *B* auf Zahlung von 150 EUR für Rosen und Arbeit aus Leistungskondiktion nach §§ 812 I 1 Alt. 1, 818 II zusprechen können.

V. Die Abrundung der Lösung

Jetzt wird es einfacher, wenn man sich zur Abrundung des Falls den Ansprüchen des *D* gegen *A* und des *B* gegen *A* zuwendet. *D* kann gegen *A* als Botin ohne Botenmacht keinen Anspruch auf Werklohnzahlung aus §§ 631 I, 179 I Alt. 1 analog haben, weil dem die Minderjährigkeit der *A* nach § 179 III 2 entgegen steht und weil zudem das Erfüllungsinteresse des *D* durch seinen Leistungskondiktionsanspruch gegenüber *B* vollständig befriedigt ist. Eine Rückgriffskondiktion des *D* gegen *A* aus §§ 812 I 1 Alt. 2, 818 II hatte durchaus zunächst bestanden, solange man von einer Drittleistung nach § 267 I auf fremde Schuld ausgehen konnte, war doch durch die Leistung des Dritten *(D)* an den Gläubiger *(B)* für den Schuldner *(A)* eine Erfüllung und damit eine Bereicherung in Form der Befreiung von einer Verbindlichkeit eingetreten. Diese Rückgriffskondiktion hat *D* jedoch verloren, indem er seine ursprüngliche, auf eine Drittleistung nach § 267 gerichtete Leistungszweckbestimmung wirksam wegen Irrtums angefochten und durch eine neue, auf Eigenleistung gerichtete Zweckbestimmung ersetzt hat. Was schließlich Ansprüche des *B* gegen *A* angeht, bedarf es nochmals einer gedanklichen Anstrengung: Die deliktischen Schadensersatzansprüche des *B* gegen *A* aus Tierhalterhaftung und aus Verkehrssicherungspflichtverletzung entfallen nicht durch die Schadensbeseitigung, sondern richten sich

---

[6] Zur „Nachholung des Drittleistungswillens" vgl. *Reuter/Martinek* Ungerechtfertigte Bereicherung Teilband 2 § 3 III 5 S. 133 ff.; *BGH* NJW 1964, 1898 (1899); BGHZ 70, 389 (396 f.) = NJW 1978, 1375; *BGH* NJW 1983, 812 (814); *BGH* NJW 1986, 2700 (2700 f.); *Martinek* EWiR 1986, 781 f.; *Küper* JA 1986, 606 ff.; *Stolte* Jura 1988, 246 ff.; *K. Schmidt* JuS 1987, 142 f.; *Denck* JZ 1987, 127 ff.; Soergel/*Schmidt-Kessel/Hadding* BGB § 812 Rn. 246; s. auch *v. Caemmerer* Festschrift Hans Dölle I S. 135 ff. (147 ff.).

jetzt nach § 249 II 1 auf den für die Herstellung erforderlichen Geldbetrag. Damit ist der Fall „rund“.

C. Gliederung

I. Ansprüche des *D* gegen *B*
  1. Anspruch des *D* gegen *B* auf Zahlung von Werklohn in Höhe von 150 EUR aus § 631 I
    a) Stellvertretung oder Botenschaft
    b) Minderjährigkeit der *A*
    c) Fehlende Botenmacht der *A*
    d) Kein konkludenter Vertragsabschluss
    e) Ergebnis
  2. Anspruch des *D* gegen *B* auf Aufwendungsersatz in Höhe von 150 EUR aus berechtigter Geschäftsführung ohne Auftrag nach §§ 677, 683 S. 1, 670
  3. Anspruch des *D* gegen *B* auf Wertersatz für Rosen und Arbeit in Höhe von 150 EUR aus Leistungskondiktion nach §§ 812 I 1 Alt. 1, 818 II
    a) Leistung des *D* an *B*
      aa) Anweisungsleistung mit *D* als Leistungsgehilfe der leistenden *A*
      bb) Eigene Leistung des *D* auf fremde Schuld
    b) Rechtsgrundlosigkeit der Leistung des *D*
      aa) Schadensersatzansprüche des *B* gegen *A*
      bb) Zweckerfüllung der Drittleistung
    c) Anfechtung der Zweckbestimmung
      aa) Anfechtungserklärung und Anfechtungsgrund
      bb) Folgen der Anfechtung der Zweckbestimmung
      cc) Bedenkenfreiheit der Umwidmung des Leistungszwecks
    d) Ergebnis

II. Ansprüche des *D* gegen *A*
  1. Werklohnzahlung in Höhe von 150 EUR aus §§ 631 I, 179 I Alt. 1
  2. Rückgriffskondiktion des *D* gegen *A* aus §§ 812 I 1 Alt. 2, 818 II

III. Ansprüche des *B* gegen *A*

D. Lösung

I. Ansprüche des *D* gegen *B*

1. Anspruch des *D* gegen *B* auf Zahlung von Werklohn in Höhe von 150 EUR aus § 631 I

Voraussetzung hierfür ist der Abschluss eines Werkvertrags zwischen *D* und *B*.

a) Stellvertretung oder Botenschaft

Ein Angebot des *B* gegenüber *D* zum Abschluss eines Werkvertrags könnte darin liegen, dass *A* gegenüber *D* als Ehefrau des *B* auftrat und für *B* die Rosen bestellte.

Die von *A* abgegebene Erklärung kann dem *B* nur zugerechnet werden, wenn *A* Botin oder Vertreterin des *B* war. Der Vertreter gibt (aus der Sicht des Erklärungsempfängers) eine eigene Willenserklärung ab und hat dabei Gestaltungs- und Entscheidungsspielraum, während der Bote lediglich eine fremde, vorgeprägte Willenserklärung übermittelt. Aus der Sicht des *D* (§§ 133, 157) hat *A* nur die Erklärung des *B* zur Bestellung der Rosen überbracht. Sie war also Botin.

b) Minderjährigkeit der *A*

Die Minderjährigkeit und beschränkte Geschäftsfähigkeit der *A* (§§ 106, 2) hindert ihre Botenschaft nicht. Auf die vertretungsrechtliche Regelung des § 165 (beschränkt geschäftsfähiger Vertreter) kommt es dabei nicht an: selbst ein Geschäftsunfähiger kann Bote sein, da er keine eigene Willenserklärung abgibt. Dem steht nicht entgegen, dass ein der Botenschaft zugrunde liegendes Auftragsverhältnis (§§ 662 ff.) nach §§ 106, 107, 108 I (schwebend) unwirksam ist, denn die Botenschaft ist wie die stellvertretungsrechtliche Vollmacht in ihrer Entstehung abstrakt (vgl. §§ 167, 168).

c) Fehlende Botenmacht der *A*

Allerdings fehlt es für eine wirksame Botenschaft an einer Botenmacht der *A*. Denn *B* hatte die *A* niemals mit der Übermittlung der abgegebenen Willenserklärung betraut. Ein von *A* abgeschlossener Vertrag konnte daher nach §§ 177 I, 184 I BGB analog nur durch eine Genehmigung des *B* wirksam werden. Eine solche Genehmigung hat *B* indes nicht erteilt, weder gegenüber *A* noch gegenüber *D* (§§ 182 I, 184 I). Man kann insbesondere in dem Gespräch zwischen *B* und *D* über die Aufklärung der Vorgänge und die Richtigstellung der Hintergründe nach dem Abschluss der Beetarbeiten keine Genehmigung sehen. Denn die Empörung der beiden über das Verhalten der *A* schließt es aus, dass *B* es nachträglich legitimieren wollte. Auch hatte *B* kein Interesse daran, nachträglich mit Rückwirkung ein Vertragsverhältnis mit *D* zu begründen.

d) Kein konkludenter Vertragsabschluss

Der Abschluss eines Werkvertrags zwischen *D* und *B* kann auch nicht konkludent dadurch erfolgt sein, dass *D* die Rosen mit Duldung und Billigung des *B* eingepflanzt hat. Aus der Sicht des *D* war ein Vertrag bereits geschlossen; aus der Sicht des *B* hat *D* mit der Wiederherstellung des Rosenbeets lediglich den entstandenen Schaden wiedergutgemacht.

e) Ergebnis

Mangels des Abschlusses eines Werkvertrags kann *D* keinen Zahlungsanspruch gegen *B* aus § 631 I haben.

2. Anspruch des *D* gegen *B* auf Aufwendungsersatz in Höhe von 150 EUR aus berechtigter Geschäftsführung ohne Auftrag nach §§ 677, 683 S. 1, 670

Ein solcher Anspruch scheitert am fehlenden Fremdgeschäftsführungswillen des *D*, der die Wiederherstellung des Rosenbeets in der Überzeugung vornahm, er erfülle eine gegenüber *B* bestehende Verbindlichkeit, leiste also *causa solvendi.* Keinesfalls darf in solchen Fällen ein objektiv fremdes Geschäft, d. h. die Übernahme einer Tätigkeit im Bewusstsein und Willen, im Interesse eines anderen zu handeln, oder ein auch-fremdes Geschäft angenommen und ein Fremdgeschäftsführungswille im

Wege einer Vermutung unterstellt werden, weil sonst das Institut der Geschäftsführung ohne Auftrag für die Rückabwicklung fehlerhafter Leistungsverhältnisse herangezogen würde, die dem Funktionsbereich des Kondiktionsrechts vorbehalten ist.

3. Anspruch des *D* gegen *B* auf Wertersatz für Rosen und Arbeit in Höhe von 150 EUR aus Leistungskondiktion nach §§ 812 I 1 Alt. 1, 818 II

a) Leistung des *D* an *B*

B hat durch die Wiederherstellung des Rosenbeets einen Vermögenswert erlangt. Dies bezieht sich auf die Arbeitsleistung des *D* wie auch auf das Eigentum an den Rosen, das nach §§ 946, 94 I 2 auf *B* übergegangen ist. Deren Vermögenswert als das von *B* erlangte „Etwas" lässt sich in der Werkleistung „Wiederherstellung des Rosenbeets" für 150 EUR erfassen. Fraglich ist, ob *B* diesen Vermögenswert durch eine Leistung des *D* erlangt hat. Dann müsste *D* das Vermögen des *B* bewusst und gewollt sowie zweckgerichtet vermehrt haben. An einer Leistung des *D* fehlt es nicht etwa deshalb, weil *B* das Eigentum an den Rosen kraft Gesetzes durch das Einpflanzen nach §§ 946, 94 I 2 erworben hat, denn auch die Bewirkung eines gesetzlichen Erwerbs kann eine Leistung darstellen. Das Einpflanzen der Rosen ist durchaus als eine bewusste und gewollte Vermögensmehrung durch *D* zugunsten des *B* anzusehen. Für die Zweckgerichtetheit der Leistung wäre aber erforderlich, dass *D* eine Tilgungs- bzw. Zweckbestimmung gegenüber *B* abgegeben und damit die Vermögensmehrung in eine Beziehung zu einem Schuldverhältnis gesetzt hätte, *arg. e* §§ 362 I, 366, denn die bereicherungsrechtliche Leistung ist nichts anderes als eine fehlgeschlagene Erfüllung. Aus der Sicht des Zuwendenden *D* selbst sollte gewiss mit dem Einpflanzen die konkludente Erklärung verbunden sein, dass er zur Erfüllung einer Verbindlichkeit *(solvendi causa)*, nämlich seiner vermeintlichen werkvertraglichen Unternehmerverpflichtung an *B* leiste. Auf die Sicht des Zuwendenden *D* kommt es indes nicht an. Weil die Tilgungs- bzw. Zweckbestimmung auf die Herbeiführung eines gewillkürten Rechtserfolges gerichtet ist (hier: Erfüllung und damit Erlöschen der Schuld), kommt ihr die Rechtsnatur einer Willenserklärung zu, so dass sie nach den Auslegungsgrundsätzen der §§ 133, 157 aus der Sicht eines objektivierten Empfängerhorizonts auszulegen ist. In diesem Licht aber ist festzustellen, dass der Zuwendungsempfänger *B* das Einpflanzen als eine Beseitigung des von *A* bzw. ihren Hunden angerichteten Schadens verstand. Insoweit sind zwei Betrachtungsweisen möglich:

aa) Anweisungsleistung mit *D* als Leistungsgehilfe der leistenden *A*

B könnte gedacht haben, dass nicht *D*, sondern *A* sein Vermögen mehre und dass *D* nur ein Leistungsgehilfe der *A* sei, die ihre Schadensersatzverpflichtung mittels des *D* erfüllen wolle. In der Wiederherstellung des Rosenbeets wäre danach eine Schadensersatzleistung im Wege der Naturalrestitution nach § 249 I durch *A* als Leistende mittels des *D* an *B* zu sehen. *B* hätte danach die Leistungszweckbestimmung der *A* als deren Bote abgegeben. Dann läge aus der Sicht des *B* eine Leistung der *A* und nicht des *D* vor. Eine solche Betrachtungsweise wäre gewiss sachgerecht, wenn *B* den *D* für einen unabhängigen, von *A* beauftragten und entlohnten Gärtner gehalten hätte. Dann läge nämlich der typische Fall einer Anweisungsleistung vor, bei der der Angewiesene *(D)* mit der Zuwendung an den Empfänger *(B)* eine Leistung im Deckungsverhältnis gegenüber dem Anweisenden *(A)* und der Anweisende *(A)* mittels des Angewiesenen *(D)* eine Leistung im Valutaverhältnis zum

Empfänger *(B)* erbracht hätte. Bei einer solchen Anweisungsleistung tritt der Angewiesene *(D)* als bloßer Leistungsgehilfe und Bote (analog §§ 267, 366) einer vom Anweisenden *(A)* an den Empfänger *(B)* übermittelten Zweckbestimmung auf, so dass die Zuwendung des Angewiesenen *(D)* an den Empfänger *(B)* rechtlich als Leistung des Anweisenden *(A)* an den Empfänger *(B)* im Valutaverhältnis anzusehen ist. Zugleich erfüllt der Angewiesene *(D)* im Deckungsverhältnis seine Verpflichtung gegenüber dem Anweisenden *(A)*, weil der Empfänger *(B)* vom Anweisenden *(A)* nach §§ 362 II, 185 I zum Leistungsempfang ermächtigt wurde. Einer solchen Betrachtungsweise der Vorgänge des Falles steht aber entgegen, dass *B* – wenn auch zu Unrecht – davon ausging, der Gärtner *D* sei der Ehemann der *A*. Mithin wusste *B*, dass *D* der *A* gegenüber nicht zu den Gärtnerarbeiten an dem Rosenbeet verpflichtet war.

bb) Eigene Leistung des *D* auf fremde Schuld

Näherliegend erscheint vielmehr eine andere Betrachtungsweise. Weil *B* glaubte, dass der Gärtner *D* der Ehemann der *A* sei, dürfte sein Vorstellungsbild eher darauf gerichtet sein, dass *D* selbst eine eigene Leistung auf fremde Schuld, also eine Drittleistung nach § 267 I erbringen wollte. *B* konnte nicht wissen, dass *A* den *D* durch eine Irreführung zur Wiederherstellung des Rosenbeets veranlasst hatte, sondern sah die Tätigkeit des *D* als dessen eigenen Beitrag zur Wiedergutmachung des von der vermeintlichen Ehefrau verursachten Schadens an. Aus der Sicht des *B* hat *D* mit dem Einpflanzen der Rosen mithin durchaus selbst als Dritter auf die Schuld der *A* geleistet und dementsprechend eine eigene Leistungszweckbestimmung abgegeben. Es liegt mithin eine eigene Leistung des *D* an *B* in Form einer Drittleistung auf fremde Schuld nach § 267 I vor.

b) Rechtsgrundlosigkeit der Leistung des *D*

Die Leistung des *D* an *B* müsste ohne Rechtsgrund erfolgt sein, d. h. ihren Zweck verfehlt haben. *D* hat aus der Sicht des *B solvendi causa* als Dritter auf eine Schadensersatzverpflichtung der *A* gegenüber *B* geleistet. Diese Leistung hätte ihren Erfüllungszweck verfehlt, wenn eine solche Verpflichtung der *A* gegenüber *B* in Wirklichkeit nicht bestanden hätte. Es fragt sich deshalb, ob *B* einen Schadensersatzanspruch gegen *A* wegen der Zerstörung des Rosenbeets hatte, den *D* durch seine Leistung erfüllen konnte.

aa) Schadensersatzansprüche des *B* gegen *A*

Ein solcher Anspruch könnte aus der Tierhalterhaftung des § 833 S. 1 bestehen. *A* ist Halterin der beiden Hunde *Plisch und Plum.* Als die Hunde der Katze nachjagten und das Rosenbeet zerstörten, hat sich eine typische unberechenbare Tiergefahr verwirklicht und zu einem adäquat kausal verursachten Schaden geführt. Da es sich bei § 833 S. 1 um eine reine Gefährdungshaftung handelt, ist die beschränkte Geschäftsfähigkeit der *A* (§§ 106, 2) ebenso wie die Frage ihrer Deliktsfähigkeit (§ 828) ohne Bedeutung. Der Ausnahmetatbestand des § 833 S. 2 (Haftung aus unerlaubter Handlung für vermutetes Verschulden mit Exkulpationsmöglichkeit) scheitert bereits daran, dass die beiden Hunde keine dem Beruf, der Erwerbstätigkeit oder dem Unterhalt der *A* dienenden Haustiere, sondern Luxustiere sind.

Daneben ist aus der Zerstörung des Rosenbeets ein Anspruch des *B* gegen *A* aus § 823 I unter dem Gesichtspunkt der Verletzung einer Verkehrssicherungspflicht entstanden. Denn *A* hat als Hundehalterin eine Gefahrenquelle geschaffen, die sie soweit wie möglich beherrschen musste. Sie hat es aber offenbar unterlassen, die Hunde ausreichend zu sichern und die Gefahr von Rechtsgutverletzungen abzuwenden, als sie mit ihnen spazieren ging, ohne sie bei einer – nach der Lebenserfahrung nicht unwahrscheinlichen – Begegnung mit Katzen zurückhalten zu können. Insoweit ist ihr Fahrlässigkeit (§ 276 II) vorzuwerfen, wobei angesichts ihres Alters von siebzehn Jahren eine Deliktsfähigkeit nach § 828 III zu bejahen ist.

bb) Zweckerfüllung der Drittleistung

Es bestand mithin ein Schadensersatzanspruch des *B* gegen *A*, den *D* durch die Wiederherstellung des Rosenbeets im Wege einer Drittleistung auf fremde Schuld nach § 267 I und im Wege der Naturalrestitution nach § 249 I erfüllt hat. Er hat mithin nicht rechtsgrundlos, sondern mit Rechtsgrund geleistet. Seine Leistung hat ihren Zweck keineswegs verfehlt, sondern erfüllt.

c) Anfechtung der Zweckbestimmung

Der Rechtsgrund für die Leistung des *D* könnte allerdings nachträglich und rückwirkend entfallen sein. Denn in der Aufklärung der Vorgänge und Hintergründe im Gespräch zwischen *B* und *D* nach Abschluss der Wiederherstellung des Rosenbeets kann man möglicherweise eine Anfechtung der ursprünglich abgegebenen Leistungszweckbestimmung des *D* wegen Irrtums nach § 119 I Alt. 1 (Inhaltsirrtum) sehen. Diese Anfechtung könnte *D* entsprechend seinem Vorstellungsbild im Zuwendungszeitpunkt nachträglich mit einer Leistungszweckbestimmung i. S. einer Leistung zur Erfüllung einer vermeintlichen werkvertraglichen Verbindlichkeit verbunden haben, so dass es dann doch zu einer Zweckverfehlung gekommen wäre.

aa) Anfechtungserklärung und Anfechtungsgrund

Eine Anfechtungserklärung ist aus dem erstaunten Verhalten und den Äußerungen des *D* im Rahmen des Aufklärungsgesprächs mit *B* herauszulesen. Denn *D* gibt jetzt deutlich zu verstehen, dass er nicht der Ehemann der *A* ist und keinerlei Grund hat, für diese eine Schadensersatzverpflichtung zu erfüllen. Auch *B* musste dem Gespräch mit *D* entnehmen, dass dieser in Wirklichkeit keineswegs eine Drittleistung für *A* erbringen wollte. Auch am Anfechtungsgrund eines Inhaltsirrtums nach § 119 I Alt. 1 fehlt es nicht. *D* hat bei der Neubepflanzung in Wirklichkeit keine Erklärung abgeben wollen, wonach er als Dritter nach § 267 I auf eine Schadensersatzverpflichtung der *A* gegenüber *B* leiste. Ihm war nicht klar, dass *B* seiner Aktion nach §§ 133, 157 einen derartigen Erklärungswert zumessen musste. *D* dachte, er würde für *B* völlig deutlich machen, dass er zur Erfüllung eines zwischen ihm und *B* abgeschlossenen Werkvertrags handeln würde. Seine Vorstellung und der objektive Erklärungsinhalt klafften bei Abgabe der Leistungszweckbestimmung auseinander. Er war bei der Abgabe seiner Willenserklärung über deren Inhalt im Irrtum. Man wird darin einen Irrtum über die Rechtsnatur des Geschäfts *(error in negotio)* als Sonderfall eines Inhaltsirrtums sehen müssen.

bb) Folgen der Anfechtung der Zweckbestimmung

Die Anfechtung der Leistungszweckbestimmung bewirkt einen Wegfall der Drittleistung als Leistungszweck und Rechtsgrund. Zugleich gibt *D* gegenüber *B* zu verstehen, dass er eigentlich eine Eigenleistung auf eine in Wirklichkeit nicht bestehende werkvertragliche Verpflichtung erbringen wollte. *D* ersetzt also seine angefochtene Leistungszweckbestimmung, die ursprünglich auf eine Drittleistung nach

§ 267 I gerichtet war, durch eine neue Leistungszweckbestimmung, die auf eine Eigenleistung zur Erfüllung einer (vermeintlichen) eigenen werkvertraglichen Verpflichtung gerichtet ist. Insoweit hat seine *causa solvendi* erbrachte Leistung aber ihren Zweck verfehlt, weil eine solche werkvertragliche Verpflichtung des *D* gegenüber *B* in Wirklichkeit nie bestand. Dem steht nicht etwa entgegen, dass *D* aufgrund des Gesprächs mit *B* nunmehr selbst genau wusste, dass in Wirklichkeit gar kein Werkvertrag bestand. Dieses Wissen hindert ihn nicht, für den Zuwendungszeitpunkt nachträglich und zutreffend zu erklären, dass er seine Rosenbeetarbeiten in Erfüllung einer (damals vermeintlichen) Verpflichtung erbringen wollte.

cc) Bedenkenfreiheit der Umwidmung des Leistungszwecks

Bedenken gegen die Nachholung der Zweckbestimmung bzw. gegen die Umwidmung der ursprünglichen Drittleistung auf fremde Schuld in eine Eigenleistung auf vermeintlich eigene Schuld bestehen im Ergebnis nicht. In der bereicherungsrechtlichen Diskussion ist seit langem der Fall bekannt und anerkannt, dass der Leistende nach einer irrtümlichen Leistung auf vermeintlich eigene Schuld im Wege einer „Nachholung des Drittleistungswillens“ eine Umwidmung seiner Leistung zur Drittleistung auf fremde (bestehende) Schuld nach § 267 I vornehmen kann, um sich auf diese Weise eine Rückgriffskondiktion gegen den Schuldner zu verschaffen. Im vorliegenden Fall geht es gleichsam um die umgekehrte Konstellation, weil nach einer irrtümlichen Drittleistung eine Umwidmung der Leistung in eine Leistung auf vermeintlich eigene Schuld erfolgt, um sich einen Kondiktionsanspruch gegen den Zuwendungsempfänger zu verschaffen. Weil die Leistungszweckbestimmung eine Willenserklärung ist, kann sie mit Rückwirkung angefochten und damit aus der Welt geschafft werden. Auch erscheint es zulässig und unbedenklich, wenn der Anfechtende alsdann seine Zuwendung durch eine nachträgliche Leistungsbestimmung in Beziehung zu einem anderen Schuldverhältnis setzt. Zwar ist die Tilgungs- bzw. Zweckbestimmung nach § 366 I a. E. „bei der Leistung“ (d. h. bei der Zuwendung) vorzunehmen. Dies darf jedoch nicht in einem engen zeitlichen Sinne verstanden werden, solange einer nachträglichen Leistungszweckbestimmung keine Parteiinteressen entgegenstehen. Im vorliegenden Fall erfolgt die „Umwidmung“ ohnehin unmittelbar nach Abschluss der Zuwendungshandlung. Zudem beruft sich *D* nur klarstellend auf eine Irrtumskorrektur und holt die eigentlich von Anfang an gewollte Leistungszweckbestimmung nach. Dies erscheint auch im Licht der Kondiktionssperre des § 814 Alt. 1 zulässig, für die es auf ein Bewusstsein des Zuwendenden von der fehlenden Leistungsverpflichtung zur Zeit der Zuwendung ankommt.

d) Ergebnis

Im Ergebnis hat *D* gegen *B* einen Anspruch auf Zahlung von 150 EUR für Rosen und Arbeit aus Leistungskondiktion nach §§ 812 I 1 Alt. 1, 818 II. Die Kondiktionssperre des § 814 Alt. 1 steht dem nicht entgegen, denn im Zuwendungszeitpunkt wusste *D* nicht, dass er nicht zur Leistung verpflichtet war.

II. Ansprüche des *D* gegen *A*

1. Werklohnzahlung in Höhe von 150 EUR aus §§ 631 I, 179 I Alt. 1

D könnte gegen *A* einen Anspruch auf Werklohnzahlung in Höhe von 150 EUR aus §§ 631 I, 179 I Alt. 1 analog haben. *A* trat gegenüber *D* als Botin ohne Botenmacht auf, als sie vorgab, *B* wolle bei *D* eine Wiederherstellung des Rosenbeets bestellen. Nachdem *B* keine Genehmigung ausgesprochen hat, fragt sich, ob *A* wie eine Vertreterin ohne Vertretungsmacht zu behandeln und der *falsus procurator*-Haftung des § 179 I analog zu unterwerfen ist. Dem steht jedoch die Minderjährigkeit der *A* nach § 179 III entgegen. Diese schließt eine *falsus procurator*-Haftung der *A* aus. Im Übrigen ist das Erfüllungsinteresse des *D* durch seinen Leistungskondiktionsanspruch gegenüber *B* vollständig befriedigt, so dass er nicht mehr gegen den botenmachtlosen Boten vorgehen kann.

2. Rückgriffskondiktion des *D* gegen *A* aus §§ 812 I 1 Alt. 2, 818 II

Man könnte an eine Rückgriffskondiktion des *D* gegen *A* aus §§ 812 I 1 Alt. 2, 818 II denken, die auf Zahlung von 150 EUR gerichtet wäre. Eine solche Rückgriffskondiktion kommt im Falle einer Drittleistung nach § 267 I auf fremde Schuld in Betracht, wenn durch die Leistung des Dritten *(D)* an den Gläubiger *(B)* für den Schuldner *(A)* eine Erfüllung und damit eine Bereicherung in Form der Befreiung von einer Verbindlichkeit eingetreten ist. In der Tat hatte *D* zunächst aus der maßgeblichen Sicht des Zuwendungsempfängers *B* mit der Wiederherstellung des Rosenbeets eine Leistung auf die bestehende Schadensersatzverpflichtung der *A* gegenüber *B* erbracht und die *A* damit von ihrer Schuld befreit. Durchaus hätte *D* deshalb gegenüber *A* im Regresswege vorgehen und 150 EUR von *A* aus Rückgriffskondiktion verlangen können. Nachdem *D* jedoch seine ursprüngliche, auf eine Drittleistung nach § 267 I gerichtete Leistungszweckbestimmung wirksam wegen Irrtums angefochten und durch eine neue, auf Eigenleistung gerichtete Zweckbestimmung ersetzt hat, scheidet eine Rückgriffskondiktion gegen *A* aus.

III. Ansprüche des *B* gegen *A*

B hat gegen *A* nach wie vor seine deliktischen Schadensersatzansprüche aus Tierhalterhaftung und aus Verkehrssicherungspflichtverletzung. Diese entfallen nicht etwa dadurch, dass *D* inzwischen den Schaden beseitigt hat. Dies hindert lediglich eine (schon von dritter Seite vollzogene) Naturalrestitution i. S. d. § 249 I. *B* kann aber von *A* nach § 833 S. 1 und nach § 823 I i. V. m. § 249 II 1 den für die Herstellung erforderlichen Geldbetrag von 150 EUR verlangen, denn er muss seinerseits diesen Betrag für die Wiederherstellung des Rosenbeets an *D* zahlen.

E. Lerntest

I. Fragen

1. Wie ist die Rechtsnatur einer erfüllungs- und bereicherungsrechtlichen Leistungszweckbestimmung (Tilgungsbestimmung) zu beurteilen?
2. Was versteht man im Erfüllungs- und im Bereicherungsrecht unter einer Anweisungsleistung und wie ist diese im Dreieck zwischen Anweisendem *(A)*, Angewiesenen *(B)* und Anweisungsempfänger *(C)* konstruktiv zu erfassen?
3. Was versteht man im Erfüllungs- und Bereicherungsrecht unter einer „Nachholung des Drittleistungswillens“?

II. Antworten

1. Die Leistungszweckbestimmung, mit der der Leistende die Vermögensmehrung des Leistungsempfängers zu einem (damit) „bestimmten“ Schuldverhältnis in Bezug setzt, ist nach §§ 362 I, 366 konstitutiver Bestandteil einer erfüllungs- und bereicherungsrechtlichen Leistung, nämlich einer bewussten und gewollten sowie zweck-

bestimmten Mehrung fremden Vermögens. Weil die Leistungszweckbestimmung auf eine Zweckerreichung der Vermögensmehrung und damit auf einen rechtlichen Erfolg ausgerichtet ist (z. B. Erfüllung – *causa solvendi;* Schenkung – *causa donandi;* Verpflichtung – *causa obligandi*), weist sie alle Merkmale einer Willenserklärung auf, so dass die §§ 104 ff. anwendbar sind.

2. Bei der Anweisungsleistung erbringt der Angewiesene *(B)* mit seiner Zuwendung an den Empfänger *(C)* eine Leistung im Deckungsverhältnis gegenüber dem Anweisenden *(A)* und der Anweisende *(A)* mittels des Angewiesenen *(B)* eine Leistung im Valutaverhältnis zum Empfänger *(C)*. Bei einer solchen Anweisungsleistung tritt der Angewiesene *(B)* als bloßer Leistungsgehilfe und Bote einer vom Anweisenden *(A)* an den Empfänger *(C)* übermittelten Zweckbestimmung (analog §§ 267, 366) auf, so dass die Zuwendung des Angewiesenen *(B)* an den Empfänger *(C)* rechtlich als Leistung des Anweisenden *(A)* an den Empfänger *(C)* im Valutaverhältnis anzusehen ist. Zugleich erfüllt der Angewiesene *(B)* im Deckungsverhältnis seine Verpflichtung gegenüber dem Anweisenden *(A)*, weil der Empfänger *(C)* vom Anweisenden *(A)* nach §§ 362 II, 185 I zum Leistungsempfang ermächtigt wurde.

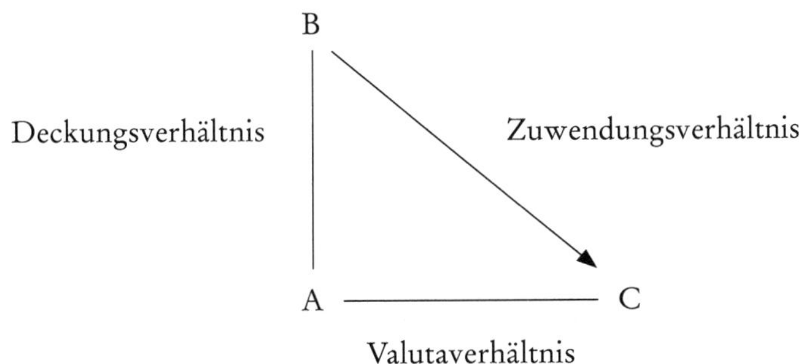

3. Der Leistende kann seine irrtümliche Leistung auf vermeintlich eigene Schuld nach § 119 Alt. 1 wegen Inhaltsirrtums *(error in negotio)* anfechten, sie damit rückwirkend (§ 142) aus der Welt schaffen und nun im Wege der „Nachholung des Drittleistungswillens" eine Umwidmung seiner Leistung zur Drittleistung auf fremde (bestehende) Schuld nach § 267 I vornehmen, um sich durch diese neue Leistungszweckbestimmung eine Rückgriffskondiktion gegen den Schuldner zu verschaffen.

Fall 15. Monsieur Jacques im Morgenmantel

Die Aufgabenstellung dieser im Kern bereicherungsrechtlichen Klausur stellt die Kondiktion wegen Misserfolgs (condictio ob rem) nach § 812 I 2 Alt. 2 in den Mittelpunkt, deren Verständnis und Anwendung erfahrungsgemäß den Studenten oft schwer fällt. Zudem spielt beim Inhalt und Umfang des Bereicherungsanspruchs der bekannte Streit „Gewinnherausgabe oder Wertersatz" eine Rolle, der nun allerdings zum bereicherungsrechtlichen Standardwissen jedenfalls von Examenskandidaten gehört. Die Klausur ist als schwer und anspruchsvoll einzustufen. Sie ist mit einem schlichten juristischen Subsumtionsgemüt kaum zu bewältigen, sondern erfordert vertieftes rechtswissenschaftliches Wissen und Verständnis. Sie bewegt sich aber ohne weiteres im Rahmen des Pflichtfachstoffes der Ausbildung für die Erste Juristische Prüfung.

A. Sachverhalt

Ferdinand Mickefett (M) und *Dietchen Klingebiel (K)* sind schon seit Schulzeiten befreundet und teilen zudem eine Leidenschaft als Bewunderer der bildenden Künste, die sie bis ins Rentenalter hinein verbindet. Bei einem Besuch bei *M* entdeckt *K* das Gemälde „Monsieur Jacques im Morgenmantel" des berühmten Malers *Klecksel*, das *M* von einer kürzlich verstorbenen Großtante *Madame Schmöck* geerbt hat. *K* sammelt Gemälde von *Klecksel* und schlägt dem *M* vor, den „Monsieur Jacques im Morgenmantel" gegen eines von seinen „Klecksels" zu tauschen. In Frage komme dafür eines von drei Bildern des *K*, die – wie *M* und *K* aufgrund von Katalogen und von sachverständigen Gutachten wissen – jeweils einen Marktwert von 10.000 EUR haben, genau wie *M*s Gemälde „Monsieur Jacques im Morgenmantel", das gleichfalls 10.000 EUR wert ist. *K* meint, *M* solle sich recht bald einen von seinen drei „Klecksels" aussuchen. *M* hört diesen Vorschlag mit großem Interesse und ist von der Tauschidee angetan. Er zeigt sich sehr zuversichtlich, dass man sich schon über einen derartigen Tausch einigen könne und werde. *K* möge jedoch Verständnis dafür haben, dass er sich jetzt noch nicht, auch nicht durch ein Wahlschuldverhältnis, irgendwie festlegen wolle – keineswegs. Man müsse später wegen der drei in Frage kommenden Bilder noch viele Einzelheiten regeln, etwa über die bisherigen und künftigen Ausstellungen der Werke, die jedenfalls einem breiteren kunstinteressierten Publikum zugänglich gemacht werden müssten; jetzt wolle er noch „keine vertragliche Bindung". Erst später wolle er sich in Ruhe eines von den drei Bildern aussuchen. *K* hält dies für einsehbar und findet sich damit ab. Er schlägt aber seinerseits vor, dass *M* sein Gemälde „Monsieur Jacques im Morgenmantel" schon jetzt „in Vorwegnahme des Tauschs" an ihn, *K*, übereigne, so dass er es gleich mitnehmen könne, womit die umständliche Transportfrage für ihn leichter lösbar sei. Hiermit ist nun *M* einverstanden: In der Tat solle der „Monsieur Jacques im Morgenmantel" gleich dem *K* gehören; er könne damit schon machen was er wolle. *K* nimmt das Bild mit nach Hause.

Als *Franz Sutitt (S)*, der mit *M* und *K* ebenfalls aus Schulzeiten bekannt ist und von den Abmachungen der beiden nichts weiß, anlässlich eines Seniorenfrühstücks mit *K* das Gemälde „Monsieur Jacques im Morgenmantel" im Haus des *K* erblickt, ist er davon so

Madame Schmöck

angetan, dass er diesem 15.000 EUR dafür bietet. *K* nutzt dieses deutlich über dem Wert des Bildes liegende Angebot aus und verkauft und übereignet das Bild sogleich an *S*. Kurz danach wird bei *K* eingebrochen, wobei unter anderem die drei für den Tausch mit *M* vorgesehenen und nicht versicherten Bilder des *K* von den nicht ermittelbaren Einbrechern mitgenommen werden. So zerschlägt sich der Abschluss des in Aussicht genommenen Tauschvertrags zwischen *M* und *K*, denn alle Bilder sind nun „weg". *M* aber hat für *K*s Verkauf von „Monsieur Jacques im Morgenmantel" an *S* keinerlei Verständnis und verlangt von *K* Zahlung von 15.000 EUR, und zwar als „Ersatz", nachdem er das Gemälde nicht mehr von *K* zurückerwarten könne. *K* ist „allenfalls" bereit, den Wert von „Monsieur Jacques im Morgenmantel" in Höhe von 10.000 EUR zu ersetzen, weil der Mehrbetrag allein sein Verdienst sei.

B. Gutachtliche Überlegungen

I. Die vier BGB-Klausurphasen

Vorab erscheint ein propädeutischer Hinweis zur BGB-Klausurtheorie und -praxis im Allgemeinen angebracht. Man hört als Student oft die „Faustregel", dass man etwa ein Drittel der Gesamtzeit einer Klausur der „Konzeption" oder „Planung" und zwei Drittel der „Exekution" oder „Ausarbeitung" widmen möge. Bei einer fünfstündigen Examensklausur bedeutet dies, dass von den 300 Minuten zunächst 100 Minuten, also reichlich anderthalb Stunden der Planung vorbehalten sein sollten. Dieser konzeptionelle Teil lässt sich in drei Phasen unterteilen: In der ersten Phase, der Sachverhaltsphase von vielleicht 10 bis 15 Minuten Dauer geht es allein darum, sich das Geschehen ganz genau zu vergegenwärtigen, indem man den Klausurtext zweimal langsam durchliest und „begreift" – *zweimal* und *langsam;* es ist ein Fehler, den Text zunächst nur zu überfliegen und dann erst beim zweiten Mal aufmerksam durchzulesen. Das „Überfliegen" kann man sich sparen; es „bringt nichts". Schon bei der ersten sorgfältigen Lektüre muss sich der Klausurant um ein genaues Vorstellungsbild von den Ereignissen bemühen, um sich beim zweiten Durchlesen auf die Beseitigung verbliebener Unklarheiten, etwa im Wege einer lebensnahen Sachverhaltsauslegung oder -ergänzung zu konzentrieren. Nach dieser Sachverhaltsphase

Monsieur Jacques

empfiehlt sich eine vielleicht halbstündige Vorprüfungsphase, in deren Mittelpunkt meist die Frage steht: Wer verlangt was von wem woraus? Hier kommt es oft auf die einfühlsame Ermittlung der Interessenlage der Beteiligten und auf die Ausleuchtung der wirtschaftlichen Hintergründe des Falles an, um daran die Auswahl der in Betracht kommenden Anspruchsgrundlagen auszurichten und den erörterungswürdigen Problemstoff vorzusortieren. Eine gute Stunde sollte man sich sodann für die Gliederungsphase gönnen, in der die Subsumtionsschritte zu den Anspruchsgrundlagen strukturiert, die Problemschwerpunkte erkannt sowie alternative Teillösungen hier und dort in ihrer Abhängigkeit voneinander durchgespielt werden müssen, um einen einigermaßen verlässlichen Fahrplan für eine „runde Lösung" des Falls zu entwerfen. Erst an diese drei Phasen des konzeptionellen Teils der Klausur (Sachverhalts-, Vorprüfungs- und Gliederungsphase) schließt sich dann die – regelmäßig doppelt so lange – Ausarbeitungsphase an, in der die Klausur „geschrieben" wird. Dafür muss der Fahrplan häufig revisibel gehalten werden, denn oft genug steckt der „Teufel im Detail" und wird erst beim Niederschreiben sichtbar, so dass man bei neuen Erkenntnissen, die im Fahrplan noch unberücksichtigt geblieben waren, notfalls umschalten und den Lösungsweg anpassen muss. Mehr als eine „Faustregel" sind die vier Phasen einer BGB-Klausur nicht, weist doch jede Klausur letztlich ihre Eigengesetzlichkeit auf. Das Wichtigste aber ist: Erst die Konzeption, dann die Exekution! Denn ein zu frühes „Drauflosschreiben" führt in die Irre.

II. Der Weg zum Bereicherungsrecht

In unserem Fall wird man sich im konzeptionellen Teil zunächst den Weg zum Bereicherungsrecht bahnen, also erkennen müssen, dass nur hier „die Musik spielt". Dies ist wegen der ganz ungewöhnlichen Verabredungen zwischen *K* und *M* über den – dann gescheiterten – Gemäldetausch nicht einfach. Wer von wem was verlangt, ist schnell klar: Nachdem der beabsichtigte Gemäldetausch „geplatzt" ist, *K* das ihm von *M* schon übereignete Gemälde „Monsieur Jacques im Morgenmantel" im Wert von 10.000 EUR nicht mehr an *M* zurückgeben kann und *K* von *S* für das weiterveräußerte Bild 15.000 EUR erhalten hat, verlangt *M* von *K* als „Ersatz" für das Gemälde 15.000 EUR oder doch zumindest 10.000 EUR. Wer „Ersatz" hört, denkt zuerst an Schadensersatz und hier zuerst an § 280 I, etwa wegen einer Verletzung von Rückgabe- oder Rückabwicklungspflichten. Man muss sich aber vergegenwärtigen, dass die Parteien keine schuldvertraglichen Verpflichtungen begründen wollten. Sie haben keinen Schuldvertrag zur Begründung von Rechten und Pflichten gewollt und keinen abgeschlossen. Sie haben auch für den Fall des Scheiterns des nur beabsichtigten Tauschvertrags keine Regelungen getroffen. Und auch ein vertragliches Veräußerungsverbot für das dem *K* bereits übereignete Bild lässt sich nicht erkennen. Das Ungewöhnliche des Falles liegt in dem wirksamen Verfügungsvertrag über das von *M* an *K* übereignete Bild bei Fehlen jeder schuldvertraglichen Vereinbarung. Dies muss man deutlich erkennen und vielleicht dem Drang widerstehen, doch das Zustandekommen eines vertraglichen Schuldverhältnisses in die Ereignisse hineinzuinterpretieren, was nicht nur dem Willen und dem Vorstellungsbild der Beteiligten eindeutig Gewalt antäte, sondern auch am „Pfiff" des Falles vorbeischösse. Dagegen ist zweifelsfrei ein vorvertragliches Vertrauensschuldverhältnis zwischen *K* und *M* zustande gekommen. Hier aber ist auch bei längerer Überlegung keine Pflichtverletzung des Gemäldeeigentümers *K* zu erkennen, die für *M* einen Schadensersatzanspruch aus c. i. c. begründen könnte. Auch die Prüfung anderer Schadensersatz- oder Herausgabeansprüche des *M* gegen *K* außerhalb des Bereicherungsrechts führt immer zur „Fehlanzeige": Für §§ 989, 990 I 1 fehlt es schon an der Vindikationslage; für §§ 687 II 1, 681 S. 2, 667 Alt. 2 mangelt es am fremden Geschäft; deliktsrechtliche Ansprüche scheitern an einer Rechtsgutverletzung. Und damit sind wir im Bereicherungsrecht. Wir sind aber nicht oder nur kurz bei der speziellen Eingriffskondiktion wegen nichtberechtigter Verfügung nach § 816 I 1 – *K* hat als Eigentümer verfügt.

III. Leistungskondiktionen und Vorleistungsfälle

Die Prüfung eines Anspruchs aus der allgemeinen Leistungskondiktion des § 812 I 1 Alt. 1 *(condictio indebiti)* auf Herausgabe der 15.000 oder wenigstens der 10.000 EUR als „Ersatz" nach § 818 I oder als Wertersatz nach 818 II liegt jetzt nicht nur nahe, sondern ist unverzichtbar. Ohne weiteres hat *K* das Eigentum an dem Bild durch eine Leistung des *M,* also durch eine bewusste und gewollte sowie zweckgerichtete Mehrung seines Vermögens erlangt. Hier lädt der Fall zu näheren Ausführungen über den Leistungsbegriff sowie über die Tilgungs- oder Zweckbestimmung als deren konstitutiven Bestandteil ein. Man kann schön herausarbeiten, dass bei der Leistungskondiktion die Rechtsgrundlosigkeit in einer Zweckverfehlung liegt. Überprüft man auf dieser Grundlage, was *M* aus der Sicht des *K* mit der Übereignung des Bildes bezweckt hat, worauf also seine konkludente Leistungszweckbestimmung gerichtet war, gerät ein Anspruch aus § 812 I 1 Alt. 1 sofort ins Wanken. *M* hat nicht zur Erfüllung einer Verbindlichkeit *(causa solvendi)* geleistet, denn zur Zeit der Übereignung bestand zwischen den Parteien noch kein Tauschvertrag, auf den *M* zur Erfüllung einer Eigentums- und Besitzverschaffungspflicht hätte Bezug nehmen können. Die Übereignung war als eine Vorleistung des *M* an *K* im Hinblick auf ein erst noch zu begründendes Schuldverhältnis gedacht und sollte einen von dem später abzuschließenden Vertrag abhängigen vorläufigen Charakter haben. Es ist nicht einfach, aber bei Kenntnis und Verständnis der bereicherungsrechtlichen Dogmatik – und bei hinreichender Klausurerfahrung – doch in inhaltlich überzeugender und darstellerisch ansprechender Weise „machbar", für solche Vorleistungsfälle die allgemeine *condictio indebiti* als nicht einschlägig herauszuarbeiten und die Brücke zur nächsten Anspruchsgrundlage, zur *condictio ob rem* nach § 812 I 2 Alt. 2 zu schlagen. Hierfür ist der Hinweis auf die Kondiktionssperre des § 814

Alt. 1 hilfreich, die die allgemeine Leistungskondiktion des § 812 I 1 Alt. 1 in Vorleistungsfällen abschneidet.

Die Kondiktion wegen Misserfolgs *(condictio ob rem)* nach § 812 I 2 Alt. 2 bereitet den Kandidaten (und manchmal übrigens sogar den Prüfern) oft Schwierigkeiten, weil sich Sinn und Zweck dieser Anspruchsgrundlage bei der Rechtsanwendung kaum über den Wortlaut des Gesetzes ohne dogmatische Kenntnisse erschließen lassen. Gerade dies aber bietet dem besseren Kandidaten eine willkommene Gelegenheit, sein bereicherungsrechtliches Wissen und Verständnis zu beweisen.[1] Denn die – hier in der Tat gebotene – Anwendung der *condictio ob rem* ist ohne nähere Erläuterung der bereicherungsrechtlichen Behandlung von „Vorleistungsfällen" kaum plausibel begründbar.[2] Man darf ruhig etwas weiter ausholen, wenn man sich auch – hier wie sonst in einer Klausur – vor einem „Lehrbuchstil" hüten und immer „hart am Fall" argumentieren muss. Die Wendung vom „mit einer Leistung nach dem Inhalt des Rechtsgeschäfts bezweckte(n) Erfolg" in § 812 I 2 Alt. 2 muss der Ausgangs- und Orientierungspunkt für eine funktional ausgerichtete Bestimmung des Einsatz- und Anwendungsbereichs der Kondiktion wegen Misserfolgs in Vorleistungsfällen sein. Man muss erkennen (und darlegen), dass „Inhalt des Rechtsgeschäfts" hier die Abrede der Parteien ist, wonach der Empfänger *K* für den Gegenstand (das Gemälde) einen vorläufigen Behaltensgrund haben sollte, der aber vom späteren Abschluss des Schuldvertrags (Tauschvertrags) bzw. von der seinerseits zu erbringenden Gegenleistung (eines seiner drei „Klecksels") abhängig sein sollte. Tauschvertrag und Gegenleistung waren der „bezweckte Erfolg", der dann nicht eintrat, so dass ein „Misserfolg" zu beklagen ist. Der kundige Klausurbearbeiter sollte hierzu noch die Abgrenzung zum Leistungsstörungsrecht und zum Wegfall der Geschäftsgrundlage zumindest kurz ansprechen, um weitere Pluspunkte zu ernten: Die „Rechtsgrundabrede" für das vorläufige Behaltendürfen der Leistung darf nämlich nicht voll rechtsgeschäftlich ausgebildet und forderungsbewehrt sein, denn sonst wäre im Störungsfalle das vertragliche Leistungsstörungsrecht anwendbar. Das „Rechtsgeschäft" muss einen unterhalb der schuldvertraglichen Verbindlichkeitsschwelle „bezweckte(n) Erfolg" beinhalten, dessen Erwartung beide Parteien mit der Leistung verknüpfen. Eine Verständigung darüber muss aber erfolgt sein, damit das „Rechtsgeschäft" jenseits der bloßen Geschäftsgrundlage angesiedelt ist.

Bei diesen Überlegungen zeigt sich, dass unser Fall als konkret-faktische Exemplifikation der abstrakt-generellen Norm des § 812 I 2 Alt. 2 konzipiert ist. Eine (konkludente) Verständigung über das vorläufige Behaltendürfen und seine Abhängigkeit von dem Schuldvertrag und von der Gegenleistung ist hier zwischen *M* und *K*

---

[1] Vgl. zur *condictio ob rem,* zu den mit ihr einhergehenden Abgrenzungsfragen und insb. zur „Rechtsgrundabrede" i. S. von § 812 I 2 Alt. 2 BGHZ 44, 321 ff. = NJW 1966, 540; *BGH* NJW 1973, 612 f.; BGHZ 84, 1 (10 f.) = NJW 1982, 2184; *BGH* NJW 1984, 233; BGHZ 115, 261 (263) = NJW 1992, 427; *BGH* NJW 1992, 2690 f.; *BGH* NJW 2001, 3118 f.; *BGH* NJW 2004, 512 f.; *BGH* NJW 2008, 443 ff.; *BGH* NJW-RR 2009, 1142 ff.; BGHZ 183, 242 ff. = NJW 2010, 998; *BGH* NJW 2015, 1523 (1524); *Söllner* AcP 163 (1963), 20 (28 ff.); *Joost* JZ 1985, 10, 12 f.; *Klinke* Causa und genetisches Synallagma S. 63 ff.; MüKoBGB/*Schwab* § 812 Rn. 468 ff.; *Brox/Walker* SchuldR BT § 40 III 3 Rn. 31 ff. S. 553 ff.; Soergel/*Schmidt-Kessel/Hadding* BGB § 812 Rn. 110 ff.; *Koppensteiner/Kramer* Ungerechtfertigte Bereicherung § 7 III 1 S. 55 ff.; *Medicus/Petersen* BürgerlR § 27 III 4 Rn. 691 f. S. 365 f.

[2] Vgl. zu dieser Fallgruppe der *condictio ob rem: Reuter/Martinek* Ungerechtfertigte Bereicherung (1983) § 5 III c S. 151 ff.; Staudinger/*Auer* Eckpfeiler des Zivilrechts Rn. S 29 S. 1226 f.; Staudinger/*S. Lorenz* (2007) BGB § 812 Rn. 110 f.; Soergel/*Schmidt-Kessel/Hadding* BGB § 812 Rn. 110, 125; MüKoBGB/*Schwab* § 812 Rn. 399 ff.; vgl. ferner *OLG Hamm* FamRZ 1994, 380 f.; *OLG Koblenz* NJW-RR 2007, 1548 ff.

erfolgt. Die Voraussetzungen des § 812 I 2 Alt. 2 liegen vor, nachdem es zu dem angestrebten Tauschvertrag doch nicht gekommen ist und damit der „nach dem Inhalt des Rechtsgeschäfts bezweckte Erfolg“ nicht eingetreten ist.

IV. Gewinnherausgabe oder Wertersatz – Haftungsverschärfung

Steht *M* gegen *K* ein Anspruch aus § 812 I 2 Alt. 2 dem Grunde nach zu, so ist nun nach dem Inhalt und Umfang des Bereicherungsanspruchs zu fragen. Auf diese Frage zielt der Fall überdeutlich ab, denn das Begehren des *M* am Schluss des Sachverhalts enthält einen „Wink mit dem Zaunpfahl“, wonach zu § 818 I und II das Standardproblem „Gewinnherausgabe oder Wertersatz“ diskutiert werden soll. Damit wird jeder fortgeschrittene Rechtsfreund, jedenfalls aber jeder Examenskandidat vertraut sein; hieran sollte er sich schon in mehr als einer Klausur geübt haben, um die bekannten Argumente zur (früheren und im Grunde veralteten) Theorie der Gewinnhaftung aufzulisten und zurückzuweisen und um die vorzugswürdige (in Lehre und Rechtsprechung wohl jetzt beinahe uneingeschränkt herrschende) Theorie der Wertersatzhaftung auszubreiten und sich dazu mit guten Gründen zu bekennen.[3]

Die Klausur ist aber noch nicht zu Ende. Es ist nämlich noch einer möglichen Haftungsverschärfung des K nach §§ 820 I, 818 IV wegen „ungewissem Erfolgseintritt“ nachzuspüren, die doch noch zu einer Gewinnherausgabe führen könnte. Diese speziell auf die *condictio ob rem* nach § 812 I 2 Alt. 2 zugeschnittene „Verschärfte Haftung bei ungewissem Erfolgseintritt“ (so die amtliche Überschrift zu § 820) darf man keinesfalls übersehen; sie ist *in casu* unbedingt prüfungsbedürftig.[4] Zu den „allgemeinen Vorschriften“ gehört nicht nur § 292 mit seinen Verweisungen auf §§ 987 ff. und § 287 S. 2, sondern auch § 285. Haftet *K* verschärft, muss er somit den Veräußerungserlös herausgeben, da § 285 auf das rechtsgeschäftliche Surrogat *(commodum ex negotiatione cum re)* zielt.[5]

Es stellt sich glücklicherweise bei einer näheren Überprüfung schnell eine Entwarnung ein. Die Frage nämlich, ob der bezweckte Erfolg, also das Zustandekommen des Tauschvertrages, nach dem Inhalt des Rechtsgeschäfts von *M* und *K* bei der Eigentumsübertragung noch als ungewiss angesehen wurde, ist zu verneinen. Dafür müsste der Erfolg objektiv ungewiss gewesen sein, und beiden Vertragsparteien

---

3 Vgl. hierzu RGZ 101, 389 (391); 133, 283 (287); BGHZ 24, 106 (110 f.) = WM 1957, 705; BGHZ 75, 203 (206) = NJW 1980, 178; BGHZ 82, 299 (307 f.) = NJW 1982, 1154; BGHZ 112, 288 (294 f.) = NJW 1991, 105; BGHZ 132, 198 (207) = NJW 1996, 3409; BGHZ 158, 63 (67) = NJW 2004, 1314; *M. Weber* JZ 1989, 25 (26); Staudinger/*Auer* Eckpfeiler des Zivilrechts Rn. S 80 f. S. 1254 f.; Staudinger/*Lorenz* (2007) BGB § 818 Rn. 17 und 27; MüKoBGB/*Schwab* § 818 Rn. 39 f.; *Reuter/Martinek* Ungerechtfertigte Bereicherung (1983) § 16 I, S. 549 ff.; *Koppensteiner/Kramer* Ungerechtfertigte Bereicherung § 16 II 1c S. 158 f.; Erman/*P. Buck-Heeb* BGB § 818 Rn. 14; *Halfmeier* JA 2007, 492 (493 f.); s. auch *Larenz* Festschrift Ernst v. Caemmerer S. 209 ff.; *Peters* AcP 205 (2005), 159 (189 f.); *Roth* Festschrift Herbert Niederländer S. 363 ff. (insb. 376 ff.); vgl. ferner zur kondiktionsrechtlichen Gewinnhaftung aus geschichtlicher Sicht *H. H. Jakobs,* lucrum ex negotiatione, insb. S. 119 ff. (zum *lucrum ex negotiatione* in der höchstrichterlichen Rspr.); a. A.: *H. Lange* NJW 1951, 685 ff.

4 Vgl. *Reuter/Martinek* Ungerechtfertigte Bereicherung (1983) § 18 II 2 S. 651 ff.; *Koppensteiner/Kramer* Ungerechtfertigte Bereicherung § 15 IV 4 S. 147 f.; *Brox/Walker* SchuldR BT § 43 III 1d Rn. 22 S. 589.

5 Vgl. BGHZ 75, 203 (205 ff.) = NJW 1980, 178; Staudinger/*Auer* Eckpfeiler des Zivilrechts Rn. S 78, 90 S. 1253 ff.; Staudinger/*S. Lorenz* (2007) BGB § 818 Rn. 50; MüKoBGB/*Schwab* § 818 Rn. 47 f.; *Frank* JuS 1981, 102 (104 f.); Soergel/*Hadding* BGB § 818 Rn. 69; *Schubert* JR 1980, 199 f.

müsste dies bewusst gewesen sein. Die Beteiligten müssen mithin erkannt haben, dass der mit der Leistung bezweckte Erfolg möglicherweise nicht eintreten wird. Das kann man nun wirklich nicht sagen. *M* und *K* gingen als sicher davon aus, dass es bald zu einem Tauschvertrag kommen werde; also: keine Haftungsverschärfung. – Und damit ist dieser schwierige Fall mit einem klaren Ergebnis gelöst: *M* kann von *K* nur den Ersatz des tatsächlichen Wertes des Gemäldes „Monsieur Jacques im Morgenmantel" in Höhe von 10.000 EUR aus §§ 812 I 2 Alt. 2, 818 II verlangen.

C. Gliederung

I. Einleitung
II. Vertragliche Schadensersatzansprüche aus § 280 I
III. Schadensersatzanspruch aus §§ 311 II Nr. 1, 241 II, 280 I
IV. Schadensersatzanspruch aus §§ 989, 990 I 1
V. Herausgabeanspruch aus §§ 687 II, 681 S. 2, 667 Alt. 2
VI. Deliktische Schadensersatzansprüche
VII. Anspruch auf Herausgabe des Erlangten aus § 816 I 1
VIII. Anspruch aus §§ 812 I 1 Alt. 1, 818
  1. Anspruchsvoraussetzungen
  2. Die Vorleistung des *M* an *K*
  3. Konkurrenz zwischen der *condictio indebiti* und der *condictio ob rem*
IX. Anspruch aus §§ 812 I 1 S. 2 Alt. 2, 818
  1. Die Fallgruppe der Vorleistungsfälle
  2. Der nach dem Inhalt des Rechtsgeschäfts bezweckte Erfolg
  3. Abgrenzung zur Geschäftsgrundlage und zum Leistungsstörungsrecht
  4. Der ausgebliebene Tauschvertrag als Misserfolg
X. Gewinnherausgabe oder Wertersatz
  1. Ausgangspunkt
  2. Die Theorie der Gewinnhaftung
  3. Die Theorie der Wertersatzhaftung
XI. Die verschärfte Bereicherungshaftung
  1. Das Erfordernis der Unsicherheit des Erfolgseintritts
  2. Der mit Sicherheit erwartete Tauschvertrag
XII. Ergebnis

D. Lösung

I. Einleitung

Zur Begutachtung steht allein die Frage an, ob *M* von *K* Zahlung von 15.000 EUR oder doch zumindest von 10.000 EUR verlangen kann, nachdem der beabsichtigte Gemäldetausch zwischen beiden gescheitert ist, *K* das ihm von *M* übereignete Gemälde „Monsieur Jacques im Morgenmantel" im Wert von 10.000 EUR nicht mehr an *M* zurückgeben kann und *K* von *S* für das weiterveräußerte Bild 15.000 EUR erhalten hat.

II. Vertragliche Schadensersatzansprüche aus § 280 I

Man könnte zunächst an vertragliche Schadensersatzansprüche des *M* gegen *K* aus § 280 I wegen Verletzung von Rückgabe- oder Rückabwicklungspflichten denken, doch fehlt es dafür bereits an einem Vertragsverhältnis. Es stünde im klaren Widerspruch zum Parteiwillen, wollte man die Überlassung des Bildes an *K* als eine schuldrechtliche Gebrauchsüberlassung nach Art einer Leihe (§ 598) oder als eine Verwahrung (§ 688) würdigen. Zwar war ein dieses Gemälde erfassender Tauschvertrag von den Parteien gedanklich entworfen, sein Abschluss dann aber wegen einer Reihe von Unsicherheiten und wegen verbliebenen Klärungsbedarfs bewusst aufgeschoben worden. Der Weg zu einem vertraglichen Schadensersatzanspruch gegen *K* könnte für *M* freilich dann geebnet sein, wenn sich *K* ihm gegenüber für den Fall des Scheiterns des beabsichtigten Tauschvertrags schuldrechtlich zur Rückgabe des Bildes verpflichtet hätte. An einer solchen Vereinbarung fehlt es aber. Ein vertraglicher Schadensersatzanspruch könnte auch in Betracht kommen, wenn sich *K* verpflichtet hätte, eine Weiterverfügung über das Gemälde zu unterlassen, nachdem er es von *M* übereignet erhalten hatte. Eine derartige Vereinbarung zwischen *M* und *K* würde zwar gegenüber Dritten *(S)* keine (absolute) Wirkung entfalten, § 137 S. 1, wäre aber ausweislich des § 137 S. 2 relativ wirksam, so dass ein Verstoß gegen ein solches relatives Veräußerungsverbot durchaus die Rechtsfolgen des Leistungsstörungsrechts auslösen und zu einem Schadensersatzanspruch aus § 280 I führen könnte. Indes lässt sich dem Sachverhalt auch keine derartige rechtsgeschäftliche Vereinbarung zwischen *M* und *K* entnehmen. Die Parteien wollten keinen Schuldvertrag abschließen und haben auch keinen solchen abgeschlossen.

III. Schadensersatzanspruch aus §§ 311 II Nr. 1, 241 II, 280 I

Wohl aber bestand ein vorvertragliches Vertrauensschuldverhältnis mit Rücksichtspflichten aus der Aufnahme von Vertragsverhandlungen. Einen Schadensersatzanspruch wegen einer Verletzung von Pflichten aus *culpa in contrahendo* nach §§ 311 II Nr. 1, 241 II, § 280 I könnte *M* aber nur gegen *K* erheben, wenn dem *K* eine Pflichtverletzung vorgeworfen werden könnte, die für *M* zu Einbußen an Rechtsgütern geführt hätte. Eine derartige Pflichtverletzung ist aber nicht erkennbar. Das Gemälde wurde nämlich bereits am Besuchstag von *M* an *K* nach § 929 S. 1 übereignet. An einer wirksamen Übereignung (dingliches Verfügungsgeschäft) wollten die Parteien keinen Zweifel lassen, auch wenn die schuldrechtliche Grundlage (obligatorisches Kausalgeschäft) hierfür zunächst (noch) fehlte und erst nachgereicht werden sollte. Damit aber war *K* Eigentümer und Eigenbesitzer (§ 872) des Bildes, besaß die Verfügungsbefugnis hierüber und konnte das Bild im eigenen Namen und für eigene Rechnung an *S* veräußern. Insbesondere durfte *K* das ihm von *M* übereignete Gemälde an *S* weiterveräußern, ohne dadurch gegenüber *M* Sorgfalts-, Obhuts-, Fürsorge- oder Rücksichtsnahmepflichten zu verletzen. Ein Schadensersatzanspruch des *M* gegen *K* aus *c. i. c.* ist daher nicht begründbar.

IV. Schadensersatzanspruch aus §§ 989, 990 I 1

Auch ein Anspruch aus Eigentümer-Besitzer-Verhältnis auf Schadensersatz nach §§ 989, 990 I 1 scheidet aus, denn es bestand wegen der sogleich erfolgten Übereignung des Gemäldes von *M* an *K* zu keiner Zeit die hierfür unerlässliche Vindikationslage.

V. Herausgabeanspruch aus §§ 687 II, 681 S. 2, 667 Alt. 2

M könnte aber einen auf 15.000 EUR gerichteten Herausgabeanspruch unter dem Gesichtspunkt einer angemaßten Eigengeschäftsführung des *K* gemäß §§ 687 II, 681 S. 2, 667 Alt. 2 haben, falls *K* bei der Weiterveräußerung des Gemäldes an *S* ein fremdes, eigentlich dem *M* vorbehaltenes Geschäft geführt und in eigennütziger Absicht sowie in Kenntnis der Nichtberechtigung in die geschäftliche Zuständigkeit des *M* eingegriffen hätte. *K* hatte das Bild jedoch nicht lediglich von *M* geliehen oder in Verwahrung genommen, sondern es von ihm nach § 929 S. 1 übereignet erhalten. *K* führte deshalb kein fremdes Geschäft, als er es veräußerte. Es fehlt mithin bereits an einem objektiv fremden Geschäft: Weil *K* Eigentümer des Bildes war, hat er bei der Veräußerung des Bildes an *S* ein eigenes Geschäft geführt. Man kann *K* auch nicht vorwerfen, er habe mit der Weiterveräußerung des Gemäldes an *S* in die fremde Interessensphäre des *M* eingegriffen, weil er sich möglicherweise – bei einem Scheitern des beabsichtigten Tauschvertrags – zur Rückübereignung des Bildes hätte verpflichtet fühlen müssen. Zwar kann es für die Beurteilung der Fremdheit eines Geschäfts i. S. d. § 687 II von Bedeutung sein, wenn der veräußernde Eigentümer einer Beschränkung seiner Verfügungsbefugnis unterliegt, sich etwa schuldrechtlich verpflichtet hat, bestimmte Verfügungen zu unterlassen. Eine solche Verpflichtung bestand aber für *K* gerade nicht.

VI. Deliktische Schadensersatzansprüche

Auch deliktische Schadensersatzansprüche müssen wegen der wirksamen Übereignung des Bildes von *M* an *K* ausscheiden, denn es ist nicht ersichtlich, dass *K* mit der Weiterveräußerung eine absolute Rechtsposition des *M* verletzt hätte.

VII. Anspruch auf Herausgabe des Erlangten aus § 816 I 1

Die spezielle Eingriffskondiktion des § 816 I 1 kann gleichfalls nicht als taugliche Anspruchsgrundlage dienen, weil *K* bei der Weiterveräußerung keineswegs als Nichtberechtigter, sondern als Eigentümer verfügt hat.

VIII. Anspruch aus §§ 812 I 1 Alt. 1, 818

1. Anspruchsvoraussetzungen

Zu prüfen ist, ob *M* gegen *K* aus § 812 I 1 Alt. 1 *(condictio indebiti)* einen Anspruch auf Herausgabe der 15.000 oder wenigstens der 10.000 EUR als „Ersatz" nach § 818 I oder als Wertersatz nach § 818 II hat. Dann müsste *K* das Eigentum an dem Bild durch eine Leistung des *M* erlangt, also *M* mit der Übereignung das Vermögen des *K* bewusst und gewollt sowie zweckgerichtet vermehrt haben und der von *M* verfolgte Leistungszweck verfehlt worden sein. Denn bei der allgemeinen Leistungskondiktion des § 812 I 1 Alt. 1 bedeutet das Merkmal der Rechtsgrundlosigkeit, dass der Leistende den Leistungszweck verfehlt hat (Rechtsgrundlosigkeit = Zweckverfehlung). Fragwürdig ist hier allein, ob und mit welchem Inhalt *M* eine Leistungszweckbestimmung abgegeben hat. Eine solche ist für das Vorliegen einer Leistung unverzichtbar. Das Recht der Leistungskondiktion stellt sich als ein Rückabwicklungsrecht für fehlgeschlagene Leistungsverhältnisse dar, so dass die bereicherungsrechtliche „Leistung" nichts anderes als eine fehlgeschlagene „Erfüllung" i. S. d. §§ 362 ff. ist. Bei einer Erfüllung aber ist ausweislich der §§ 362 I, 366 erforderlich, dass gerade die „geschuldete Leistung" erbracht wird, also die Vermögensmehrung in eine Zweckbeziehung zu einem Schuldverhältnis gesetzt wird. Und eben dies geschieht durch die (freilich auch konkludent erklärbare) bereicherungsrechtliche Zweck- oder Tilgungsbestimmung, die erst eine bewusste und gewollte Vermögensmehrung zu einer „Leistung" macht. Dabei kommt dieser Zweck- oder Tilgungsbestimmung, weil sie auf einen rechtlichen Erfolg (die Zweckerreichung) angelegt ist, die Rechtsnatur einer Willenserklärung zu, so dass sie auch aus der normativen, objektivierten Sicht des Leistungsempfängers auszulegen ist, §§ 133, 157. In diesem Licht ist zu klären, was *M* aus der Sicht des *K* mit der Übereignung des Bildes bezweckt hat, worauf also seine konkludente Leistungszweckbestimmung gerichtet war.

2. Die Vorleistung des *M* an *K*

M hat jedenfalls nicht zur Erfüllung einer Verbindlichkeit *(causa solvendi)* geleistet, denn zur Zeit der Übereignung bestand zwischen den Parteien noch kein Tauschvertrag, auf den *M* zur Erfüllung einer Eigentums- und Besitzverschaffungspflicht hätte Bezug nehmen können. Vielmehr sollte die Übereignung im Vorgriff auf den erwarteten Abschluss eines erst später abzuschließenden Tauschvertrags erfolgen. *K* sollte das Bild nach der Verabredung mit *M* jedenfalls vorab übereignet erhalten und schon vorab behalten dürfen. Die Übereignung verstand sich mithin als eine Vorleistung des *M* an *K* im Hinblick auf ein erst noch zu begründendes Schuldverhältnis und sollte einen von dem später abzuschließenden Vertrag abhängigen vorläufigen Charakter haben. Im Hinblick auf diesen verabredeten Behaltensgrund hat *M* das Eigentum am Bild an *K* geleistet. Es liegt mithin eine Leistung in Form einer Vorleistung vor.

3. Konkurrenz zwischen der *condictio indebiti* und der *condictio ob rem*

Es fragt sich, ob für eine derartige Leistung *„ob rem"* überhaupt die *condictio indebiti* des § 812 I 1 Alt. 1 als allgemeine Leistungskondiktion einschlägig ist, die vorrangig auf Leistungen zur Erfüllung einer rechtsgeschäftlichen oder gesetzlichen Verbindlichkeit *(causa solvendi)* zugeschnitten ist (daneben noch etwa auf Leistungen *causa donandi* oder *causa obligandi*). Für einen Vorleistungsfall der vorliegenden Art ist die *condictio indebiti* in der Tat nicht anwendbar. Dies beweist die Kondiktionssperre des § 814 Alt. 1, die speziell auf die allgemeine Leistungskondiktion des § 812 I 1 Alt. 1 zugeschnitten ist. Danach könnte nämlich ein Vorleistender die Herausgabe der Sache keinesfalls mehr verlangen, selbst wenn es später zu dem beabsichtigten, aber fehlerhaften (anfechtbaren oder gar unwirksamen) Vertrag käme, denn jedenfalls wusste er zum Zeitpunkt der Leistung, dass er hierzu (noch) nicht verpflichtet war. Bei einem Vorleistungsfall, bei dem der Leistungszweck auf einen vorläufigen Behaltensgrund gerichtet ist, muss daher von vornherein die allgemeine Leistungskondiktion ausscheiden, so dass ein Anspruch des *M* gegen *K* aus § 812 I 1 Alt. 1 nicht besteht.

IX. Anspruch aus §§ 812 I 2 Alt. 2, 818

Möglicherweise hat *M* aber gegen *K* einen Anspruch auf Zahlung von 15.000 oder 10.000 EUR aus §§ 812 I 2 Alt. 2, 818.

1. Die Fallgruppe der Vorleistungsfälle

Die spezielle Leistungskondiktion „wegen Misserfolgs" (*condictio ob rem* oder *condictio causa data causa non secuta*) des § 812 I 2 Alt. 2 entzieht sich einer unmittelbaren Rechtsanwendung im Wege schlichter Subsumtion. Sie stellt ein historisch (auf verschlungenen Wegen) gewachsenes Rechtsinstitut dar, dessen Regelungsanliegen und dessen Anwendbarkeit erst durch die dazu in Lehre und Rechtsprechung entwickelte Dogmatik deutlich wird und dessen Bedeutung im Gefüge des Bereicherungsrechts in Einzelheiten bis auf den heutigen Tag noch umstritten ist. Die römisch-rechtliche *condictio ob rem* ermöglichte ursprünglich die Rückforderung dessen, was jemand im Vertrauen auf eine erwartete, aber ausgebliebene Gegenleistung vorgeleistet hatte, ohne schon einen klagbaren Anspruch auf diese Gegenleistung erworben zu haben. Noch heute wird daher unter Hinweis auf die ursprüngliche Funktion dieses Rechtsinstituts nahezu einhellig angenommen, dass der Fall der Leistung auf ein erst in Aussicht genommenes Schuldverhältnis, welches dann wider Erwarten nicht zustande kommt, ein typisches Beispiel der *condictio ob rem* ist. Man kann von einer anerkannten Fallgruppe der Vorleistungsfälle sprechen. Der Hauptgrund hierfür ist vorstehend bereits angesprochen worden: Würde man nämlich auf die Vorleistungsfälle die *condictio indebiti* anwenden, könnte der Bereicherungsgläubiger die Herausgabe der Sache wegen § 814 Alt. 1 nicht mehr verlangen, weil er zum Zeitpunkt der Leistung wusste, dass er hierzu (noch) nicht verpflichtet war. Dieses Ergebnis widerspräche aber der schutzwürdigen Vertrauenslage des Bereicherungsgläubigers. Es darf allerdings nicht unerwähnt bleiben, dass eine vereinzelte Mindermeinung auch in den Vorleistungsfällen die *condictio indebiti* einsetzt, sich bei § 814 Alt. 1 sodann aber mit einer restriktiven Auslegung behilft. Der Vollständigkeit halber sei erwähnt, dass die Kondiktion des § 812 I 2 Alt. 2 noch für zwei weitere Fallgruppen allgemein befürwortet wird, nämlich für die Veranlassungsfälle (Leistender bezweckt – vergeblich –, den Empfänger zu einem sonst nicht durchsetzbaren Verhalten, z. B. Erbeinsetzung, Absehen von Strafanzeige, zu veranlassen) und für die Zweckverwendungsfälle (Empfänger soll die Leistung in bestimmter Weise verwenden). In allen Fällen muss die *condictio ob rem* von der Störung der Geschäftsgrundlage nach § 313 abgegrenzt werden.

2. Der nach dem Inhalt des Rechtsgeschäfts bezweckte Erfolg

Der Wortlaut des § 812 I 2 Alt. 2 mit der Wendung vom „Inhalt des Rechtsgeschäfts“ erscheint allerdings missverständlich und erklärungsbedürftig. Dies wird gerade in den Vorleistungsfällen deutlich. Den „Inhalt des Rechtsgeschäfts“ bildet nämlich hier nur die Abrede der Parteien, wonach der Empfänger für den Gegenstand einen vorläufigen Behaltensgrund haben soll, der aber vom späteren Abschluss des Schuldvertrags bzw. von der seinerseits zu erbringenden Gegenleistung abhängig ist. Der spätere Geschäftsabschluss bzw. die Erbringung der Gegenleistung ist der „nach dem Inhalt des Rechtsgeschäfts bezweckte Erfolg“. Diese Abrede ist nun aber gerade nicht voll rechtsgeschäftlich ausgebildet und forderungsbewehrt, denn dann würden sich im Störungsfalle vertragliche Ansprüche nach den Leistungsstörungsregeln ergeben. Das Rechtsgeschäft muss vielmehr einen unterhalb der schuldvertraglichen Verbindlichkeitsschwelle „bezweckten Erfolg“ beinhalten, dessen Erwartung beide Parteien (nicht nur der Leistende; ein einseitiges Motiv wäre unbeachtlich) mit der Leistung verknüpfen. Man spricht in der bereicherungsrechtlichen Dogmatik von einer „Rechtsgrundabrede“ für das Behaltendürfen der Leistung. Wer die Möglichkeit einer derartigen rechtlich unverbindlichen Abrede (Rechtsgrundabrede) als dogmatische Spitzfindigkeit verwirft und statt dessen in solchen Fällen eine konkludente schuldrechtliche Einigung (etwa in Form eines atypischen Verwahrungsvertrages) annehmen möchte, verkennt zum einen die Reichweite des Trennungs- und Abstraktionsprinzips, die grundsätzlich Verfügungen ohne schuldrechtliche Grundlage zulässt, zum anderen vermag er die Existenz von § 812 I 2

Alt. 2 im heutigen bereicherungsrechtlichen Anspruchssystem nicht hinreichend zu erklären.

3. Abgrenzung zur Geschäftsgrundlage und zum Leistungsstörungsrecht

Der Anwendungsbereich dieser Spezialkondiktion ist nämlich systematisch zwischen dem eine vertragliche Verbindung voraussetzenden klassischen Leistungsstörungsrecht und der Störung der Geschäftsgrundlage nach § 313 zu verorten: Ist der „bezweckte Erfolg" Verpflichtungsinhalt des Vertrages geworden, kommt man zur Anwendung der §§ 320 ff.; ist er dagegen nur gemeinsame Vorstellung der Parteien i. S. d. Lehre von der Geschäftsgrundlage („Voraussetzung") geblieben, befindet man sich im Bereich des § 313. Für die Anwendbarkeit des § 812 I 2 Alt. 2 muss daher eine besondere Zweckerreichung übereinstimmend gewollt sein, die sich auf der Ebene zwischen einem rechtsgeschäftlichen Verpflichtungsinhalt und einer Geschäftsgrundlage bewegt.

Die Rechtsgrundabrede muss mithin oberhalb der bloßen (nur als Geschäftsgrundlage fassbaren) Motivebene angesiedelt sein. Das schlüssige Einigsein über die Erwartung des Geschäftsabschlusses und der künftigen Gegenleistung begründet dann noch keinen Erfüllungsanspruch, genügt jedoch als vorläufiger Grund für das Behaltendürfen der Leistung. Eine solche (konkludente) Verständigung über das vorläufige Behaltendürfen und seine Abhängigkeit von dem Schuldvertrag und von der Gegenleistung ist hier zwischen *M* und *K* erfolgt.

4. Der ausgebliebene Tauschvertrag als Misserfolg

M, der dem *K* durch Leistung das Eigentum und den Besitz an dem Gemälde verschafft hat, hat in seiner Leistungszweckbestimmung auf die zwischen den Parteien getroffene Rechtsgrundabrede Bezug genommen, wonach eine Vorleistung des *M* an *K* im Hinblick auf ein erst noch zu begründendes Schuldverhältnis und auf eine Gegenleistung des *K* erfolgen und ein Behaltensgrund mit einem von dem später abzuschließenden Vertrag und einer Gegenleistung abhängigen vorläufigen Charakter bestehen sollte. Genau eine derartige Rechtsgrundabrede ist in § 812 I 2 Alt. 2 mit dem Ausdruck „Rechtsgeschäft" gemeint. Ein solcher Vorleistungsfall fällt unter die allgemein anerkannten Fallgruppen der *condictio ob rem.* Die Voraussetzungen des § 812 I 2 Alt. 2 liegen vor, nachdem es zu dem angestrebten Tauschvertrag doch nicht gekommen ist und damit der „nach dem Inhalt des Rechtsgeschäfts bezweckte Erfolg" nicht eingetreten ist. Dieser Bereicherungsanspruch ist auch nicht durch die Kondiktionssperre des § 815 ausgeschlossen, wonach die Leistung *ob rem* nicht mehr kondiziert werden kann, wenn der Leistende die Unmöglichkeit des Erfolgseintritts gekannt oder diesen Eintritt wider Treu und Glauben verhindert hat.

X. Gewinnherausgabe oder Wertersatz

1. Ausgangspunkt

Es stellt sich allerdings die Frage nach der Rechtsfolge des Anspruchs. Nach § 812 I 2 Alt. 2 war *K* verpflichtet, das Bild herauszugeben und *M* das Eigentum und den Besitz daran zurück zu übertragen. Dazu ist er aufgrund der Weiterveräußerung an *S* aber außerstande. Daher ist für den Umfang des Bereicherungsanspruchs auf § 818 zurückzugreifen. Insbesondere darf die obligatorische Surrogationsvorschrift des § 285 I keine Anwendung auf den bereicherungsrechtlichen Primäranspruch auf Herausgabe des Erlangten finden. Insoweit verdrängen die Sonderregelungen des § 818 I und II die Vorschrift des § 285 I. Die Regelungen des § 818 I und II bieten allerdings ein unübersichtliches Bild, so dass es schwer ermittelbar ist, ob sich der Anspruch des *M* gegen *K* auf die Gewinnherausgabe von 15.000 EUR oder nur auf den Wert des Bildes von 10.000 EUR richtet.

2. Die Theorie der Gewinnhaftung

Eine Haftung des Bereicherungsschuldners auf Gewinnherausgabe (Gewinnhaftung) ließe sich möglicherweise sowohl bei § 818 I Alt. 2 wie auch bei § 818 II verankern. Der erste Weg ist freilich nur eröffnet, wenn man sich zu einem weiten Surrogatbegriff unter Einschluss des Geschäftsgewinns *(lucrum ex negotiatione cum re)* versteht. Der zweite Weg muss, um den Veräußerungserlös unter den Wertbegriff des § 818 II zu subsumieren, einen konkret-individuellen oder subjektiven Wertbegriff zugrunde legen, wonach sich der Wert des weiterveräußerten Bereicherungsgegenstandes für den Bereicherungsschuldner nach dem von ihm erzielten Kaufpreis und damit nach der gesamten Mehrung des Empfängervermögens bemisst. Beide Wege wurzeln wohl letztlich in einem extensiven Verständnis eines Prinzips des Bereicherungsausgleichs, wonach es geboten sei, dass beim Empfänger die gesamte eingetretene und noch vorhandene Vermögensmehrung einschließlich aller Surrogate und unter Einbeziehung des *commodum ex negotiatione cum re* abgeschöpft werde. Würde der Bereicherungsschuldner die Differenz zwischen dem erzielten Weiterverkaufspreis und dem niedrigeren objektiven Wert behalten dürfen, dann bliebe er nach dieser Sichtweise teilweise bereichert. Ebenso wie bei der speziellen Eingriffskondiktion des § 816 I (bei der eine Gewinnhaftung weithin anerkannt ist), müsse auch bei anderen Kondiktionen eine Gewinnherausgabe angenommen werden, da insoweit kein Grund für eine Differenzierung der Rechtsfolgen zwischen verschiedenen Bereicherungsansprüchen ersichtlich sei. Insbesondere müsse der rechtsgrundlos zum Eigentümer gewordene Leistungsempfänger dem Nichtberechtigten i. S. d. § 816 I gleichgestellt werden.

3. Die Theorie der Wertersatzhaftung

Bei näherer Betrachtung erweist sich eine Gewinnhaftung weder nach § 818 I noch nach § 818 II als begründbar. Wenn nach § 818 I die gezogenen Nutzungen und bestimmte Surrogate herauszugeben sind, dann kann der Veräußerungsgewinn kaum als Nutzung i. S. von § 818 I Hs. 1 angesehen werden. Dem steht § 100 entgegen, wonach Nutzungen die Vorteile sind, die der Gebrauch der Sache gewährt; die rechtsgeschäftliche Verwertung der Sache stellt jedoch einen „Verbrauch“ dar. Die Vorschrift des § 818 I Hs. 2 erfasst sodann mit dem Erwerb „aufgrund eines erlangten Rechtes“ insbesondere den Vermögensvorteil aus der Einziehung einer rechtsgrundlos abgetretenen Forderung und aus der Verwertung eines rechtsgrundlos bestellten Sicherungsrechts; „als Ersatz für die Zerstörung, Beschädigung oder Entziehung des erlangten Gegenstands“ werden vor allem Ansprüche auf Versicherungsleistungen, Schadensersatzzahlungen oder Enteignungsentschädigungen erworben. Es geht mithin bei § 818 I Hs. 2 um das sog. *commodum ex re,* d. h. den aus der Sache selbst erlangten Vorteil. Anders als andere Surrogationstatbestände wie §§ 1418 II Nr. 3, 1473 I und 1638 II klammert § 818 I das *lucrum ex negotiatione cum re* (Geschäftsgewinn) bewusst aus. Damit hat der Gesetzgeber zu erkennen gegeben, dass § 818 I den Geschäftsgewinn nicht umfassen soll. Die Vorschrift des § 818 I Hs. 2 würde in ihrem Wortlaut überstrapaziert, wollte man sie auf das *commodum ex negotiatione cum re* ausdehnen. Die Lage ist bei der Leistungskondiktion schließlich auch eine andere als bei § 816 I, denn bei § 816 I ist die vom Bereicherungsschuldner veräußerte Sache dem Bereicherungsgläubiger noch dinglich zugewiesen gewesen, so dass eine Surrogation ungleich näher liegt als hier bei der Verletzung einer nur obligatorischen Zuweisung. Was den Wertbegriff des § 818 II betrifft, erscheint es schon im Interesse der Rechtssicherheit vorzugswürdig, ihn hier wie sonst nur als objektiven Verkehrswert, d. h. ohne Rücksicht auf die Nützlichkeit für den konkreten Empfänger, zu bestimmen und ihn nicht durch eine konkret-individuelle Betrachtungsweise zu subjektivieren. Es gibt auch kein allgemeines Bereicherungsprinzip, das dem Bereicherungsgläubiger einen Zugriff auf die gesamte eingetretene und noch vorhandene Vermögensmehrung des Bereicherungsschuldners einschließlich aller Surrogate im weitesten Sinne gewährte; es ist im Gegenteil nicht einzusehen, warum dem Bereicherungsgläubiger mit der Gewinnherausgabe die besondere Geschäftstüchtigkeit des Bereicherungsschuldners zugutekommen sollte.

Aus diesen Gründen wird man sich nur für eine auf den objektiven Verkehrswert gerichtete Wertersatzhaftung des Bereicherungsschuldners aussprechen können, wenn bei Unmöglichkeit der Herausgabe des Erlangten oder der Nutzungen bzw. Surrogate i. S. d. § 818 I Wertersatz nach § 818 II zu leisten ist. Dies gilt jedenfalls für den gutgläubigen Bereicherungsschuldner. Nur wenn der Bereicherungsschuldner bei der Weiterveräußerung einer Haftungsverschärfung nach § 819 I oder § 818 IV i. V. m. § 285 ausgesetzt ist, muss er den Veräußerungserlös abführen.

XI. Die verschärfte Bereicherungshaftung

1. Das Erfordernis der Unsicherheit des Erfolgseintritts

K muss mithin dem *M* gemäß § 818 II den Wert des Gemäldes in Höhe von 10.000 EUR, ersetzen, es sei denn, dass er der verschärften Bereicherungshaftung unterliegt. Mit Eintritt der verschärften Haftung erweitert sich durch die Verweisung auf die „allgemeinen Vorschriften" der Haftungsumfang erheblich (vgl. §§ 820 I, 818 IV). Zu den allgemeinen Vorschriften gehört nämlich nicht nur § 292 mit seinen Verweisungen auf §§ 987 ff. und § 287 S. 2, sondern auch § 285. Haftet *K* verschärft, muss er somit den Veräußerungserlös herausgeben, da § 285 auf das rechtsgeschäftliche Surrogat *(commodum ex negotiatione cum re)* zielt. Zu überprüfen ist daher, woraus sich eine verschärfte Haftung des *K* möglicherweise herleiten lässt. Nachdem § 819 I erkennbar nicht in Betracht kommt, ist hier an § 820 I 1 zu denken, der auf die Fälle der *condictio ob rem* anzuwenden ist und wonach der Bereicherungsschuldner so haftet, als wäre der Anspruch zur Zeit des Empfangs der Leistung rechtshängig geworden. Dafür ist zu fragen, ob der bezweckte Erfolg, also das Zustandekommen des Tauschvertrages, nach dem Inhalt des Rechtsgeschäfts von *M* und *K* bei der Eigentumsübertragung noch als ungewiss angesehen wurde. Der Erfolg muss objektiv ungewiss gewesen sein, und beiden Vertragsparteien muss dies bewusst gewesen sein. Die Beteiligten müssen mithin erkannt haben, dass der mit der Leistung bezweckte Erfolg möglicherweise nicht eintreten wird. Wenn nach dem Wortlaut von § 820 I 1 die Ungewissheit „nach dem Inhalt des Rechtsgeschäfts" bestehen soll, wird darüber hinaus deutlich, dass die Unsicherheiten nicht allein aus externen, außerhalb der Abrede liegenden Umständen herrühren dürfen. Andernfalls müsste man in nahezu allen Fällen der *condictio ob rem* die verschärfte Haftung nach § 820 I 1 eintreten lassen.

2. Der mit Sicherheit erwartete Tauschvertrag

Im vorliegenden Fall gingen *M* und *K* offenbar als sicher davon aus, dass es bald zu einem Tauschvertrag kommen werde. Dass es dann aufgrund des Einbruchs *nicht* dazu gekommen ist, hatten sich die Beteiligten bei ihrer Verständigung nicht vorstellen können. Der Einbruch in das Haus des *K* und damit die Vereitelung des in Aussicht genommenen Tauschvertrages bildeten eindeutig außerhalb der Abrede liegende Umstände. *K* haftet daher nicht verschärft aufgrund von § 820 I 1. Deshalb muss er lediglich den Wert des Gemäldes herausgeben, während er den erzielten Veräußerungsgewinn behalten darf.

XII. Ergebnis

M kann von *K* im Ergebnis nicht den erzielten Kaufpreis in Höhe von 15.000 EUR verlangen, sondern nur den Ersatz des tatsächlichen Wertes des Gemäldes „Monsieur Jacques im Morgenmantel" in Höhe von 10.000 EUR, und zwar aus §§ 812 I 2 Alt. 2, 818 II.

E. Lerntest

I. Fragen

1. Welche drei Fallgruppen sind für die Kondiktion wegen Misserfolgs *(condictio ob rem)* nach § 812 I 2 Alt. 2 anerkannt?
2. Warum hilft bei den Vorleistungsfällen (Leistung auf ein erst in Aussicht genommenes Schuldverhältnis, welches dann wider Erwarten nicht zustande kommt) nicht schon die allgemeine Leistungskondiktion des § 812 I 1 Alt. 1 *(condictio indebiti)?*
3. Wie lässt sich der Anwendungsbereich der *condictio ob rem* des § 812 I 2 Alt. 2 vom allgemeinen Leistungsstörungsrecht und von der Störung der Geschäftsgrundlage abgrenzen?

II. Antworten

1. Die anerkannten Fallgruppen der *condictio ob rem* nach § 812 I 2 Alt. 2 sind erstens die Vorleistungsfälle (Leistung auf ein erst in Aussicht genommenes Schuldverhältnis, welches dann wider Erwarten nicht zustande kommt), zweitens die Veranlassungsfälle (Leistender bezweckt – vergeblich –, den Empfänger zu einem sonst nicht durchsetzbaren Verhalten, z.B. Erbeinsetzung, Absehen von Strafanzeige, zu veranlassen) und drittens die Zweckverwendungsfälle (Empfänger soll die Leistung in bestimmter Weise verwenden).

2. Auf einen Vorleistungsfall ist § 812 I 1 Alt. 1 angesichts der spezielleren Kondiktion des § 812 I 2 Alt. 2 nicht anwendbar. Dies beweist die Kondiktionssperre des § 814 Alt. 1 die speziell auf die allgemeine Leistungskondiktion des § 812 I 1 Alt. 1 zugeschnitten ist. Danach könnte ein Vorleistender die Herausgabe der Sache keinesfalls mehr verlangen, selbst wenn es später zu dem beabsichtigten, aber fehlerhaften (unwirksamen oder anfechtbaren) Vertrag käme, denn jedenfalls wusste er zum Zeitpunkt der Leistung, dass er hierzu (noch) nicht verpflichtet war.

3. Der Anwendungsbereich der *condictio ob rem* ist systematisch zwischen dem eine vertragliche Verbindung voraussetzenden klassischen Leistungsstörungsrecht und der Störung der Geschäftsgrundlage nach § 313 zu verorten: Ist der „mit dem Inhalt des Rechtsgeschäfts bezweckte Erfolg" Verpflichtungsinhalt des Vertrages geworden, kommt man zur Anwendung der §§ 320ff.; ist er dagegen nur gemeinsame Vorstellung der Parteien i.S.d. Lehre von der Geschäftsgrundlage („Voraussetzung") geblieben, befindet man sich im Bereich des § 313. Für die Anwendbarkeit

des § 812 I 2 Alt. 2 muss daher eine besondere Zweckerreichung übereinstimmend gewollt sein, die sich auf der Ebene zwischen dem Verpflichtungsinhalt eines Rechtsgeschäfts und der der Geschäftsgrundlage bewegt.

Sachverzeichnis

(Die Zahlen verweisen auf die Seitenzahlen des Bandes; dahinter ist die Nummer des jeweiligen Falls angegeben.)

Abtretung 13 ff. (Fall 2)
Akzessorietät 43 ff. (Fall 5)
Alleinauftrag 83 ff. (Fall 8)
Analogie 1 ff. (Fall 1)
Aneignung 33 ff. (Fall 4)
Anfechtung 43 ff. (Fall 5); 165 ff. (Fall 14); 33 ff. (Fall 4)
Anfechtung der Zweckbestimmung 165 ff. (Fall 14)
Anweisungsleistung 165 ff. (Fall 14)
Äquivalenzkontrolle 83 ff. (Fall 8)
Arbeitsunfall 1 ff. (Fall 1)
Arglisteinwand 151 ff. (Fall 13)
Arglistige Täuschung 43 ff. (Fall 5)
Auch-Gestion 57 ff. (Fall 6); 95 ff. (Fall 9)
Aufwendungen 57 ff. (Fall 6)
Aufwendungsersatz 165 ff. (Fall 14); 95 ff. (Fall 9)
Aushändigungsabrede 43 ff. (Fall 5)

Berechtigte GoA 71 ff. (Fall 7)
Bestimmtheitsgrundsatz 43 ff. (Fall 5)
Beweislastumkehr 107 ff. (Fall 10)
BGB-Gesellschaft 23 ff. (Fall 3)
Bote 13 ff. (Fall 2); 165 ff. (Fall 14)
Briefhypothek 43 ff. (Fall 5)
Buchhypothek 43 ff. (Fall 5)

Commodum ex negotiatione cum re 151 ff. (Fall 13); 179 ff. (Fall 15)
Commodum ex re 151 ff. (Fall 13)
Condictio ob rem 137 ff. (Fall 12); 179 ff. (Fall 15)

Darlehensvertrag 43 ff. (Fall 5); 119 ff. (Fall 11)
Delkredererisiko 119 ff. (Fall 11)
Dereliktion 33 ff. (Fall 4)
Dienstvertragsrecht 1 ff. (Fall 1)
Dingliche Teilverzichtsklausel 119 ff. (Fall 11)
Drittleistung auf fremde Schuld 165 ff. (Fall 14)
Duldung der Zwangsvollstreckung 43 ff. (Fall 5)
Durchführungshaftung 71 ff. (Fall 7)
Durchführungsverschulden 71 ff. (Fall 7)

Echtes Factoring 119 ff. (Fall 11)
Eigenleistung 165 ff. (Fall 14)
Eigentümer-Besitzer-Verhältnis 57 ff. (Fall 6); 151 ff. (Fall 13)
Eigentümergrundschuld 43 ff. (Fall 5)
Eigentumsaufgabe 33 ff. (Fall 4)
Eigentumsvorbehalt 119 ff. (Fall 11)
Einseitige Haftungsprivilegierung 23 ff. (Fall 3)
Eintragungsbewilligung 43 ff. (Fall 5)
Emptio spei 33 ff. (Fall 4)
Enger Verwendungsbegriff 57 ff. (Fall 6)
Erfolgsprovision 83 ff. (Fall 8)
Ergänzende Vertragsauslegung 83 ff. (Fall 8); 57 ff. (Fall 6)
Erklärungsirrtum 33 ff. (Fall 4)
Exkulpation 1 ff. (Fall 1); 95 ff. (Fall 9); 107 ff. (Fall 10)

Factoring-Vertrag 119 ff. (Fall 11)
Fahrgemeinschaft 23 ff. (Fall 3)
Faktisches Synallagma 137 ff. (Fall 12)
Falsus procurator-Haftung 165 ff. (Fall 14)
Finderlohn 33 ff. (Fall 4)
Forderungsabtretung 13 ff. (Fall 2)
Forderungsaufteilung 119 ff. (Fall 11)
Forderungsauswechslung 43 ff. (Fall 5)
Forderungskauf 119 ff. (Fall 11)
Forderungszuständigkeit 33 ff. (Fall 4)
Formmangel 13 ff. (Fall 2); 137 ff. (Fall 12)
Fremdhypothek 43 ff. (Fall 5)
Fund 33 ff. (Fall 4)

Gefährdungshaftung 23 ff. (Fall 3)
Gefahrübergang 107 ff. (Fall 10)
Gefälligkeitsverhältnis 71 ff. (Fall 7)
Gefälligkeitsvertrag 71 ff. (Fall 7)
Gegenbeweis 107 ff. (Fall 10)
Gelegenheitsgesellschaft 23 ff. (Fall 3)
Genehmigung 151 ff. (Fall 13)
Gesamtschuldnerausgleich 23 ff. (Fall 3)
Gesamtschuldverhältnis 23 ff. (Fall 3)
Geschäft für den, den es angeht 13 ff. (Fall 2)
Geschäftsführung ohne Auftrag 57 ff. (Fall 6); 71 ff. (Fall 7)
Geschäftsgrundlage 179 ff. (Fall 15)
Gesetzesanalogie 1 ff. (Fall 1)

Gestörter Gesamtschuldnerausgleich 23 ff. (Fall 3)
Gewerbebegriff 107 ff. (Fall 10)
Gewinnchance 33 ff. (Fall 4)
Gewinnhaftung 179 ff. (Fall 15)
Gewinnherausgabe 179 ff. (Fall 15)
Globalzession 119 ff. (Fall 11)
Gutgläubiger Erwerb 151 ff. (Fall 13)

Haftungsausschluss 23 ff. (Fall 3)
Haftungserleichterung 23 ff. (Fall 3); 71 ff. (Fall 7)
Haftungsmilderung 23 ff. (Fall 3) ; 71 ff. (Fall 7)
Haftungsprivileg 23 ff. (Fall 3); 71 ff. (Fall 7)
Haftungsverschärfung 179 ff. (Fall 15)
Hauptvertrag 83 ff. (Fall 8)
Herrenlose Sache 33 ff. (Fall 4)
Hoffnungskauf 33 ff. (Fall 4)
Hypothek 43 ff. (Fall 5)
Hypothekenhaftung 43 ff. (Fall 5)

Immobilienmaklervertrag 83 ff. (Fall 8)
Inhaberpapier 33 ff. (Fall 4)

Kondiktionssperre 179 ff. (Fall 15)
Kontokorrentkredit 119 ff. (Fall 11)

Legitimationswirkung 33 ff. (Fall 4)
Leihvertrag 151 ff. (Fall 13)
Leistungszweckbestimmung 165 ff. (Fall 14)
Lotterievertrag 33 ff. (Fall 4)

Maklerdienstvertrag 83 ff. (Fall 8)
Maklerlohn 83 ff. (Fall 8)
Maklerprovision 83 ff. (Fall 8)
Maklerrecht 83 ff. (Fall 8)
Maklervertrag 83 ff. (Fall 8)
Minderjährigenschutz 151 ff. (Fall 13)

Nacherfüllung 95 ff. (Fall 9)
Nachholung des Drittleistungswillens 165 ff. (Fall 14)
Nasciturus 1 ff. (Fall 1)
Negatives Interesse 33 ff. (Fall 4)
Notarielle Beurkundung 137 ff. (Fall 12); 57 ff. (Fall 6)
Notwendige Verwendungen 57 ff. (Fall 6)
Numerus clausus 13 ff. (Fall 2)
Nützliche Verwendungen 57 ff. (Fall 6)

Offenkundigkeitsprinzip 13 ff. (Fall 2)
Okkupation 33 ff. (Fall 4)
Optionsrecht 57 ff. (Fall 6)

Pacta sunt servanda 137 ff. (Fall 12)
Petitorischer Besitzschutz 151 ff. (Fall 13)
Possessorischer Besitzschutz 151 ff. (Fall 13)
Prioritätsprinzip 119 ff. (Fall 11)
Provision 83 ff. (Fall 8)

Realakt 33 ff. (Fall 4)
Rechtsanalogie 1 ff. (Fall 1)
Rechtsgrundabrede 137 ff. (Fall 12); 179 ff. (Fall 15)
Regelungslücke 1 ff. (Fall 1)
Regresssperre 23 ff. (Fall 3)
Rückgriffskondiktion 165 ff. (Fall 14)

Schenkungsvertrag 13 ff. (Fall 2)
Schmerzensgeld 1 ff. (Fall 1)
Selbstvornahme 95 ff. (Fall 9); 107 ff. (Fall 10)
Sittenwidrige Knebelung 119 ff. (Fall 11)
Sittenwidrigkeit 83 ff. (Fall 8); 119 ff. (Fall 11); 137 ff. (Fall 12)
Sperrwirkung 95 ff. (Fall 9); 57 ff. (Fall 6)
Stellvertretung 13 ff. (Fall 2); 165 ff. (Fall 14)
Subsidiaritätsprinzip 151 ff. (Fall 13)
Surrogat 151 ff. (Fall 13)

Tauschvertrag 151 ff. (Fall 13); 179 ff. (Fall 15)
Teleologische Reduktion 151 ff. (Fall 13)
Tierhalterhaftung 165 ff. (Fall 14)
Tierkauf 107 ff. (Fall 10)
Tilgungs- bzw. Zweckbestimmung 165 ff. (Fall 14)

Übernahmeverschulden 71 ff. (Fall 7)
Übersicherung 119 ff. (Fall 11)
Umwidmung des Leistungszwecks 165 ff. (Fall 14)
Unberechtigte GoA 71 ff. (Fall 7)
Unechtes Factoring 119 ff. (Fall 11)
Unterhaltsrente 1 ff. (Fall 1)
Unterhaltszahlung 1 ff. (Fall 1)
Unternehmerbegriff 107 ff. (Fall 10)

Veranlassungsfälle 137 ff. (Fall 12); 179 ff. (Fall 15)
Verbraucherbegriff 107 ff. (Fall 10)
Verbrauchsgüterkauf 107 ff. (Fall 10)
Verbrauchsgüterkaufrichtlinie 107 ff. (Fall 10)
Verfügungsgeschäft zugunsten Dritter 13 ff. (Fall 2)
Verkehrssicherungspflicht 165 ff. (Fall 14)
Verlängerter Eigentumsvorbehalt 119 ff. (Fall 11)
Verlorene Sache 33 ff. (Fall 4)
Verrichtungsgehilfe 1 ff. (Fall 1)
Verschärfte Bereicherungshaftung 43 ff. (Fall 5); 179 ff. (Fall 15)
Verschuldensvermutung 1 ff. (Fall 1)

Versteigerung 107 ff. (Fall 10)
Vertraglicher Haftungsausschluss 23 ff. (Fall 3)
Vertragsauslegung 57 ff. (Fall 6); 83 ff. (Fall 8)
Vertragsbruchtheorie 119 ff. (Fall 11)
Verwendungsbegriff 57 ff. (Fall 6)
Verwendungsersatz 57 ff. (Fall 6)
Verwendungsfälle 137 ff. (Fall 12); 179 ff. (Fall 15)
Vindikation 13 ff. (Fall 2); 151 ff. (Fall 13)
Vorleistungsfälle 137 ff. (Fall 12); 179 ff. (Fall 15)

Wegfall der Geschäftsgrundlage 137 ff. (Fall 12)
Weiter Verwendungsbegriff 57 ff. (Fall 6)
Wertersatz 179 ff. (Fall 15)
Wucher 43 ff. (Fall 5); 83 ff. (Fall 8)
Wucherähnliches Geschäft 137 ff. (Fall 12)
Wucherdarlehen 43 ff. (Fall 5)
Wuchergeschäft 137 ff. (Fall 12)

Zivilmaklervertrag 83 ff. (Fall 8)
Zufallshaftung 71 ff. (Fall 7)
Zurückbehaltungsrecht 33 ff. (Fall 4)
Zweckverwendungsfälle 179 ff. (Fall 15)
Zweite Andienung 95 ff. (Fall 9)